北京口述历史

北京口述历史

变迁中的北京『勤行』

陈连生口述

杨原 著

北京出版集团
北京出版社

图书在版编目（CIP）数据

变迁中的北京“勤行”：陈连生口述 / 杨原著 . —
北京：北京出版社，2020.8
（北京口述历史）
ISBN 978-7-200-13505-3

Ⅰ. ①变… Ⅱ. ①杨… Ⅲ. ①饮食业—经济史—史料
—北京 Ⅳ. ① F726.93

中国版本图书馆 CIP 数据核字（2017）第 266566 号

丛书策划：安 东 吕克农 高立志
丛书统筹：司徒剑萍
责任编辑：侯天保
责任校对：韩 莹
责任印制：陈冬梅
封面设计：田 晗

北京口述历史
变迁中的北京“勤行”
——陈连生口述
BIANQIAN ZHONG DE BEIJING “QINHANG”
杨 原 著
出 版 北京出版集团
北 京 出 版 社
地 址 北京北三环中路 6 号
邮政编码 100120
网 址 www.bph.com.cn
发 行 北京出版集团
经 销 新华书店
印 刷 北京华联印刷有限公司
版 次 2020 年 8 月第 1 版
印 次 2020 年 8 月第 1 次印刷
开 本 787 毫米 ×1092 毫米 1/16
印 张 27
图 片 69 幅
字 数 358 千字
书 号 ISBN 978-7-200-13505-3
定 价 98.00 元
如有印装质量问题，由本社负责调换
质量监督电话：010-58572393

2019年陈连生先生在南来顺饭庄内

20世纪60年代南来顺饭庄宣传页

20世纪70年代南来顺在陶然亭公园游园会提供餐饮

薄脆
硬面圈
大排叉
糖泡

开花馒头
小碗糕
糖泡
糖饼

20世纪80年代，南来顺出品的北京小吃部分精品种类，其中有一些现已在市场上消失了

1988年11月，陈连生先生请吐鲁番餐厅的客人们品尝烤全羊

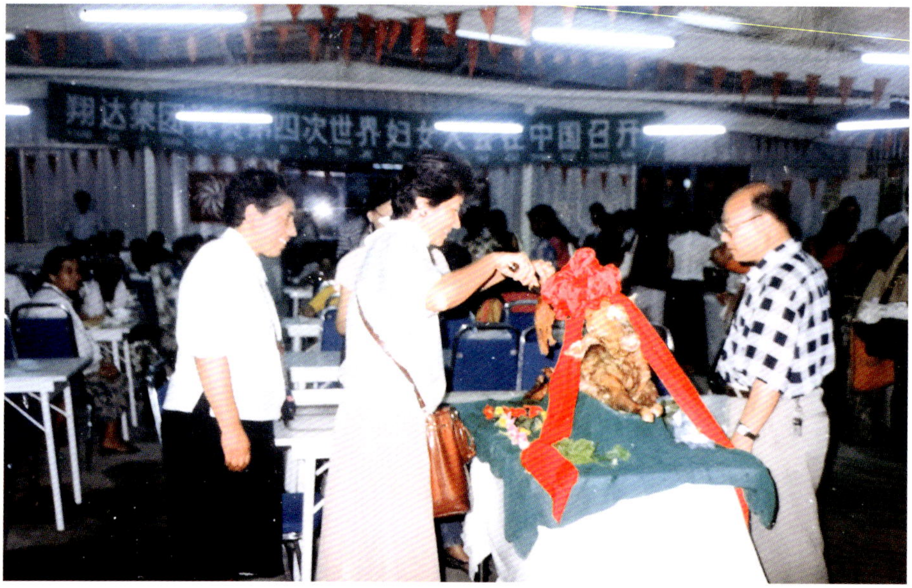

1995年9月第四届世界妇女大会期间，吐鲁番餐厅为与会代表提供饮食服务

陈连生先生与溥杰先生、侯宝林先生座谈北京小吃

胡絜青先生为南来顺饭庄题字

今南来顺外景

主编的话

这套“北京口述历史”是2013年由北京出版集团与我一同策划的，当时计划是5年之内出版20部。如今（2018）5年过去，这套丛书已于2014年、2017年分两批、每批5部出版，现在即将出版的是第三批共4部。显然，原来的计划并没有完成。

没能完成的原因多种多样，最关键的则只有一个，那就是我们对这套口述史著作的出版所提出的要求，具体地说，就是我们希望这套书的每一部作品，都严格地按照学术的规范来做，达到主题清晰明确、叙述完整、内容严谨，并且或能填补某些学术研究空白，或在某些方面有所创新的要求。事实上，在我们已经出版的10部口述史作品中，这些要求基本上达到了。

然而，虽然作为一部学术著作，这样的要求都是最基本的，但在口述史尚未被学术界和社会上普遍视为“货真价实”的“学术”时，这样的要求就未免有些过高。换句话说，尽管口述史是一个现代意义上的、具有严格定义和规范的专门学科，这已经为如今从事口述史作业的学者所公认，但这种学术规范如何体现，却是口述史学界迄今争议不断的焦点之一。对这套口述史中每部作品都要达到的这一要求，是我们从一开始就明确规定了的。在前面两批出版的著作前言中并未特别提及的原因：一是当时并未估计达到这一标准的难度；二是也没想到目前出版的大多数口述史作品不这样做，并不认为有必要这样做。所以，在这套丛书的第三批出版之前，有必要将我们这套口述史的标准再说明一下，因为这也正是这套丛书的特点：

第一，每部作品都必须是访谈者亲自去现场进行访谈之后完成的。

第二，在每篇访谈稿之前，访谈者都要将做访谈的时间、地点以及被访者的状况，以“访谈者按”的方式一一做出说明。

第三，文字稿必须是根据现场访谈录音（或录像）转写而成的，访谈者一方不得凭空添加任何增补、编造和自己的想象，即便有任何评论，也要以“访谈者按”亦即第三方的形式另行撰写。

第四，对转成文字的口述访谈材料中涉及的事件、人物和专有名词等，必要时须查找出处并添加注释。对被访者所处的时代、社会背景也须有大致的了解与说明。

第五，对访谈采集而来的材料进行反复的核实整理，包括再次或多次进行回访、寻找并访谈与之相关的其他人，以及与各种文献史料进行核实等，尽可能地鉴别受访者所述材料的真伪，并在注释与“访谈者按”以及附录中说明。这些我们统称为“后期整理”的工作与现场采访相比，所耗时间精力要多过几倍、十几倍，这已经不是对一般从事口述史者的要求，而是对一个研究者的要求了。这样的要求，使作者必须具备两个条件：一是受过严格的、专业的学术训练；二是有大量的精力和时间。尤其是作为口述史学的专著，这样做是否有必要、是否符合口述史的宗旨，在学术界仍然是存在激烈争论的悬案。而我们坚持这样做的原因，也是希望通过这样的尝试，为学术界提供一种方式、一种经验，毕竟口述史的做法并无一定之规。至于成败，就只能由众人去评说了。至于这套原计划在2018年出版20部的口述史系列，目前还未能足数出版，我要感谢出版社相关领导与编辑们的宽容，也请读者和相关的各方人士理解和原谅。

这套丛书的编撰出版虽然历经各种艰难曲折，遭到过诸多怀疑、冷遇和否定，但也收获了远比我们此前所期待的更多热情鼓励和关注，这是支持我们一直前行的动力。

谢谢大家！

目　录

前　言/ 001

第一篇　在"勤行"里的一辈子/ 001

一、12 岁开始的学徒生涯/ 003

二、解放后对餐饮业的改造/ 008

三、在南来顺的 29 年/ 022

四、两次执掌"吐鲁番"/ 070

第二篇　"勤行"里的传统 079

一、"勤行"里的学徒/ 081

二、"勤行"里的堂、柜、灶/ 087

三、北京小吃/ 107

1. 北京小吃第一人/ 107

2. 什么是北京小吃？/ 113

3. 北京小吃在社会中的分类/ 128

4. 北京小吃的标准/ 172

四、老"勤行"里的名店、名菜与传承/ 192

第三篇　社会变迁下的“勤行” / 209

一、买卖经/ 211

1. 买卖钱 60 年/ 212

2. 死店活人开/ 226

3. 做买卖不要“三爷” / 240

二、社会变迁下的老字号/ 245

三、不由横溪，变中求生/ 275

1. 变化中的传统与传承/ 276

2. 小吃业的新思路/ 318

3. 新形势下的行业问题/ 335

附　录/ 343

一、陈连生手写南来顺史料/ 345

二、梁德山开列的宴席菜单/ 352

三、宣武区小吃成本核算卡/ 359

四、20 世纪 70 年代末南来顺老厨师的口述录音/ 369

图片目录

陈连生20世纪50年代照/ 007
1956年3月4日，北京市青年团前门区饮食业支部出席商业青年积极分子大会全体合影照（一排右一为陈连生）/ 009
陈先生讲照片（一）：孙孚凌（右一）是我的老相识、老顾客了，那时候我就给他送饭，他是工商联主委/ 015
1958年的兴升馆/ 017
先进青年合影（正中举锦旗者为陈连生）/ 021
在南来顺就职时的陈连生/ 023
1958年位于天桥的南来顺饭馆旧照/ 029
解放前南来顺的营业执照/ 030
南来顺的老师傅们（左：安国栋，中：梁德山，右：黑荫池）/ 035
20世纪80年代陈连生和南来顺幼儿园的孩子们在一起/ 065
陈先生讲照片（二）：这个照片呢，就是“九一三”事件以后，咱们全北京市搞游园会，就是一个游园。各区都出一个供应点，这是陶然亭云绘楼。看见没？这在云绘楼之前的一个摊，这里面有什么“发展经济、保障供给”，这是那个年代。1971年，“九一三”事件以后，因为“九一三”，离国庆节还有十几天就出现林彪事件，这样一来，谁上天安门啊？怎么办呢？所以游行就停止了。过去呀，咱们每年“五一”“十一”都有两次集会，从那开始以后，游行取消了，“五一”“十一”都没有活动。因为没有“十一”游行了，放三天假怎么办？搞游园。游园活动就必须有玩有吃，所以这就是，海淀是在颐和园，崇文在天坛，东城在文化宫，可能西城在中山公园、紫竹院，宣武区就在陶然亭举办活动。这是那时候的照片，我在那搞供应，这里面有我的照片，中间戴帽子的是我/ 069

1985 年开业的吐鲁番餐厅/ 070

陈先生讲照片（三）：这是吐鲁番餐厅最早开业的地方，第一个地点。这是开业时候的来宾，包括铁木尔·达瓦买提，就是中间这个黑老头。先在菜市口附近，就是现在翔达那个大楼。正因为吐鲁番餐厅办得好，当时铁木尔主席说：吐鲁番地区和北京联营办得好。它不只是企业的联营，更是两地的联营，可以说是联心、联利、联友谊/ 074

向国庆 30 周年献礼的“小吃展览”照/ 112

与侯宝林、溥杰及北京人民艺术剧院艺术家林连昆、李滨等社会名流讨论北京小吃/ 119

零嘴儿的清真小吃茶菜/ 144

北京小吃烧饼/ 161

北京小吃锅饼、锅饼条、芝麻锅饼，已经不常见了 / 161

1986 年发行的宣武区小吃成本核算卡之烧饼、糖油饼标准/ 191

1962 年南来顺拜师典礼大会合影（二排右一为陈连生）/ 206

拜师典礼大会现场/ 207

左侧为黑荫池，右侧为杨师傅/ 207

陈先生讲照片（四）：这是拜师会咱们说那俩人，师傅、徒弟正在签字，这时候你看这老头快 80 岁了，这个也接近 60 岁了。这是黑荫池，这是杨什么的，反正姓杨，这是拜师会的现场。这是拜师会那爷儿俩。这个发言的是我们公司的经理/ 207

陈连生在座谈会上谈经营/ 226

1987 年“小吃展览”上的南来顺展台/ 226
和故宫博物院专家单士元（左三）等在一起/ 271
陈连生曾接受过专访的媒体报道（王仁兴：《痴迷一生为护根——记北京小吃专家陈连生》，载《食品报·餐饮周刊》2001 年 1 月 18 日）/ 278
《北京清真菜点集锦》1985 年版书影/ 281
教做鱼（左：安国栋，中：王佩强，右：王建昌）/ 282
教做八宝饭/ 282
陈先生讲照片（五）：嗯。这个是南来顺，这都是师傅传徒弟，这是三代人，这个是最小的。这个是你上次看到的，就是你那个录像里面做冷荤的，现在这个小孩儿是吐鲁番餐厅的厨师长，现在 62 岁了，王佩强（音）。这是安国栋（音），这就是王佩强（音），这叫王建昌。这是师傅教徒弟/ 282
陈先生讲照片（六）：这是我跟你说的那个“12 天菜”。你看这是两个盒，这是“12 天菜”，这上头带一个馒头盒，摞起来就是一个提盒，这是把儿。回家自个儿就能做/ 285
由朱锡彭、陈连生编著的《宣南饮食文化》书影/ 292
这是1964 年至 1965 年期间，由陈连生收集的当时西来顺用过的宴席菜单，均为梁德山开列，从中可窥见旧时清真大席的状况/ 352

前言

北京作为历史悠久的古都，在饮食方面也具有很强的独特性。“勤行”在老北京话中专指饮食行业，精美饮食是都城文化中一个比较显著的特点，明清以来专门记述北京地区的笔记、方志中，如《帝京景物略》《燕京岁时记》《京都岁时志》《道咸以来朝野杂记》等，对饮食都多有记载。从现在生活中的情况来看，北京传统饮食给人呈现出的第一感觉就是精致，所谓精致，一方面是工序的复杂，另一方面是技艺的精湛。比如芸豆卷这样一款小吃，就要有煮豆、蒸豆、打皮、和面、擀山子、炒芝麻糖、上卷等多道工序，做一批芸豆卷大概要四个小时，不可谓不复杂。再比如油爆双脆这样的菜品，梁实秋先生在其《雅舍谈吃》中曾对其有过这样的描述：“如果你不知天高地厚，进北方馆就点爆双脆，而该北方馆竟也不知天高地厚硬敢应这一道菜，结果一定是端上来一盘黑不溜秋的死眉瞪眼的东西，一看就不起眼，入口也嚼不烂，令人败兴。”因为这个菜的两个主料，鸡胗与猪肚尖，对火候都有极为严格的要求，成熟就在顷刻之间，没有精湛的烹饪技艺，是根本无法达到的。相对于饮食的精致，我感觉全国各地风味的交汇更凸显北京这个城市的特色。在农业社会中，人口流动的频率是非常低的，一个地区的饮食风味基本都依托于该地区的物产和人们的口味习惯，像我们所说的菜系就是以省这个地域概念为单位的。但由于隋唐以来的科举制度，官员是个巨大的流动人群，全天下的人都有可能在首都居官，北京在作为首都的数百年间也会聚了五湖四海的精英，全国各地文化的交融，必然使北京在饮食风俗上形成颇多不同于地方的风味，物产虽然以北方为主，但烹调方法却可能是南北兼容的。比如清代的“广和居”就有江苏籍京官任风苞传授的“赛螃蟹”、福建籍京官潘炳年传授的“潘鱼”，“致美斋”也有苏州籍京官陆润庠传授的“酱爪尖”，到了民国，社会上还流行过“胡适之鱼”这样的名菜，诸如此类，不胜枚举。无论是过去，还是今天，北京都是汇聚各地风味最多的地方。

制作精美与风味荟萃是北京饮食上的特性，在这一物质现象的背后，体现的是一种北京人的文化风貌。有美食，必然有喜爱美食的人。爱吃是北京人的一大文化特征，也是声名远播的。爱美食的人多，而北京不似南方，著名的家厨并不多，比较时兴吃饭庄、吃饭馆，所以起码在晚清民国这几十年间，涌现了“八大堂”“八大楼”“八大居”“八大春”等诸多风味各异的酒楼，再加之各式各样的二荤铺、小吃摊，北京的餐饮行业非常火。单就几十年、上百年的餐饮老字号来说，北京在全国是最多的。名馆林立是北京人爱吃的一种体现，而喜欢写美食的人多，也是一种北京人爱吃的集体文化特征。近代以来，社会上开始出现美食门类的书籍，在众多的美食文字中，来自北京的作者最多，诸如梁实秋先生的《雅舍谈吃》、唐鲁孙先生的《中国吃》《天下味》，再到当代的赵珩先生所写的《老饕漫笔》《老饕续笔》，这些老北京人所写的美食，都被人们奉为经典，从美食写到历史，再写到文化，内涵深刻，却绝不刻板，字里行间都能勾人的馋虫。天下喜欢文化的人非常多，但就饮食文化而言，北京人可能显得更感兴趣。

饮食在北京文化中占有非常重要的位置，但从以往的历史文献来看，都是文人以食客的角度对其进行记录或探讨，行内人的声音多是一些菜谱类的工具书，很难看到行内人就行业或行业历史发表的文章或出版的书籍。口述历史的一项重要宗旨就是要让原本默默无闻的人群发出自己的声音，而餐饮又是一个操作性极强的行业，对行内人进行口述采访，是非常必要的，也是很有价值的。自 2010 年始，我跟随定宜庄老师做口述历史，可能也是北京人的兴趣使然，我就一直想做关于“勤行”的口述。虽然也曾采访过几位“勤行”的老厨师，但都不是很成功，直到一个偶然的机会，结识了陈连生先生，才最终完成了第一部有关“勤行”的口述。

陈先生是北京餐饮行业中的名人，在与他结识之前，从媒体上对他有一些了解。他是北京餐饮行业中的泰斗级人物，而且被人誉为“北京小吃第一人”，对小吃的研究最深，是业内很资深的专家。既然对陈先生有所了解，在采访之初，我对采访内容也有两方面的先期构想。其一，陈先生从1948年学徒入行，他个人的经历就是餐饮行业几十年的历史的一面镜子，通过他的往事去了解那个时代的北京，又从他所口述的内容来看那个时代北京的餐饮人。其二，餐饮是一个非常受人注目的行业，传统饮食也是我非常关注的，除了行业历史，我也希望能在对陈先生的采访中获得更多的关于菜品、小吃、技艺、规矩等方面的传统内容。当然，在这两方面我是获益良多的。比如行业历史方面，陈先生谈到了老字号的问题，老店之所以能成为老字号需要有什么样的标准，我们今天见到的那些老字号，是有几种不同类型的，在历史的变迁中，它们又是如何成为我们今天见到的老字号的。再比如传统饮食方面，作为北京小吃的业内专家，采访他自然会谈到小吃问题，我们以往看到的文献中，文人笔下多是一些“吃后感”和历史故事，业内人笔下则多是一些“蒸炸煮烙”的制作方法，而陈先生对小吃进行了服务性的分类。在历史上，什么样的小吃服务于什么样的人群，也就是老北京人与老北京小吃之间的关系，其中有小吃品种的特性，有不同阶层的人的生活方式，这在以往的文章和书籍中是很少见的。

对陈连生先生的采访，我原本的构想是希望听到“勤行”的历史，但随着采访的深入，这些“旧时风物”固然可贵，但他谈到的行业变化则让我更感兴趣。比如他谈到餐饮服务这个问题，解放前，一个饭馆可能半个小时才进一个客人，店家为了表示鱼的新鲜，都是当着客人的面摔死，今天则每到饭点都排位等座，自然就没有旧时那样的服务了。更重要的是，解放前饭馆所服务的人群和现在我们普通食客的阶层是不同的。解放前大多数人没钱进饭馆，而现在大多数饭馆是做大众买卖的。时移世易，我们今天的高档餐厅，虽然没有了摔鱼的表演，但是依然也有贴心的服务，不过是方式变化了。我记得定宜庄老师曾跟我说，今天的历史研究者孤立地陈述历史上有过什么饮食，是没有意义的，研究的重点应该放在什么样的人，在什么样的地方，吃过什么样的饮食，把历史事物记述在历史背景之中才有意义。我想陈先生的讲述，不仅突出了历史背景，更能与今天的社会现实相联系，就更显内涵，也更有价值。所以，陈先生所谈变化的这部分，我认为是这部口述历史当中最为重要的。

这部口述作品综合了陈连生先生一生餐饮的经历与经验，内容极其丰富，因此我将其分为了三大部分。第一部分是他的个人经历，从他的个人经历中，我想读者可以比较清晰地看到他作为一个北京人和一个餐饮人的历史坐标；第二部分是他所谈到的“勤行”的传统，他几十年间在这个行业中的所经、所见，算作是一种珍贵的历史风貌的记录；第三部分是我觉得最为重要的，也就是上文提到的“勤行”的变化，这种变化所反映的不仅仅是餐饮行业本身，更是从这个行业所反映出的整个社会的变化，既有物质生活上的改变，更有社会变化推动了的生活方式的变迁。不过，在这套书的整理过程中，应陈先生的要求，对采访原稿中一些人名、历史事件进行了删除，或做了化名处理，陈先生的本意只是为了说清历史、说明道理，这种做法不太影响本书内容质量。

在此，我要感谢陈连生先生为我提供了如此丰富的采访资料，我的收获并不局限于这部口述作品，他还使我对北京的“勤行”有了更为深入的了解，在面对这方面历史问题的时候，让我有了更为不同的思考途径。

杨原

2018 年 6 月 15 日

第一篇　在“勤行”里的一辈子

【访谈者按】 陈连生先生生于1936年，自12岁开始进入餐饮行业，至今已70年，一直身处行业当中，没有过间断。他从一名小学徒，到餐厅经理，再到公司经理，最后成为业内的专家，历经多个历史阶段，他都是亲历者。解放前饭馆的状况、解放初的对私改造和公私合营、困难时期如何经营餐饮业、计划经济时期如何经营餐饮业、改革开放后如何带领餐厅应对新的社会环境，这些他无一不是重要的参与者。

我感觉陈先生的个人经历应该是这部口述作品中最有故事性的部分，通过对其履历的介绍，让读者对他能有一个比较全面的了解，也从他个人的角度来反映他所经历过的历史时期，虽是个案，但都比较有典型性。口述历史并非为人作传，而是使读者能够从个人的角度来更深刻地阅读历史，让不同身份的人发出他们对于所经历之事的声音。

在这一部分中，我尤其感兴趣的有两点。第一点是公私合营后，餐饮业的整合，从单纯自由经济领域中的商业个体如何变成全国统一体制内的单位，餐饮业在计划经济中的建制是什么样的。第二点是关于社会主义教育运动，在以往的这方面研究中，多偏重于着眼农村，城市中的运动如何开展以及运动的影响所见并不多。恰巧陈先生本人正是这场运动的当事人，这确是意外的收获。

一、12岁开始的学徒生涯

【访谈者按】于手艺人的采访，我对他们学徒的经历，总是颇为重视。解放前，劳动阶层的人想就业，基本都要经历一个学徒过程，想变换行业，大多也要通过再学徒而完成。在旧时，学徒基本都是从幼年开始，没钱上学，就到某个行业，找个师傅学买卖、学手艺，才能进入这个行业。由于学徒的经历都比较苦，往往让人记忆犹新，三年零一节的时间（基本上就是三年半），包吃包住，还管零用钱，但干苦活、伺候人、挨打挨骂也是家常便饭，他们的记忆都会比其他人早得多。我们看过去的文献、个人回忆，都是比较宏观地提到学徒苦，但具体怎么苦，都干什么，每个行业有什么样的特点，并没有非常具体详细的记述。再有，旧时学徒，不是说随便谁都能去学的，得经人介绍，老实可靠，招学徒工的地方要对学徒的出身背景非常清楚，才肯要人。那怎么去学的徒，也都是很有意思的问题。我们这套口述著作，一直以来都在强调人的生命史，这不仅仅是个人的，也是家庭的，学徒的人很多，但每个人都有每个人不同的初衷，以及不同家庭背景的影响，在个案累积到一定程度的时候，再去总结不同行业学徒方面的不同和同一行业不同人在学徒上的不同，我想对于这一方面的历史研究是颇有意义的。当然，陈先生的学徒经历只是个个案，还有待于今后的口述积累，再进行比较。不过，对他的采访，我便先从他的学徒经历开始。

杨：您家是什么时候来北京的？

陈：我祖上就是北京人。祖父的名字叫陈泰，做什么的记不得了。父亲叫陈世昌，号继武，据说这个名字典出“武士其昌”，是读私塾时先生给起的名字。父亲出生于光绪十五年（1889），我父亲家里兄妹五个，父亲之上有一个哥哥，一个姐姐，父亲之下有两个弟弟，兄弟之间我父亲排行老二。父亲是读过私塾的，写得一手好毛笔字。有个业余爱好——摔跤，也是北京一个古老的体育竞技活动。后因生活艰难，辞了私塾，在家里帮忙干些家务。我父亲15岁那年，祖父就过世了；大爷（就是我父亲的哥哥）也过世得很早，我对他没印象；姑姑出嫁到南湖渠；三叔（我父亲的弟弟）结婚后没有生养，最后鳏寡一生，倒是四叔（父亲最小的弟弟）一家人丁兴旺。

我听父亲讲过，他年轻的时候打过短工，做过小生意，哥们儿之间合伙开过袜厂。

我记事的时候，住在东城五道庙，后来迁到安定门大二条5号，至少到我这里是第三代北京人，现在，我的重孙都有了，应该算是老北京了。

我六岁那年跟着父亲母亲出了城，到姥爷、姥姥家住了。

姥爷姓刘，家住在北京城外——药王庙，就是现在的亚运村一带，那个时候药王庙附近都是农田。姥爷家境比我们在城里要好些，有一套前后四合院，还有一辆套半儿车，雇着长工、短工。租种70亩地（1亩地约为666.67平方米，大户人家的坟地），又做着蒙古的皮货生意。农闲的时候牵着骆驼，到蒙古去贩皮货，一走就是小半年。家里人手儿紧，姥爷让我母亲回家帮忙。

我母亲是独生女。但是在农村，家里没儿子不行，所以姥爷从亲戚家过继来一个儿子，就是我的舅舅。

舅舅比我大不了几岁，种地的时候我拉牲（牲口），舅舅扶犁。父亲帮着干杂活儿。母亲管家，还要给这一大家子人做饭。

我12岁那年，跟舅舅闹了点别扭，我拉牲，他扶犁，他使劲地打牲口，我说他几句，就吵起来了。他说，我姓刘，你姓陈，你是外姓人。

我赌气不干了。找了街坊家一哥哥，姓杨，他是城里饭馆的伙计。我说：“我能不能跟你学手艺啊？”他说：“行，我们那里正缺人手，咱们明个就走。”我一听乐坏了，赶紧跑回家，对我妈说：“妈，坐热水，给我剃头，我要进城了。”就这么着，我随着街坊杨哥进城做了学徒。

杨：您在哪里学徒？

陈：在“六合顺”饭馆①学徒，这是1948年。六合顺饭馆总共有六个人，老板叫李俊，是通县京东五窑的人，少掌柜叫李松风，有两个伙计、两个学徒，我是年龄最小的一个。

杨：饭馆在哪里？

陈：六合顺饭馆在莲花河。

我进城刚刚几个月，解放军就围了城。解放军围城后，有两发炮弹打在南苑，一些人家赶紧往玻璃上粘纸条子。就是裁好纸条，在窗户上粘上“米”字形，这样，玻璃即使碎了，也不会崩出来伤人。我们掌柜的听说解放军一来要“共产共妻”，吓跑了。他走之前，把我留下看摊。当时刚刚入冬，正好有大白菜，我睡觉的铺底下有烟煤，饭馆里还有一缸浮油，老板还给我留下100斤（1斤为0.5千克）“大和恒”②的小米面，算是没饿着。

杨：就是虎坊桥那家大和恒？

陈：是啊。大和恒是老字号，过去在虎坊桥，现在开在粉房琉璃街。大和恒的老板叫齐如山。

当时城里都是傅作义的国民党部队，不少伤兵，就在街上串，操着东北口音，嚷嚷着：“老子抗战八年，妈了个巴子的，到现在吃不上喝

---

① 位于原宣武区西北部。北起莲花河南岸，南至广安门外大街。因临莲花河而得名。

② 据考证，“大和恒粮店”始建于1919年，店址在当时的前门外西柳树井26号，即现在西城区珠市口西大街路北。“大和恒粮店”创始人是当时社会文化名人齐如山。齐如山信守“诚信为本，货真价实，童叟无欺”的经营理念，其经销的粮食不仅质量上乘，而且价格合理，绝无掺糠使水之事，所以早在20世纪30年代，在北京四九城老百姓中已是有口皆碑。“大和恒”的招牌产品“小米面”“三条腿玉米面”100年来深受百姓的欢迎，2011年已入选区级非物质文化遗产名录。

不上……”我当时12岁，有时被迫要帮这些国民党兵遛马。

杨：这些伤兵住在饭馆里吗？

陈：不是，他们在附近占了房，平时出来，就在街上闹腾，六合顺饭馆开在莲花河边。那是北京的“八大胡同”之一，我记得解放后，一件重要的事，就是查封妓院。刚解放的时候，北京“八大胡同”仍然沿袭着妓院这个老行当。1950年，北京外五区成立了纠察队，又叫“军管会”，由解放军组成，纠察队队员胳膊上戴着红箍，凡有到妓院嫖娼的，抓住后在居住证上盖上章，所谓“嫖娼查记”。

杨：那时候不是不管妓院吗？

陈：先是查嫖客，不管妓女。之后才是查封妓院。解放后，老板回来了，重新选址，在珠市口又开了一家饭馆，取名叫“会芳春”，于1950年4月1日开业。

杨：李掌柜是“回回”吗？

陈：不是。他本身是汉族，但是开清真饭馆，需要有个“回回”“顶帽”。就是说清真饭馆，都挂着“经牍”、挂着汤名牌，这就必须有个“回回”，懂得清真的规矩，来了客人好应酬，按照清真的规矩办事。这就叫“顶帽”。会芳春“顶帽”的师傅姓黄，能做得一手好面食。

清真馆有清真馆的特点。每到“主麻日”①，都有来要“乜帖”②的（汉民叫“要饭的”），回民讲“天下‘回回’是一家”，有人要就得给，除了真没钱。每到主麻日，对来要“乜帖”的“回回”，都要象征性地给点钱。要“乜帖”有个规矩。要的主儿伸右手要钱，给的主儿也要伸右手给钱。

---

① “主麻日”：伊斯兰教聚礼日。“主麻”一词系阿拉伯语“聚礼”的音译，穆斯林于每周星期五（金曜日）下午在清真寺举行宗教仪式。其仪式包括礼拜、听念“呼图白”（教义演说词）和听讲“窝尔兹”（劝善讲演）等。

② “乜帖”：阿拉伯语“Niyyah”的音意合译，意为“心愿”“决心”“动机”等，经堂语为“举意”。指穆斯林在礼拜、斋戒、朝觐、施舍、宰牲等宗教活动和礼仪之前，通过内心或口头表达的意愿，旨在纯正内心，祈祷安拉佑助。“乜帖”也即施舍，是伊斯兰教主要功修之一，属“善功”之范畴，它和伊斯兰教的六大信仰具有相辅相成的关系。

1950 年的会芳春饭馆，仍然只有六个人，李掌柜爷儿俩、两个伙计、两个徒弟。只不过原先领我来的杨哥让老板给辞了，老板又从通县带来一个人，顶替了杨哥。新来的学徒岁数比我大一点，但是他比我出道晚，所以他算我师弟。

李掌柜还有一个本家侄子叫李真，是西单又一顺①的经理。那是解放前。

杨：那时就是经理？

陈：经理，就是“了事掌柜的”，并不是老板。

杨：什么是“了事掌柜的”？

陈：过去的老板有很多在幕后，开了买卖，请内行人来经营，由这个被请来的人打理日常事务，所以叫“了事掌柜的”。如同现在的职业经理人，挣的是工资，所剩的利润归老板。这样，一直延续到了 1952 年。之后，对私改造就开始了。

陈连生 20 世纪 50 年代照

① 又一顺：京城老字号清真饭庄之一。1914 年丁德山从摆小粥摊起家，渐渐发展起东来顺大饭庄。1948 年 8 月，丁德山在西单路口兴建的又一顺开业，在经营特色上保持了东来顺的传统，以涮羊肉为主，兼营炒菜、小吃以满足不同顾客的需求，很快成为南城、西城顾客首选之清真饭庄，无分“教内外”顾客，蜂拥而至。著名厨师杨永和烹制的“全羊席”及又一顺的拿手菜“它似蜜”、海鲜鱼翅、炮煳、炸羊尾等享誉海内外。20 世纪 90 年代末，因西单地区改造，又一顺迁到了西城区黄寺大街 28 号。

二、解放后对餐饮业的改造

【访谈者按】 解放以后，在进入社会主义社会之前，有过一段新民主主义社会时期，在这六七年中，对于资本家的“限制、利用、改造”，在当代人的认知当中其实是很模糊的，即便是史学工作者，不专门研究这一领域，也可能知之甚少，都是一些宏观上的了解。在这一阶段当中，陈先生从一个青年工人代表的角度，讲述了当年前门一带“勤行”的状况。1956年，社会主义工商业的改造宣告完成，陈先生也由一个普通工人成为了劳方副经理，开始了新的职业生涯。他对这一历史阶段的讲述，也启发我思考了一个问题，这就是从1949年到1956年，这短短的几年中，公私合营是如何顺利完成的？也就是说，自家的买卖，怎么痛痛快快地交给国家了呢？通过对陈先生的采访，我似有所了悟，应该说解放初前几年的对私改造，对资本家的“限制、利用、改造”，是后来公私合营的前奏，是公私合营必不可少的前奏。“勤行”是一面小镜子，但从中也可以管窥到北京这一时期其他行业的大致状况。那么公私合营之后，对于陈先生自己来说，我想20岁就出任经理，是他人生中的重大转折，从职工到经营者的角色转变，这种当家做主的翻身，按他的话说“从一个小伙计，成了副经理，那时心里感觉很自豪，工作积极性就更高了”，为他开启了新的一页，开始从经营者的心态来看待和思考行业，他之后的所思所想都是以此为起点的。我想这部口述作品也是由此开始进入了我们的正题。

1956 年 3 月 4 日，北京市青年团前门区饮食业支部出席商业青年积极分子大会全体合影照（一排右一为陈连生）

陈：解放后，也就是 1950 年，开始对私人资本进行限制，1952 年开始对私人资本家进行改造。什么是限制呢？就是原料控制，对私营企业核定，给你一定的原料来加工生产。比如，我们经营的会芳春，一天只供应 30 斤面粉，够维持六个人的基本开支，并略有盈余。到 1952 年开始“三反”运动[①]，对私人资本主义工商业，主要开展了“反五毒”（行贿、偷税漏税、盗骗国家财产、偷工减料、盗窃国家经济情报）斗争。前门区工会把工人组织起来，共同跟资本家做斗争。（北京的形势基本相同）那时大街上安装了宣传喇叭，主要讲“是谁养活了谁，资本家如何榨取工人的剩余价值，是谁创造了人类财富”，通过这样的宣传讲解，使工人提高了阶级觉悟，主动地参与到对资本家的斗争中来。

---

① “三反”运动：1951 年 12 月 1 日，中共中央做出《关于精兵简政，增产节约，反对贪污、反对浪费和反对官僚主义的决定》，把反贪污、反浪费、反官僚主义作为贯彻精兵简政、增产节约这一中心任务的重大措施，要求采取自上而下和自下而上相结合的方法，检查贪污浪费现象。由此，“三反”运动便在全国展开。

我所在的会芳春饭馆属于珠市口这一片，形成一个小组。我那时才16岁，思想比较活跃，主动加入到了工会中，成为了工会的积极分子。在对资本家开展斗争的运动中主动站出来揭发检举资本家的违法行为，组织开展对资本家的“说理会”。在工会的带领下，把几个资本家叫到一起，站在台上，我们工会积极分子、工人坐在台下，对他们进行批斗，揭发资本家如何偷工减料，如何掺水使假，如何打骂工人。

杨：那这样批斗资本家，资本家能干吗？

陈：这时期的资本家已经受到了限制，又有工会撑腰，工人的觉悟提高了，斗争形势起来了，资本家只有老老实实、低头认罪的份儿。

比如有一天，前门区要联合召开“说理会”，地点设在石头胡同东口的兴盛馆。前门区几十家企业的职工代表都来了，把几家买卖铺的经理都叫了来，有孙盛武、金德山等。

杨：这都是那里的资本家？

陈：这些都是前门这一片几个饭馆的资本家，他们都是开饭馆的。这些资本家站在台上，工人围坐在台下。工会主席就组织开“说理会”。事先，工会主席做好了工作，谁是积极分子、谁先说、谁打头炮、说什么，都是有准备的。当跟我做工作时，工会主席问我，你敢说吗？我说，这有什么不敢，这些资本家确实是压榨工人，坑骗群众嘛。在“说理会”上，大家高呼口号。

杨：刚才说您的掌柜李俊也在台上吗？

陈：也在。我揭发他们呀。比如往酒里兑水，打骂工人，这些在旧社会都存在，解放初期也存在。解放以后成立了烟酒专卖公司，我每天都要上专卖公司去买五斤酒，倒在店里的酒坛里。老板当着客人是不敢兑水的，客人不在的时候，兑上半舀子凉水，这是常有的事情。再比如：师傅和老板怄气，就拿徒弟当出气筒，找碴儿打骂徒弟。

杨：您学徒的时候是不是很苦啊？

陈：是的，太苦了。

杨：您开始学的哪些手艺？

陈：小饭馆，要求样样都要学，样样都得会。切菜洗菜、刷家伙洗碗、送外卖、卖东西、生火、添煤、上板、下板，老板是不会让你闲下来的。过去学徒讲“三年零一节”，这个时候没有工资，老板只给点零用钱。学徒只是个名号，都是自己偷偷学。小饭馆经营品种也少，看着看着就会了，主要是个熟练程度。

杨：老板除了打骂工人、掺水使假，还有哪些问题？

陈：大问题几乎没有。过去开买卖赚钱，或多或少都有些使假，包括现在也不少见。只是抓住一些资本家的小错误，对他们进行教育改造，解决问题并不是目的，目的是教育工人，提高阶级觉悟，使资本家成为改造对象。

这之后，一些小资本家觉得经营不下去，自己的买卖自己做不了主，就关张不干了。这不利于经济发展，更不利于解决就业。于是政府对资本家采取了“限制、利用、改造”的方针，给予资本家“三权”（经营权、用人权、管理权），利用他们的经营资本、经营经验，限制他们的不法行为，改造他们的世界观，把资本家改造为自食其力的劳动者。这样做对社会确实有好处，既保证了工人就业，又能使社会经济有效地流通。

经营就要赚钱，赔钱不行，所以也说服职工自动地把工资降下来。比如那时我挣 9 万元，就自动降到 6 万元。[①]

杨：这钱能合多少小米呀？

陈：那时人民币还没有流通，使用的是法币。后来折合人民币，1 万元法币，相当于 1 元人民币。

从 1952 年到 1956 年，这期间发挥了资本家“三权”的作用，有了“三权”，资本家可以照常经营，但是工人有了监督权，资本家的不法

---

① 1948 年 12 月 1 日，新成立的中国人民银行总行印制发行第一套人民币，至 1951 年年底，人民币成为中国唯一合法货币。但是第一套人民币的面额较大（最大为 50000 元），而且单位价值较低，在流通中计算时，以万元为单位，不利于商品流通和经济发展，给人民生活带来很大的不便。1955 年 3 月 1 日公布发行的第二套人民币，和第一套人民币折合比例为 1∶10000。

行为逐渐减少了。

到1955年开始了清产核资[1]，对资本家实行了赎买政策，准备公私合营，国家接管。当时成立了一批清产核资工作组，这批工作组成员的组成来自三个方面，一是工人中的积极分子，二是零售公司和银行抽调的人员，三是政府机关抽调的干部。工作组组成之后，对所有企业进行了清算。不过，工作组来到会芳春清点资产，桌子值多少钱、椅子值多少钱、生产工具值多少钱，合在一起有个核定资金，按照这个总数，给资本家5厘定息，7年不变。从此公私合营了，买卖就是国家的了。

你这1万块钱，每年按照这个利息给你，到了7年就算完了。从那以后公私合营了，我们是三家合在一起了。1956年全面公私合营，全面公私合营这一块就是大洗牌了。

杨：怎么个大洗牌法儿呢？

陈：哎，你听着啊，当时就出现两个名词，一个是大食堂，一个是小吃店。1956年以后公私合营并店，过去的小企业，二三十人、四五十人的小企业一下变成一个大食堂，一二百人了。

杨：这样有什么好处呢？

陈：公私合营以后由小变大，就是综合起来了。比如在菜市口这一片，当时卖小吃的挺多，就集中起来一个大店，变成小吃店了，所有小吃都集中起来了。原来你那里一个小摊、他那里一个门脸，这样集中起来便于管理，使这些人既有生意，又有营生之道，实行统一工资制。这样这个企业本身，各种风味虽然都在一起，但是实行工资制度，不是你自己经营了，就是合营了。那么一些大的饭馆呢？也是几家合在一起，就变成一个大食堂。

杨：就是您说的那个会芳春？

陈：这个是西珠市口食堂，会芳春、中顺号、广义轩三家合在一起，共48个人，广义轩规模大一点，把这两户搁进去，把街坊动员动

---

① 清产核资：公私合营过程中最核心、最关键的工作，主要用以确定公、私股份比例。

员、拆迁扩大一点。拆迁那时就是一句话的事，不像现在搬迁什么的。

杨：行政命令？

陈：对，不但是行政命令，接受命令的人还高兴。哎哟，我这儿被国家用了。

杨：他住哪去？

陈：当然得给安排，所以当时你提的这个问题大洗牌，就是这样洗的。这样变成大食堂，过去有风味的东西就比较少了，虽然还有这个东西，但是未必突出这个品种和风味了。因为大食堂本身就是大众化的东西多，特殊风味除了单独留下哪个风味之外，比如像丰泽园、同和居这些大的（饭店）之外，其余都并在食堂了，没有什么特色的东西了，风味特色基本上消失了，这就是你问的洗牌。

杨：您的会芳春呢？

陈：会芳春、中顺号、广义轩，广义轩在珠市口路南把角，挨着永安茶庄的地方，现在的铺陈市北口路南。我们那两家在老清华池西侧。这三家合在一起，叫西珠市口食堂，大概 48 个职工。

那时候在前门区成立了饮食管理处，后又把它改成前门区饮食公司。这个规模多大呢？从虎坊桥到花市西口，从磁器口往北到哈德门[1]，哈德门往西到宣武门、菜市口这么大的规模，那时有 100 多家饭馆，有几百名青年工人。

杨：我现在感觉有很多大饭庄也是老字号，但是公私合营以后是中心店。当时像您这样的经理把那里经营得好，逐渐变成中心店，是否抽调了很多其他店的骨干？

陈：中心店是一种形式，我们是直属店。

---

① 哈德门：崇文门的俗称。崇文门原为元大都的 11 个城门之一，称文明门，在当时又叫哈达门，据传因哈达大王府在门内，因名之。“哈达”又讹传谐音为“哈大”“哈德”，解放前后还有哈德门牌香烟。明朝改建北京城，将十一门改为九门，文明门保留，为舟车客商往来的枢纽之地。明正统四年（1439）重修并加筑瓮城，改名崇文门，与宣武门相对称，左文右武，中间为正阳门。崇文门之称一直延续至今。

杨：就跟直辖市似的？

陈：中心店是多少家饭馆，每一个饭馆有一个负责人，是店经理。中心店是中心店经理，就管下面各饭馆，上面是公司。南来顺不是，南来顺上面直接是公司，跟中心店是一个级别。中心店是十几个或者几十个饭馆，作为一个中心店。那里也有一个办公的地方，有经理、副经理、书记、副书记，这是一个机构，没有实体，管着下面的实体。像南来顺下面有些如兴升馆，直接是实体，是直属公司的。

杨：您的老掌柜李俊后来怎么着了？

陈：李掌柜岁数大了，干一些力所能及的活儿，看门儿、值班儿、搞卫生这类的。那时候还没有退休制度。

公私合营后，基本上是大锅饭的形式，在当时极大地解放了生产力，职工成为了企业的主人，职工积极性高了。你挣 40 元，他也是 40 元，人人平等，再不会受气挨打了。我所在的西珠市口食堂有 48 个人，一个经理，两个副经理。经理是上边派下来的公产代表，一个副经理代表资方，一个副经理代表劳方。我是劳方选出来的副经理。那时候我是这一片的团支部书记，我们工人选举自己的劳方经理来代表劳动者一方，副经理金德山是资方代表，因为是三家企业合并后组成的西珠市口食堂，所以，三个资本家之中，选出一个资方代表出任副经理。

杨：原来他的店是最大的吧？

陈：不是。在对私改造过程中，金德山比较积极，态度好，所以选了他。而最大的买卖铺是杨德仁的广义轩，原来广义轩有十八九个人，那是 1956 年的时候，我这时候 20 岁。我们的经理叫李博交，他以前在银行工作，地址就在施家胡同，就是大栅栏往南路东一个胡同里。李经理算账是一把好手，算盘打得“噼啪”响，就是岁数大了，身体也不好，对于餐饮又是外行，平常只上半天班，所以，企业的事他基本不管。金德山是资方副经理，胆小怕事，遇着事情也不敢做主，所以，西珠市口食堂的大事小情，都由我负责，实际上经营工作都是我主管的。

做生意就要与客户打交道，当时常上我们这吃饭的有乐松生、常子久、孙孚凌[①]等人，这些人因为挨着我们饭馆近，所以常来吃饭。

陈先生讲照片（一）：孙孚凌（右一）是我的老相识、老顾客了，那时候我就给他送饭，他是工商联主委

杨：您说的乐松生[②]是同仁堂的吗？

陈：乐松生是同仁堂的东家。他当时在工商联合会的时候，经常来

---

① 孙孚凌（1921—2018），浙江绍兴人，民建成员，成都华西大学经济系毕业。1948年冬，从他父亲处接手北平福兴面粉厂，担任该厂经理、厂长。1958年后先后任北京市服务事业管理局局长、副市长、市政协副主席、北京市工商联主委，第二至五届全国政协委员，第六届、七届全国政协常委，全国政协副主席，中华全国工商业联合会副主席。

② 乐松生（1908—1968），浙江镇海慈水镇（今属慈溪市）人，生于北京。同仁堂乐氏第十三代传人。1927年中学毕业后，到伯父乐达仁在天津所开达仁堂药店学业，后回北京同仁堂药店从业。1947年乐松生兼顾平津两地堂务。1948年，接任同仁堂经理。1949年其父去世后，成为同仁堂重要股东及主要负责人。1954年，同仁堂率先实行了公私合营，乐松生任经理，成为全国工商界的一个典型人物。同年，乐松生当选为市人大代表和市政协委员，并出任北京市副市长。历任全国第一、二、三届人大代表，全国工商联副主任委员。“文革”中被迫害而死。

我们这里叫外卖。一般是早餐在家吃过了，午餐在联合会吃，就叫些外卖，我们做好了给送过去。一般都是点个炒饼、鸡蛋汤或是打卤面之类。1958 年，我到兴升馆举办“28 面红旗”先进事迹展览的时候还专门接待过他一次。他是全国人大代表，北京市的副市长。他们这些人对吃饭很讲究。孙孚凌原是福兴面粉厂的厂长，也在工商联合会兼职，现在已经 90 多岁了，我们俩关系还挺好。常子久是回民中的一个大资本家，他的哥哥常柱久，解放前去了台湾，大概是玉器行的。合营以后，他到我这里来吃饭，总是客气地打招呼：“陈副理，忙呢?”从此，大家都叫我“陈副理”。从一个小伙计，成了副经理，那时心里感觉很自豪，工作积极性就更高了。

我是“七大党员”。解放了，工人真正成为了企业的主人，打心眼里感谢共产党，所以，我也积极要求入党。本来我的入党申请应该是 1955 年 10 月批下来，正赶上清产核资，事多工作忙，拖了下来。到 1956 年 2 月 24 日正式加入了共产党。那时还没有召开八大，我学习的是七大党章，所以说，是七大时期的党员。

杨：七大是 1945 年开的吗？发表了《论联合政府》[①]?

陈：是啊，那时，一听说我入党了，职工、熟人老远跑过来和我握手祝贺，很光荣的，和现在人不一样。现在人们都觉得无所谓了。那时，前门区成立了饮食管理处，就是我所在的饮食公司前身，几百个青年工人，我是团支部书记，西珠市口食堂的副经理。

公私合营以后，调动了职工的积极性，极大地解放了生产力，职工工作热情很高。到 1958 年，“大跃进”开始了，商业企业掀起了“学先进、赶先进”的高潮，那时候，兴升馆被评为“28 面红旗”之一。

杨：您是什么时候到兴升馆的?

---

① 《论联合政府》：1945 年 4 月 24 日，毛泽东在中国共产党第七次全国代表大会上所做的政治报告。报告分析了国内外形势，总结了中国共产党成立以来领导人民民主革命的经验，特别是抗战以来国共两条抗战路线斗争的经验，提出了党必须实行“放手发动群众，壮大人民力量，在我们党领导之下，打败侵略者，建设新中国”的政治路线。

1958 年的兴升馆

陈：1958 年，“大跃进”的时候，兴升馆被评为“28 面红旗”之一，计划单列，调整为科级独立单位，调我去任团支部书记、副经理。兴升馆也是一家老字号，当时规模比较大，有三层小楼，1200 平方米左右，三层是职工宿舍，一层经营散座，二层有十几套雅间，雅间都用活隔扇分开。根据客人需要，比如安排三桌饭，就把雅间的活隔扇打开，就是一个能摆放三桌的大厅；安排两桌，就拆成两桌的大厅。解放前有女招待，和现在所说的“三陪”差不多。解放后，那里女招待没有了，但是基础设施好，环境好，服务好，饭菜质量好，在评比中劳效高、收入高、利润高，因此被评为“红旗单位”。当时，评比出的“红旗单位”有 28 家，比如：天桥商场、北京饭店、东四副食店等等，兴升馆是其中之一。

杨：您说说这个。

陈：“大跃进”期间，北京市市长彭真对商业系统提出了“三少、两好、一便利”的要求①。“三少”就是人员少、费用少、损耗少，“两好”就是服务好、质量好，“一便利”就是方便顾客。1958年夏季，召开了评比大会，区委书记张旭上台发言，并把红旗分发给了这28家单位。大家敲锣打鼓，并绕着北京主干道游行一圈，以示庆贺。在这之后，北京商业战线掀起了“学天桥、赶兴升”活动。

这时，兴升馆划归“宣武区饮食管理处”。为充实兴升馆的力量，对兴升馆人员做了一定的调整和补充，于是我被调进了兴升馆，按照副科级待遇，那时我22岁。

到兴升馆以后，我主要做的是宣传和接待工作。当时来兴升馆学习参观的团体很多，全国各商业战线的人士都来得不少。对这些参观考察团体，我主要给他们讲解了兴升馆历史和解放后在党的领导下兴升馆合营后的一些情况，特别是取得的成绩和一些做法。

杨：您说过，一直在一线。

陈：当时我们单位的经理是老兴升馆的徒弟，平时好喝点酒，主要精力是抓经营。书记不太喜欢热闹，主要做企业的党建工作。我的分工除副经理职责以外，主要是宣传和接待工作。

那时到兴升馆参观的有曾山，就是老商业部部长，我就接待过。商业部还有个张副部长，长期蹲点在兴升馆。经常来的有曹保真，他是商业部的司长；杨东起，他是商业部的一个科长。还有北京市城市服务局党组书记丁铁峰，宣武区区委书记张旭、区长蔡平、区委常委郭华等。在这期间，我既是讲解员，又是接待员，和这些人打交道多了，建立了良好的关系和友谊，为我以后的工作打下了一定的基础。

杨：介绍什么情况？

陈：接待工作要避开饭口时间，通常上午在10点以前，下午在2

① 彭真在北京市第二届人民代表大会第二次会议上提出，在商业工作方面要达到“三少、两好、一便利”的要求。由此一个声势浩大的以“三少、两好、一便利”为主要内容的群众性的增产节约运动蓬勃开展，服务业的各项工作出现了新气象，各行业普遍增加了服务项目。

点到4点之间。基本上都是业余时间。主要带领客人参观，介绍企业的经营情况、收入水平、利润完成情况、人均劳效、企业是如何管理的、怎么样调动积极性的、职工是怎么样焕发工作热情努力为顾客服务的，以及工作中的经验。比如，当时兴升馆的职工搞卫生，都是在下班以后，大家拿着大板刷，刷洗桌椅，把桌子上的油漆都刷掉了，全都露出了白茬儿。现在看有些愚昧，但当时刚解放不久，北京气象一新，到处都是热火朝天的工作景象。

杨：生意怎么办?

陈：生意还是照做，各有分工。国家政策是赶英超美，职工工作积极性很高，人人学先进，争模范。到处都是“大跃进”的劲头，每天工作都在12小时以上。有个叫张友会的女服务员，和我年龄相仿，人敞亮，说话声音也大，服务热情，待顾客像亲人，被评为“全国劳动模范”。那时候她马上要临产了，挺着个大肚子，还端托盘呢，干着干着就不行了，马上要生。这时就赶紧送医院，走到半路上，孩子就生下来了。那时，这种事情很多，工作都有一种忘我的精神。

后来跟我一起搭档的俞博印，他媳妇儿叫阎桂芳，在大中旅馆工作，半夜12点，眼看着孩子就要生了，只能自己一个人去大栅栏医院，刚走到半路孩子就生在马路上了。附近有个浴池，爬着去敲浴池的门，给爱人打电话，爱人来了，用自行车驮着，送到医院。那个年代条件很艰苦，但是人们却没什么怨言。

杨：为什么没有怨言?

陈：解放前比这还苦，解放后还好很多呢。人们当然没有怨言了。

其实，旧社会的北京是另一番景象。一说北京的“四合院”，现在人们都说老北京四合院怎么好，其实，旧社会的北京，除了围着皇宫这一片，有些王府，有些大户人家的四合院，相当不错，其他的地方根本不行。到了南城都是用“核桃砖”（碎砖头）垒的房子，外表看着还行，却没什么真材实料。比如大栅栏这一片，你到那些四合院看看就知道了。过去在北京做买卖的人，都在城里置办个外宅，养个小老婆之类的，所以，大栅栏周围，除了一些商号是正经建筑，其他的都是拼凑的房子。就这个，穷人也根本住不起的。一出城，都是板打墙，上边支上几根棍子，铺上芦席，这就是房子。天桥一带全是这种贫民窟。进入20世纪60年代，才有所改善。我说的就是天桥自然博物馆一带。那里的房子都是用荆条支起来，外边糊上泥的建筑。

杨：就是金鱼池？

陈：在金鱼池南边路东一带。现在人们进北京打工，租房子住，过去不是这样，几个人搭个窝棚就算是家了。丰泽园的“了事掌柜”进京打工的时候，就在永定门外城墙根儿底下，搭个窝棚，和几个“要饭的”一起住。

二说北京的饮食。现在人们到饭馆就餐，几个人叫上一大桌子菜，吃不了剩下一大堆。过去是没有的，来饭馆吃饭的人既节省又讲究，比如要个“炮羊肉”还要嘱咐一下，“宽汁儿”。为什么呢，主要是用这点菜下酒，剩下点菜汤儿，拌面用。没有能天天吃饭馆的人。比如，现在老北京炸酱面，你去吃的时候，给你八个菜码，当时也不是这样，而是按照季节给您上一个两个菜码。那时候没有反季节蔬菜，冬天只能是黄豆芽、白菜码，您要吃黄瓜码，就得等到夏季。这还得说是北京的饭馆。北京的穷人基本上能吃上“杂和面”就已经不错了，偶尔吃一回面条，还得是两样面的，吃白面的，很少有人能吃得起。就说炸酱面，穷人吃，没菜码，就着几块萝卜皮就已经很好了。有的家儿人口多，买不起足够的黄酱，怎么办呢，炸酱的时候，兑上点水，抓把干面放在里边一块炸，多加一点咸盐，这就是炸酱了。

三说北京的冬季。冬季更不好过，大街上到处都是“倒卧”。什么是“倒卧”呢？旧时穷人，夜里没地方去，找个破庙的门洞就睡一宿，也许到了早晨就冻死了。

四说北京人吃早点。在北京花天酒地的人是有的，但是大多数消费不起。比如我的老掌柜，早晨就一碗茶，俩焦圈，这就是早点了，而这还只能是老掌柜的待遇，少掌柜只有看的份儿，吃是不可能的。穷人没有早点，大多数人都是吃了上顿没下顿。

解放以后，吃得饱了，穿得暖了，人们自当感谢党，感谢毛主席，所以，在那时候的苦，根本不算苦，大家没什么怨言。

杨：听说您不吃猪肉，到了汉民馆怎么办呢？

陈：我 12 岁出来学徒，在回民馆工作，久而久之，养成了不吃猪肉的习惯。到了汉民馆以后，接受不了猪肉了。和我一起调到汉民馆的还有一个人，叫张久元，他也不能吃猪肉，吃饭的时候怎么办呢？我们两个有时候就买两个馒头，再去隔壁的“六必居”买点酱菜对付。我还有个便利条件，就是离西珠市口食堂比较近，我可以去西珠市口食堂吃饭。而张久元是菜市口出来的，他就不方便了，没干多久，他就调回了回民食堂。

我在兴升馆两年多，一直不太适应那里的伙食，1958 年调进去的，到 1961 年就调出来了。

在兴升馆期间，我也得到了不少锻炼，我负责的团支部被评为“八好团支部”，成为了全国先进青年集体。那时候，领导机关不像现在这样，没有卫兵站岗，都是门口一个传达室，来找人办事，谈工作，很随便，推门就进。

先进青年合影（正中举锦旗者为陈连生）

三、在南来顺的29年

【访谈者按】从采访陈先生的过程来看，他在南来顺的这段时间，是他在“勤行”里最重要的29年，从一个普通经营者变成一个优秀经营者，从行业里的年轻人变成资深专家，都是在这个阶段的修炼所得，南来顺也成为他身上重要的标签。陈先生现在的头衔很多，饮食专家、北京小吃第一人、清真餐饮泰斗等等，但是跟业内的很多老人儿提起陈先生，第一印象还是“南来顺原来的经理”。南来顺的经历，涵盖了很多方面，在采访的时候，内容是非常丰富的。陈先生在这29年里所经历的、所思考的、所总结的东西非常多。我只把他大致的个人经历放在了这里，大量在这部分采访过程中口述的内容，比如怎么处理和职工之间的关系，再比如为什么要重视技术传承，都编辑到了其他章节。这一节的内容，我想更多的是从他个人的角度反映出一个时代的历史变迁。南来顺的这29年，历经了多个历史时期，可以从一个经理的经历，看到企业的变化、体制的变化，还有社会的变化。

除了陈先生的个人经历以外，我认为这一部分还有一个非常有意思的话题，就是南来顺的企业历史。南来顺是北京南城的一家清真老字号，最早要追溯到民国初年。天桥作为北京新的商业区刚刚兴起，祖籍山东的石氏六兄弟便在这里开办了专卖爆肚的小吃摊“爆肚石”，经过多年努力，积攒了不少资本。石润、石昆生、石昆林叔侄三人在公平市场开创了“南恒记”饭棚，苦心经营多年。到1936年年初，石昆生又改建房屋，重新挂起了招牌，叫“清真南来顺石记爆肚烤肉”，除了以往的小吃，又兼营起清真炒菜，一时买卖兴隆。1956年，南来顺也同样接受了政府的对私改造，成为了公有制经济的一部分，其招牌也随之下架，由宣武区统一调拨。1961年，困难时期已经历经三年，国家为了回笼货币，允许企业售卖高价食品，可以不收粮票、油票等票证，为了吸引顾客，政府又重拾“南来顺”的老招牌，以原菜市口小吃店为基础，又调集了当时宣武区的大量烹饪技术和服务精英，比如黑荫池、安国栋、梁德山等，重开了这家老字号。一楼还是按原有小吃店的方式经营小吃、快餐，二楼则以包间为主要形式经营宴席，既深受广大百姓的喜爱，其声名又远播于热衷于精美饮食的人群，可以说在当时的宣武、崇文，无人不识南来顺。如今的南来顺，总店已搬到大观园的西南，成为有几层楼并带有多家分店的大企业，依然保持着清真大菜与小吃并重的路子。以现在北京小吃店的总体状况，南来顺小吃店的小吃品种应该是最全的。

在南来顺就职时的陈连生

陈先生的口述当中，涉及南来顺的部分主要集中于20世纪60年代至80年代，他所讲述的企业历史、行业历史和体制变化的历史，都非常有趣，极其微观，又能从微观中体会到当时社会的宏观状况。更加可贵的是，陈先生还保留了大量与南来顺相关的材料，如当年公私合营的时候，清产核销的资产负债表，这不仅是企业的重要文件，也是中国商业历史的重要文献；再如陈先生自己在20世纪60年代中期撰写的南来顺简史，把企业的来龙去脉、企业原有特色、企业变化，都做了介绍。这些宝贵的历史文献，对于研究经济史、行业史、社会史，都有着重要的价值。

陈：因为我的表现不错，1961年（组织上）派我上党校学习，在车公庄，学习回来就没回去。

杨：调到南来顺了吗？

陈：没有，就在南来顺那一片的几个点搞“反后门”[①]，“反后门”反了一段。

杨：那时正是困难时期，“反后门”吗？

陈：对，反了一段。当时的宣武区区长蔡平觉得我不错，所以弄了一个经验叫“编算比查”。

杨：指什么？

陈：“编”就是把在这几个单位所产生的一些问题，编成辫子；“算”就是算细账、算经济账、算政治账；“比”就是自我比较，每个单位看看现在和过去有哪些改进；“查”就是查自己本身做得不对的，要自己做检查，谈你这个单位的负责人或者经营方面有什么毛病。“编算比查”指这么个经验。蔡平觉得我不错，那时菜市口小吃店这个经理本身有点毛病，需要找人替换。我们这个“反后门”工作组有五个人，我是其中之一。一个杨文山、一个娄梦晨、一个我，还有一个钟卫杰，还有一个（忘名了），就从这五个人中挑一个留在这。这是回民企业，这几个人相对而言，我在回民饭馆学过徒。

杨：这个您讲过。

陈：我有这方面的常识，又不吃猪肉，另外和那四个人相比我是最年轻的。因此，最后蔡平点名，让我去。其实这个企业本身在当时根本用不着蔡平点名，但是那时干部的管理不像现在，说我让你当书记，哥儿几个一同意就完了。那时不是，那时像这个支部书记这块归谁管呢？区委财贸部、组织部。

杨：李瀛（原来宣武区书记）那时不是在组织部吗？

---

① 三年困难时期，部分物资限量供应，故“走后门”问题严重。当时社会上流传着“一等人送上门，二等人人托人，三等人摸不着门”的顺口溜。1962年1月，商业系统开展“反后门”运动，发动群众，边整边改，堵塞漏洞。

陈：是，组织部同意了，还有主管书记，都通过了，还得在市委组织部备案。就一个基层支部就这么麻烦，不是像现在说我让谁当书记就行了，现在权力下放，公司经理指定让你去当经理就行了，那时不是这样。

杨：一个餐厅经理都得到市委去备案，哎哟。

陈：一个规模比较大的企业，支部书记必须经市委组织部备案。

杨：这就是所谓民主集中制。

陈：不仅是集中，要层层审查呀，审查非常严。所以要到市委组织部备案，我这个就是蔡平点名，他是宣武区区长。这里党委没的说了，基层支部没的说了，区长点名了，所以就把我安到那了。这一干，从1961年干到1989年，一下干了29年，我在南来顺干了29年。那么这29年，我觉得呢，也应该说给这个回民饭馆积累了不少经验。

杨：那是。

陈：我到菜市口南来顺，还是当副经理。为什么当副经理呢？因为我进去的时候124个人。

杨：这么大？

陈：75%是回民，那儿的经理是回民，出点问题觉得不行了，然后就换人。我那个时候在菜市口那块负责三个点的“反后门”，那时物资紧缺。

杨：那是困难时期了。

陈：有些人就是这样，1959年、1960年、1961年物资紧缺，就有人通过关系走后门，买点紧缺的货，我们就是“反后门”。也弄得不错，最后蔡平抓这一块，看上我了，所以就把我调到菜市口了。我有两个特点，第一是年轻，工作积极性很高、有成绩；第二是在回民馆学过徒，不吃猪肉、符合民族政策，就把我调到菜市口小吃店当经理。实际上是以副代正。经理是谁呢？是刘树深，这个人是资本家，这个人相当好，为什么成为资本家了呢？刘树深是学医科的，最后拜孔伯华为师，是孔伯华的徒弟。他父亲开了一个饭馆叫德兴斋，在门框胡同[①]北口路东。但是他父亲身体不好，最后瘫痪了，那也没辙，这个企业要经营啊，所以他就负责这个企业，就弄这个。最后公私合营，他父亲已经起不来床了，所以就以他的名义合营了。

杨：他就不当大夫了？

陈：当不了啊，那怎么办呢，这么好的医术。没有办法，就合并进这里面了，但是因为他表现不错，又没有历史问题，那么就属于孙孚凌性质的，在菜市口小吃店当经理。我到菜市口，那时还叫菜市口小吃店，我去以后改叫南来顺。

杨：也是原来的南来顺吗？

陈：原来的菜市口小吃店改名为南来顺。我是 1961 年调到菜市口小吃店，就把小吃店扩大为南来顺饭庄。

杨：是您调去以后把它扩大的？

陈：对，我的任务本身就是落实咱们的"八字方针"[②]。

杨："调整、巩固、充实、提高"？

---

① 门框胡同：位于大栅栏商业区，北起廊房头条南至大栅栏。1949 年前曾经以小吃闻名于世。当年的门框胡同汇聚了京城著名的小吃摊，从南到北依次有：复兴斋酱牛肉、"年糕钱"、"豌豆黄宛"、"油酥火烧刘"、"馅饼陆"、"爆肚杨"、汤圆的"厨子杨"、"年糕杨"、"爆肚冯"、"羊头马"、"奶酪魏"、瑞宾楼（原名祥瑞）褡裢火烧、"豆腐脑白"、"包子杨"、"俊王爷烧饼"等。这些贩卖小吃的小摊饭铺虽然门脸不大，但几乎每家都有悠久的历史和丰富的传说。1956 年后，门框胡同的老字号实行了公私合营，很多传承了数代的老字号被收归国有，一些门脸相继合并或者关闭。1985 年一些老字号陆续恢复并纷纷落户门框胡同，随着社会的不断发展，这些老字号的经营状况也各有不同，有些迁到了其他地方，有些则已经歇业了。

② 从 1958 年开始，由于在经济工作中指导思想上的"左"倾错误和自然灾害，给我国国民经济造成了长达三年的严重困难局面，主要表现为：国民经济比例关系严重失调，基建规模过大，粮食缺乏，通货膨胀，市场供应紧张，人民生活困难。为了解决这些问题，1960 年 8 月周恩来、李富春主持研究 1961 年国民经济计划控制数字时提出，经 1961 年 1 月党的八届九中全会正式通过，决定对国民经济实行"调整、巩固、充实、提高"的方针。基本内容是：调整国民经济各部门的比例关系，主要是农轻重、工业内部、生产与基建、积累与消费等比例关系；巩固已经取得的经济建设成果；充实那些以工业品为原料的轻工业和手工业品的生产，发展塑料、化纤等新兴工业；提高产品质量，改善企业管理，提高劳动生产率。"八字方针"的中心是调整。通过调整，提高整个国民经济的发展速度，适当控制重工业的发展速度，特别是钢铁工业的发展速度。同时适当缩小基本建设规模，使工业和农业之间、重工业和轻工业之间、积累与消费之间的比例趋于协调，使国家建设和人民生活得到统筹兼顾，全面安排。到 1962 年，经济调整工作开始取得了明显的效果。

陈：对。

杨：公私合营之后，1961 年之前？

陈：1961 年之前叫菜市口小吃店。

杨：这个字号在 1956 年的时候没有了？

陈：没有了，到 1961 年的时候，这个小吃店就改成南来顺了，把天桥公平市场、天桥南来顺迁到菜市口；把原来菜市口小吃店改为南来顺。这地方规模大，人也比较多，全区的人才力量都集中在这了。菜市口小吃店的前身是福生合冷热饮店，它的规模本身就比较大，那个资本家的资金当时大概是 2800 多块钱。

杨：那可不少。

陈：超过 2000 元就算资本家了，因为定资本家有三条，就是资金在 2000 元以上、三个工人以上、1956 年合营，根据这三条定你是资本家还是小业主，这是当时的政策。那么福生合的老板是 2800 多元资金，它的规模大，人员也比较多。私方经理叫王子明，这人在合营中算是基本守法户，把周围附近这些卖小吃的、出摊儿的、挑儿啊、车呀，都能联合起来，就改成菜市口小吃店，这是 1956 年的事。我去是 1961 年了，我去就是要把社会饭馆改成高级饭庄，大概要达到一个货币回笼的目的。

杨：有点类似于 20 世纪 80 年代那个重开老字号吗？

陈：不，80 年代重开老字号是改革，1961 年的时候是困难时期。

杨：为了达到货币回笼的目的？

陈：是，就是有人兜里有钱，没有地方花去，咱们货源物资很少，所以集中少量的货源，满足这一部分人的需要。

杨：但是也是打着老字号的旗号吧？

陈：也不是打着老字号的旗号。为什么要用南来顺呢，这里面有两个含义。一个是天桥南来顺那个地方本身就不太好，公平市场已经没有了。那么在某种程度上来讲，当时南来顺的名望还算比较高，因为过去宣武区的饭馆就是两益轩[①]、同和轩。

杨：您说的“三轩”，也就是两益轩、同义轩、同和轩。

陈：这些个当时都存在。

杨：两益轩呢？

陈：两益轩不存在，这些还存在。那么还有一层就是南来顺本身，在某种程度上还有点封建色彩。

杨：听名字更那什么？

陈：所以用南来顺这三个字办的，过来两个人，一个人是南来顺掌柜的兄弟，老三，叫石昆林，这是正式南来顺掌柜里面的，南来顺的人，还有一个就是黑荫池，跟石昆林俩人是郎舅亲。石昆林的老伴儿是黑荫池的妹妹。这么个亲戚，过来这么俩主要的人，改成南来顺饭庄后把宣武区所有服务公司里的红案、白案[②]、小吃、面点高手，都集中到南来顺了。这个地方又稍微扩大了一些，把有的街坊的小户都迁走了，扩大了一下、装修了一下，上面弄了几个单间，这个在当时的宣武区就算最大的饭庄了。

杨：跟原来的南来顺有关系吗？

陈：有关系。有什么关系呢？我调到那里以后，就从天桥南来顺把字号搬来了。在回民饭馆当中，南来顺的名望比较高，过去马连良他们这些人在天桥剧场、天桥天乐、小桃园这几个剧场唱戏，经常到那吃饭，像侯宝林、郭启儒他们，多少有点名气。为什么改呢？就是当时困难时期，我们国家采取“八字方针”：“调整、巩固、充实、提高”。调

---

① 两益轩：开业于1913年，创办人是牛街回民杨德山、王永寿。创业之初，只是在李铁拐斜街里的“三元客店”摆了个小食摊，后来买卖渐趋发展，1918年开了一家饭庄。由于经济实惠、烹制精良，又注重南北菜肴的取长补短，改变了清真菜芡汁大和口重偏咸的烹饪手法，使菜肴更符合广大食客的饮食需求，为北京清真菜增添了很多新的品种，如：红煨鸡、白煨鸡、烹虾段、东坡羊肉、它似蜜等，曾门庭若市、显赫一时。由于激烈的商业竞争，于1949年年初歇业。1987年4月在牛街北口广安门内大街路南恢复了两益轩老字号。

② 红案、白案：酒楼、饭店的后厨师傅的分工。在北方，“红案”指鱼、肉、蛋等制作，“白案”指米、面、点心等制作。

整什么呢？商业本身就是少量货源，集中比较好的企业卖高价，达到一个什么目的呢？货币回笼，当时的情况是社会上老百姓有钱，没东西，真有钱的人买不着东西就埋怨，一般老百姓就是凭票凭证保证供应。比如马连良有 300 多块钱工资，乐松生他们是资本家，第一是本身就有钱，第二是工资高，买不着，怎么办呢？就是少量的货源供应这些有钱的，特供，就形成了高价饭馆、高价点心。

杨：高级糖什么的。

陈：对。凭票是 1 块钱 1 斤，不凭票就是 3 块钱 1 斤了，你有钱不花干吗？政府达到一个货币回笼，满足那些有钱的人买着东西。南来顺要改就是为了提高身价，卖高价。菜市口小吃店不能卖高价，所以改成南来顺饭庄。第一是装修了，第二是有单间了，第三是把技术条件好和服务态度好的都调到这儿，你来了以后饭的质量又好、服务态度又好，所以价格就高。我去了菜市口，把那里改成南来顺饭庄。

杨：南来顺原来有这么高的档次吗？

陈：没有。南来顺本身就是天桥的一个铅板棚。

杨：跟东来顺、西来顺都没法比？

1958 年位于天桥的南来顺饭馆旧照

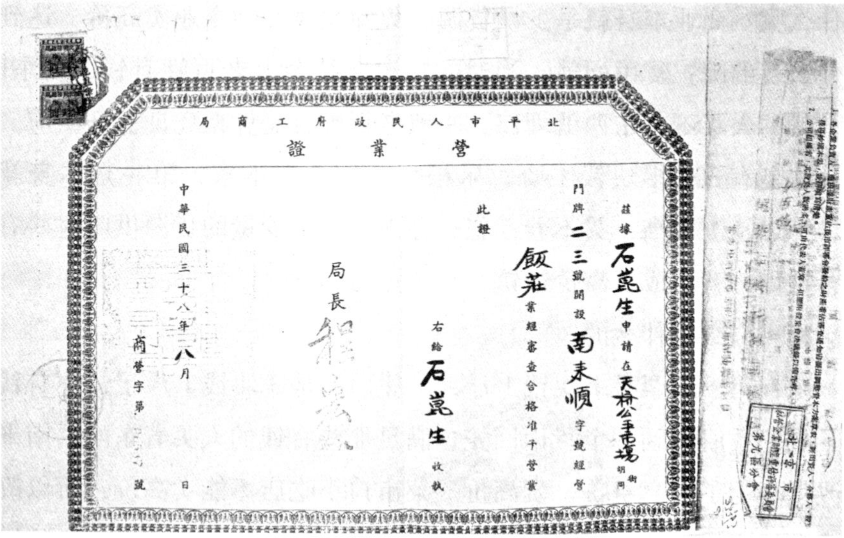
北平市人民政府工商局
營業證
茲據石崑生申請在天橋公平市場街胡同門牌二三號開設南來順字號經營飯莊業經審查合格准予營業
此證
右給石崑生收執
局長
中華民國三十八年八月　日
商營字第　號

解放前南来顺的营业执照

陈：对。后来因为经营好就翻建了。我有这个历史材料，包括资金改造、投资年份什么的，我都有，还有营业执照我也有。

杨：您怎么有营业执照？

陈：改成南来顺，就从南来顺调来两个人，一个叫黑荫池，一个叫石昆林。石昆林是南来顺掌柜的老三，但是他不掌权，是服务员。这个黑荫池跟石昆林俩人是亲戚，石昆林的老伴儿是黑荫池的妹妹，这样就是郎舅亲。俩人一块调到南来顺，就代表南来顺来人了。这俩人一人当服务员，一人生产。

杨：生产是什么？

陈：生产就是做饭，黑荫池技术水平高，他是“馅饼周”[1] 学徒的，后来自己开了八年饭馆，叫东德生，以后不干了，回到天桥南来

---

① “馅饼周”：清末开业的清真饭馆“同聚馆”，位于煤市街中段的施家胡同。据称当年该馆有两层楼房，菜点精良，做工精细，尤以经营“炮羊肉”而闻名，后来因著名大鼓书艺人刘宝全的关系而发展成名菜“炮煳”，并成为清真餐馆的一道名菜。它出名的品种还有牛肉馅饼，其外皮酥香，汁鲜味香，成为京都一绝，而享誉北京。因掌柜的名为周小亭，因而人们也称“同聚馆”为“馅饼周”。

顺。他的特点就是切肉、爆肚，比如说切肉片谁切得好，我就说谁也没有黑荫池切得好。你给他一斤肉，切成 60 刀，就这么高水平。

杨：这个“馅饼周”是不是也合并到南来顺了？

陈：没有。“馅饼周”的人到南来顺了，“馅饼周”1952 年就关张了，他们人多啊。调了这么两个人来，所以菜市口小吃店就改成南来顺饭庄。然后怎么办呢？公司直接管理了，过去是一个中心店，现在党支部独立了、行政独立了、工会什么的都独立了。我仍然是副经理，以副代正。因为经理是刘树深，他是资本家，不敢管事，但是这个人确实是好人。他在企业干什么呢？发挥他的长处，没事的时候刷碗，有人来看病，就给公司的人看病。他这个老头跟我合作得很好。实际上是我掌权，那时候我在那大概合作过三任支部书记，第一任老钟是从银行调来的，第二任是老魏，第三任是老于，他走后我就是书记兼经理。现在老钟还活着，其他的已经都死了，都比我岁数大。到南来顺这个地方，应该说我干得也不错。1961 年进去的，1963 年 2 月 23 日《北京日报》登的文章说，南来顺把买卖做活了。那时登报纸可不像现在，那可费劲了。第一是基层党支部得把你的材料写好，全体党员讨论通过；第二是送到公司，公司党委讨论通过送到区委；然后区委宣传部，包括主管书记都同意了，再报市委；最后再由市委宣传部通过。范瑾是谁呀？《北京日报》社长，这位老太太是市委常委，《北京日报》社长，她同意了才能登报纸。在当时的情况是这样，报纸一登，领导就去了，就说这个单位经营得好，但政治工作跟不上。

杨：为什么政治工作跟不上呢？您不一直就抓这个的吗？

陈：我本身是搞经营的。

杨：但是您原来做从团到党的工作啊？

陈：但是有专门的书记啊。就说政治工作跟不上，然后就赶紧换书记、调整。换书记也不能一下就把人家调走啊，人家也没毛病，先看看吧。

杨：是啊，不能说一先进就把书记调走啊。

陈：然后就是加强支部工作，就找我谈："连生，你不能忙于业务，政治、业务不能分家，政治上要下点功夫。没有没有政治的业务，也没有没有业务的政治，政治上要下功夫。"我和书记配合得不错，总体上还行，最后到了1964年，因为南来顺经营得好，就扩大，然后拆了翻建。我去的时候是平房，后面有个小楼，很简单，后来拆了东西两侧的，还有旁边的民房，然后建了1240平方米的南来顺饭庄，规模就相当大了，在北京的清真馆中规模是最大的、人数最多、营业额也是最高的。

杨：那时有多少人？

陈：最后是198人。1964年翻建以后，在北京就形成了四个小吃店。南来顺是饭庄兼小吃，应该说在北京小吃店当中南来顺的规模最大、品种最全、质量最好。

杨：还有哪三个呢？

陈：一个是西四小吃店。

杨：现在都没了。

陈：对。一个是隆福寺，一个是大通，实际是崇文，现在也拆了，就是前门箭楼往东，后来改同仁堂了，那个地方叫大通，后来改名叫什么，我就不知道了。北京市这四大小吃店，唯有南来顺是带正餐、带小吃。这四个小吃店在1964年到1966年"文化大革命"以前，竞争得很厉害。

杨：这个带正餐、带小吃店特别不好做。

陈：是，第一是时间长，早点、午饭、晚饭、夜宵。早晨起来5点到晚上12点，这个班次非常多。

杨：过去掌灶的好像都是红案的？

陈：是。

杨：那带小吃，小吃又这么有特色，白案的师傅肯定也得很好。

陈：白案、红案这一块，包括服务。我到南来顺以后，改成南来顺饭庄以后，就把全区所有回民饭馆里的精英都集中在菜市口了。厨师是金士光、安国栋、陈国路、马红禄，这些人是过去在两益轩、西来顺等最好的厨师。

杨：您都给调来了？

陈：不是我调的，就是上级给组织的，都集中在这了。面点师像“俊王爷烧饼”“馅饼周”，这些店的职工也都调去了。就是有头有脸的技师都调进来了，就是这样。

杨：两益轩呢？他们的传承就不灵了。

陈：但是你要知道，这个企业已经突出了，那些企业就平淡了。

杨：就把平淡企业里的骨干拉过来？

陈：你要卖高价，你们得给人家好东西吃啊，你收人钱多了，服务不好、质量不好、饭菜不好不成。所以为了卖高价，就把技术力量集中了。1964 年以前都是高价，1964 年翻建以后到 1966 年“文化大革命”，这一段应该说我在那里发挥的作用是相当不错的，也是比较得天独厚的。应该说在宣武区里干饭馆，我是拔头筹了。接待的对象，我可以跟你说，文艺界京剧方面的从马连良往下说，马先生、萧先生、张君秋、荀慧生等等都是我的常客，因为都在附近住。

杨：而且知道好手艺都到您那去了。

陈：比如马连良进我那个饭馆先不找我，进门到厨房就说：“辛苦辛苦啊！”得，你甭说了，你也别张罗，这顿饭错不了，因为马先生来了。比如张君秋就在北大吉巷，就是菜市口小吃店往东一走，路南那胡同，进去一拐弯就是。菜市口跟米市胡同就差 20 米远，就在那里住。荀慧生在山西街①住，萧长华在西草厂住，就是几步道儿，所以都是我那里的常客。像书画界的黄胄、黄苗子、董寿平、侯恺②，市里的叫范儒生的，都是我那里的常客。因为什么呢？他们在荣宝斋画完了以后，

---

① 山西街：位于原宣武区东北部，东起南新华街，西至宣武门外大街。

② 侯恺，回族，山西左权县人，生于 1922 年，1938 年加入中国共产党。1950 年起担任荣宝斋党委书记兼经理，直至 1985 年离休，是荣宝斋历史上任职最长的经理。他把荣宝斋从一个濒临倒闭的私人作坊，变成了享誉中外的中国传统艺术殿堂、书画家之家和对外文化交流的窗口。

就到这吃饭，特别是侯恺，他媳妇儿白燕是回民，牛街的。侯恺吃饭，有时她去，必然会去回民馆。还有就是这些人本身，黄胄本身在新疆待的时间长，他喜欢新疆菜、喜欢回民菜，到了南来顺点名要吃爆肚、白汤杂碎、新疆薄皮包子。

杨：新疆薄皮包子是蒸的，里面有洋葱和羊肉的吗？

陈：对。张旭跟黄胄俩人是老乡，张旭是宣武区的区委书记，范儒生是北京市委副书记，也是酷爱书画，都是我那里的常客。这是政界这一部分。再一个呢，丁铁峰对我印象挺好，北京市城市服务局局长，是北京市局级的尖子。像副食品商业局的董士成，就是上几届的旅游局局长董春生的爸爸，他们属于市局这一块。丁铁峰爱喝，就到我那里去。那时丰台有个畜牧厂，是二服务局的，丁铁峰早晨起来出来以后，该干的事都干完了，就到丰台钓鱼去了。钓鱼回来以后给张旭、蔡平打个电话，就说："走，咱南来顺，我钓鱼来了。"

杨：南来顺给做他钓来的鱼？

陈：是。他从丰台回来以后正好路过菜市口，跟我又熟，从我1958年在兴升馆的时候，我当团支部书记的时候，他就跟我熟。那时市委财贸部刘来夫是部长，苏一夫是副部长。"28面红旗"，他是长期蹲点。像市委财贸部、团市委青工部，我是非常熟的。苏一夫跟我也相当不错，"文化大革命"的时候给苏一夫弄到宣武医院当副院长，不是离菜市口更近了嘛。没事就找我去，就说，"小陈啊。"他病的时候，我还帮他找大夫。丁铁峰也是，病得实在不行了，我还给他找过大夫。这些人跟我们的关系都不错。但是不是拍马屁、送礼，我没登过人家的门。

杨：是，就是工作关系。

陈：比如丁铁峰死的时候，让我去参加追悼会，人家是市局局长，我是卖烧饼的。但是他爱人对我印象不错，原来是北京玻璃厂的党委书记。刘峰死了，她就通知我了让我参加追悼会。蔡敬之知道那是前几任的局长，就说："这小陈跟他们什么关系啊，怎么通知他参加啊？"还问我跟他是什么关系，我说：“我跟你什么关系，跟他就是什么关系，就是工作关系，他们认为我好。”记得有两件事，1961年我到南来顺当经理时，局里给了两辆小奔驰。那时候丁铁峰骑自行车，有一天骑车到了菜市口。一进门就说：“去，把经理叫来。”“哎哟，你是经理呀?”“我是呀。”“小陈，不错呀，你干大买卖了。”“什么大买卖呀。”“这个多少钱？多少利润?”我就回答了。“这个卖多少钱？多少利润?”他听完之后就说：“还行，你都清楚。”他对我印象不错。他老去，他一去，宣武区的头儿，北京市服务口的头儿也去，我必须在场服务啊。

杨：就说明您那个饭馆特别招人啊。

陈：是啊，有特色。报纸登的就是南来顺把买卖做活了。我当时提出的口号是什么呢？满足各类不同群众的生活需要，你买炒饼这儿也有，买烧饼也有，买高档的东西也有，中档的东西也有，办喜庆宴会也行。

杨：您的买卖得多不好做呀！

陈：相当忙啊，什么样的人都有。然后郭华说了一句话，就说：“南来顺一年的利润，买飞鸽车160块钱一辆，从前门一个一个挨着排，得排到菜市口。”就说我赚的钱这么多，所以各界对我印象都不错，各级领导对我印象也不错。第一是我年龄小，第二算干得比较出色吧，所以这一辈子没离开南来顺。

南来顺的老师傅们（左：安国栋，中：梁德山，右：黑荫池）

杨： 您刚才一直说20世纪60年代，我就想问一下1959年到1961年这三年，饭馆是什么情况？

陈： 这三年饭馆非常惨，粮食供应不足，各种原材料供应都是有限的，像那个盖饭。现在大街上有卖盖饭的。

杨： 跟那个一样吗？

陈： 不一样，那个质量是相当次的，都是残次品，成不了形，乱七八糟的最后切切，然后一做，就是菜盖饭，什么菜都少。后来有一种，你知道菜市口卖的羊肉吗？羊和猫一样大，那也没办法。羊切不了怎么办？整个煮，然后一抖落，属于肉的这块就卖去，骨头这块5毛钱一盘，确实困难。南来顺是特供，那小饭馆就更别说了，没的卖了，所以卖的东西本身就是很次的。凭票、凭证供应的这些东西还算可以，但是毕竟是困难时期，什么都没有，羊长不大就收上来了，要不然没有啊，就这么困难。反正那个年代就是粮票、豆票、糖票，17级以上有豆票。

杨： 有糖豆干部。

陈： 17级是豆票，13级是糖票。

杨： 还有肉蛋干部？

陈： 是。就是按照级别发放不同的营养品，那时浮肿很多啊。

杨： 是。记得李瀛先生就说都是浮肿，弄那个假肉。

陈： 人造肉。

杨： 那什么东西？

陈： 也是化学物质，加上菜和粮食混合做成人造肉。李瀛那年还是在宣武区呢，他是组织部部长，后来是副区长。在“文化大革命”以后，他在崇文饮食公司当副主任，主任是徐大水。

杨： 那时候吃饭的人多吗？

陈： 不少。

杨： 可以卖高价？

陈： 卖高价是一部分，那一段有“盲流”知道吗？

杨： 为什么呀？

陈：农村更苦，没的吃，来北京要饭。

杨：河北的吗？

陈：哪的都有，北京还这么苦呢，农村更苦了。确实有饿死人的地方。来北京要饭，盲流很多。

杨：他们没有粮票啊。

陈：你要知道，盲流到了北京，桌子上的东西都吃啊，咳，困难时期啊。你知道豆腐渣，南来顺本身做豆腐脑，就说："陈经理啊……给两碗豆腐渣就是好东西啊。"那时南来顺磨豆浆，一上午就八罐豆浆，就是 80 斤，这样就出好多豆腐渣。周围左右的，职工、亲戚朋友都找我来要豆腐渣，见我客气极了，简直是恩人啊。我一句话，给两碗豆腐渣，那一家子能吃一顿，过一天的生活了。家里有点主食，掺上点豆腐渣，就是这样。菜帮子、菜叶子，什么都是好东西，那时饭馆可是红火得厉害。我们在饭馆当头儿，到哪里都受欢迎。通过走后门，还买我二两糖火烧。你知道南来顺到什么程度？这当然是困难时期以后了，卖元宵是全北京第一。

杨：为什么呀？

陈：就是三天，卖十万斤元宵，八毛钱一斤。

杨：怎么卖这么多呢？

陈：八毛钱一斤，一斤粮票。一斤粮票给三十个，三十个一斤七两五（一两合 50 克）、一斤八两。那时候副食店也没有卖元宵的，一个又一顺、一个南来顺、一个锦芳。卖得最多的是南来顺，南来顺卖元宵的时候前后门都堵上，排大队，派出所警察在门口站队，防止加塞。

杨：为什么会到这种地步？

陈：你想，平时缺粮食，好容易到了这个节日，放开了也要给粮票，但是少。

杨：一斤元宵要一斤粮票？

陈：一斤粮票给三十个，三十个给一斤八两，一个是六钱。不像现在一斤是一斤，那时你要一斤，给你一斤八两。菜市口警察给你站岗，就是不让加塞，那个大队排得呀！你想想一个元宵节卖 10 万斤元宵。去年南来顺卖元宵卖到 8000 多斤，我心想了，连当年个零头都不够。

杨：锦芳的元宵我年年都买。

陈：他们元宵的馅儿跟南来顺的打法不一样。锦芳的馅儿软，他们不砸。不像咱们过去传统的砸馅儿，他们是拿这个走锤擀平了，然后拿刀一划，然后一风干。过水走，好煮、容易化。南来顺是老的传统做法，100 斤糖搁上 8 斤面粉，多少果料，然后砸，之后是切，然后往房上晾。卖元宵就怕热天，冬天打完馅儿以后搁房上一倒，冻干，下来一摇成形了，回家一煮就化了。这个馅儿干了，吃到嘴里都不化。

杨：困难时期，就是您调南来顺前后的那个时期吧？

陈：是。

杨：这盲流是什么样儿？

陈：就是盲目流入城市的人。

杨：20 世纪 80 年代还有这个称呼，我还赶上过。

陈：盲目流入城市，无着无落。他们到城市就是要饭、捡吃的。

杨：等于就是难民似的，乡村难民？

陈：比如乡村生活困难，没吃没喝，得了，跑北京吧。有的是扒着车来的，有的是走着来的，有的不定怎么着，到了北京生活条件就好一点，要也有一点，农村跟谁要去？所以就是盲流，盲目流入城市，简称盲流。那么那时候城市管得比较紧，怎么办？就把这些人集中起来，凡是盲流都集中起来，在哪啊？大观园。

杨：那不是有苗圃吗？

陈：对呀，苗圃那集中一个地方，在那能把人弄好了，是张家、李家的都弄好了，然后往回送，给您送回原籍去。就跟现在上访一样，到时把人给截住了。你是陕西的，陕西的来接，山东的，是山东的来接。所以盲目流入城市简称“盲流”，那盲目流入城市的这些人本身生活无着无落，有些人肯定会要受到伤害。盲流持续了很长一阶段。困难时期是一个高潮，过了困难时期，大概七几年，大观园没建之前，那一段也是一个高潮。

杨：那是20世纪80年代了？

陈：对，也是一段高潮。大观园建在那个药膳公园，直接种药材，在那个基础上建的。

杨：困难时期就有要饭的？

陈：有要饭的。这些人要得着就要，要不着就偷呗，小偷小摸。

杨：所以经常到饭馆？

陈：倒不是，哪能偷就偷。

杨：饭馆经常能见到，因为有剩饭。

陈：要啊，你在这吃，我就跟你要啊。

杨：饭馆管吗？

陈：管啊，这不连轰嘛。你怎么轰，他也是多啊。你这吃着，有人就比较心善，得，给你吃吧。人家给了，你也不能不让他吃喽。服务员心里也明白，穷、饿不是才要嘛。就是这么个情况。盲流有两个阶段，我记得后一阶段我是派了一个职工去参加管理，这人叫张方好，是美味斋现在那经理的丈夫。派他到公园去管盲流去。你看这得有点胆量，身体还得好，弄不好还打架，你还得能管。两段，第一段是20世纪60年代初的困难时期，第二段就是七几年、八几年。

杨：那个时候是因为什么？七八十年代是为什么？困难时期好理解，因为是饿嘛。

陈：对，那个时候也是有些地方可能是收成不好，反正有这么一段。毕竟是北京啊，在外面的人都觉得北京好呗。家里遇上困难，就跑北京了。

我在南来顺这29年，跟这些历史也很有关系，比如我在1964年还有一段挨整。

杨：您为什么挨整？

陈：1963年年底北京开始“四清”①，北京成立一个“四清”工作队。

杨：“四清”不是有很多奔农村的吗？

陈：北京市商业“四清”，成立一个工作队。工作队队长是项子明，他是北京市委机关党委书记。反正都是各级局长，还有永贸公司的经理。永贸公司是什么？是中国建筑总公司的前身。这个人性子直、爱批评人，他是副组长。下边都是一些副局长，带着北京大学、清华大学60多个学生到椿树蹲点，椿树街道是北京市“四清”的一个试点单位。椿树那里我的买卖最大，所以就蹲我那里了。“四清”清什么呢？清政治、清经济、清组织，还有什么呀，就是“四清”。到我那第一是经济不清。

杨：为什么呢？

陈：最后怎么办呢？重点对象就是我了，我是搞经营的。所以60多个学生，全是大学生，二十几个局级以上的干部，就在菜市口南来顺蹲点。扎根串联，找穷苦的孩子，那时候刨根啊，苦大仇深的这些人组织起来准备清我了。清什么呢？清经济，因为我这个人喜欢穿，我到菜市口小吃店的时候工资49块。在从兴升馆调走之前给我涨了5毛，四十九块五，行政等级是23级，那时候讲级嘛。一年四个季度奖，一个季度一等奖18块。我这个人没别的嗜好，不抽烟、不喝酒，就是买件衣服，所以我喜欢穿。我的穿衣服是个重点，挣40多块钱老穿这么好的衣服，家里还有三个孩子和老人。

那时一个是“走资派”，一个是“社会主义当权派”，找两种人嘛，

---

① 1963年至1966年在中国农村和少数城市基层开展的社会主义教育运动。主要是毛泽东对当前形势做了“左”的估计，认为中国社会已经出现了严重的尖锐的阶级斗争，资本主义势力和封建势力正在对党猖狂进攻，要求重新组织革命的阶级队伍，把反革命气焰压下去。运动的目的是为了整顿干部作风，解决干部、群众之间的矛盾，防止在中国发生修正主义和“和平演变”，巩固社会主义制度。农村的社教运动开始以“清工分、清账目、清仓库和清财物”为主；城市的社教运动为反对贪污盗窃、反对投机倒把、反对铺张浪费、反对分散主义、反对官僚主义的“五反”运动。后期都发展成为“清思想、清政治、清组织和清经济”四个方面，通称为“四清”。

然后就找走资派，重点就找我。不罢官，就是清你，你自己写检查，大家提意见、贴大字报，折腾了八个月。早晨起来5点钟骑三轮车到菜市口菜市场拉菜、拉肉，一天八趟三轮，上午四趟、下午四趟，每一趟三轮都1000多斤，自己装、自己卸，比如370斤的大油桶，我这么一早就起来，自己装车、自己卸车，每天两桶油。上东单菜市场拉肉，因为肉是特供的，指定地点，东单和菜市口，菜市口一家供不过来，就去东单。上油门拉油、麻酱、杂粮。

杨：油门点设在哪？

陈：南横街西口路北边，过去是粮食局。所谓油门就是供应企业的，不零售，只批发。上粮食店土产拉粉丝什么的，反正一天八趟活儿，早晨四趟，下午四趟。

杨：折腾您八个月，每天这样？

陈：是，白天这样，晚上写检查。我检查过七次，七次都没通过。

杨：为什么呢？

陈：经济不清啊，到了第七次查完不行，后来我给原来区委的书记打了个电话。他那时候也是被清（查对象）。

杨：也不得志？

陈：也被清。我说："书记，你看现在这个怎么办呢？""小陈，你该说什么说什么，你的问题我知道，都是我造成的。""那有您的话，我就说了？""说吧。"

杨：怎么都是他造成的呢？

陈：当时区里一些领导拉着局长吃饭，吃完饭谁给钱啊？抹嘴就走啊，支部谁知道？咱们就记账。你说这些当官的吃饭有掏钱的吗？比如有个副食品商业局局长就说："这么好的饭，×××也不来。"×××那时是副市长，就说："给拉菜市口来，这买卖多好。"你说这人给钱吗?!

杨：不给啊?!

陈：哪有给钱的，全记账。职工有时说："这些人吃完饭怎么都不给钱呢？”钱去哪呢？但是咱们有账，账都是清楚的。

杨：所以七次通不过？

陈：但是有一个问题，“四清”之前，“23 条”没出来之前，市领导把北京市所有饭店什么的，这些单位找到一起，所有账本全部烧掉，不许有。这个时候我们公司党委两个人，找我要账本烧。当时我脑子一动，烧账本不对，这是商业最忌讳的，哪能烧账啊，不出任何问题绝不能烧账啊。可是说党委决定要烧，这是上级的指示。市领导说的话谁敢不听啊。我说：“烧账也不行啊。”“你别管行不行，把账烧了。”我说：“那好，我烧吧。”“你烧不行，得当着我们的面烧。”“那我得找会计，我没有账。”然后我一转弯，我就让会计回家，今天先躲开。然后我说：“会计今天休息，账拿不出来，你明天上午来，他来了以后，咱们烧。”这样他们就走了，走了以后我就把会计找来了，我说：“老武，你把账给我抄一下。”就把他们这些人吃饭的账全部抄了下来，我就记在本上，放我办公桌里了。第二天来了以后把账烧了，就是这样。

杨：您有这个账才能应付“四清”这个事？

陈：最后我实在受不了了，检查得脖子都酸了，一站就俩钟头，什么态度不好、批评职工、官僚主义等等，最终围绕我的就是经济。我老不说经济，就说我狡猾、只谈鸡毛蒜皮。你说我怎么说呀？最后我给原来区里的书记打了电话，书记说：“小陈，麻烦都是我们造成的，你该说什么说什么。”这样我就把账本拿出来。当时在我们那里蹲点的秘书长是北京市煤灰公司的经理，他一看，他也傻了。第一个就是当时在南来顺蹲点的副组长，他是宣武区区委书记，接原来书记的。原书记调出宣武区，这位副组长来接，那天是原书记给现任书记洗尘。

杨：在这吃的？

陈：都是各局局长、各区里的领导，第一笔就是他们的，合计 360 块。他一看就傻了，工作组组长在这呢，他是南来顺小组副组长，头一个没给钱的就是他。看完以后一数，全是当官的。

杨：马连良人家肯定给钱了？

陈：是。结果第二天找我谈话，就说："小陈，你解放了。"我说："怎么解放了？""你的账清了，没你的责任。你是社会主义的当权派，走社会主义道路的当权派。"清就是清我贪污，我哪有这么多钱买衣服，这些人吃饭的钱哪去了？这本账一拿出来，我算解放了。但是呢，在这个过程中，我的罪可受了不少。天天八趟活儿还不算，企业有时还有事。有一天有件事，那时的小孩儿学工、学农，小学生到单位参加劳动，刷碗、拾盘子什么的。那天夜里有一个职工叫赵得寿的和面，和面机就那么搅，他拿白搪瓷盆往里一倒，这个搪瓷盆外皮脱落，滚下去了。

杨：哎哟。

陈：这样一袋面把搪瓷盆的这外皮搅碎了，然后这个面拿出来就没法吃了。当时粮食紧张，也困难啊，1961 年。怎么办呢？扔了吗？扔了也不行，原先有一个扔了，给开除党籍了，叫杨昆。因为他就是剩点馒头什么的，都坏了，然后给扔了，之后让人家检举说浪费粮食，给开除党籍了。那这袋面怎么办？这是 1961 年的事。我就找这个小孩儿，第一是让他先挑这个面，然后烙大饼，整张的大饼。之后拿镊子，让小孩儿接着拣挑。挑完以后切成饼丝，挑干净以后就卖炒饼。结果这事算是资本主义经营，对人民不负责任。当时的领导就在千人大会上说："南来顺一个有人性的都没有，挂羊头卖狗肉，卖搪瓷烙饼，要把人嗓子划破了怎么办？吃到肠子里怎么办？"在千人大会上批我。那没办法，只能接受，这是资本主义经营啊，你倒是没浪费粮食，但是你对人身体健康不负责任啊，没有办法，没有地方说理。我有一个职工，这事是我的责任。有一个顾客，人家要一个肉片木樨，他给人家上了一个炒木樨肉。

杨：这个有什么区别？

陈：当然有区别，肉片木樨是肉片木樨，木樨肉是木樨肉。结果一上桌，人家说不要这个，要肉片木樨。这个服务员回答得简单，就说："您吃这个吧，这还省钱呢。"人家顾客不干了，就说："你们这个服务员瞧不起人，我们吃不起不来吃，上错了还说给我们省钱?”我找这个女的谈话，她态度不好，我说：“人家叫你给人家过日子是怎么着?”就这么一句话，三年了，到“四清”的时候还记得。最后工作组让我专门给她一个人检查，工作组所有人都听着，职工都走了，就给她一个人检查、赔礼道歉，说是侮辱人家了，到了这个程度。

杨：原来我一直认为“四清”主要针对农村，没想到城市也有。

陈：北京也有，唯一的是椿树，椿树唯一的一家是南来顺。

杨：唯一的就让您给赶上了?

陈：是，南来顺唯一的就是我，这么多领导，就让我赶上了。每天洗工作服，里面是工作组小组开会，就说：“去去去，你是听贼话呢?”我心想，你们都是贼啊?我就上那边洗去了。有一个女职工，是小孩子脾气，就说：“陈经理，您走吧，我给您洗工服。”“别，我现在这种情况，你可别沾我，要不你就沾边了。”“没事，我不怕。”有一天说我贪污，占企业便宜没够，结果清华大学一个学生找我谈话，就说：“你怎么还占公家便宜?”“我怎么占公家便宜?”“你骑的车是不是公家的?”“是。”“明天放下。”我说：“好。”第二天我就放下了，不骑了，我走着上班。我在樱桃园住，走着去菜市口上班。我心想了，你们坐的汽车是谁的?你们领导屁股后面冒烟，都是自己的?你们也是公家车，我也是，我怎么不能骑?过了三天，蹲点的秘书长找我，就说：“小陈，你怎么不骑车了?”“工作队说我占便宜。”“我可没说。”“你没说，工作队队员说的呀。”“你骑吧，那不算你占便宜。”我心想，你们屁股后面冒烟不算占便宜，我骑车就占便宜?最后就是臭批我。好不容易把这个事弄清楚了。第二天找我谈话，我就是工作组成员，并且是这个小组的副组长，就证明我解放了。但是我觉得，尽管这么批、这么斗，但是还是觉得老共产党好。

杨：怎么个老共产党?

陈：工作队撤的时候，几个主要成员找我谈话，给我赔礼。尤其副组长说：“小陈，对不起你，我们错批了你。我们来的时候就想弄条大鱼，觉得你是大鱼，没想到虾米也没捞着，让你受委屈了。”深深给我鞠了一躬。我说：“不管办什么错事，能承认错误就好。”毕竟人家不是一般干部，那是高干啊，最后是国务院机关事务管理局局长、国务院副秘书长，后来当秘书长了。毕竟是个老同志。错了就认错，不管怎么说，你受了多少委屈，这点被承认了，对方敢于承认错误，说对不起我。我说：“咱们也长了知识了，也真正受到了教育，也知道什么是对，什么是错。”所以“四清”这一段对我绝对是个教育。

杨：太深刻了。您谈到“四清”，“四清”以后就“文革”了，“文革”的时候，您在南来顺经历了什么呢？

陈：“四清”对我是一个好事，虽然是受点冤枉。

杨：可是毕竟跟“文革”时候的感觉不一样。

陈：“文革”本身就没事了，为什么没事呢？因为“四清”刚完，接着就“文革”，在我身上还能找什么？职工刚找完，所以我就没事了。

杨：经过考验的干部。

陈：没事以后怎么办呢？就是劳动带管理，整个“文革”我就挨了三次批。不是批我，是陪斗，批区委书记、批二局的局长，这个我是陪了三次。我个人没挨过斗，也没挨过批，也没写过检查。两派当中我谁都不沾，你说革命，他说革命，在我面前都是革命。

杨：南来顺有两派？

陈：两派，哪都两派，不只是南来顺。

杨：我觉得有的地方两派都不止。

陈：总体上是两派，一个是所谓的保守派，一个是革命派。你说你是革命派，我是保守派，反正一个保守、一个革命。其实啊，究竟谁革命、谁不革命？我说了，在我面前你们都是革命，谁都不是保守的，都是革命的，因为你们都是我的职工啊，每天辛辛苦苦在一起工作，不都是革命吗？我说你们谁是保守派，谁是不革命，那不瞎耽误工夫嘛。当时就有一个造反派找我谈话，让我表态，站到他那边去。我说：“你们都好。”他说我是骑墙中间派，就说：“将来要整党的时候，你怎么办？”我说了一句：“你还不是党员呢，你怎么就谈到整党呢？”当然造反的是年轻小孩子。

杨：是，是。

陈：后来还是这孩子，应该说后来弄得不好。激进嘛，过了。最后弄得也不好。很聪明，也确实很有水平的一个孩子。“文革”以后，我那就是我一个人说了算，书记也不存在了。

杨：书记为什么不存在了？不是于书记吗？

陈：不是，那时他没站起来，他不是有问题嘛。“文革”以后成立“革委会”，选主任时我得票是100%，他的票数没我多。但是鉴于以前他是书记，岁数又比我大，又是红小鬼，所以主任是他。但是后来一纠“左”，他不是打死人了嘛，我当时扛的，是反对的呀。那时候是三个中心店合在一起，一个是美味斋中心店，美味斋本身自营点下面有七八个小点。一个是庆丰园中心店，它下面有七八个小点。那么南来顺中心店本身呢，也有六七个小点，这样合在一起大概有大大小小40个小企业，700多职工。我一人领着俩副职。后来恢复了原职，就不叫“革委会”了，我本身就是经理。

杨：又变成经理了？

陈：是，书记兼经理，一个人。到了“文革”以后，一直到改革开放之前吧，我在基层一般都是一个人主持这一片，就是从菜市口奔到宣武门，从菜市口往北到校场口东口，往东到虎坊桥这一块，这一片都归我管。那一段有个什么问题呢？就有一个叫反贪污。

杨：那时还有反贪污吗？

陈：那时就是办学习班，反正这一片大概弄出不少贪污的。所谓贪污的，就是在那个时候一天弄个块八毛钱，也是因为生活困难。

杨：都革了这么多遍命了。

陈：但是没办法，有这个运动，就不能不做啊。

杨：这个大概是哪年？

陈：啊，1974 年以后吧，反正就是七几年，普遍的，几乎所有职工，多多少少都有点问题，我那一家有好几个。你想啊，卖货是一个人一摊，几十家得有多少个卖货的，然后装个块八毛的。时间一久了，几年了不就得有几十块、几百块？最后一检查就交代清楚了。

杨：是 1979 年吧。

陈：哦，1989 年之前我在基层，另外市、区领导都挺重视我的，都有人要我。市里想要、区里不给；区里想要，我们单位两派。七个委员讨论，我进公司的问题，三个支持、四个反对，尤其我们那书记。就说："啊，小毛孩子。"我说："我都 40 多岁了，还小毛孩子？"我在宣武服务公司的时候，也就是 1966 年"文化大革命"之前，我不知道，因为"文化大革命"当中暴露出来了。李世旭、张燕明，我们过去是公司集团培养的四个苗子，其中有我。

杨：怎么就定了呢？

陈：就是"文化大革命"之前培养的对象。

杨：会不会是 20 世纪 60 年代之前就定下了？

陈：对。还是"文化大革命"之前啊。那么怎么知道的呢？就是"文化大革命"一来，公司一揭发，批公司的领导，培养新苗，我们就是修苗子、黑苗子。

杨：那您吃没吃这个挂落儿啊？

陈：我们不知道，这跟我们没关系。就是公司派性斗争，斗公司的当权派。就说你组织部门，你们几个人定了谁谁谁是未来的接班人，这帮人都是修苗。可是从现在实践情况看呢，我们这几个人呢，只有一个人走了弯路，是因为生活问题走了弯路，那三个人，我是最后一个。比如张燕明当了公司经理，李世旭当了总公司的基建处处长，我最后提了公司副经理，还有一个是因为有点生活问题没弄成。但是这个人非常能干，确实能做买卖，脑瓜也特灵活，比我大两岁。这些人都在，就是张燕明前两天死了。过去培养这些人也不是没经过考核啊，是从各方面考虑了啊。首先一个考虑就是年轻，第二个是你确实有事迹，是吧？

我 1989 年以前在基层工作成绩比较突出，市、区对我印象都不错。市里要，区里为什么不给？就是对我印象不错。那么市里为什么要我？也是因为我不错。所以我可以这么说，我是实干当中出来的，不管在哪，只要你让我干活儿，我肯定能干好，比较敬业。所以区里也好、市里也好，总之对我印象不错。没有歪的邪的，不抽烟、不喝酒，没烂事。按过去说就是根红苗正，学习也挺积极，入党最早。

杨：没挑儿。

陈：在南来顺的时候，我觉得有三件事办得是非常好的，已经成为故事。第一件事，大家也知道，旧社会饭馆有女招待，这个女招待的作用是什么？过去凡是有规模的饭馆，有官座儿、雅座儿的都有女招待。女招待有她的三条作用，这三条作用是非常大的。现在有“三陪”，女招待本身就是“三陪”，陪吃、陪喝、陪聊天。

杨：这个都有？

陈：有规模的（饭馆），就有女招待。比如兴升馆在我去之前就有女招待，但是兴升馆公私合营以后（女招待）就不存在了，就变成正式服务员了。女招待过去在饭馆里有三大作用，一是招揽生意，二是推销员，三是给大家挣工资。第一招揽生意，够规模的饭馆是那些有钱有闲的人吃的，有些人专门追这些女招待，她招揽生意。第二女招待本身是推销员，你来了，我就想办法让你花钱，什么好就卖你什么，她就是个推销员。你吃什么，我给你介绍什么，她就给你领路了。这个什么什么好，你喜欢吃什么，我喜欢吃什么，最后一撒娇，我要吃这个。女招待第三个作用是给大伙挣钱、挣小费，过去饭馆挣工资的少，不能说没有，都是挣小费。女招待的服务好、伺候得好就挣钱。

杨：就赏？

陈：最后您给小费给得多，然后搁在钱桶子里，所有员工分得多，给大家伙儿分钱。过去的女招待，现在说是“三陪”，当然女招待跟妓女有区别，但是也没什么多大区别，弄好了也照样走，对不对？都差不多。但是毕竟不是妓女，是这么一个行当，到 1952 年才没有的。刘青山、张子善就是吃女招待，过去在天春馆，西河沿有个天春馆，马德明开的，那里就有女招待。刘青山、张子善来了以后住永安饭店，吃天春馆，这就是在“三反”之前，他们来北京就是这样。永安饭店就是在西河沿进口路南的三层小楼，那个房子里面有暖气和卫生间，但是很小，连卫生间什么的都算起来没我这间屋大。但是一人一间房子，里边全有啊。这个天春馆有女招待，兴升馆有女招待，回民馆隆和楼也有，就起这个作用。她这个作用，掌柜的是很欢迎的，不用出工资，自己挣钱、给你推销。在1952年之前，好像有规模的饭馆基本上都有。这是一件事。

还有一件事，我觉得也应该说一说是我做得不错的。1956年公私合营以前，咱们饭馆招了一部分服务员，其中有很多是过去的妓女。

杨：从八大胡同那来的？

陈：通过改造以后分配到饭馆工作。

杨：原来我听说好多都是转到纺织厂？

陈：是。有的是到纺织厂，有的转到商业里，尤其转到饭馆。我在南来顺，就有三个妓女，跟我关系都是相当好，就到现在，她们的后人还拿我当回事。为什么？因为这些妓女毕竟受歧视，妓女在饭馆里当服务员跟咱们职工一样，但是大伙还是不拿她们当人。有一些男的就到处拿她们开心，动手动脚。我对这个问题呢，是挺同情她们的，我也看不惯这些作风。因为我就是穷人出身，所有妓女都是穷人，她们要不是穷人就当不了妓女，没有特殊情况也当不了妓女。我在南来顺的时候是1961年，本身就有两个，1964年又调进来一个，就是三个妓女。这三个妓女都受我的恩惠很大。比如有个人是1994年死的，已经死了20多年了。这个人是江苏溧阳人，六岁被卖，从溧阳卖到南京、从南京卖到上海、从上海卖到青岛。她六岁的时候被卖了，她家里有个弟弟三岁。穷啊，转卖三处。解放前，到了济南，那年可能20岁边儿上。被国民党济南那边后勤部的部长给看上了，这人比她大30多岁，看上以后俩人情投意合，最后这男的把她赎回来了，就是从良。但是她出来以后，人家这个军人的家里有老婆、有孩子，人家孩子比她是大一岁还是怎么着。但是怎么办呢？他是军官，毕竟有权，在青岛有个房子单住，也就是家外之家。解放以后这个国民党军官投降了，这个男的也是比较规矩的。

杨：起义了？

陈：不是起义，就是比较规矩，然后就投降了。投降以后就解职了，这些人有钱、有买卖，就在那过日子。20 世纪 50 年代初肃反了，过去军、政、警、宪、特，军队只要连长以上就算反革命，不管你有没有罪恶都算。这个人是军区后勤，他没有罪恶，但是毕竟也是反革命范围啊。这一肃反怎么办呢？这俩人就逃了，从青岛带点财产什么乱七八糟的跑到北京。到了北京，俩人就在现在丰泽园后身那个胡同，现在是培英胡同，过去叫大马神庙，就在那里租了一间房屋，俩人过日子。你想想老头比她大 30 多岁，俩人在这没有事业。

杨：坐吃山空。

陈：因为钱多啊，老头活了有几年吧。一个是环境不适应，再一个就是反革命，后来在北京就死了。他死了以后，这个女同志岁数小啊，1956 年就参加工作了，就到了咱们花园，煤市街北口路东有一个饭馆叫花园餐厅，在那里当服务员。这个人挺仔细、挺细致，最后就在那里收款，但是毕竟她的意识在当时的历史条件下，咱是看不惯的，穿的服装什么的。

杨：比较讲究穿？

陈：那时就叫奇装异服，瘦腿儿裤子、脑袋也那样的。

杨：好追时髦？

陈：是。后来因为她在花园餐厅干得不错，收款很细致。南来顺装修改造完了以后规模大了，就吸纳一些人来充实，要不然适应不了，所以公司就把她调来收款。我在 1956 年上夜校，跟她在一个班学习，知道她原来是妓女。

杨：怎么知道的呢？她在北京也没当过。

陈：有档案啊，那个时候你去哪上班，都得先调查。

杨：从青岛跑到北京来。

陈：那就调查。20 世纪 50 年代对所有员工都要进行调查的，要建档啊，就是你说你的历史，然后调查核实了才行。

杨：外调？

陈：是。那时是下级服从上级，公司给你派过去，你不要不行，人家就算不会（什么），也得勉强要了。后来这人工作真是不错，但是受歧视。

杨：您是领导啊，只有您能看档案啊。

陈：那是公开的秘密，因为前面有俩。叫刘欣茗（化名），后来因为这人收款特细致，收得特清楚，速度也快，慢慢就改变了我对她不好的印象。“文化大革命”来了，这些人受冲击了，又是反动军官的小老婆，又是妓女，结果就开始批判。这 100 多个职工，她在前头低着头，大家就批她。这个人不服气，就说：“你们批我是不对的，我是根红苗正，我从小怎么怎么着。”结果批完以后就（觉得）没活路，要死要活的，就说：“我是苦人出身啊。”那天我突然觉得形势不妙，你想她一个人啊，住广外的一间平房，她要真死了怎么办？所以我晚上下了班就骑车到她家，到她家一看没人，我心想去哪了？结果推车往外一走，见她就在广安门大街那马路边上坐着哭，我就叫她：“刘欣茗？”她一瞧我。我说：“你干吗啊？”“我要死。”“你可别死，你要知道，这是运动，运动是什么？你自己要相信自己，你可不能这么做，走，回家。”就这样跟她回家了，打开门以后说两句，不能时间长了，也不能让人家知道我跟她有往来。

杨：您也说不清楚了。

陈：我就给她写了一条语录，人在困难时期应该怎么办，然后搁桌子上了。我说：“你好好背背。”然后我就走了。第二天早晨真不错，来上班了。见到我以后说：“陈经理，我谢谢你！”“哎哟，你一定得保重，你自己知道自己是什么人，不管别人怎么说，你得有勇气活下去。”“你放心吧。”到了晚上我又给她写了一条语录，我这个没错啊，用毛主席语录启发人。然后她的情绪就好多了，这忆苦思甜，她不是说苦嘛，怎么着的，就谈她的家在哪，还有个弟弟叫什么名字。“文化大革命”结束以后，我就说：“你给你弟弟写封信，看还有没有?”“那我哪知道?”后来我说调查一下，往当地公社查个函，一看确实有这个人，回函了。

杨：哎哟。

陈：我说：“你看见没有，有这个人。现在在当地是一个铸造工人，你可以跟他联系，你们是亲姐弟。”结果她给她弟弟写封信，她弟弟也找她，正好碰上了。碰上以后就攒了点公休到溧阳探了一次亲。后来她弟弟、弟媳妇儿对她都不错，家里三个孩子，一个姑娘、两个男孩儿。探亲回来以后，我就问问她情况，她说怎么怎么的。我说：“我给你提个建议，你北京就一个人，你能不能跟你弟弟商量商量要个小孩儿?”她说：“我真想要一个小孩儿，那个最小的上小学。”我说：“你给你弟弟写封信，看他同意不同意。”结果她弟弟同意，亲姑姑，而且一说上北京就同意了。正好那些年她该退休了，结果弄一退休接班，小孩子接不了，上小学呢。但是户口可以弄，就是换户口。最后就答应了。我亲自去的，我从北京坐上火车到了南京，下车坐公共汽车到了他们的县，到公社办完手续，住他们家。结果我去南方受不了，黑天白天前后窗都开着，冷啊。人家不在乎，我说不成，待不住，我得走。我说我有事。结果就从他们那个地方弄了一辆拖拉机，街坊把我送到南京，到那的旅店忙啊，结果给我在门道儿加了一张床。

杨：哎哟。

陈：哎呀，我说：“不成，得了，打洗脚水烫烫脚，沏壶茶，给你店钱，我走了。”凡是去北京的火车我就上，结果到了南京火车站。到那以后，人很多，反正站票我也买，买了一张站票，从南京举着这个公文包一直举到济南，到济南才有座儿。我连去带回来，办完事就36个小时，结果就把她侄子弄来了。

杨：您也够受罪的。

陈：（她侄子户口）弄来了。到人家那里（指溧阳），人家说："您要这个人，我们可以给；这个人我们不接收。我们现在劳动力很少，我们再接收个老太太？我们这个粮食也不行。您要是带这个人走，我们这个户口可以给；您这个户口，我们接收不了。"我就连她的户口和孩子的户口带回来。哪都不接收，这可怎么办呢？接不了班啊，后来我就找了宣武公安分局的办公室主任赵润生。我说："老赵，有这么一个事，你给帮个忙。这人挺可怜的，从小被卖如何如何。"结果他说："行，没事。"带着我去陶然亭派出所，把她的户口继续落到陶然亭，说人家不接收。这个孩子怎么办呢？落不上，孩子就落到南来顺饭庄的集体宿舍，那时候外地职工在北京有集体宿舍。上学没办法，结果还是赵润生帮着找了南横街小学，因为住北大吉巷，然后就在那里上学。上了小学以后上中学，毕业以后就够 16 岁了，然后就可以接班了，接班以后就在南来顺上班。上班三天，职工的意见就大了。

杨：为什么？

陈：第一是不够 18 岁，第二是这人退休了，还弄个孩子来，意思就是我跟她的关系过于密切。后来我给海淀凌风春打个电话，海淀饮食公司的经理，现在还活着呢，今年 80 多岁了。我说："老凌，有个事。"他说："你说。""我这有个职工在这上班，群众反映挺大，你帮帮忙。""行，上服务楼。"服务楼现在拆了，海淀服务楼是当时 20 世纪 70 年代末盖的，可能是 90 年代初拆的，结果调到服务楼学面案。这个孩子在那里挺好，跟那里的小姑娘认识了，结果俩人就好上了，然后姑娘就怀孕了。

杨：那时候是大事啊。

陈：还不够 18 岁呢，他姑姑找我说："这孩子给我捅娄子，你说怎么办呢？结婚我也没房，我们就住这一间房，怎么在一块？你说不结婚，都怀孕好几个月了，怎么办？"后来我说："这么着吧，咱们还得求求人家。"我又给老凌打电话，我说："老凌，有这么个事，你看怎么办?”他说：“这事不好办啊，这个怎么解决啊?”“那你也得想想主意怎么办啊?”“怎么办? 让她打胎。”“打胎也不合适啊。”那个女孩子是河北省的，在北京就一个人。我说：“这样吧，你不如成全他们，然后你跟计生委做做工作，咱们帮助一下。他的姑姑太困难了，现在 60 多岁没人管，毕竟得有个人。要是有个小孩儿，她也有个着落，你还得给间房。”因为老凌是海淀饮食公司经理，正好赶上分房。就说：“得了，老陈。”就在双榆树给了一个独居，结果他们结婚了，生了一个小男孩儿。这个刘欣茗也高兴，这孩子也高兴，俩人都是服务楼的，给个独居。结婚以后，俩人感情不错，对这姑姑也相当好，这姑姑也跟他们一起在这。结果 1994 年正是咱们电视放那个包公，那个金什么演的包公，她看那个连续剧。结果是腊月二十八，这孩子休息，就说：“姑姑，接您回家过年吧。”毕竟是一家子，姑姑挺高兴就去了。去了以后，这个侄子、侄媳妇儿对她特好，她也特满意。阴历十四，她要回家。

杨：是正月十四吧?

陈：阴历的正月十四，她要回家。侄子说：“姑姑，您别走，您十六再走，过完十五才算过完年呢。”姑姑一听有理，孩子不错，这个侄媳妇儿就到商场给姑姑买双皮鞋。结果十四这天晚上又看那电视，中间有个广告，人家放广告了，她喝点水，就跑外头门厅。她有一张床，然后往那一躺咳嗽两声，完了，没气儿了。结果这个侄媳妇儿、侄子赶紧送医院，到医院一看死了。最后穿鞋也穿不上，买的这双皮鞋正好，然后穿上了，也就说很巧。然后这孩子说：“您看，我姑姑死了。”我说：“赶紧通知你家人，通知你爸爸。”给南京打了电话，他爸爸、妈妈全来了。来到这以后，我帮着去火化场给火化以后，骨灰拿回老家了。这孩子逢年过节也来我这，这孩子今年大概四十八九岁，可能是 49 岁，有孙子了。他结婚早啊，孙子可能周岁了。

杨：他儿子结婚也挺早的。

陈：他儿子现在在菜市口那的一个银行，工作挺好的。这件事说明什么呢？人在困难的时候，你帮他，而且你给他出的主意也确实好。

南来顺这三个妓女，我都给她们抱了小孩儿。刘欣茗是这样。还有一个叫张爱兰（化名），她也是一个人，在妓院被菜市口一个菜牙子，就是卖菜的，接出来了。他们有点感情，也是家外家。这个菜牙子在丞相胡同租了一间房给她，俩人在一起过。但是这个菜牙子不地道，怎么不地道呢？他还拿过去妓院那个态度对待她，就是他的一帮朋友到他家，就是跟他这个媳妇儿。后来也找了街道，街道的人说："你跟他得离婚，因为家里有媳妇儿，违反《婚姻法》，这是一夫多妻。"然后就离婚了，她就在菜市口南来顺工作。一个人孤孤零零的，后来我说："你抱个小孩儿，因为你这个年龄结婚也不行，你抱个小孩儿，将来有个伴儿。"结果抱了一个小孩儿，是个女孩子，在羊肉胡同住。

杨：是西四那个羊肉胡同吗？

陈：不是，牛街羊肉胡同。她嫁的这个人是回民，但是她本身不是回民，但是就以回民的身份住羊肉胡同。这个孩子是这样，当时那个托儿所好办，白天送托儿所，晚上回家自己弄着。这一来二去呢，孩子长大了，她自己叫张爱兰，实际她姓郭，但是孩子随了她后来的姓了，改姓张。到了 20 世纪 70 年代末，孩子参加工作，在西城区副食品公司当售货员。70 年代末，那里有一个计昆方，跟老李是师兄弟，老李是北京一建公司的业务科科长，是回民，没家人。这样俩人结婚了，搬到小西天儿，建筑公司给了一个两居室，形成一家。这个小红英结婚了，现在也有小孩儿了，老大了。张爱兰还改原姓，姓郭，叫郭爱兰（化名），这孩子跟她一家。这老李和张爱兰都死了，活着也得 90 岁冒尖儿。这个人是哪的呢？河北邢台人，也是出身苦，我发了函找到她弟弟，她最后到家探亲，当然抱的这个小孩儿不是她弟弟的，是社会上抱的。

还有一个叫王翠萍（化名），也是因为单身，我动员她抱一个小孩儿。这个小孩儿叫王月月（化名），现在还在南来顺工作，王翠萍也死了。我这里有三个妓女，都是我动员她们抱了小孩儿，最后都有一个比较好的归宿。

杨：您这领导当得真是……

陈：真是，我当时对她们是非常同情的，因为她们是苦命人，我也是苦命人。但是咱们有些人就不这么看，就觉得她们是“下三烂”。

杨：而且您是替她们办事！

陈：办了点实事。在咱们饮食行业，类似妓女、招待在饭馆的不少，这些人都在80岁以上了。

杨：您都快80岁了？

陈：是，我比他们都小。

杨：您学徒的时候才12岁，他们怎么也比您大好几岁呢。

陈：是，刘欣茗1994年死的时候都70多岁了。现在那个孩子都有孙子了，每年过节都来看看我，总说：“没有陈叔叔，我来不了北京。”那俩经常碰见我，老远就喊陈叔叔。小红英在西城，不知道在哪。那俩也都死了，这几个全死了，但是孩子们跟我关系还不错。总之，在这些苦命人面前，我还是起了点作用。

杨：您不是说三件事吗？

陈：还有一件事，沈家和是《工人日报》的一个编辑，把这些事写了一本书，拿来让我看。就是说“文化大革命”当中我办的事，到现在我们宣武区的区委书记都给我伸大拇哥。怎么回事呢？学生“大串联”的时候，那时刚刚开始兴红卫兵。我是每一个礼拜开一次支部生活会，这个支部生活会每个礼拜的内容都不一样，那天正好赶上应该研究业务，是我主持的。我们一般是晚上下了班8点开会，10点多散，结果这个会开完以后，差不多9点多了。我说：“散会吧。”我们书记说：“别散。”我们的书记是王宝国（化名），那个人是个好人，是孤儿院出身，最后参加了东北解放军，解放以后进了北京，开始来的时候是北京饭店的门丁、大兵站岗。后来调到我们那里当书记，这个人是苦大仇深，结果当时成立红卫兵组织，要支部大会讨论。我说：“老王，这事咱不能讨论，为什么呢？今天咱们研究业务工作，咱们讨论这个？你要知道咱们是做买卖的，成立红卫兵干什么？”“这是形势啊，响应号召啊。‘五一六通知’，人家都成立，咱们不成立？”我说：“我第一是不赞成，第二是不讨论。支部大会讨论这个？这跟咱们没关系。”他说：“不对，这是中央号召，‘五一六通知’‘文化大革命’，这是党中央、毛主席的号召，怎么不对呢？”我说：“散会，我不同意。”因为他这个书记在我们那里是外行，群众基础薄弱。他说：“你不同意，我同意，我批准。”我说：“我不管，那是你的事。”结果我就走了，散会了。

其中有两个人，一个叫刘志忠（化名），一个叫张在良（化名），张在良是我们校场口小吃部的经理，刘志忠是南来顺当时的团支部书记，这俩人都是党员，他们俩赞成。结果他们三个人就成立了个红卫兵组织，贴了一张大字报出来，我不知道。完了以后得有行动呀，夜里开始行动，把档案柜打开翻档案、查历史。然后把职工叫来几个人，有个叫马士忠（化名）的人是国民党时期的铁路警察，管哪段呢？从前门到西便门这段归他管，铁路警察。这个警察有什么毛病呢？就是你带东西得有点小勒索什么的。

杨：过去的警察？

陈：是，伪警察。1952 年镇反的时候定的是反革命，但是不关，不管，群众监督，三年。

杨：就是有点历史问题？

陈：就是定的反革命，群众监督三年。谁批的呢？当时的北京市公安局局长。结果说这个人有枪，他媳妇儿叫王凤霞（化名），也在我们那里工作，有八个孩子。

杨：呦。

陈：老大在对过菜市场工作，老二在妇幼保健站工作。结果那天我们走了以后，他们翻档案就说：“找出来了，这就是斗争对象。”我也不知道，结果这俩人把所有那些苦大仇深的穷人职工组织起来，就是红卫兵成员，说他是反革命，得斗他。夜里 3 点钟，“呼啦”一帮人都去了。椿树胡同里叫什么巷来着，青一巷，到人家家砸门，人家正睡觉呢，这是一个大胖子，白白胖胖的，卖豆腐脑出身。当警察的，家里卖豆腐脑。进门就说人家是反革命，从家里就打，一直打到南来顺，我也不知道。

我那时候做早点，参加劳动，5 点钟啊。结果我上办公室换衣服，好家伙，拿着棍子就照这人后脊梁打。一帮人就说“反革命”，就是喊口号。当时我就进去了，他们就出来了。我说：“这不像话，这叫什么事？”“我是红卫兵队长，你管不着，你不同意，我们同意。”“你怎么说话的？你别忘了你是党员，我在这是支部委员，我还是经理呢。”“你什么他妈经理啊，你等着挨斗吧。”然后就把门关上了，我一看这个路子不对呀，这事不行，可是我也没办法，人家插上门了，我也说不动，我就下去烙烧饼了。

（我）刚到案子那，一帮人下来就冲人家老伴儿来了。他老伴儿在我们单位卖豆腐脑，在我们北边一个店里做过。结果把人家老伴儿给弄上去了，然后就把头发给剃光了。也这么“乒乓”地打，我就过去了。但是知道我过去，不开门，就那样打人家。没辙，后来呢？我们的副经理安荣华，8 点来上班了。我说：“你看有这么个事，你去看看。”他说：“你去都不管事，我去就管事了？”这怎么办呢，什么事啊！一会儿我们书记来了，我就找他去了，我说：“老王，这事不行，咱们是卖烧饼的，你这样哪行啊。”“去你的吧，这叫阶级斗争，你懂不懂？”“阶级斗争跟咱们有什么关系啊？”

杨：那时您敢说这个话？

陈：是啊。他说：“要管你管，我不管，他是反革命。”然后我就没办法了，人家是书记啊。我说：“你去找他，我刚找他，他不同意。”然后老安上去了，就说：“连生刚才说的事，我觉得对，咱们不能这么干。”“你们俩穿一条裤子，啊？你们不懂阶级斗争，他是反革命，你知不知道？”我说：“得，咱们管不了，没辙。人家是支部书记，这俩是党员，一个支部委员、一个团支部书记，咱俩虽然是委员，但是也扯淡。”那时学生串联呢，我在北京大学。我们给供应，烙烧饼，烙一宿，然后都拿大解放汽车拉过去，六七个人在那里卖火烧。唉，没辙，管不了，眼不见心不烦。我就弄了一锅炒饼，弄了两暖壶粥，提着上了公共汽车，去北大送饭。

然后到那里就跟着卖货，我是上午10点来钟到的，早上8点多走的，因为车多。然后换他们吃饭，吃完饭、卖完货，下午3点多收摊。抬着大木头箱子搬上解放汽车，就回来了。到了宣武门往南走，正好看见南来顺大门，因为挺大的，一层窗户帘全拉着，平常我们下了班才拉窗帘。我心想怎么关张了，到了门口一看，屋里好几百人，也有喊“毛主席万岁”的，有人说“反革命”什么的。当时我也不知道从哪来的一股勇气，我就“哐哐”砸门，我说：“开门!”“干什么?”“卸箱子。”然后就开门了，开门以后，我们这十来个人往里搭箱子。我说：“散会，该营业了，4点半营业。”

当时桌上就打死一个。马士忠已经被打死了，桌上还跪着他的弟弟、他的哥哥，这边还打。这俩人就喊“毛主席万岁”“共产党万岁”，也有的人喊“要文斗不要武斗”。我这么一嚷嚷，往里一搬箱子，这会也开不下去了，就这么散了。

散了以后，人家马士忠是回民，然后就在马路上截了一辆130汽车，然后给扔到车上，拉火葬场给烧了，地下跪着二三十个人。马士忠一家子八个孩子跪了六个，老大没抓来、老二没抓着，加上马士忠的媳妇儿王凤霞，王凤霞剃了一个大秃子，李继言（化名）什么的跪一片。因为常秋平（化名）给定的什么呢?穆仁智，就是狗腿子。李继言本身是资本家，类似这样的小业主跪了一大片，我这么进去一冲，就全散了。然后公安局就把马士忠他们这几家子人全都拉到宣武分局了，圈起来了，这下就解脱了，要不然真是不知道怎么办。

这样打死一个，打到什么程度啊?真是惨无人道。马士忠打得呀，当时后脊梁全打破了，要喝水，有一个叫刘××的拿一个盆子撒一泡尿给人家喝。打到那个程度，后面给人家擦盐。最后人已经死了，抬不起头来，还让人家抬头，在脑袋上勒根铁丝摽上，脑袋被铁丝勒上，血往下流，就到这个程度。当时我也不知道哪来的勇气，就这么进去给冲开了。这些人就进去了，进去以后没多久就是“资反路线”。

杨：那您是不是就……

陈：不，因为散了就没事了，但是他们也害怕，因为打死人了。打人的人呢，当时有一个最有劲儿的人，叫王××，他个子大，一个八仙桌这么一举。还有一个叫李××，这人还活着，王××死了。哎呀，当时这些人都害怕了，因为把人打死了。最后这就不了了之了。接着就是“资反路线”，这是错误的，是刘少奇执行的。毛主席那时就到了滴水洞[①]，16天不见，就到了韶山滴水洞。所以毛主席回来以后说这个是“资反路线”。平反。俩人傻了，这几个人都傻了，没招，还得我出面给人家去赔礼、平反。人死了，你怎么平反人家也死了，最后就是赔礼道歉。那种形势下没辙，死也就死了。

我把这三家的问题都处理完了，就是擦屁股。然后这两个人在“文化大革命”后期，定为了三种人，王宝国被严重警告，这个支部书记就免了。王××就是党内记过，那个李××也处理了。

最后王凤霞一家子对我感恩，就说：“你要不回来，我们几个都得被打死。”结果马士忠他哥哥、他弟弟、王凤霞，包括孩子，见到我都很好。马士忠他哥哥、弟弟都不在了，王凤霞还在，今年老太太快90岁了，她闺女老远见到我就喊“陈伯伯”，关系相当好。她就说：“我能活下来，就念你的好，你要是不回来，我们可能都被打死了。”都打红眼了。因为这件事当时我处理以后，好多人都为我揪着心，就说：“你呀，简直是……”

---

① 1966年5月16日，中共中央发布“五一六通知”，宣告“文化大革命”正式开始。同年6月17日毛泽东来到位于湖南韶山市附近的“滴水洞”的别墅中，于7月18日回到北京。在8月1日至12日中共八届十一次会议期间，毛泽东发表《炮打司令部（我的一张大字报）》，实际上宣告刘、邓执行了“资产阶级反动路线”，要炮打这个“资产阶级司令部”。8月18日，毛泽东在天安门接见百万红卫兵，红卫兵被赋予了至高无上的批评、斗争、夺权的话语及行动权力，之后，各地纷纷成立红卫兵组织，并开始走上社会，开展“破四旧”“横扫一切牛鬼蛇神”等活动。

杨：我现在听起来都觉得特别危险。

陈：我说："我也不知道哪来的勇气，这个会就被我给冲散了。"我们的区委书记赞成我两条，他现在还活着。他说："连生确实在关键时刻敢挺身而出。"最后给这些人定性，给我也定性了，就是维护了党的利益，站在党的政策立场上，不胡作非为，该做什么事做什么事。直到现在他也这么说。

杨：那得多大的勇气啊。

陈：不知道哪来的勇气，"开门！"然后卸箱子，那个大木箱子这么老大啊，一说几十个箱子往里抬，他们那怎么开会啊，就散了。

杨：上次您说"四清"的时候批过您一次？

陈：实实在在地说，"文化大革命"对我就没招儿了。最后说我是"走社会主义道路的当权派"，这么个结果，到"文化大革命"的时候没事了。我陪了两场斗，一个是陪了丁铁峰一场，一个是陪了张旭一场。丁铁峰是北京市城市服务局局长、张旭是宣武区区委书记，就是斗他们的时候，我陪斗，在旁边低着头站着。

因为什么呢？到我这吃饭啊，所以就陪斗。沈家和写了这么厚一大本子，给我看，我说："老沈，不能发表。为什么？现在孩子们都在，当事人还健在，就是你再用什么语言来代替化名都不行，万一出了事呢？'文化大革命'是大事，现在中央尽管对毛主席'三七开'了，定性了。但是到了具体的事上，没人提，咱们怎么说？"结果沈家和两口子对我还挺有意见，他岁数也不小了，跟我年龄差不多。"费这么大半天，中央也允许。"我说："那不行，中央允许，我也不允许。"结果一直让我扣着这套。

杨：您真是考虑全面。

陈：因为现在这些人还健在，你像李××前些天还上我家来了，他就在南站这住，那小伙子棒啊，过去是练摔跤的人。这个人就是在大是大非面前晕晕乎乎。王宝国比我大八岁，真是孤儿院出身的，14岁当兵，在东北解放军里，进城的时候真是苦孩子。人是实实在在的人，就是在关键时刻把握不住自己。应该说我真是做了几件事。

这个幼儿园，那是1972年、1974年招了一些知青。

杨：知青？

陈：从大兴招回来一些插队的学生。

杨：哦。

陈：他们招回来就到了结婚年龄。

杨：我想想，1972年，去大兴去了没几年？

陈：是，1972年一批、1974年一批。

杨：是什么政策让他们回来了呢？

陈：都是咱们城区插队的，不远。宣武区多数插在大兴。这批学生，他们招来的年龄就是该结婚的年龄。

杨：那时知青返城多难啊。

陈：就是成批往回招了，回来到单位参加工作很多就结婚了。在大兴那会儿就搞得差不多了。那么结婚三四年以后都有小孩儿了，这一批学生南来顺招来几十个，最后都有了小孩儿。双职工全在企业上班，孩子怎么办？没办法，所以在那种情况下，南来顺办个托儿所吧。就抽了四五个老职工，年龄比较大的、有耐心的，就把这些孩子们收来，办了一个托儿所。这个托儿所有大班有小班，有哺乳室，就是抱着来喂奶的。大的大概四五岁，就这么着，从哺乳室到四五岁的孩子，就是学龄前的孩子大概有四五十个。抽了五个职工当阿姨，在楼上盖了一层平房。

杨：就是南来顺二层的楼上又盖一层平房？

陈：对，这层平房呢，就惹了事了。

杨：违建？

陈：这层平房是违章建筑，那时候急呀，你说孩子没地儿搁，父母上不了班啊。办托儿所没地方，就临时找了一个工程队“咔嚓咔嚓”一个礼拜盖好。

杨：这个钱怎么批？从哪来呢？

陈：那个时候企业本身有钱，为什么有钱呢？因为本身就有一部分建设资金，企业按照财务手续的规定，另外盖这种房子也花不了多少钱。因为那个年代不像现在，再有就是盖这个房子是简易房，不是很坚固的楼房，大概是300平方米。

杨：审批呢？

陈：没有任何手续。

杨：工程队呢？

陈：那时候也无所谓，不是像现在这样有资质等等的，问题都不存在。

杨：那时是计划经济啊。

陈：为什么叫违章建筑？因为我们公司的这些头儿呢，跟我基本上没什么话说，他们约束不了我，我也不受他们的约束。因为都是小哥们儿起来的，所以盖了300平方米，一半150平方米是托儿所。托儿所本身就有幼儿食堂，占了一部分，抽了俩人。

杨：您这职工的小孩儿从小就吃大饭庄。

陈：俩人专门给小孩儿做饭。有的孩子在吃奶，在不忙的时候，妈妈在房顶上给孩子喂奶，喂完奶接着下来上班。这个呢，当时就觉得南来顺为职工办幼儿园，是为职工解决后顾之忧，这是一个好事，所以可能在晚报上登了一小段。这一小段登完了，麻烦了。这个规划局、建委什么的就知道了，知道以后就来查，一查你这是违章建筑，你必须拆。规划局也来了、建委也来了，就让我拆，我就不拆。

杨：是呀，这事怎么办啊。

陈：我说："我这么四五十个孩子，我要是拆了，这孩子们回去以后，上百口子职工不能上班，都是双职工。"我就扛着，后来扛到什么程度？扛到实在扛不住了，区长出面了，主管区长出面了。这个主管区长叫刘东生，在牛街有名，大概是北京市政协的常委、宣武区主管基建的区长，是回民。弄到他头上了，他也没办法，就到这来了，一进门就往楼上走，因为是三层啊，那个楼是两层。那么一上楼呢，我那个办公室、会计室也在这300平方米之内。他一来了，底下职工就跟我说："区长来了。"我就得接呀。我往下走，他往上走，正好到三楼门口。"连生！你这成绩不小呀，给职工解决后顾之忧，好事呀！但是你这违章，不言不语盖了300平方米的房子。"我说："哟，您看看吧。"结果呢，跟老头商量以后，在办公室倒上水，我说："您喝水。""不喝不喝，我瞧瞧。"

到了托儿所，这帮孩子叫"爷爷"。从托儿所出来到厨房，厨房两个厨师给孩子做饭，什么熬粥的、熬奶的、做点心的。老头看完以后回来了。"哎呀，你这是难为我呀。""哟，我怎么难为您？""你说你办件好事，你要给我打个招呼、写个报告，咱们怎么也通融通融啊。你说你不言不语这么干，这玩意儿建委找我、规划局找我，你这违章这么严重，怎么弄呀？人家找你多次，你也不拆，你也不给人家说句好话，就觉得你这是应该的。"我说："那您说怎么办？""唉，得了，你呀，给我写个报告，带点检查性质的口吻，我作为特殊情况找建委、找规划局协调一下，力争把这事给你圆喽。"我说："行！"我就写了一个类似检查的东西，说自己忽视了《建筑法》等等。最后又补报一个"要求解决职工后顾之忧，建托儿所"的报告。

这么着呢，东生拿着这俩报告找了建委和规划局一块协商，说这个算是作为特殊情况，也就这么着，完了。他说："因为你看他们那帮孩子也真是困难，你说下面职工上着班，一会儿得上来喂奶，要是没这个，下班回家喂奶得多老远。"孩子本身早晨起来，俩人骑着小三轮，前头是男的，后头是女的抱着孩子。这事呢，早晨一块来、晚上一块走，这事也是个事，你要不解决吧，你说这么多职工怎么办？得，作为咱们情况特殊。最后就这么通融一下，我这个托儿所就一直坚持到南来顺翻建，托儿所办了有七八年。你看我带那帮孩子看冰灯，那已经就好几年了。

杨： 原来早先的孩子就都上小学了。

陈： 现在这帮孩子呀，都挺大了。

杨：可不嘛，比我大，40 多岁了。

陈：所以这个托儿所本身办完以后得到了领导的支持和表扬，所以登了一段报纸。不但是登报纸，还要求我们基层，十七八个基层党支部，那时 4000 多职工。你想 4000 多职工有多少个青年职工？就说你们有条件的，自己也办个托儿所。那么后来呢，就在我这个托儿所办了以后啊，基层就忽悠，就说他有条件，他楼上盖 300 平方米房，我们哪盖去？这不就忽悠忽悠，最后公司在这基础上办了一个幼儿园。在哪啊？在虎坊桥。

20 世纪 80 年代陈连生和南来顺幼儿园的孩子们在一起

杨：工人俱乐部那？

陈：工人俱乐部往南路东的斜对过，那楼群里头办了一个托儿所，大小班大概是五六个班吧。从图书室，一班一班的，办了一个托儿所，一直办到我们公司改革。

那么这个托儿所呢，就是从我那开始办起，最后弄得全公司办了一个大的托儿所。他们办大的托儿所，我这小托儿所也没解散，因为什么呢？楼上楼下方便啊，该喂奶的就跑上去喂奶，喂完奶下来上班，所以就没解散。那么这个托儿所本身呢，也应该说有个故事，第一是解决实际问题，职工的后顾之忧解决了，领导比较满意。但是又是违章建筑，给政府部门找了一点麻烦。但是东生区长看了以后，有所触动，这个问题算是给解决了。

杨：可是说实在的，要不是您先盖，打了招呼，且批不下来呢。

陈：没戏。

杨：这事就是这样。

陈：没戏。

杨：后来找您说，让您打个报告，那是说好听的，当时肯定批不下来。

陈：因为这个问题，盖300平方米房子必须经市规划局批准，区规划局都没有这个权限。就一个简易房子，整个一大片啊，你想，这是托儿所，这边是托儿所食堂。还有两间办公室，一间是会计的，一间是我的，300平方米呀，这不是小数。

杨：记得那时李瀛先生就说："在区里盖个厕所都批不下钱来。"

陈：对，我这个钱为什么好办呢？因为我们本身，盖这个楼本身，就是收尾还没完，那么我这些简易材料，最后结算都在翻建工程里了，没有多少钱。那个时候，很多都是自力更生的，比如没有材料，砖瓦灰什么的，职工都有办法。那时走后门的多了，你跟那个砖瓦厂有关系，你去。他跟那个洋灰厂有关系，他去，这样等于就花不了多少钱。

杨：有点跟募捐似的。

陈：这个托儿所应该说是这么个不错的结局。

杨：我发现听您办好几件事都是特别为职工着想，但是这些好事吧，一方面不是每个当领导的都愿意干，他想到的不愿意干，或者他根本就想不到。

陈：这三本剪报上还有民族政策，怎么样支持民族政策的，支持困难群体，反正就是办一些实事，那剪报上都有。

杨：还有一个问题，不是每个人想干都能干得成的，我觉得您就有这个办法。

陈：不是办法，因为我在公司，公司的领导跟我都是小哥们儿。处在这种情况下，就是我弄点什么，没有违法的事，都是在法律范围内的事。他们跟我说点什么，我还不买账，就是这么回事。为什么集团比不了我这呢？南来顺本身过去在宣武区餐饮行业是第一家，老大，除南来顺就是华北楼，晋阳那个时候不像现在，晋阳过去那时就是纪晓岚故居一旮旯，而且它开始不对外，仅仅是对上的，一开始。

杨：第一年不是保密的嘛，不对外。

陈：其他都是规模不大的店，比不了我，因为我是独立单位。别的都是一二十个点算一个单位，就是中心店。所以我这个地方，一个是人特殊，公司这些小哥们儿都跟我关系好，另外一个就是我规模大，影响面广，接触上层人物也多，所以好些事就好办点。

杨：我感觉您跟那个黄宗汉先生特别像。

陈：哦，不像，人家是政协委员。

杨：人家一说他，就是谁都办不了的事，他就能办得了，而且您跟他都是宣武区的嘛。

陈：人家是市政协常委吧，宣武区政协副主席，所以这个政治身份上，人家高啊。我不行，但我敢干。

杨：我觉得您跟他办事的很多方式，那种灵活性特别像。

陈：我干事没有后顾之忧，我要想办这事，反正我觉得没什么大问题，我就办。

杨：您说说公司领导。

陈：好多人从小就是哥们儿，一起长起来的。

杨：他们坐了机关，您还在基层，但是您的工资比他们高，就是上次说的那几位。

陈：这里面呢，天时地利人和都有吧，所以办点事也就比较容易。

庆祝"五一"国际劳动节

陈先生讲照片（二）：这个照片呢，就是“九一三”事件以后，咱们全北京市搞游园会，就是一个游园。各区都出一个供应点，这是陶然亭云绘楼。看见没？这在云绘楼之前的一个摊，这里面有什么“发展经济、保障供给”，这是那个年代。1971年，“九一三”事件以后，因为“九一三”，离国庆节还有十几天就出现林彪事件，这样一来，谁上天安门啊？怎么办呢？所以游行就停止了。过去呀，咱们每年“五一”“十一”都有两次集会，从那开始以后，游行取消了，“五一”“十一”都没有活动。因为没有“十一”游行了，放三天假怎么办？搞游园。游园活动就必须有玩有吃，所以这就是，海淀是在颐和园，崇文在天坛，东城在文化宫，可能西城在中山公园、紫竹院，宣武区就在陶然亭举办活动。这是那时候的照片，我在那搞供应，这里面有我的照片，中间戴帽子的是我

四、两次执掌“吐鲁番”

【访谈者按】20世纪80年代初，中国社会进入了一个崭新的时期。由于南来顺的改造，于1985年，陈先生开创了吐鲁番餐厅，首开跨省的地方联合开办餐厅的先河，并形成了“新疆风味浓，北京风味精”的极具特色的清真餐厅，至今在众多食客当中都有着非常好的口碑。“吐鲁番”的创办过程，非常有趣，但下面的这段采访，我想表达的并非仅仅是故事，南来顺29年的磨砺与修炼，让陈先生在新的平台上发挥得游刃有余，通过他的经历，可以折射出改革开放初期这个历史阶段中，个人是怎么渐渐地改变着社会的。我们大而化之地说“开放搞活”，可怎么“搞活”，却各有各的路子。陈先生既在商界，但又是国营经济的经营者，他要熟悉政府体制内部的行事规则，还要懂得商业运作，按他的话说，“什么模式的买卖咱都干过，咱还都干得好。”如何排除各种困难，把政府关系和商业结合好，创办“吐鲁番”这个事，我觉得就是一面非常好的镜子。

1985年开业的吐鲁番餐厅

陈：这个“吐鲁番”的引进，本身也确实是很有意义的一件事。

杨：我也想问您“吐鲁番”的事，那时在引进“吐鲁番”之前，您是南来顺的？

陈：对，为什么引进“吐鲁番”呢？就是南来顺拆了。

杨：它在改造的时候？

陈：南来顺本身因为挖防空洞，危险房屋嘛，拆了。100 多人闲着没事干。那也得活着，过去不给你发工资，都得自己挣。我这个企业职工，有的人去修理自行车，有的人卖煮老玉米、卖烤白薯，有的人当木匠，有的人搞运输，有的人搞基建。

杨：那最后再回来？

陈：就是我让他们干这个，还是我的职工，就是你们几个干这个，外头包活儿去。门口你们几个去修自行车去，挣钱啊。你们没事卖煮老玉米。总之得做买卖挣钱，养活自己啊。那时候要盖南来顺没有钱，改革开放了，所以引资，内引外联嘛。南来顺打算引 300 万元，市经贸委给介绍新疆。乌鲁木齐经贸委有一个广东梅县的人，“吐鲁番”经理是广东梅县的人。

杨：您说姓李？

陈：对。市政府经贸委跟（自治）区经贸委搭上以后，叫我们去，结果新疆接待我们。这 300 万元人家没有，就吹了。吹了以后，我们住了几天，最后人家还给了好多土特产。晚上订机票了，我就跟燕明说，他是我们公司经理啊。我说：“燕明，咱们就这么回去啊？没劲啊。”“那怎么着啊，他们没钱啊。”“咱们跟人家谈一个小的行不行？”“那你别跟我说，你跟王红义说去。”王红义是区财办主任、商委主任。因为我们不是发小嘛，都是这个年龄的人。他是卖副食的，张燕明是旅店的，我是饭馆的，都是一拨儿的。我说：“红义，咱们就回去了？”“那怎么着？不回去？”我说：“咱们来了一个礼拜，连吃带玩，最后还拿人家好多东西。”“那怎么着？他们没钱啊。”“咱们谈一小的。”“你有吗？”我说：“那个菜市口店，咱盖个小吃店。”“那不行，区里给我们就是小吃店，南来顺盖不起来就干那个？”“咱们换个地方再弄一个不行吗？”“你说得这么轻巧，怎么弄啊？”我说：“对面修理汽车那个地方弄一小吃店不行？”“你说这个不算，我说这个也不算。”“咱们跟人家一块商量。”

他说：“回去跟区里商量。”我说：“商委主任，这么点屁事，你还跟区里商量？”“那怎么着？那是头儿定的。”我跟他们俩没定这事。我跟吐鲁番地区的，地委专员的秘书老李俩人私下商讨，开吐鲁番宾馆。老李有15万块钱，我对他说：“你这么着，咱俩，我出40万元，你出20万元，咱俩三七分成可以吧？”他说：“行。我再贷款5万元。”结果一说呢，那俩人说：“你要说行，就跟他联，咱们算计算计，琢磨琢磨。”结果这俩人就算让我说通了，就答应了。答应以后就写一个意向，不是合同。写完这个意向，这老李跟他们地委说：“北京应该给咱们投资，再说北京有好羊肉吗？北京的羊肉也不好。”就“Pass”了。地委书记叫玉素甫，在北京学习呢。结果老李早晨起来遛弯跑步，正好碰上进新疆时候的地委书记，叫刘之富。

杨：什么叫进新疆呢？

陈：解放军进新疆，到那以后落到本地的一个地委书记，叫刘之富，已经退休了。李跟刘之富俩人跑步碰一块，刘之富说：“那不好事嘛。”“好事？”“吐鲁番要在北京有个窗口多好。”“不同意。书记不在家。”“谁不同意呀？我同意！”然后老头“噔噔”跑到行署，找分主管的人。这些人都不表态，他就说：“怎么不好？多好的事。”因为这些人都是他提起来的，一进新疆的时候他是地委书记，你想他退下来了，这些年轻的不是他提拔的吗？最后说：“谁不同意呀？你们说不同意的理由是什么？”谁也不言语，这个刘之富就跟老李说：“我支持！”这样我们俩私下就把这事定了。

5月4日去的，5月11日签的意向，5月底就签合同了。签意向我就往家打个电话，我就告诉基建队停工，等我回去再干。因为我去的时候，人家盖的是小吃店，然后就改餐厅了。名字是我起的，定名叫吐鲁番宾馆不行，叫吐鲁番饭庄也不好听，所以吐鲁番餐厅是我起的名儿。我打电话说停工，说："等我回去再盖。"这样就停工了。我在宾馆的后院照了几张相片，我说回去以后就照这个模样做，就按照新疆的风格来做。结果回来以后就照这个做了，实际就拿人家这 20 万块钱盖了房子，就出了这个地方。南来顺不是关张了嘛，破桌子、烂板凳往那一拉，上面一铺台布，底下瞧不见啊，你也瞧不见新的旧的，实际上就是人家这 20 万块钱把这个房盖起来了。

杨：您这不是空手套出来的嘛。

陈：最后每天定营业额 2500 块，一个月收入 75000 块，利润三七开。这下弄成了，签合同的时候，我们公司倒大方起来了，"哎，连生，咱们让他一点，四六。"我说："好。"咱们没拿钱，人家盖的。

杨：刚开始您张嘴说的那 40 万元，等于什么都没投入？

陈：对呀，就出了地方，那么地方是我出的，桌椅板凳都是我出的，那么盖这个房子的钱还是人家的。所以这就成了，成了以后当年大概赚了 19 万元，反正赚了十几万元。开始计划是一月卖 75000 块，大概头一个月卖了 17 万元。

杨：那时候新鲜。

陈：当年的利润下来以后，我就给老李打电话说："你们来北京玩两天，把钱拿走。""别拿了，你给我汇吧。"汇完钱，某某找我："连生，你这样干不对。咱们四六分成，六是咱们，四是他们，你都给他们？"我说："你呀，不讲理，你出钱了吗？你出一分钱了吗？人家是贷款，人家有利息，咱们一分钱没拿，拿人家钱把房盖起来了，还不给人家钱，还不让人家先把贷款还上？全成你们的了？"事就办成了，9 月 5 日开业。甭提多顺了，当时的某位大领导，15 个地委书记专员，15 个地区，他们请客都到这，对着全国各省，我今天对山东省，明天对陕西省，吃我们家乡饭啊，北京独此一家，好多办事处没有。

杨：所以您就当了"吐鲁番"的经理了？

陈：我是书记，经理安排一个女同志，但是我主持大局，经理是我安排的，能不听我的嘛。干了四年半，我调公司当经理了。这四年半，国家民委的，一个国务院的，全国民族先进单位，三个大奖。我可以这么说，干饭馆的，拿到中共中央、国务院大章的这种奖大概不多。

杨： 应该是，很少。

陈先生讲照片（三）： 这是吐鲁番餐厅最早开业的地方，第一个地点。这是开业时候的来宾，包括铁木尔·达瓦买提，就是中间这个黑老头。先在菜市口附近，就是现在翔达那个大楼。正因为吐鲁番餐厅办得好，当时铁木尔主席说：吐鲁番地区和北京联营办得好。它不只是企业的联营，更是两地的联营，可以说是联心、联利、联友谊

陈：我走了以后，就调公司了。

到了1996年，我要从公司退休了，结果就是现在的这个董事长说："大爷，您啊，不能走，我给您找一个地方。"我说："什么地方？""咱们弄一个大的。"我说是吗？最后就在大兴租了一个，大概是九十几间客房，叫福斯特大酒店。"得，您这退了，那当经理去。"在那干了两年，干得也倍儿顺，大兴的关系也弄得挺好。饮食公司在这个大兴酒店没挣钱，还赔钱了。本身做的就是赔钱的生意，干的是接待全国各地送往迎来的活儿。

杨：为什么呀？您不是弄得挺好吗？

陈：唉，因为开始是我弄。饮食公司过去对外交往特多，来了就给人家到处找房去，给人家安排住处，饮食公司不体面啊。这全国各地来北京的，有吃、有住，那个酒店的门脸也相当不错，就是地方稍微远点。这个交往不少，抬高了饮食公司身价。不用再磕头给人家订旅馆、买机票，这里什么都有，吃、住、娱乐，歌厅什么的，综合性的。我干了两年回来了，这就是我第二次退休。第二次退休是从福斯特回来。2002年又回"吐鲁番"，干到2011年，正好又干了十年。

杨："吐鲁番"不是关过一段时间吗？怎么又开了？

陈：是，我调公司了，这个买卖没干多久，因为经营不好，又拆迁，就关了。关了以后老百姓提意见，最后政协提意见，然后市政协组织一个提案组，市政协主席陈广文、宣武区政协主席，还有一个民主人士，是民主党派的，三个人组织一个领导小组落实吐鲁番餐厅开业。因此我就给他们一句话，"人民需要、政府行为、国营企业、民营机制"。为什么这么说呢？老百姓提意见，没有不成，最后政协形成提案落实到宣武区政府。区政府不能开，就责成宣武饮食公司开，饮食公司说："我没钱、没地方、没人。"区政府说："你没地方，我给你地方，没钱就贷款，没人我给你找。"这样就找到我头上，所以第一是人民需要。第二是政府行为，第三是国营企业。我进去以后表态，你让我来，我今年66岁了，我来不了。我们家都不同意。你非让我来，那我提出一个要求，我要三权，没有三权我不干。第一经营权是我的，我想卖什么，你别管。第二用人权是我的，我想用谁、不想用谁，这你别管。第三分配权是我的，我想给谁多少钱就是多少钱，你别干涉我给谁多了，给谁少了。行就来。结果就按照我的意见。所有原来的职工挨个谈话，你上我这来干什么，愿意吗？给你多少钱工资干不干？干就签合同，不干就走人。分配权、定人、定岗、定工资，您把那亲戚朋友都弄来，我管得了吗？你们都干涉我了，我不要这些人。谁跟你有关系，谁就走，我不要。我在这里有管理权，我说了得算数。孙勇就说一条，他说："大爷，您只要给我赚钱，您爱怎么干怎么干。"因为当时我是他师傅，我在公司当经理，他主管科室是基建，他提了基建科的科长，他是我的兵啊。他说："您怎么弄我不管，咱爷儿俩，您就这么干。"

这十年顺风顺水的，而且孙勇说过："大爷绝不只是在'吐鲁番'起了作用，对咱们全公司都起了作用。"

从我把"吐鲁番"做起来以后，饮食公司又对其他企业进行了大量投入，开了若干家。那么现在还是这么说，真没有比我干得好的，还真没有。

杨：现在应该没有啊。

陈：现在他们也这么说，我们那个公司经理孙勇说："咱们饮食公司这么多正副处级干部，几十个，离休的、退休的，除了陈大爷，我给他一点，他要能赚了钱，我服他。"所以跟我说："大爷。"你说孙勇服过谁？像跟王铁成说，怎么说这味啊？对不对？您那时候见着肉就新鲜得不得了，现在见着肥肉就觉得太肥了，不好吃了，那什么味？所以不管是谁，三句话不投机，就他妈掐起来了。应该说我这十年更顺，为什么更顺呢？第一叫知名度不断提高，第二是收入没少挣。

这十年知名度不断提高，也挣点钱，到现在人际关系也处得不错。公司里的头儿逢年过节一个都不落，全来。你看我这手机是去年春节……"大爷，您的茶叶和酒太多了，给您换个玩意儿吧。"我说："我使不了这个。""您老弄那不行，给您个现代化的。"然后给了一个三星手机，今天两口子来了，弄了一个大朵花。“说真的，大爷，咱爷儿俩不过虚的。我对他们没这事，我跟您说，我上您这来，您给我帮了多大忙啊。这十年，您给我带起来了。”我说：“别这么说，还是掌舵掌得好，你要不让我去呢，我也干不了。”“我不让您去，我没人啊。”总之这十年应该说，第三次退休还是好结果。

另外你说现在各行，烹饪协会、老字号协会、行业协会，包括老公司的老头儿，区里的、市里的跟我关系都不错。反正大家伙儿都知道我，干饭馆内行。

杨：是，是，您是真内行。

第二篇 “勤行”里的传统

【访谈者按】口述历史是了解生活史的一种重要途径，受访者谈到的旧时生活，往往都是我非常注意的，也是我最初对陈连生先生进行采访的最重要的目的。这部口述作品的第一部分，从陈先生的经历，我们可以看到他所生活的年代，以及他在社会中的位置，这就相当于一个历史坐标，了解了他个人所处的历史背景，我们再倾听他所表述的生活细节，这对于我们了解这段“勤行”的历史就格外有意义。而就陈先生个人而言，他是以行内人的身份，从个人经历的角度回忆过去的“勤行”，这就显得更加重要。这一部分的口述涉及的内容很多，比如掌柜的和学徒的生活，早年“勤行”里最重要的堂、柜、灶这三大部门的作用，再如北京小吃的范围、北京小吃的标准、传统菜品的流变等，这些问题在以往的文献中，很少有人从他这个角度去详细解读，起码在我阅读的书籍和文章中，看到的都是文人对旧时餐饮行业的回忆或社会调查，没有行内人用内行的眼光来述说这里面的来龙去脉。比如“勤行”里的堂、柜、灶，也就是餐厅里的服务、采买记账和烹饪这三大部门，在很多回忆老北京的文章里都曾提到过，但基本都是描述堂头的服务怎么贴心，名厨的手艺怎么让人惊叹，做出的菜品怎么好吃，但诸如餐厅里的服务技巧，堂、柜、灶之间如何配合等问题，恐怕只有内行人才能说得清、说到位。再比如关于北京小吃的内容，陈先生被业内誉为“北京小吃第一人”，这部分内容也是我比较下功夫的。“北京小吃”这个概念是什么时候出现的？范围是什么？从社会生活的层面来看，它应该怎么分类？而其中让人尤为关注的一个问题，也是这些年在社会上、媒体上已经讨论多年的话题，北京小吃有没有一个基本的标准？这种标准又是怎么出现的？这些问题，在饮食行业以外的人都是不清楚的，甚至业内的很多人也是不甚了解的。

一、“勤行”里的学徒

杨：您过去学徒的时候，是在会芳春？

陈：对。说起过去的学徒，咱得先说说过去的掌柜的。过去旧社会是两种掌柜的，一种掌柜的是比较诚实的掌柜的，真正是买卖人，对这个伙计有具体要求，多数是山西人这么干。比如一个粮店，山西人就说今天晚上 8 点钟关门，“啪”这一关门锁上了，伙计谁也不许出去。你练算盘，他练毛笔字。

杨：为什么叫大屋檐儿的买卖？

陈：为什么是大屋檐儿呢？这就是说，有德行的掌柜的，也就是品行比较好的掌柜的。他觉得我们都是老乡，都是从老家过来的，不能让你们学坏。出门大小屋檐儿没区别，你们上大街上玩儿去了，逛窑子去了，那就麻烦了。所以锁上门，大家伙儿学算盘、学文化、看书什么的，我不反对你提高知识，而且我还教你，这是一种。

那么小屋檐儿也有，说我从我们家带一个亲戚，我得把人家孩子带好，到晚上上门了，除了让你干活儿以外就写点东西，练点字、打打算盘。坏掌柜的有没有？有。我前面说是留住你，把买卖做好。留住你，你给我服务。三年零一节该出师了，出师以后就该走了，不走就得涨工资了，但是我又离不开你。

杨：那怎么办？

陈：坏掌柜的就这么干，你快出师了，我带你逛下处。

杨：逛下处又能怎么样呢？

陈：这个餐饮业本身是一天一分钱，今天晚上分完钱，到下处。把钱分完了，明天干活儿。跟驴一样得拴着他，就是这样。

杨： 逛个下处就没钱走了是吗？

陈： 就是。你今儿的钱分完了以后，到下处花了，明天还得挣啊。挣完又花了。你想，三年零一节的小伙计，十八九岁、二十来岁，所以坏掌柜的就这么干。"走，爷们儿，我带你玩儿去。"你一高兴，到下处住一宿。明儿个还用带你？不用带你就自己去了，今儿我带你去，我花钱，明儿你自个儿去，谁花钱啊？这筒子钱"啪"往那一搁，然后就走了。

杨： 不给他涨工资，他怎么办？

陈： 他们工资是当天分啊。没有工资啊，三年零一节该出师了。上别处去俩眼黑得乎，这里绝对有保证，晚上能分钱啊。过去饭馆没有拿工资的，有也是少数，都是指着小费。屋子中间搁一个竹筒，这么粗的，搁进去一块钱，你给了一块二，这是外给两毛。一块钱收柜，两毛钱扔在竹筒里。你吃八毛钱，给了一块，剩两毛钱，人家说外给两毛，扔筒里，大家说谢谢。那么职工晚上就凭这个倒出来分份，有一份的，有两份的，有一份半的，有半份的，有一角的，有吃渣儿的。什么是两份？掌灶的、堂头都是两份。有一份半的是二伙、领班，现在所谓跑堂的领班。大徒弟出师了干得不错就是一份，二徒弟可能就半份，再差一点就是一角。什么是渣儿呢？就是你们这些人把钱都分没了，剩下两分钱给你吧，这叫吃渣儿。

杨： 就一直吃渣儿？

陈： 吃渣儿不行，吃渣儿的不够，一角的也不够，得够份的才行呢。吃渣儿、一角的年龄都小，到了三年零一节，都是二十来岁的大小伙子了。吃渣儿的十三四岁、十五六岁，还不够呢。

杨： 小孩儿带他去，他也不会逛。

陈： 小孩子他没这欲望啊，你说十八九岁、二十来岁了，他就有这个要求了。北京又没媳妇儿，掌柜的就说："明儿我带你玩一趟去吧。"然后到那还请客花钱，他花这一次钱就把你拴上了，你天天往那跑，为什么过去饭馆不养老、不养小？小的不挣钱，老的没人要。

杨：这行业也是不养老、不养小？

陈：老的没人要，话要说回来，到老的就是回民要“乜帖”，汉民要饭。过去饭馆是“车轴脖子油棉袄，大年三十往家跑”。什么意思呢？这个企业到年三十，掌柜的收工了，这一年谁干得好，谁干得不好，好的怎么办，不好的怎么办。你干得不好，得了，你不想走？我还不想要你呢，您新鲜新鲜，卷铺盖走人。什么是车轴脖子？那时候没有现在的条件，也没有自来水，您还洗澡去？车轴脖子一揉就掉皴儿，洗手洗脸，一抹就行了。那水都是水推车，一挑水多少钱，不像现在自来水“哗”，没那事。油棉袄就是这个棉袄一年三季都是它，冬天这棉袄，到春天把棉花撤出来，到夏天把领子这层揭下来了，到冬天的时候又缝上，还是这个。这棉袄本身拿手一刮扯就一层油，不用雨衣，它淋不透。穿的时间长了，老在油里蹭，过去没有工作服，系个面袋，这个工作服就是你自己的衣服。所以“车轴脖子油棉袄，大年三十往家跑”，不往家跑哪去？人不要你了，只能回家。这个不养老、不养小，老了干不动了，掌柜的不要你。你干不动了，我还养你？养个大爷不行。

这个行业本身没有积蓄，哪有积蓄啊？挣那俩钱，天天挣，天天花。等到不花了，岁数也大了，也完了。所以过去的汉民馆、回民馆都存在这个问题，这个坏掌柜的就干这个。好掌柜的就是培养，最后工资都不给你，给你攒着。到一定程度，你回老家了，给你一笔，一下给你。你一回家娶亲，置什么产业都行。坏掌柜的就不这么干，到一定程度了，谁管你那个？

杨：坏掌柜的多不多？

陈：不能说多，反正有。

杨：因为我知道您“五反”的时候，斗争资本家嘛，您可能就见得多了。

陈：斗争资本家，过去“说理会”不存在这个问题。因为那时谈不到你我，你是我的伙计，我怎么着怎么着。那时的人们还没意识到这个坏掌柜的坏到什么程度，因为旧社会本身就是留人的一种形式，也是你传我、我传你。好的就学好，不好的就学不好，没有什么问题。但是那时我们在“三反”“五反”斗争的时候不存在这个问题，就存在你怎么掺水使假，你怎么剥削人的，那时还谈不到更深层的，还没到那种程度。

另外一个，我对我小时候当学徒那会儿喝茶的事记得还很清楚。所有的厨师，这个掌柜的、伙计，没有不喝茶的，因为整天油烟子熏。掌柜的买一包茶叶，师傅也要一包茶叶。师傅买什么呀？师傅买“高末”，茶叶末。掌柜的呢，就买“茉莉花茶”，都是一包。这个茶叶末一包，一到碗里，这一冲啊，喝两回就没色了，但是也得喝，照样喝。你到茶叶铺买茶叶啊，那小包，旁边有个玻璃缸子，带盖。玻璃缸子盖里的是鲜茉莉花。买一包茶叶，称好了，包之前放几朵鲜茉莉花。

杨：哦，还加茉莉花？

陈：搁俩茉莉花，完了给你包上。这掌柜的回来以后，徒弟给掌柜的沏茶，拿掌柜的茶杯，或者那小茶壶，把茶叶倒一半，把那半包里搁一个茉莉花，沏了，掌柜的坐那喝。差不多了，再给续上点。到下午，那半包再沏一次，这一包茶叶喝一天，这是掌柜的。伙计喝茶呀，就是这包茶叶，或者呢，可能就是分钱多一点，也许买包高的，“高梗”啊。

杨：“高”什么？

陈：“高梗”，茶叶有茶叶梗，有茶叶末。茶叶也分好几等啊，你买哪个等级的，这一包多少钱。伙计怎么喝茶呀？伙计叫“蹭茶”。

杨：蹭谁的呢？

陈：谁的都蹭。首先是蹭掌柜的，为什么蹭掌柜的，掌柜的喝了半天，“哎哟！您这凉了掌柜的，我给您续点热的。”得，把掌柜的这杯凉的倒出来了，续上点热的。他拿这杯端到那边倒点开水，蹭茶。

杨：弄点凉的还得再兑点热水？

陈：蹭掌柜的茶。或者掌柜的上午这茶呀，没喝多少，挺酽。得，“拨子”，倒到我碗里了，我给掌柜的那半“拨”再续上，重新沏上放那，我喝这“拨子”。到澡堂子洗澡也有“拨子”。

杨：这什么意思？

陈：你比如说咱俩洗澡去了。到那不像现在洗澡，洗完澡就走，那不行。坐那侃大山啊，聊天，就沏一包茶叶。这茶叶有好的有坏的呀，那么这俩人，爱喝茶的喝好几遍。不喜欢喝茶的喝两遍或者是喝一遍就成了，这茶叶正好的时候不喝了，走了。那么这壶茶人家服务员不倒，搁一边。

杨：等着再来有专喝“拨子”的是吗？

陈：熟客人，不喝茶的，不错的，来了。“哎，来了！”“啊。”“怎么着？沏不沏呀？”“不沏了。”“这，给你一‘拨子’。”给人家喝。另外一个呢，就是伙计喝。你比如说像我这样的小徒弟，上“清华池”洗澡去了。“来了，爷们儿！”“来了。”“洗洗，去，我给你搓搓。”洗完了，“过来，坐这，给你点‘拨子’。”

杨：啊，当交情送。

陈：所以呢，这喝茶呀，有机会咱们喝茶，太深了。那么就是说“蹭茶”“拨子”“高梗”“高末”，这个“茉莉花茶”，当然还有很多茶，那就要看掌柜的今天想喝什么茶，反正一般都是“茉莉花茶”，北京人都喝这个。尤其是清真馆、汉民馆，这厨师没有不喝茶的，就是这么个问题。所以喝茶呀，现在这个很有讲究，比如说炒茶呀等等这些，现在说这个喝“拨子”也好，喝茶也好，“蹭茶”也好，现在没人知道这些事了。

杨：是，从来没听人说过这些事。

陈：没人知道这些。过去谁嫌谁脏啊！

杨：有就不错了。

陈：就是。我求之不得要喝点，还嫌掌柜的。那掌柜的总比你干净，是不是？

杨：（笑）

陈：另外你说过去大街上出饭摊，卖什么荞面条，卖饸饹什么的，刷碗吗？

杨：不刷碗啊？

陈：弄水这么一晃荡，这就算干净了。

杨：这就算干净了？

陈：有些人呢，告诉你，带着块饽饽，在你这弄碗荞面条，把那碗都舔得干干净净，这是旧社会。今天，咱们回忆回忆 70 年以前北京生活，就这样。您看那个非洲，抱着一个，拉着俩，后边还跟着好几个，细脖子大脑袋的。中国人也那样，生了八个，越穷越生，那怎么办？吃不上，也是细脖子大脑袋瓜。那几个人穿一条裤子，一家子盖一床被褥。那一样，北京就那样。你说北京大楼，过去哪有啊？解放以前北京仨大楼，一个是“北京饭店”、一个是“六国饭店”、一个是“汇中饭店”。就再没有其他大楼了。都是两层三层，你还哪找大楼去？是不是？所以这个问题就是时代在发展。那么今天咱们说这些东西，这想到哪说到哪。但是今天你往根儿上说，就是知识。

杨：对，历史嘛。

陈：历史、知识和现实，它得结合起来。那么你不了解历史，你就不知道今天的幸福，是不是这个问题？

杨：对。

二、“勤行”里的堂、柜、灶

【访谈者按】 传统“勤行”里“堂、柜、灶”中的堂，指的是餐饮业中的服务部门，堂头一般对应的是现在饭馆的领班。所谓“堂”一定是饭馆最“窗口”的部门。咱们平常去饭馆吃饭，直接接触的就是服务员，都能体会到这种服务的重要性。这种重要性具体有多大，食客各有各的看法，但都不如行内人的理解来得深刻。这部分口述，陈先生以行内人的角度解析了服务对于餐饮行业的重要性，比如能把“头回客变成回头客”，比如堂头本人就能带来客源，直接为企业获取利润，甚至餐饮业的服务，能够让一家饭馆“通天”！不过在我看来，这些不过都是表象。在这些表象背后，他所讲的是人与人之间的交流，为什么堂头就能带来客源？为什么一家饭馆就能“通天”？正是这种交流构建的人情，服务行业每天面对的是人，表面上看着是人饿了、馋了，到饭馆吃饭，按理说做饭的烹饪技术最重要，满足顾客的直接需要，但其实人是社会动物，打动人的服务，给人的内心会带来更大的满足感。我们生活中都有这样的感受，饭馆的菜做得再好，如果碰到不满意的服务，下次也不去了，但是菜做得一般，服务特别贴心，就算排队，下回也愿意再去。陈先生在这段口述中，讲了服务好的利和服务不好的弊。我认为他讲这些，不是讲企业的功利，不是讲经营中的服务技巧，而是在更高的层面上，通过餐饮业里真实的事例，点到了服务行业应有的经营心态。

陈：我学徒的时候，饭馆总共就六个人，还谈不上堂、柜、灶，但是到了南来顺以后就突出了堂、柜、灶，我到南来顺的时候是以副代正，但是我有决策权。比如我在兴升馆当副经理，那个堂、柜、灶就是兴升馆的那一套。原来兴升馆的一个二掌柜，姓唐，这个人专管账。灶上是李贵，他是灶头。

这个堂头叫梁宝，我爱人跟他打过交道，那时就突出这个服务。在兴升馆的时候，最好的叫张友会，服务态度特好，就当了模范，然后就以他的模范行为带动周围的服务员，这是原来就有的。但是我到了南来顺以后也突出堂、柜、灶，第一是拜梁德山为师，学的就是他柜上的这一套。堂头当时我那里有一个马贵番，还有一个叫麻文林的，这都是过去老西来顺①的徒弟。

杨：原来就是学堂倌儿的？

陈：原来就是服务员，在我那里是服务员领班，后来调来个安荣华，他是个党员，要求标准比较高。来了以后就当组长了，那俩是副组长。安荣华也是过去老饭馆学徒出身，所以我就注意了这三个方面。

柜的方面，我跟梁师傅学的是进货、验收、库房管理、成本核算这些。堂上的那套有堂上那些人，灶上那套有灶上这几个人。从经营管理的角度出发，柜上应该怎么做、堂上应该怎么做、厨房应该怎么做，都有一套规矩。这三个人每天要碰碰头，经营什么、怎么着，所以我就注意这个堂、柜、灶的协调。我在这方面之所以举办拜师会，本身就是想突出这个问题。

杨：这个我就不太能明白，怎么会有这么大魔力让顾客去追堂头？

陈：南来顺有个人叫计昆方，他 1994 年去世的，现在要是活着得

---

① 西来顺：西来顺饭庄创建于 1930 年，由名厨褚祥担任经理兼主厨，地址在西长安街路南。褚祥研究创新了很多菜式，介于中式西式之间，也介于荤素之间，如砂锅鱼翅、云片燕窝、菊花火锅、两吃大虾等，最有名的莫过于“马连良鸭子”，使西来顺在北京众多的清真餐馆中自成一派，与东来顺并驾齐驱。20 世纪 30 年代后期，因褚师傅突然病故，西来顺不久就歇业。80 年代初，西来顺饭庄在阜成门内大街新址恢复老字号，经营范围如前，并且备有北京烤鸭，还添加了烤全羊、烤馕等西域风味菜品。

104 岁。李德伦[1]就跟这个人挺好，因为计昆方老给他服务。

杨：计昆方是……

陈：服务师。

杨：哦。那等于他是追堂头，是这个意思吗？

陈：对。因为这个老纪有一部分客人。他原来在南来顺，“吐鲁番”开张以后又带到“吐鲁番”。这是个两益轩的徒弟，后来自己开了一个文方斋，是个小饭馆，后来定了个小业主。我去了以后，调到南来顺来，因为他确实有一技之长，就没怎么突出这个（资本家），还让他当领班。

追堂头有两个特点，第一个特点呢，人熟是一宝。咱俩熟了，彼此之间都比较了解、互相关照。另外堂头有他的特点，他服务到位，知道顾客需要什么，能满足这个顾客的需求。你比如堂头看到这个顾客来吃饭，他就记得顾客有什么样的生活习惯，有什么样的用餐习惯，喜欢吃什么，老得是这样。新的可以给你介绍两个具体的人，现在北京文化局的党组书记张文华，他曾是我们宣武区的财贸副区长，就是主管商委的。这个人最大的特点是什么？喜欢吃香椿豆，就是香椿拌黄豆。这就是投其所好，得其爱。

杨：我也爱吃这个。

陈：所以我们这个服务员呢，知道今天吃饭有他，在冷荤当中必备香椿豆。如果要是“吐鲁番”今天没有香椿豆，就要跑到清真超市买，也给他备上。这个是什么问题呢？就是顾客喜欢这个，他看见这个就高兴。再给你举个例子，袁敬修是原来市委的一个领导，“文化大革命”以后就开展了“双学”，工业学大庆、农业学大寨。“双学”呢，南来

---

① 李德伦，指挥家、中央乐团艺术指导。1917 年 6 月 6 日出生于北京，回族。1940 年考入上海国立音乐专科学校，学习小提琴。1943 年毕业后奔赴延安，任延安的中央管弦乐团指挥。中华人民共和国成立后，先后担任北京人民艺术剧院、中央歌剧舞剧院的指挥。1953 年后，到苏联音乐学院深造，师从著名指挥家阿诺索夫。1957 年归国，担任中央乐团（中国交响乐团前身）指挥。除了在北京及全国各地指挥演出，他还率领中央乐团到世界各地访问演出，并任多国乐队客座指挥。曾在国内外重大音乐比赛中任评委，并获得各种奖项。

顺就是红旗单位，我每次都是红旗单位的代表啊。

杨：是，是。

陈：有一天我们俩碰上了，“哎，小陈你来啦？走！咱们俩一块！”就是去民族饭店吃饭，因为他当时是市委财贸部的。跟我说：“你老是先进啊！”我说：“你们老给我，我可不是老先进嘛。”我们坐在一起吃饭。往那儿一坐，服务员就是一盘蒜送到圆桌上，他对着服务员“啪”一拍肩膀：“丫头！”这是什么道理呢？就是服务员知道他喜欢什么，他来了要必备什么，都不用提前说。要是去别的地方，没人知道这个，他就说：“你给我拿几瓣蒜来。”他就喜欢吃蒜，咱们现在说吃蒜不礼貌，到人跟前有蒜味，但是这些人就是这样的生活习惯，离不开这个。所以到了民族饭店，服务员给他上一盘蒜，他照着服务员肩膀拍一下：“丫头！”就是表示满意。

杨：人与人之间就是这样交流的。

陈：再给你举一个例子，当然这都是事实。市民委张主任，上上一届的，刚下。他原来是宣武区人大的主任，后来调到市民委。这个人，不管你是什么场合，上桌喝酒必定要煮花生米。我们说今天这顿饭有谁，因为订餐的时候都知道谁请客，要请谁。先问好啊，这样好安排。说有张主任，那服务员赶紧安排，上对过清真超市买一盘煮花生米。服务员本来就记着顾客的喜好，顾客知道你了解我所喜欢的东西，能够满足我。要是换一个生人，不知道，还得告诉。说了也未必就能做好。

你比如前天在东来顺，和大曾一起聊天。杨柳本身是回民，他是中国烹饪协会的秘书长，到全国各地都得吃，但是到了南方未必就能顺口。上一盘炒饭，南方的炒饭不管是叫三鲜炒饭还是什么炒饭，都有火腿。杨柳本身是回民，自己不能吃，他就跟服务员说：“你上炒饭，（因为）我是回民，我不吃火腿，你把火腿给我去掉。”意思就是素炒饭，服务员听错了，反而特意弄了一盘火腿放在旁边。

杨：当时肯定就撸儿了。

陈：问题是在南方那个特定的环境。这个事本身就说明，服务员和顾客相互之间没有了解。平时没有接触、没有交流，不知道你喜欢什么，把不喜欢的当成喜欢的端上来。如果服务员跟这个顾客熟，这个顾客自然就追着服务员走，堂头调哪了，顾客就随着到哪去了。

杨：堂头调的那个地儿，饭菜不一定合口啊。

陈：有一个问题啊，堂头去了以后，到那个单位会按照这个顾客的要求去安排饭菜，他本身是安排菜单子的。我知道你吃什么、喜欢什么，我这个菜单下去就必须有这个东西。

杨：堂头调到哪，这个菜单子本身也会变化？

陈：不，他自己本身就记着了。这个说明什么呢？这个顾客和服务员之间的距离很近，彼此了解，你所想的，不用说话，我自然就给你安排。另外一个呢？反过来，说今天这个饭菜安排有哪些漏洞或者哪不合适，服务上有什么毛病，这个顾客也非常谅解。要是一般服务员，彼此之间不知道，很可能就有意见。那么说互相知道，怎么办呢？就说："哎，今天这个怎么着？"宁可这个东西不吃，他也不发脾气、不提意见，这个是感情啊。因为这个服务员和顾客经常在一起交流，服务员留心观察顾客的需要和顾客的喜好。有句话"投其所好，夺人心啊"。是不是？

杨：后来就有个面子了？

陈：对喽，所以为什么说这个堂头呢？就是因为这个。旧社会是这样，新社会也同样，经常吃饭的顾客到一家时非常熟，不用说吃什么什么，自然就安排。完了以后呢，平时的东西给你安排两个新的，安排这个菜单子，就说："今天给你安排什么什么菜，是过去没吃过的，或者今天我们新添什么什么。你要感到满意，下回再来。"因为你不能一成不变，不过有的一些品种当然要一成不变。比如他就喜欢吃这个，你给他变了，他就不喜欢了。所以为什么堂头和顾客之间有这么好的关系呢，就是相互之间彼此了解了。我也知道你怎么服务，你的服务如何好，我如何欣赏。你也知道我吃什么，怎么适合我的心理要求。所以过去"追着堂头走"是很多饭馆的事实，你说这个饭馆不管它怎么好，我不去！那个饭馆有什么毛病，但是我跟那个堂头的关系很好，到了那他能让我满意。

所以堂头一调走，比如过去两益轩的堂头跑到同和轩了，自然他就追到同和轩吃。都是清真馆，当然他不可能一个回民跑汉民馆去。汉民的堂头也是一样，都是一样的，都起这个作用。堂头本身有三大任务，第一是拉客人、第二是营销、第三是拴住客人。那么如果真正有本事的堂头，头回客就变成回头客。这是有本事的堂头。为什么过去讲“堂、柜、灶”是三个重要岗位和部门？那么这三个岗位和部门是一个企业发展必不可少的。你不会经营不成。堂头本身就是推销，就是搞经营的，你管理不好不成啊，进销存搞不好，出现漏洞赚不了钱啊。你灶头不好，饭菜质量不好，不可能拉住顾客啊。所以这三个部门是统一的、一致的，而且三个人本身每天得碰头。

杨：得对？

陈：对。比如库里有什么东西，今天新添了什么品种，灶上今天什么东西方便、什么东西没有，我这个堂头得心中有数。要是没数，要一个菜没有、要一个菜没有，那顾客刚点了菜，随后让人换了吧。偶尔有一个还行，要是连着让人换俩菜，人家肯定不高兴。所以三个人每天碰头，这个红案主动说今天新添什么了，今天什么东西没有，可以写一个水牌或者说一声。有时堂头就上后面问一下，柜头本身知道库里有什么可以推销，也跟堂头说一下库里有什么什么。那么今天的做法跟过去一样，过去也有这种。你库里压着东西不推销行吗？

杨：对。

陈：是吧？说这个东西不大好卖，那一是减价，二是打折，反正不管怎么着要通过堂头推出去，不能糟践。这是过去比较有规模的饭馆，这是一个自然形成的机制。所以堂头重要啊。解放以后有几个人，比如像童门德、王守千，他们有一部分客人。像“吐鲁番”的计昆方，他有一部分客人。比如晋阳饭庄的王树起，他也有一部分客人。就是他们各自都用各自不同的服务方式来招揽生意，满足顾客要求，和顾客建立感情。堂头的作用大，大到不可估量。

杨：哦，大到不可估量？

陈：对，我给你举个小例子。晋阳饭庄30年以前组织出去春游，上北戴河，是开车去的。距离北戴河大概还有十几公里出车祸了。下着瓢泼大雨，车祸还非常严重。当时就伤人了，而且人伤得很重。前不着村、后不着店，30年以前可不像现在的交通。车速慢，还没有手机。找谁啊？最后就是晋阳一个服务员——曾凤如，他跟某单位有联系。

杨：就是服务形成的这种关系吗？

陈：对，就是现在的曾凤如，昨儿个还跟我在一块。结果找了一个单位，就是给某单位领导打了一个电话，说我这儿有什么什么紧急情况，你得帮忙。人家那单位通过和有关人员商量，又因为跟晋阳关系挺密切的，就给派了一架小型直升机。

杨：哎哟。

陈：愣把这个人给接回来了，现在这个人还活着，是植物人。这是30年以前。这是真事。你说服务员有多大作用？

杨：这能量太大了。

陈：哎！我再给你举一个实例，别看这个小饭馆，“通天”啊。

杨：“通天”？

陈：对。1989年，咱们中国与世界各国的交往、贸易往来全断，唯有一个就是新疆石油跟日本、德国还有几个国家签了合同，中央批准同意签订。谁出席这个会议？田纪云，当时他是第一副总理。那么这个合同在哪签呢？因为不能在吐鲁番餐厅，所以确定是人民大会堂。结果呢，这个石油公司找了人民大会堂租地方，然后人家不租。

杨：为什么不租呢？

陈：因为你不是大会堂直属单位和主管机关，大会堂有安排，那个时期嘛。正是因为不租，所以就找到了“吐鲁番”。这个大会堂管理局组织员工经常到新疆旅游，就到吐鲁番宾馆住。因为30年以前，“吐鲁番”就是一个宾馆，跟我合作的这个宾馆，叫“吐鲁番老宾馆”，它的前身是吐鲁番地区招待所，后来变成宾馆了。那么人去了以后没有地方住，就住这个宾馆，所以和大会堂的关系很密切。结果就找到了这个吐鲁番宾馆的经理，我们俩到了大会堂，通过友谊的关系就租了两个厅，一个新疆厅、一个山东厅。山东厅签字、新疆厅吃饭，自治区常务副主席亲自给我敬了两次酒。

杨：是，是，他都没弄下来。

陈：这个事还不新鲜。

杨：还不新鲜？

陈：再给你举个例子，还是这件事。当时新疆地区的领导，他们想在中央电视台报这个新闻，又找到我了。新疆石油管道局那个叫马什么，我忘了，我这有他的照片。就说："老陈，你给帮忙，电视台跟你关系不错啊。"因为1986年春节联欢晚会是我接的啊。

杨：怎么是您接的啊？

陈：就是饭菜全是我接的。10块钱标准哪个饭店也不接，最后呢，于志超找到我，我是10块钱标准接了280个演员。6个凉菜、10个热菜、茅台酒管够，10块钱。为什么我这么做啊？我不傻，是不是？这都是重要的明星啊，在这吃饭得吃好、吃满意啊，所以跟我关系不错。1986年、1987年、1988年，三年电视台联欢晚会的供应都是我，你问李金斗，见到就说："陈经理，中央电视台的铁哥们儿！"那时电视台的台长是王枫，就是现在王雪纯的爸爸。后来王枫下来换的老太太黄台长，当时春晚节目制片主任是于志超，新闻部主任是邹友开。这时春晚节目组在苇子坑那办公，准备春节联欢晚会。因为都是老关系，我给提过去，人家一看这新闻内容不错，就给报了。

咱们可以这么说，就是你别看这个服务员，他的交际能力相当强。

杨：是啊。

陈：交际能力相当强，我进公司这几年，八年。挨着我三个领导给我定了三个标准，我去的时候，党委书记叫刘志成，他说："陈连生这人就跟钉子似的。"

杨：什么意思？

陈：就是干这件事非干不可。

杨：钉得进去？

陈：当时我们的总经理叫吴甲龙，他逢人便说："老陈是长者风范，到哪都是长者风范。"我们现任董事长孙勇说："大爷，要是在文化部、宣传部，一定是文化部部长、宣传部部长。要在外交部，一定是好的外交部部长。"姜习、郭先瑞，市商委的几个主任都让我请来了，还有市局的。为什么呢？这就是你平时的关系，注意人与人之间的关系，注意感情交流，绝不拍马屁、送礼、登门，咱不干这个。丁铁峰死，刘峰死，都让我参加追悼会。这个上一届的蔡敬之，现在今年也80多岁了，他接的刘峰，就说："小陈跟他们什么关系？"

杨：您上次就跟我说过。

陈：就是平时你注意人与人之间的感情交流，你工作做得硬，比什么都强。说我靠大树，那是瞎耽误工夫。

杨：您不是说嘛，跟官的钱、下水的船。

陈：对，树倒猢狲散。只要你有本事，谁也别靠，就靠自立。

杨：这个堂头，就是您说的经营者？

陈：这个本身，从堂头谈的就是堂头的重要性，就是他处理同顾客之间的关系。像"吐鲁番"处理这个不是堂头能处理的，是"吐鲁番"本身的经营者去处理了，等于是顾客身份高。

杨：堂头伺候不了他了。

陈：已经是第二层了，堂头服务得再好，但是这些人来吃饭，你这个单位的负责人还装不知道？

杨：您等于是起了堂头的作用？

陈：是。你一个小"吐鲁番"，有重要领导去过，不用说别的，两次戒严，就是那条大街上停车5分钟，为什么呀？就是那么一个460平方米的小饭馆，去的人物身份高。你像这位重要领导，他接待伊朗客人，不戒严行吗？而且还有一点，接触了这些人，就有让这些人高兴的满意度。这个伊朗代表团在迎宾馆、人民大会堂、北京饭店都吃饭了，但是不满意。最后是经人介绍，经国家民委推荐到“吐鲁番”吃饭。那么这事我知道以后，两个要求，第一是所有的新疆维吾尔族人必须是维吾尔族打扮，花帽啊、衣服啊。所有北京的服务员、工作人员，不管你是回民、汉民哪个族，一律戴礼拜帽。

一下车，顾客一进门就给人一种亲切感，因为伊朗本身的教义很浓，非常虔诚。一看是我们家人啊，宾至如归的感觉。伊朗的语言和新疆语言在某些方面相通，那么民族语言，伊斯兰教的语言，十个民族见面都是一句话，“安赛俩目而来昆”，进门就这个，一握手就说这个。

杨：这是什么意思？

陈：这句本身是祝福的意思，你回我一句“我而来库们赛俩目”，那么这个本身就使这个人心里头感到到家了。吃的东西是羊肉串、烤羊腿等等，还有抓饭、烤全羊。见着服务员问：“你这个羊是不是阿訇宰的？”服务员用自己的语言回答，因为回民不吃自死的，不吃不是阿訇宰的东西。结果是又吃又唱又跳，非常满意。吃完以后，领导跟我说：“你这个小饭馆，他们怎么这么高兴，吃得这么满意？迎宾馆、人民大会堂、北京饭店我们都去了，没有像今天这么高兴的。”我说：“这个您应该相信我，这就是民族，民族政策的重要性就在这。”他感觉非常亲切，像到家一样，所以他高兴，又唱又跳。那么所有的接待，这么大单位的接待都没有像这个小饭馆接待得这么好，说明什么？这就说明在经营这个问题上必须注意你所服务的对象。就跟刚才我说的似的，堂头得知道你的这个对象吃什么，喜欢什么，你得迎合他。今天我接待这个代表团是什么样的，我就应该以什么样的礼节对待他们。我说的这些事绝对都是真事，有照片、有录像，呵呵，你可以看。日本代表团去了也一样。

杨：日本的您有什么特色？

陈：日本代表团本身有两大特色，比如吐鲁番餐厅开了以后，招的一个服务员长得非常非常好，非常文雅。她说的话第一是声音不高，第二是让你听得清楚，这个维吾尔族服务员举止特别文雅。正是因为她的服务征服了使馆的这个人。“吐鲁番”，你别看那是个小饭馆，美国、日本、伊朗、巴基斯坦这些大使馆的人都到“吐鲁番”订餐，尤其是日本大使馆打电话订餐。首先问你：“阿依古丽能不能服务？”

杨：就是那个服务员？

陈：是，这个服务员叫“阿依古丽”，能服务就订菜，不能服务就不订。这就是服务员的魅力啊，中野良子知道吗？

杨：我不太清楚，我还小。

陈：日本的演员，《追捕》里面的女演员就是中野良子。

杨：演真由美的那个吗？

陈：对，日本最好的演员要到北京来，她通过回去的在这里吃过饭的客人得知，北京有个吐鲁番餐厅非常好。所以就打电话，要求到北京住长城饭店、吃“吐鲁番”。结果来了之后住在长城饭店，休息以后到“吐鲁番”吃饭。吃完饭以后，就在屋里，俩人通过翻译交谈40分钟，非常亲切，最后送给她一管笔，这是小礼物，但是不敢收。你看那个年代，一管笔都不敢收，最后通过工作，我说：“收，你送她点东西。”结果她送了一管笔，我们送她一个礼拜帽（新疆花帽）。而且最后她在我们的册页上还留了名，这就说明服务本身的作用，甭管你是堂头也好、服务员也好，总之你是窗口、脸蛋儿，所以作用很大。

所以就说啊，堂头也好、客人也好，就是相互之间交流，彼此了解，彼此的心灵就相通了。你即使有一点服务不周的时候，他也谅解了。

杨：对。

陈：你要知道，通过服务，好多不能办的事愣办成了。

杨：人与人之间的情感。

陈：对，就办成了，我所说的事绝对都是真的，都是我亲自接待的。

杨：我记得原来堂头以外，还有一个叫瞭高儿的？

陈：瞭高儿的是干什么的？瞭高儿的就是现在的大堂经理，他要照顾全面，并且有一定的权限。比如哪个顾客撺儿了，怎么办呢？大堂经理过去，给人点钱，这个大堂经理能做主。比如大堂经理看着这些吃饭的人里有毛病，有个小偷，这事大堂经理得盯着，过去叫瞭高儿。这个人在过去那个年代基本上都是掌柜的亲戚，或者跟掌柜的是比较近的，是掌柜的信得过的，他有一定的权限。

杨：灶头这学徒，我觉得教做饭现在也常见，但是堂头跟这个柜头怎么学？

陈：这个过去啊，真正说跑堂的认师傅的不多，绝对没有很难说。柜头这个东西呢，按过去说就是这个伙计在整个过程当中，也就是通过几年掌握着，看准了，觉得这个人行，那么有意识地跟现在似的培养他，逐渐让他学会，比如我吧。我在 1952 年，咱们私人饭馆过去没有账，是水牌。学会进账，叫簿记账，所谓簿记账就是现在一本一本的。

杨：您不是去财政局听课嘛。

陈：对，这叫簿记账。那么这就是掌柜的对我有好感，觉得我还行，所以让我去学这个。那么如果这个买卖发展以后，觉得我也能学会了，而且也靠得住，很可能我就当了这个账房先生了，就成了柜头了。那么掌柜的岁数大了，撤下来了。对我来讲是可以相信让我给他干，就是这个意思。所谓自然形成的嘛，他信得过你，你也确实有这方面的好品质，你就可能当柜头了。当柜头，第一得学算盘，得算账，过去没有计算器啊。文化水平高低是次要的，关键是算盘得好，做买卖就是算账。庄稼常看、买卖常算，这是一个道理。为什么要常算呢？比如今天我进这个肉是 38 块钱一斤，那么去了皮、去了筋，制作时候还会流失好多水分，出成率是多少呢？可能做好了端上盘，这个肉就剩九两或者八两半了。那么这一斤肉是 38 块钱，做成菜是八两半，我得把这一斤变成八两半详细核算出来，我买肉是 38 块钱一斤啊，现在剩八两半了，那么合多少钱一两？你要算出来，要知道。

最后你要煮，这一斤肉煮了以后剩多少，出成率是多少，你也得算出来，总共卖多少钱合适，毛利率多少合适，你得会算。所以算盘得好，过去账房先生算盘就好。说文化水平低一点，那不要紧，你可以学。这个算盘要是好，柜上就好办。

杨：我还想问问您过去的堂、柜、灶跟现在所谓的堂、柜、灶服务员，您说大堂经理和瞭高儿的差不太多，还有柜头、灶头，和现在的有区别吗？

陈：有区别，过去的堂、柜、灶是私人企业，这个堂头、柜头、灶头都是掌柜的，也就是出资人或者经营者认可的人。那么现在的堂、柜、灶是在实践当中自然形成的，比如过去我说柜头，我得找我的亲戚把着钱。现在哪找亲戚去？国营企业没有这一说，谁工作表现不错，品行比较好，又有一定的经验，那你就做库管，是不是？这个库管本身进出都由他来做，进货他负责验收，出货、提货都归他管，但是他不管钱。过去这个柜头要管钱，进出不是账房先生嘛，买进的时候他给出钱，完了以后他收钱。现在没有关系了，现在卖了钱得有收款人，收款人就是财务，财务有出纳、有主管，出纳把钱收了，第二天交给银行了，跟过去那个柜头是不一样的。现在分工比过去更清楚。另外现在的饭馆规模一般都比以前大得多。当然这个个体经营者还有一个人什么都管的，那就不算了。就按照现在饭馆正规常理来说，柜头就变了。过去那柜头是掌柜的亲信，才能当上柜头。那么梁德山这人过去当柜头，“文化大革命”当中就给他定了一个“穆仁智”。

杨：是，您说这个了。

陈：为什么呢？就是掌柜的信得过的人，跟掌柜的一条心。

杨：您说过去堂、柜、灶都是私营业主认可的人，其他的区别有没有？

陈：有啊。话剧《天下第一楼》讲了一个实际情况，就是人家从实际出发，不用自家人。现在也是一样，柜有区别，灶也一样，现在的灶不是以前的灶，现在的灶头不干活儿。

杨：您说厨师长？

陈：厨师长不干活儿。

杨：这个好不好呢？

陈：不好，对他也不好、对企业也不好、对顾客也不好。一级是看着，二级叫转着，三级叫练着。

杨：一级厨师在那看着？把握把握？

陈：看着。瞎胡扯咧，这坐会儿、那坐会儿，厨师长牛气得很。二级的大师……三级去炒去练。那能抓住顾客吗?!

杨：过去有跟灶头的啊。

陈：现在谁还跟灶头啊，只不过是这的菜不错，我来吃。今天吃是这样，明天就不一样了，换人了。

杨：我经常觉得好多地方的菜做得不稳定。

陈：不稳定的原因有客观的，有主观的。客观上，一个职工一个礼拜休息两天，这是好的。他炒菜，这一天在，他炒的是这个味，他这一天不在，别人炒的这菜就不是这个味了，这是客观上休息本身的原因。再一个呢，面对现实，叫金钱挂帅。在这不错，干得挺好，炒得也挺好，那里给5000块钱，我给8000块钱，“哧儿”他走了。您这个菜是您的招牌菜，别人不会，别人照猫画虎做不出味来。吐鲁番餐厅就有这样的一个，有一个人叫刘小雪，面案的，他做了一道刀剁肉饼，就是卷的烙的那个肉饼。他不是我们那的职工，是社会招来的，哎呀，这个刀剁肉饼做得相当好、特别好。最后干了一段要走，顾客都追这个。这个肉饼从里头往外一端，一屋子都是香味。

就是好多人都追这人，结果有一天他跟我说：“大爷，我跟您请长假吧。”我说：“干吗?”“您不是说过嘛，打工永远是打工，我自己练去吧。”“哎哟，上哪啊?”就是马家堡这，河北省的一个省招待所改成饭店了，叫马家堡饭店，饭店私人承包了，这老板是河北省省政府的一个下海的人。那么承包了以后呢，就想把这个饭店搞好了，那么就挖了他，因为就觉得他的肉饼好。到那以后，第一是给8000块钱工资，第二是当厨师长，自己组阁。那我就不能耽误人家，你也不给人家那么多工资，这是年轻人啊。结果他走了之后，这饼就换别人烙了，怎么着也不行。后来我给他打电话说：“你回来，你再重新教他们一遍，我瞧着。”结果来了之后就炒这个馅儿，什么多少、什么多少，什么炒多长时间都教了。别人照猫画虎这么做，但是烙出来以后还是不行。

杨：就是手艺的问题。

陈：手法的问题，还是不行。所以最后这个肉饼，现在基本上没人做了，再有人做也不是那个味道，这个品种就没了。

杨：就断了？

陈：就断了。我再说一个“吐鲁番”的真事。“吐鲁番”有个蒸包子的叫徐路，这人现在死了。这人懒，他不搞卫生，上班按照点来，下班掐点走。说你搞点卫生，他不搞，特别懒。这领班就说不要他，开除。这俩都是老南来顺的职工，我说：“不能不要，他的长处你得让他发挥。早晨起来他 16 屉包子，1 屉包子 60 个，16 屉，你琢磨琢磨多长时间？你玩儿着命包才能包 10 屉，他多 6 屉包子，一天多卖多少钱？一天 6 屉，10 天 60 屉，一个月呢？180 屉包子，能多卖多少钱？你算算。”

杨：他的手法就这么快？

陈：快。第二个呢，他打馅儿使碱发面，同样的馅儿、同样的面，他打的馅儿蒸出来以后就跟棉花桃一样，别人打馅儿就不行。里头发死，外头发僵，这就是手法的问题。所以这也是个特点。领班就说：“他是你儿子？”我说：“你别废话，就得他上。”最后这人因为静脉曲张死了。

杨：哎哟。

陈：才 50 岁多一点就死了。你主观上想怎么着，客观上达不到。所以这里有个主客观的问题，没有这个人，这个品种就没了。这个人没了，这个品种本身就受影响了。最近我又去“吐鲁番”，马忠跟我说：“老赵住院了。”“怎么了？”“心脏病又犯了。”哎哟，这个味不行啊，吃早点的人是固定的人啊，老是这些人。这一吃豆腐脑，不是原来的味了，他的外号就是“老倭瓜”，今年 65 岁了。

杨：还在这干呢？

陈：退休走不了啊，没人接啊。

杨：接不住吗？

陈：接得不稳啊，是不是？所以你追堂头已经不存在了，现在这个也是灶头，他做的这个品种就受欢迎，他走了之后这个品种本身就变了。过去就讲追灶头，现在灶头本身不存在，尤其大一点的饭庄。我那天跟你说糖醋鱼的事。我在那里一天最多卖 57 条，现在要提前预订，不预订就没有。还是那个人，厨师长还是他，我在的时候他能做出来，怎么现在做不出来？怎么我在的时候能卖油爆肚仁，现在怎么不能卖了？为什么？这就是掌灶的问题，这个费手，这个毛利低，那就不卖了。哪是毛利低啊？

杨：嫌麻烦？

陈：一个是嫌麻烦，另外这个东西要火候，弄不好就完了，所以就不卖了。

杨：记得那回我跟您合影，我在那吃的就是油爆肚仁。

陈：那么现在你再去，没有了，不卖了。这个人还在，就是那个经理管不了他，因为经理不懂。人家说顾客有意见，他说："怎么着？就这样，这是最好的，你懂吗？你说应该怎么着？"索性不卖这个品种了。有的老字号也是这样。

杨：是，您跟我说过来着。

陈：他说："怎么着？不好？我们家祖传就这样。"没脾气，要是我，我就不行。"你就这样？""您放心，对不对？我给您来一个。"当然现在我来不了了，那个勺我都端不动，是吧？我告诉你，应该什么样儿，达到什么标准，你这个不到标准。所以这个问题就是，现在追灶头不存在了，因为现在真正的灶头已经不练了。像我原来那个厨师长，我在的时候天天练，现在不差钱了，晃晃悠悠。经理说："啊！你看我就找不着一个人能把王叔替下来，王叔这么大岁数还炒？"我说："那金仁光 64 岁了还炒呢，不炒？养大爷啊？凭什么呀？是不是？"我们得讲劳动效率，一个人的活儿一个人干，两个人的活儿最好一个半人干了，这搁着一个、那摆着一个，干吗啊？我不养这么多大爷啊。

杨：现在好像私人的饭馆也是这样？

陈：不是私人的饭馆这样，是惯的这个毛病。

杨：整个行业都这样？

陈：惯的毛病，因为现在特缺厨师。各个单位都要，而且是换一个地方多挣钱，你说真有本事吗？又未必。因为这个行当除了外地人以外，北京人没有干的，是不是？所以现在这个灶头和堂头都有很大的变化，灶头、柜头、堂头都有变化。你比如说“吐鲁番”，楼上一个领班，南厅一个，北厅一个，每个领班都有熟客，过去旧社会是一年365天都是他。现在的领班有两天休息，今儿没在，我不吃了？没有这个。人家就凑合，就吃那几个菜，还有别的地儿，就是这个情况。所以现在的堂头、灶头、柜头，跟过去历史上私人企业的堂头、柜头、灶头相比有变化。

杨：吃饭的有变化吗？

陈：当然了。

杨：有大变化？

陈：现在吃饭的人跟过去吃饭的人不能比。过去进饭馆的人，尤其进中档以上饭馆的人有钱、有闲、会吃，才讲究这个。现在大多数人开始是填饱肚子，以后逐渐生活水平提高，吃风味、吃特色。这是现在，谁吃饭兜里都能掏出钱来，无所谓了，所以饭馆特别多，“乌央乌央”①的。那么有些有钱的，有点工夫的追风味，哪有啊？开车多老远都去，但是就不定点了。比如电视常报道，买馒头从三里河过来的，有这个情况为什么？有这个条件了，比如有些老头老太太早晨起来晨练，他坐车“噌儿”一下跑牛街了，到这买点包子，中午、晚上就齐了。因为本身这个包子不错，人家来追，也有人爱吃这一口儿，好吃不等于爱吃，爱吃不等于好吃，就这个道理。

① “乌央乌央”：北京土话，形容人多，人挤人人挨人。

那么现在我说呢，堂头、柜头、灶头跟过去有变化，顾客跟过去有分别，就是社会发展。我们本身呢，也应该适应这个社会，服从这个社会，那么你这个企业才能发展。但是现在好多企业，你没做这个工作不知道，都讲一个困难，就是人员的困难。你比如昨天，要搞美食博物馆，周锦详是大会堂的面点师，他是那个美食协会的副会长，他就提意见。因为昨天没想到他们叫我去，那个谁你可能认识，叫什么朱永松。

杨：我不认识。

陈：他说："陈老，有个事。他们要办美食博物馆，请您参谋参谋。"我说："行。"结果早晨起来拉着我上那去了，周师傅就提，说："现在美食博物馆有两条，第一你装修这块，你现在刚开始装修，这是硬件，你保证没问题，你只要有钱，要求什么进度就什么进度。第二现在你可得找人，得组织一套技术人员，等到你开业的时候现抓可来不了，人不好找。"那么现在这个房子刚盖好，还没装修呢，把这帮人找来干吗？养着？可是你不养着，等你开张再找，你临时抓不来啊。那么养这部分人，就这么听话吗？你养的是人家，到开张的时候，真练的时候，他又给你提出新的条件，不答应就不干。你就等于白养，所以现在两难，用人难、留人难。所以现在搞点，一个是工资高一点，一个是感情投资搞一点，尽量从生活环境方面给点照顾。这是留人的一种方式，但是不像过去。过去你这个人想动也动不了。你想上哪？档案在我这呢，我不给你关系，你哪都去不了。现在我不干，弄个炉灶卖羊肉串照样也吃饭，现在是两难，用人难、留人难。总的一句话就叫有变化，灶头、柜头、堂头也都有变化。

杨：多方因素造成的。

陈：另外一个呢，咱们的科学管理是不以人管人，是以制度管人，这是比较先进和科学的。但是现在的人不遵守制度，你比如说，咱们有些企业说不许迟到啊，要签到，有那个打卡机。咱俩不错，你给我打个卡。经理在那里盯着，谁不打卡就罚。那我他妈不干了。制度是有的，但是执行不了。比如这个企业确实不错，但是今天就出个事，说我罚他？按照企业制度应该罚，他也承认应该罚，但是你真一罚他，他不干了。你没人，只能迁就他。我们有个餐厅就这样，那个厨师长跟那一较劲，经理就叫外头，俩人喝去了。喝完痛快了，这哪行？我不成，我是干这个的，你干不干？不干你就走人。你看有人干没有？我有人干。那个《天下第一楼》卢孟实，罗大头不干，那说："回去！徒弟上去，谁不让你动，我让你动。"不就行了嘛。

昨天我去了，公司领导找我。那秘书跟我谈，意思可能是接另一个单位。在这八年了，但这个秘书他不是回民，我问他有没有去别处干的想法，他说没有。昨天我跟他说："你记住两条，第一，如果领导提出来调你上别处，你要选一下，看上哪，别直接说不去，或者说马上去，要自己琢磨。你的环境条件和你所从事的这个，你在这里接班是顺理成章的事，但是现在别处用人，'吐鲁番'的人才力量比较雄厚，很可能让你出去。你跟人讲清道理，第一是不愿意走，如果组织决定非让我走也可以，我服从组织，但是有一个条件，我在那里人生地不熟，业务也不熟，可不能保证利润增长，别到那跟我怎么着。再一个，不能绝对不去，要是绝对不去，他不用你，你也没脾气，他不提你。"我走了以后，我弄了三个小伙子，一个姓马、一个姓秦、一个是韩松，韩松现在已经是副职了。

现在外行干饭馆，开了好多，干得都不错。你看面食博物馆这个，你知道他是个什么老板？那地方的职工跟我说："您看看，全是我们的。"包括有一个电影院是几万平方米，20 多个影厅，可能是国庆节开张，都是这个老板的，什么行业都有，百货啊、饭馆、饭店。中间的居民楼全是他们盖的，周围全是商业，这个老板是河南人，卖面起家，最后到国外可能是挣了点钱，回来搞房地产起来了。人家说了钱没用，私人的，拿出一个亿给你们俩搞一个面食博物馆。他就要求把全国的面食弄到这来，从它的制作、销售、工艺，包括它的艺术、它的各种工具，历史的、现代的都要，给一个亿。这小伙子多大，你知道吗？经营这个的 36 岁，姓王。昨天给了我名片，就这么个人。

杨：哦。

陈：实际上这个老板趁几个亿，我没想到一进门就说："哟！您来啦？您不认识我啦？我这么高的时候就上您那去了。郭宝成是我舅舅。"我说："那就甭说了，你舅舅、你舅妈、你妈，我都熟呀。你妈结婚时，我还参加婚礼了呢。""我得管您叫爷爷。"现在由他主办，一个亿给他，这个王侃、林子军，就这么俩人。这人好像过去在民族宫对过开了一饺子馆，办得很火，这俩人是一个亿，就折腾这个博物馆。那老板找小舅子，找个亲戚干着。人家放心，给你一个亿，告诉你要什么要求，达到要求就行，怎么折腾不管，人家有钱不是。这有多大诱惑力啊？你琢磨琢磨，是不是？所以这就是说现在在变，怎么让思想适应社会、适应形势，你就站住脚了。否则弄一个东西就守旧，这不行吧，那也不行吧，人家这个小伙子没顾虑。

你跟人家说找人难，你跟人家说守纪律难，人家能听吗？人家要把这个事办好，劲头也足、资金也雄厚。咱们现在包括国营企业，有谁敢拿出一个亿，让你搞个面食博物馆？那个康师傅方便面，那个北方的经理搞面食博物馆不是请我去了，那个助理就光写我说的这段，写了 18 篇，还有一个光盘。他都没有敢说拿出一个亿让你去办，是不是？人家就敢拿出一个亿，你们俩去干，我什么都不管，而且国内外常来常往。你说这个企业发展这么快，绝不是这一个，各部门的人都得用得得当。你只要给我干得好，我多给你钱，你付出了就应该多得。所以人家就是这样，现在如果你不这样就适应不了。攥着那俩钱给谁都不放心，你能发展吗？你就不能发展，关键在用人。

三、北京小吃

1. 北京小吃第一人

【访谈者按】关于北京小吃的内容，是我对陈连生先生采访的一个重点，他从事饮食行业几十年，其中大部分精力都专注于小吃，按他自己的话来说“我就是个烙烧饼的”，当然比起业内公认的北京小吃的专家，更有“北京小吃第一人”的盛誉。陈先生谈小吃的内容自然也是我非常关注的。我对这些年看到的北京小吃的一些现象，也有过不少思考，希望能在这次采访中得到相对系统的答案。比如北京小吃的概念应该如何界定？比如北京小吃在过去的社会背景下有怎样的分类？再如北京小吃的质量是不是有一定的标准？标准是怎么评估的？标准又是什么样的？我想诸如此类的问题，可以让我们在一个历史框架里看到成体系的北京小吃，不再是简单地列出一些小吃品种，讲讲制作方法，而是能清晰地了解到北京小吃是什么，又是什么样的。这是一种历史视野下的北京小吃，或者说是我们普通食客心目中的北京小吃。

杨：我很早就听说您被业内的好多人誉为“北京小吃第一人”，而且圈儿里基本都比较服这个说法。

陈：这不是我说的。

杨：我知道。

陈：这是马靖老师说的，他写了本书，他在书里定了这么个调，我说：“别这么定，不合适。”他说：“我们大家都这么认为。”包括李世靖老先生也这么认为，后来我说，那你们这么认为，那是你们定的调。

杨：您从70年代末就开始出书，应该是北京第一本关于小吃的书。

陈：那是1979年，应该是第一本小册子，在北京应该是最早的。

杨：所以您对北京小吃太了解了。我有一个问题，因为我通过跟您这个采访，了解到您好像一直都在大饭庄工作。那就是说，您接触更多的是大菜。

陈：嗯，但小吃是我的强项。

杨：为什么是这样？

陈：因为我1961年调到南来顺，南来顺本身，它的前身是菜市口小吃店。

杨：原来的南来顺呢？

陈：你听我说啊，它的前身是菜市口小吃店。那么什么时候定的呢？五几年合营的时候定的菜市口小吃店。

杨：应该是1956年那一批。

陈：把小吃店扩大为南来顺饭庄，当时在宣武区来讲是最大的饭庄，第一叫人员多、第二叫面积大、第三叫品种全，算是比较大的回民饭庄。当时那个时候的历史条件是这样，我来到这呢，改成饭庄是分成两部分，一部分正餐、一部分小吃。因为它的基础本身是小吃，小吃店嘛，那么这块不能减少。饭庄这块是楼下一部分、楼上一部分。

杨：有点像当初东来顺的感觉，一层二层不一样，是这个意思吗？

陈：东边这个门是正餐，楼上是单间，西边这一片是小吃。这个规模在当时是比较大的，小吃品种又是比较全的，所以我在小吃这方面经营的时间比较长，一下就 29 年。大餐、清真餐也算比较强的，小吃品种在宣武区也算最多的、最强的。因此小吃这块，我也还算接触的时间长，也算强项吧。所以后来马靖他们写这本书的时候就给我写了一个“北京小吃第一人”。

杨：是啊。

陈：王仁兴在《中国食品报》发表了一篇文章，一整版，《一生为护根》，大概是有这么一篇文章，这都是在 20 多年以前了。那么在当时南来顺本身在报纸受的表扬就是“三三”，就是它满足各类不同顾客的需要。小吃这一块呢，你说你买 3 分钱一个小火烧、8 分钱豆腐脑，也有。你弄俩馅饼、一碗粥也行，弄盘炒饼也行。那么你在正餐这块呢，弄个炮羊肉吃碗米饭也行，你在楼上订桌宴席也行，燕翅鲍肚参也都能做，也都能干。因为有两益轩的、西来顺的几个老厨师，所以燕翅鲍肚参这些也行。南来顺本身既有小吃，又有饭庄，所以分三个层次，那么这个单位本身就是高中低档相结合。

杨：这样经营是不是挺难弄的?

陈：走到这个范畴了，那么高中低档相结合就有南来顺的地理位置优势。

杨：菜市口?

陈：菜市口这块首先是京剧演员最集中的地方，棉花几条、铁门、大吉巷什么的，住的全是这些名演员，那么这就是第一个条件。第二个条件就是那天我谈的荣宝斋，它本身是接待高层的，画家多。像黄胄、王雪涛等等，还有市里领导喜欢画的，来荣宝斋。这个荣宝斋的经理侯恺，他不是回民，他媳妇儿是回民，叫白燕，那么这要是吃饭呢，就必然要选择回民饭馆。那么荣宝斋呢又是当时文艺画界以及爱惜画的各界领导集中的地方。到吃饭的时候，走！经理又是个组织者。

杨：明白了。

陈：这又是一层人物，那么就集中到这里。由于这层人物的集中，就反映到了上层。当时咱北京真正能接待外宾的回民饭馆没几个。

杨：应该就您这一个吧？

陈：对。后来像国务院礼宾司长期在那里，就是接待各国的一些使节，特别是一些阿拉伯国家的客人，在南来顺。到了 80 年代的时候，就是 1989 年吧，南来顺就停了，翻建。鸿宾楼也翻建，在西单。

杨：这个时候鸿宾楼起来了？

陈：这两家都翻建，但是人家鸿宾楼完工早几个月，那么它的装修档次就比较高，这些外宾呢，你这没有，人家到了鸿宾楼。从根上来说，南来顺比鸿宾楼强，因为鸿宾楼本身是从天津来的。来的时候在远东饭店北院门口摆摊卖锅贴。

鸿宾楼跟美味斋什么的，老正兴、力力等等，同时一批从外地进来的，包括一些照相的，像中国照相馆什么的，还有四联理发馆，等等，都是那一批，同时来到北京。鸿宾楼本身呢，它是天津风味的，和北京风味不太一样，当然现在基本上一样了。

杨：您说那个炸汁和配汁的问题？

陈：就是这个情况，南来顺的品种在某种程度上比鸿宾楼广泛，它开了以后，完全往上走。南来顺本身是上中下都有，所以业务就比较广泛，业务量也比较大，这个受众面就很广。

杨：但是您到了南来顺之后，等于您带的任务就是把南来顺重新开起来，然后把它变成一个大饭庄。就是由原来的菜市口小吃店变成大饭庄？

陈：对。

杨：那么为什么您会这么重视小吃呢？

陈：不是我重视小吃，是原来的本身就是小吃店，大面积是卖小吃的。改了饭庄后，小吃这块不能少，因为它的前身是小吃店嘛。改了饭庄以后，调来一些有关饭庄这一部分的厨师。那么小吃本身还有小吃人家原来的基础，那时候都没有退休。

杨：您说了。

陈：那些老头都干到七八十岁还得干，不上班钱哪来？所以比如冲茶汤的那个马广源，我记得在“文化大革命”当中，他大概有七十四五岁了。那时候就没有退休这一说，所以这些人只要能上班的就都上班。这些人做小吃做了一辈子，都是单一品种，非常精，也非常好。那么我呢，在经营小吃的同时又经营饭庄。

杨：现在南来顺好像也是这样？

陈：现在也是这样，比如现在办什么婚丧嫁娶。

杨：是，在那边吃小吃的时候，隔壁办婚礼。

陈：大体上啊，现在南来顺的经营规模跟我过去在菜市口基本相似，人员啊、各类品种基本相似。那时我在的时候1400多平方米，职工最多到过190多位。

杨：那真不少。

陈：光是职工，客人那一天真是上万人次。你想，光用面粉一天5000斤，杂粮不算。这个大汽车带斗儿，每天卸一车面。

杨：那时还不是放开供应的年代呢。

陈：对，还是凭票凭证，杂粮不算，杂粮还不收票证呢。

杨：那就更多了。

陈：光面粉一天就5000斤。你琢磨琢磨，现在按照一人半斤吃，一次吃半斤就得一万人次，当然也未必能吃半斤，是不是？你知道那个小吃店啊，里面两个车，捡碗的车，大概跟我这个床这么大吧，两个车在屋里推着转。这一车，好家伙，卸下去以后，那个大池子，有三大池子。光这刷碗组就12个人，就是光刷碗，因为都是费餐具的，比如弄碗面茶，都不好刷，弄碗豆腐脑，一双筷子、一个勺、一个碗，还得一个盘，就这么点玩意儿就得四件……

杨：是，是。

陈：再来块炸糕、来块年糕，这一块就好几件，像来碗面茶、来块年糕，不好刷啊。所以小吃复杂就在这个费工费时啊，连刷碗都费劲。你看没有油吧，那个年糕粘上不掉；你看没有油吧，那个碗有麻酱，在外头淋着。

杨：更不好刷。

陈： 我在小吃这个问题上有点偏爱，因为我喜欢吃小吃。

杨： 对了，您不吃肉。

陈： 吃，就吃一点点。

杨： 所以对大菜本身就没那么喜欢。

陈： 不，我本身吃牛羊肉是少量的，一般说就是精肉。

杨： 炒葱嘛。

陈： 就是这个，不是不吃，我吃得比较精。小吃这块像盆儿糕是我喜欢的，茶汤、烧饼、豆腐脑、焦圈、豆汁，都是我平时挺喜欢的东西。这个小吃在制作过程中，有复杂的，多数也很简便。比如现在说弄夏天的食品，很简单，弄个粉皮、做点凉粉、弄点漏鱼。

向国庆30周年献礼的“小吃展览”照

2. 什么是北京小吃?

【访谈者按】北京小吃,我们都吃过,都熟悉,但是谁也不清楚这个说法是从什么时候开始的。北京小吃如何定位?什么样的食品才能称为北京小吃?什么时候出现的食品才能确定为北京小吃?

曾经有一年我走在重新改造的前门步行街上,听到旁边有一家北京老字号饭馆的店员吆喝着:“老北京小吃!羊肉串!”心里非常不是滋味。80年代进京的新疆风味,居然被吆喝成老北京小吃的代名词,一家上百年的北京老字号,却要打着羊肉串的幌子来招揽生意,有着上百个品种的北京小吃,在旅游景点的商业竞争力真的这么低吗?不禁令我唏嘘。唏嘘是一方面,作为一名80后,确实是吃着羊肉串长大的,它进京30多年了,人们对它的认同感已经非常强。但作为一个北京人,羊肉串能不能算北京小吃?以我朴素的地域情怀来看,这肯定不能算。它与以往驴打滚、爱窝窝、炒肝、卤煮等小吃相比,在我们心中的情感是不同的,但这仅是一种感觉。北京小吃并非都是土生土长,外来的品种有很多,有不少也非北京独有,只是它们进京时,我没有赶上。这些东西能算北京小吃,羊肉串就不能吗?那么,北京小吃到底应该怎么划分?

北京小吃是现代人的一个提法,在历史上并没有明确的概念,以什么时间为线,如何划分?这些内容我们从现已出版的书籍中是难以找到的。人们对于北京小吃的情感又极其深厚。从社会、历史的角度出发,都需要有人对其进行定义和解释。陈连生先生作为餐饮界的老人儿,经营小吃多年,从自身经历以及对行业的思考,在这部分口述中谈到了北京小吃的时间划分、餐饮界对于小吃受众人群及行业归类等问题,不仅是一家之言,更具有比较强的权威性。

陈：什么叫北京小吃？笼统地说北京小吃，那首先说小吃的来历是什么时候，从哪年才统称“北京小吃”。

杨：这个大概其应该是从解放前算吧？

陈：1956 年公私合营。

杨：跟老字号的定位差不多是吧？

陈：那么另外一个就是，北京小吃是不是纯北京的。

杨：这个不一定。

陈：但是多年来从外地引进北京的，在北京发扬光大了，那就成了北京小吃了。

杨：对，就跟京剧似的，来源不是北京的，但在北京发扬光大。

陈：北京小吃的这个说法是从 1956 年成立各小吃店开始的，以前是什么品种就叫什么。咱们原来说过，1956 年公私合营，很多企业改为国有，或者合并之后改为国有，各区都成立了小吃店，比如说过去四大小吃店：西四、隆福寺、大通、南来顺。这些小吃店里的品种，就渐渐地被叫作北京小吃。在这以前，没有这么叫的，等于是约定俗成。大通后来改名了，叫什么都……

杨：80 年代初的时候是吗？

陈：对，因为它搬迁了以后，“大通”是私企的名字，后来合营以后，一分家，从前门一分，它就迁到前门箭楼底下了。原址拆了，马路那地方展宽，就拆了。

杨：什么时候改的？

陈：70 年代末吧。

杨：那“大通”等于一直叫了 20 多年？

陈：不，“大通”是解放前人家私人企业的名字。

杨：公私合营不是就改成小吃店了吗？

陈：合营的时候还叫“大通”。大栅栏东口把角，西北角。

杨：过去那块叫“前门区”。

陈：对，前门区的时候。后来搬到前门箭楼东南侧，叫什么？丽都小吃店。那么丽都、西四、隆福寺，加南来顺，这么四大小吃店。

杨：后来丽都又搬到哪了？

陈：拆了。

杨：我知道，拆之前呢？

陈：没搬，就拆了。因为它后来经营得不好，最后搞了好多……也往正餐上追，不伦不类。最后那地方不是要扩建展宽嘛，就把它拆了。拆了以后，崇文区（现已并入东城区）现在那个小吃店叫什么？

杨：锦芳。

陈：锦芳本身也不是小吃，最出名的是元宵。那么它就是以元宵出的名，带动了小吃。那么现在锦芳叫小吃店，它这个元宵现在就不如过去了。过去咱北京在20世纪七八十年代卖元宵最大的是三家，一个是南来顺、一个是又一顺、一个是锦芳。

杨：都是清真的？

陈：嗯，像稻香村这都是改革开放以后逐渐起来的。锦芳元宵比它们棒在哪？

杨：您不说嘛，它等于是软糖的。

陈：软糖，拿刀一划，完了以后，第一打馅儿不费劲，省劲；第二煮容易化。

杨：好煮。

陈：咱们的元宵提前打出馅儿来，打出十天半个月了，是冻干，有时候元宵馅堆在那，就不是冻干了，是风干了，风给吹干了，煮不化。元宵倒漂上来了，一咬开，白茬儿，那就是风干。风干跟冻干是两回事。冻干是冻上了，拿水一煮，一见热它马上化。风干可不是。

杨：它里头水分没了。

陈：水分没了，一咬，白茬儿。锦芳就是元宵弄得不错。现在人家护国寺算是发展起来了。

杨：护国寺不是西四小吃店吗？护国寺也是清真的了？

陈：西四小吃店是汉民的。

杨：对。

陈：西四小吃店经理姓王，它那后面有个大院子。它那小吃有汉民的东西，回民东西也不少。西四那个没了，目前就是护国寺了。咱们说的这些小吃店，北京小吃就是当初这些小吃店里有的品种，那么划分界限就应该划在1956年，以前有的品种，就能算是北京小吃。

还有一个问题，就是现在有些人不负责任，占着茅坑不拉屎，为了一些利益，搞乱了北京小吃的概念。也是前两天，有个单位请我去了，鉴定全国小吃，每一个城市推十个品种，全国各地的小吃推上来。那么这是最后，叫专家把关，认定这就是旅游精品食品。结果几个饭店的经理，干这个的就是我和艾广富，中烹协以前是李亚光，西四小吃店还去了一个小女孩，是面点师，讨论这个东西，第一页北京的。这还保密，我说最后你把这个给我们一人一本不行，这个得经过有关部门批准以后，见报以后才能给。第一页是北京小吃，一翻，讨论。我说："这个叫北京小吃吗？胡说八道啊，真正北京小吃没写进来。"回来有个单位的领导说："哎哟老先生，这个问题我跟您说，这是我们根据某个权威协会弄来的。"我说："他们这个协会有干这行的吗？北京小吃特色，东来顺羊肉串，我说胡说八道！东来顺卖什么的？"

杨：卖涮羊肉啊。

陈：它卖不卖羊肉串？

杨：它卖羊肉串，那玩意儿不是北京小吃啊。

陈：对，它卖羊肉串，是哪个年代？它在几十年前卖羊肉串，是卖竹扦穿的羊肉串，它有。奶油炸糕，这是东来顺的东西。但是今天要把东来顺的羊肉串拿上来，我说人家新疆干吗去？人家西北怎么推，西北推什么？"您说，那……"我说："我告诉你，你要让我认定，这六个就三条。第一，大顺斋糖火烧，算半小吃特色，它既属于糕点范畴又属于小吃，北京小吃里边的糖火烧很普遍，但是大顺斋是正宗，可以算。第二豌豆黄。第三炒肝，其他都不是。"

杨：哎哟！

陈：后来广富说："陈兄，我接着你说。"人家说："您别说，您说我们也不听。"

杨：为什么啊？

陈：人家说了今天跟您说，前提是咱们尊重人家各地区报上来的意见。我们现在拿到国家旅游局了，北京就得尊重北京的意见，上海尊重上海的意见，西安尊重西安的意见，咱们大体上过。

杨：那不就成走形式了吗？

陈：我说："我们负不负责任呢？既然是专家把关。"他说："跟您说，这么着，没有特殊情况，咱们就……一个地区报来 10 个品种，它报 11 个，您就有 1 个砍掉的，这 10 个，人家报哪个就给人家保留。"我说："那还讨论什么？""那不行啊，这是一级，最后一级。"我说："我们要定了，我们签名了，将来我们对这行业负责不负责？"他说："您别想那么多，30 个省市的品种，360 个，就一上午通过了。"那有一个光盘，在电脑上放，"这个，没意见，得，过了。"我说："这叫什么玩意儿！"

杨：是。

陈：还把我们请去，专家这么不负责任？所以北京我就认这三个品种，别的我不认，那怎么办？弃权或者反对。你说……我和艾广富，广富要说，人家说："您别说了，您的意思我们明白了，我们这个就是这么来的，我们是尊重地方。"

杨：它是尊重地方的某个协会，没尊重地方本身……

陈：那个什么协会啊，说实在的，他们也没深入过。你说什么叫真正的北京小吃，他们懂吗？那么说咱们懂吗？咱也不是真懂，但是毕竟咱干这个这么多年了，是不是？所以现在……唉，很多事你较真还真不成。

杨：从您讲的我觉得老百姓看着算一个参考、一个学习，还有就是，咱们北京小吃的品种也是一个大概其的范围，这北京小吃不北京小吃，其实这还挺重要的。

陈： 那么说到小吃本身，小吃咱们过去称为“手拿食”。

杨： 哦，“手拿食”，就是手里拿着的。

陈： 一边走着，一边吃，“手拿食”。比如街上四方的大油饼，那是论斤称的，你买半斤，你在街上一边走着，一边咬着吃，就是“手拿食”。你比如说像烧饼、大火烧这些个，都属于“手拿食”，那么这些应该是大众果腹的一种形式。那么这里边还有一个现象，过去北京生活困难的人很多，所谓“没落儿”，就是指既没体质，又没本事，也没有技术，还穷，他就抢。

与侯宝林、溥杰及北京人民艺术剧院艺术家林连昆、李滨等社会名流讨论北京小吃

杨：抢？

陈：你比如你这刚买一个油饼拿着走，走着吃呢，他过来就抢过去了。

杨：咬一口、舔一下。

陈：不，抢过来吐两口唾沫。

杨：我好像在影视剧里见过这个。

陈：所以过去"手拿食"就有这样的问题，这就是当时的社会、当时的情景。这种"手拿食"现在也应该说是还有，比如煎饼果子举着，那鸡蛋灌饼坐着汽车、地铁就吃了。

杨：包括馅饼什么之类的。

陈："手拿食"东西可不少。过去大街上也有卖锅饼的，大锅，棒子面，摊大锅饼，摊得了以后切开，也有卖这个的。应该说凡是主食属于粗粮大众化的这些东西都是。除去这些之外，果腹的东西大街上还有，劳动人民果腹的，像什么荞面条、豆面饸饹等等。"手拿食"还有简单的，像烤白薯。

杨：嗯，烤白薯。

陈：烤白薯、煮白薯、炟小白薯。

杨：炟小白薯？

陈：什么叫炟小白薯呢？就是薯须子。白薯拿起来以后，焖熟，成块的，那小的，不成块的。

杨：嗯，我明白。

陈：那叫薯须子，把它择下来以后洗干净，搁在锅里煮。开了锅以后，把火弄微了，慢慢炟。这个白薯本身都贴在锅上了，出嘎渣儿，铲出来以后把汁浇在上边，就是白薯出的泥，白薯熬的汁搁在盘里，这也是一种果腹的形式。现在找不着了。但是这种东西也是，你看它是个地道品种，香，在那个年代好吃啊！炟小白薯，这个在街头推车的都有卖的。

"吐鲁番"那个厨师长，他爸爸和他大爷都是卖烤白薯的。南横街东口一个、西口一个。他大爷最后落到我那里了，他爸爸最后落在煤厂了。

杨：但是后来这个东西公私合营以后，基本上小吃店也不卖了。

陈：不卖了。但是现在大街卖烤白薯的不少。

杨：对，我记得我小时候就有卖的。

陈：尽是外地人了。

杨：或者是郊区的进城卖烤白薯。

陈：弄个铁桶，这东西省事。

杨：因为卖烤白薯这东西，好像不需要太高的技术含量。

陈：它没有什么技术含量，只要你掌握了火候就行了。

杨：是，差不多了往上搁。咱们说这是果腹类的，还有好多点心类的，您比如说豌豆黄、芸豆卷。

陈：豌豆黄、芸豆卷，咱们还是讲庙会“碰头食”，不是说逛庙会的所有人都吃。逛庙会的人带着孩子，孩子吃可以，大人瞧着。你别说豌豆黄大家都买，大人买、孩子吃。所以这些东西过去历史上就叫“手拿食”，现在仍然还有。

杨：就是好多东西变了。

陈：变也不一定，你比如说大火烧夹油饼还没变，油饼现在夹焦圈的少了，过去烧饼夹焦圈。就是说随着社会的发展，一些便民食品适应社会的需要。过去历史上就有，那个时候生活困难，有的人就跟现在一样，我等着上班，没时间了，买来一边走，一边吃，有这个问题。

杨：是不是过去还有好多属于“碰头食”，几个小摊搁在一起?

陈：不，所谓“碰头食”，当时说就是我看到了或者碰到了吃，几个小摊连在一起，这又是一种形式，这是得坐下来吃了。

比如你是卖烧饼的，我是卖焦圈的，他是卖豆汁的，得，来个烧饼，来一个焦圈，来碗豆汁，来点咸菜，这就必须坐下吃了。那跟“手拿食”有区别。

杨：但是您说的“手拿食”，其实它形式上是手里拿着的，但是“碰头食”跟“手拿食”其实都是果腹类的小吃，是吧?

陈：对。因为这些东西本身随走随吃，不是咱们家里有条件，在家里吃饭，或者吃早点，这都是属于大众的。劳动人民既要赶时间，又得吃饱了这个意思。

杨：我记得我姥姥说她上中学的时候，家里给钱早上就买个烧饼吃，大概其就这意思。

陈：对。那天赵忠祥说了一个事，人家问他："你过去吃东西印象最深的是什么？"他说："我印象最深的是糖油饼。为什么呢？我们那胡同里头就有好几个卖小吃的摊，天天闻那个摊上的香味，但是没钱买。一天姥姥来了，跟姥姥一说，姥姥说：'走，出去买吧！'姥姥带着买去了，当然要买一个糖油饼。还拽着姥姥的衣襟说：'让他给我多搁点糖。'人家卖油饼的听见了，就给多搁点糖，这个糖油饼炸得吃着那个香，一辈子都忘不了。"所以现在回忆小时候吃的东西，这些东西就是街上小摊卖的这些"手拿食"，方便了急于上班的大人和忙着上学的孩子们。吃着刚炸好的油饼、刚烙好的烧饼，边走边吃，节约了时间，方便了群众。回忆小时候吃的东西，回味无穷。

杨：对。我觉得您说的"手拿食"，我自己分类这叫果腹类的，就不是有钱人吃的，主要伺候的人群就是那些大众。

陈：大众，普通百姓。

杨：嗯。您看这里头，基本上大概都有什么呢，比较常见的。油饼？

陈：油饼、烧饼、火烧，像什么芸豆饼。

杨：哦，芸豆饼。

陈：什么是芸豆饼，就是煮芸豆，用手压成饼，叫芸豆饼，挎筐的烧饼馃子。过去挎筐卖的马蹄烧饼加一个馃子，或者加一个油饼，叫"论套卖"。

杨：您不是说有"发货屋子"嘛。

陈："发货屋子"，我订30套，挎筐卖去，像这都是"手拿食"，拿一个一边走就一边吃了。也有的在家门口买到家里边吃的也有，但是总之属于"手拿食"范畴，也是大众化的东西。

杨：对，对。

陈：这样的东西不少，你比如说过去所谓斤饼、斤面。斤饼，大饼也是一样，买半斤大饼卷点什么吃的，或者卷个油条一边走，一边咬也行。有的我告诉你，过去旧社会拉洋车，这吃着，一手扶着把儿，还得在街上遛，所以这东西过去比较大众。另外像贴饼子、窝头。

杨：这东西小摊上都卖。

陈：过去卖贴饼子，有的也卖得很有名、很出色。

杨：哦，但是这东西说实在的就没有什么特色，不能称之为特色小吃。

陈：但是不管怎么说，果腹啊！

杨：是。那是贵了，还是便宜了？

陈：贵倒不一定，但是大油饼和小油饼的做法可不一样。

杨：您跟我说过。

陈：大油饼省油。为什么知道吗？它是平底锅，咱们炸锅的油饼都是斗锅，它那个稍微有点陡，这么大，也厚。整个油饼下去以后基本上就在锅里了，稍微一变色就翻出来了，里面熟了，但是没吃多少油，因为它那个锅大，铁锅也厚，薄底。现在的炸锅，耗油量就高了。过去大概是一斤面有一二钱油就差不多了，现在咱们这个炸锅，等于一个油饼一钱八的油，因为锅不一样啊！

杨：但是价格基本差不多？

陈：价格便宜，它比小油饼的耗油量低，它就便宜。为什么马路上的东西都是劳动人民买的？“贪贱吃穷人”，过去穷人不就是贪便宜嘛！所以“贪贱吃穷人”。这好多东西回忆起来细想，好多事，甚至每一个品种都有故事。

杨：您比如说？

陈：比如说抢油饼。你好不容易买了油饼了，你走着要吃，他从后边给你抢走了，吐两口唾沫。

杨：叫警察有用吗？

陈：没用，那时候哪有像现在这么多警察啊！警察管得过来吗？是不是！另外一个，他本身都彼此理解，我穷，他比我还穷，吃不上饭，才抢我的。我好像还能挣点钱能买，他不行，他没地方挣钱去，他就抢我，所以是这种环境。你现在说，你再想起这个，是不是就是故事。就是当年的历史了？

杨：那这抢了之后就是骂两句？

陈：那可不！你就是追上他，你也要不来了，你也不能吃，他吐了唾沫，你还能吃吗？也有可能追上他打他两下，但是他得吃饱了。是不是？这就是当时的历史，绝不是偶尔的，还属于经常性的。

杨：还是经常性的？

陈：马路边儿要饭的得有多少。我再给你讲一个故事。穷人，过去你知道那个盲人。

杨：盲人自古三条道。

陈：要小钱，这么长一块沙板砖。

杨：砸，往身上砸。

陈：往身上砸，“行行好吧，老爷、太太！”有人觉得确实挺难受，得了，给点。就用这种方法，天天如此。

杨：所以现在好多人都说，现在这要饭的技术含量太低了。（笑）

陈：天天如此，他没有生计。

杨：我知道，因为我采访过盲艺人。

陈：盲艺人那是另一方面。

杨：对。

陈：你知道过去，盲艺人一个是拉弦、弹弦子、说书、算命，这些好像都是文雅一点的算命的，一般都是拉弦的、唱曲的，带着个小孩儿。

杨：到下处去是吧？

陈：对，到下处去转。等下处，一敲门，点个曲，进来就唱，给点钱，这是一种。真正下场子弹弦的，就是确实技术水平高。弹的玩意儿也多、好，那是下场子的。正经八百说书的不是盲人，弹弦的、拉弦的是盲人。比如说关学曾……

杨：琴书。

陈：他本身就有琴，就有伴奏，就有好拉弦的，就是这个问题。

杨：因为我原来采访盲艺人，他们的师傅是做宅门的盲艺人，比这个还高。就说三条道，就是卖艺、算命、要饭，就这三条道。

陈：你比如过去说，身份高一点或者家境条件好一点，吃早点，弄杯牛奶，弄两块蛋糕或者酥皮的点心，这个很正常。过去你知道卖奶的，都是门口搁一个小盒，一瓶、两瓶，定期送奶，那就是家庭条件好，他家里有点点心，或者临时买点属于甜点、焦圈之类的，人家当是吃早点了。但是大众老百姓，老百姓家里还没棒子面吃呢！

不管你是劳动群众也好，总之是生活底层嘛！你要是生活在高层，人家不可能这样。现在也一样，因为现在咱们有些风味特色的食品在街上非常火，有些有身份的人想吃，放不下身段。

杨：开个奔驰，他好像不大好意思去买个鸡蛋灌饼。

陈：咱们就拿致美斋的灌肠来说，很多人说："这好吃！"你看吃灌肠那个架势，铁定好吃，但是你看他的身份不一定低，不定是哪个公司的经理呢。

杨：那是在致美斋里啊！

陈：因为他毕竟在那坐着，他是上桌的，属于文雅的东西。在大街上你说再好，那摊上的东西真是好，闻着也好，看着也好，放不下身段。所以这个里面有些"手拿食"，或者有些街头小食品，有身份的人放不下身段。

杨：我就觉得爱窝窝、驴打滚这类点心跟一般的小吃不一样。

陈：这不叫点心，回过头来说，按现在的名词说就叫小吃。如果按历史上名词来说，是什么就叫什么，不能称其为点心，因为历史上没有小吃这一说。你比如说过去宫廷里面叫点心，或者叫什么名字，这是在宫廷里说的。如果在大环境里，在社会上不能叫点心。

杨：我觉得它是两个路子。饭庄里也做，也应该叫点心。您说的小吃类，就是庙会啊……

陈：像过去宫廷里的有些东西，有仿膳、听鹂馆，这就是按照那个年代制作的，这些属于从皇家出来的东西。

杨：但是像爱窝窝、豆面糕这些东西，我从小就在小吃店吃。

陈：但是有一个问题，两种路子，在社会上大家认可不叫点心。

杨：对，叫小吃？

陈：是什么就叫什么，也不叫小吃。小吃的定义是在1956年以后，综合起来才叫小吃。它属于小吃范畴之内，但是现在还是叫豆面糕、爱窝窝啊！

杨：但是现在咱们说的这种小吃类的，如爱窝窝、豌豆黄这类的东西，它历史上是两条线。

陈：嗯，现在也两条线。

杨：那小吃店的跟饭庄的就不一样。

陈：为什么两条线？上桌压桌的，跟你小吃店卖的还是两个路子。上宴席压桌的毕竟是个头小，做得精致、好看，也好吃。社会上大路货跟你那个不一样，因为小吃这个东西基本上是现制现售，做多了搁半天，就变味了。

杨：那个驴打滚坏得快着呢！

陈：就变味了。因为你想，豆馅用热面这么一卷，它当然坏得快了！所以过去是两种，现在也应该是两种。

杨：我看历史文献，这两条路子存在很长时间。

陈：不是很长时间，是相当长的历史阶段。

杨：我看起码从明代就开始了。

陈：对，什么都是一样。很多东西，穿的东西也一样。宫廷里的人穿的衣服和社会上人穿的衣服不一样，层次不一样。就是说你多有钱，你不能穿这种衣服。

杨：对，那是御制的。

陈：他是有品位、有品级的。说老百姓多有钱，不能穿有品级的衣服，是不是！吃的东西也一样。

杨： 但是这个历史渊源考证已经不清楚了。

陈： 比如我那天去了姜波那，姜波做了好多点心，结果大家伙儿拍手称赞，我没言语。他叫北京小吃，按说做出来的东西全是点心。他跟刘什么香那个师傅，北京饭店的，跟她学的。他给我讲了三派龙须面，第一派周子杰、第二派刘师傅、第三派是谁。我听了我也没言语。他做的“小吃”其中就一个是北京小吃——姜汁排叉。

杨： 是，这是北京的。

陈： 其他的都是点心铺的糕点，他引进的河北一个叫什么烧饼，就是一个圈，他说“改进了，做得细”。那么如果说他这个叫北京小吃，我说加俩字恰当，叫“面点”小吃，你不是真正北京的土小吃，要是真正北京的土小吃，做这么一桌子本身就应该是琳琅满目。这如果照个相出来以后，大体相同，一个模样。油糖面，都是这东西。那么要是真正的北京小吃就不能这么做，炸的、烙的、蒸的、煮的，应该什么都有。

杨： 那就是点心类的。

陈： 让徒弟抻了一把龙须面。那么王作揖是姜波的师傅，刘满来写了一篇文章，大赞这学校，大赞这品种。后来我说了两句话，我说：“今天姜波工作室成立，我衷心祝贺，我非常高兴。何亮、姜波，你们在这个年龄是中流砥柱，承上启下，大有可为。”我就说这么两句，东西没评，因为它不是北京小吃，看不出北京小吃的模样，而且就做那姜汁排叉也不符合要求。当然不是他做的，是他徒弟做的，也不符合要求。所以你站在什么角度说什么话。比如说王作揖，人家是民俗专家，讲历史的。刘满来本身是东安市场的党委书记，笔头子挺硬，所以一看这气势，个个都拍照、评论。可能提前通知他了，写了个发言稿，四赞这个学校。我就没言语，最后我就说这么几句，中流砥柱，承上启下，就这么几句。那么你站的角度不同，看的问题不同。那要让我看这个问题，差俩字，加上“面点”，那我就没意见了，不加“面点”小吃，那不叫北京小吃。

3. 北京小吃在社会中的分类

【访谈者按】北京小吃的品种多，介绍小吃的书也很多，它们大多是从烹饪的角度来介绍，并以蒸、炸、煮、烙等技法来对其进行分类。这种制作类的介绍在社会上有很大的现实意义。大众对小吃极其喜爱，喜欢吃、喜欢做的人都可以以此为参考，还有很多想从事餐饮行业的人，也可以依照这些书进入小吃行业。不过作为一个史学工作者，我更希望了解的是人的生活，我们的这套口述系列所要讲述的重点也是人的生活，仅仅局限于吃本身是不够的。陈连生先生从事小吃行业几十年，所经营的小吃种类是极为丰富的，而其服务的人群更是多种多样的，他经历的社会百态也是多彩的。一方面，我希望将小吃在人们生活中的不同作用划分出来，比如什么是早点、什么是日常果腹、什么又是夜宵；另一方面，我希望从他的经历中了解不同小吃背后的各类人群，从而管窥不同人群的生活方式。

我感觉这部分口述算是我与陈先生的一种讨论，同样是对小吃关注，但通过两种不同视角对北京小吃有了一种新的梳理。说是一种梳理，却也是在一种轻松状态下聊出的内容，分为“老北京的早点”“夜宵”“零嘴儿”“主副一体的炸货”“消暑类”“甜品”“果腹类”“部分小吃的普及化”“面条”“清真小吃”等。比如“老北京的早点”这一部分，陈先生把旧时北京人早点中常见的小吃列举了出来，像包子、烧饼馃子、杏仁茶，以及一些已经消失的小吃，在细数这些小吃品种的同时，还谈到了北京人如何吃早点、什么样的阶层吃什么样的早点、卖早点的人如何经营等问题。

口述历史的采访突出的是个人性，是漫谈性质，属于一家之言，并不能算是严谨的归类，不过我却觉得这部分访谈已经把20世纪40年代到60年代北京社会中的饮食风貌聊得相对透彻了，并且可以代表北京比较长的一个历史时期中的饮食格调。

杨：我想问您一个问题，我是觉得北京小吃其实咱们看好多书，包括您写的，基本都是属于蒸、炸、煮、烙，按照它制作的方法来排列类型的。但其实有好几类的，比如说有点心类的、有果腹类的、有夜宵类的、有零嘴儿类的。您比如说果腹类的，就为吃饱的，一般好像是，我看过去的书籍里记载，基本也都是劳苦大众吃的这东西，或者学生什么的。它又区别于二荤铺那种简餐，它比简餐更简单一点，有点类似于国外的麦当劳、肯德基这样吃个汉堡，大概就是这么个情况。

陈：这里面就包括不同的人群，不同的用餐方式。

杨：对，都叫北京小吃。

陈：比如说卖烧饼、油饼、豆腐脑，这叫北京小吃，就是大众化的东西。那么假定你到晚上了，卖馄饨，这又一种，本身属于夜宵范畴。

杨：卤煮什么的。

陈：比如说卤煮火烧、炸豆腐，这些东西也应该属于果腹的范畴，拉排子车的……

杨：解馋。

陈：就是这个问题。刚才咱们说的高一点的，精一点的，弄杯牛奶，弄俩糖火烧或者弄俩咸酥，这个本身就属于点心范畴的。

杨：我觉得什么爱窝窝、豌豆黄，都是属于这个范畴的。

陈：另外，什么蜜麻花、豆面糕，这属于什么？小食的范畴，看着不错……

杨：解个馋。

陈：行路人吃啊。

杨：买个小零嘴儿那意思，扒糕、凉粉，都是这意思。

陈：那么这里边严格分开，很难说，但是应该有所区分。

杨：对，我就觉得现在很少有人从这个方面来说。

（1）老北京的早点

陈：那天听电台的节目《饭点说吃》，谈到“棒槌馃子”，说“来一套”。什么叫“一套”啊？一个焦圈烧饼就是一套。这个本身呢，说不对，也可以。为什么呢？烧饼加一焦圈也算一套，但是过去卖套的，可不是烧饼焦圈。是什么呢？是“棒槌馃子”和“半焦馃子”、“马蹄烧饼”。

杨：现在好像都见不着了。

陈：这“发货屋子”是怎么回事呢？“发货屋子”过去在北京，四九城都有。

杨：它这“发货屋子”属于什么性质呢？

陈：先听我说啊！四九城都有。“发货屋子”呢，就是一个生产场地，过去是小作坊，现在就是工厂。过去就一个作坊，有一个人在那烙这“马蹄烧饼”。

杨：就一个人烙？

陈：有一个人在这炸“半焦馃子”或者是炸“棒槌馃子”，一个人负责煎锅。他们属于批量生产，生产出来他不零卖，有那小商贩，早晨起来挎着筐上那去了。我头天在那订50套，他订30套，那个订20套，那个订100套。那么他按照你们订的这个数字制作。到你来了，给你。每一个都夹好了以后，他搁到一个小筐，“元宝筐”，底下垫一个垫，铺一个垫，把这东西码好了，拿一个棉垫这么一盖，串胡同。那么怎么办呢？有一梆子，“啷啷，啷啷”，等于吆喝一样。也有的呢，是吆喝：“烧饼馃子！”这馃子呢，是“半焦馃子”。

杨：就您说这个“棒槌馃子”“半焦馃子”是什么意思？

陈：“棒槌馃子”和“半焦馃子”是两回事。“棒槌馃子”呀，就是比天津那个油条，短、粗。

杨：短粗的油条？

陈：比天津那油条短、粗。

杨：还粗？

陈：“棒槌馃子”，所谓“棒槌”嘛。

杨：跟小棒槌似的？

陈：那么“半焦馃子”是什么呢？就是“油炸鬼”。

杨： 这“油炸鬼”我老听，但是不知道什么样。

陈：“油炸鬼”是什么呢？就跟那焦圈一样，但它是长的，焦圈是圆的。但是它比油饼呢，要焦一点，比焦圈、薄脆呢，又软，所以叫“半焦馃子”，也叫“油炸鬼”。所谓“炸秦桧”，他们说那故事，就是说的这个。

杨： 那也是两根的？

陈： 哎，它也是中间拉一口，跟那焦圈一样，焦圈是圆的，下锅以后拿筷子一分，一转，它是圆的。这个下锅一分，一裂口，是长的，但是比焦圈稍微大一点。这个是论套卖的，过去北京就有那么一部分小商贩专门卖，有那么一个“发货屋子”是专门做的。提前订好了，你要多少套，你拿走了，到月底咱们算账。你外面卖，挨着份去卖去。这就是说那一套和“发货屋子”。

干这个的这些人还有，他叫秦宾，今年大概也八十二三岁了。但是他没有我体质好，现在走道“推小车”了。在哪住啊？在牛街对过，他住回民中学的宿舍，在那住。那么这个人，他们家在孝顺胡同开了一个“发货屋子”，就专门批发。所谓“发货屋子”就是批发，不零售，它叫“发货屋子”。“发货屋子”就是这么回事。

杨： 那这个“发货屋子”，就是您说这个“马蹄烧饼”，它是就跟马蹄子那么大小？

陈： 哎，对。这“马蹄烧饼”我告诉你，很简单，怎么烙啊？一块面，这么一按，中间抹一点油，一捏。捏完了以后弄圆了，案子上一按。[示范] 这么一按这个地方……

杨： 就是虎口这。

陈： 虎口这地方呢，是高的，底下是平的。烙出来以后，一见火，它一胀，高的这块高出来了，平的那块呢，是平的，就形成“马蹄”。小个的，刷一点颜色，也就是说刷一点糖色之类的，叫“驴蹄”。

杨： 还有“驴蹄”？

陈： 红色，这是带点色的。不刷的这个，粘几个芝麻粒的，大个的，叫“马蹄”。裂开以后，把馃子往里一夹，严丝合缝。

杨：那大小跟您说那“半焦馃子”和“棒槌馃子”都差不多？

陈：哎，那“半焦馃子”这么一折，塞进去正好。

杨：“半焦馃子”一折？

陈：对，塞进去，反正总之就是塞到里头严丝合缝。你咬的时候，它是两层皮，里边呢，这馃子和烧饼，你咬的时候，从始到终都是……就跟那个，你吃馅饼，从始到终都有馅儿，就是这么个问题。所以呢，过去“发货屋子”就干这种事。烙那东西很简单，就是一个虎口，你这么一按，这个地方自然就高了，这个地方自然扁了。火上一烤，它一胀呢，厚的地方厚、薄的地方薄，所以形成“马蹄”或“驴蹄”这种形状，有个坡度嘛。

杨：这么个意思。过去这个烧饼馃子好多都是早点吧？

陈：就是啊，串胡同卖啊。

杨：但是有时候也得就点稀的呀，有时候是不是……

陈：这个“发货屋子”卖的东西没有稀的，就是挎筐卖。那这个烧饼馃子，有稀的地方，有。这就是过去那小的早点铺，一两个人的“连家铺”，自己干，带着孩子，或者带一个徒弟，怎么办呢？烙点烧饼，炸点焦圈。炸多少面的焦圈呢？顶多炸一斤面。

杨：啊，这么点啊？

陈：磨二斤踖子，烙点烧饼，弄点杏仁茶，弄点豆腐浆。这豆腐浆这渣子，什么叫二斤呢？就泡二斤黄豆。泡完以后，那小徒弟夜里3点钟起来，拿一小鬼磨子。过去不就讲嘛，“半夜起来磨豆腐”嘛。

杨：是。

陈：就是这种磨法。磨完以后过包，过出浆来，熬那么一小锅。杏仁茶呢，是什么呢？大米面。

杨：大米面？

陈：大米面。搁一点杏仁精，就跟咱们家熬棒子面粥一样。这小徒弟，都干得差不多往那一坐，“杏仁茶，豆腐浆；杏仁茶，豆腐浆！”

就这么嚷嚷，半天可能来一个人。过去没有吃早点的，吃早点的得中等生活以上水平。你比如像我学徒时候那掌柜的，我们六个人的那么一个买卖。我们那掌柜的吃早点去：“去，买俩焦圈去！”买俩焦圈，这一碗茶，就是早点。

杨：这就当早点？

陈：哎。人那有钱宅门的，送奶的，门口有小盒，送一瓶奶。这个有钱的家里有做饭的老妈子，人把那奶熬得了以后，煎个鸡蛋，给这个当家的送过去，这就是早点。有的呢，出来遛弯，那有钱的遛早的，提笼架鸟。到那个小烧饼铺那弄点杏仁茶，弄个焦圈。也有的弄碗杏仁茶，弄个糖火烧，这就叫早点。再高档一点的呢，家里头本身呢，有点点心，熬点粥，或者是热杯奶，或者是冲点杏仁茶之类的。

什么叫“早点”，什么叫“早餐”。现在笼统地叫“早点”，实际不是，现在就是“早餐”。人人皆知了，人人都用了。过去旧社会用“早点”的人是极少数，有钱人，中等生活水平以上。

杨：对，吃点心了。

陈：点心、点心嘛，它就不能吃饱。现在是早晨就是早饭，一顿一碗杂碎，一个大火烧加一油饼，你说这叫点心吗？多大分量啊？

杨：这杂碎过去不是早上吃的呀！

陈：早晨也有卖的，极少。过去北京有多少人啊？那羊肉床子一天卖多少肉？挂一只羊，那且卖呢！是不是啊？那么过去卖早点还有一个包子铺，包子铺很多。除了咱们说那“炒肝包子”之外，羊肉铺“带勤行”。

杨：那是清真的？

陈：羊肉铺“带勤行”。为什么叫“带勤行”？过去讲“手指肉”，都指完了，剩那皮皮溜溜的，筋头巴脑干吗去？

杨：就包包子。

陈：铰馅儿，完了包包子。早晨起来呢，一把抓，“焖径包子”。

杨：这什么意思呢？

陈：什么叫“焖径包子”呢？这是油屉，底下煤油桶是那么一个火，中间一个大板沿锅，就那锅边特宽。过去用板沿锅，有一个十字，生铁铸的，铁的十字。十字呢，这个地方有一口。

杨：哪有一个口？

陈：四个十字，这不是一个十字嘛，那个十字有一个口，四个口。往那板沿锅那么一搁，正好卡那锅沿上，这是生铁铸的，搁到那上头。挑包子，知道吧？发面弄好了以后，馅儿弄好了，挑包子。

杨：什么叫挑？

陈：挑就是包包子，拿那馅尺子从盆里挑包子。一把揪，码一小屉，油屉，这么大。［示范］

杨：就一把揪？

陈：就挑一下一揪。

杨：那就等于没有褶？

陈：没褶，回民包子没有褶的。

杨：啊，对。

陈：这个油屉，这么点小笼屉，码一屉，"啪"，那"焖径"，这么高，就跟那大木桶，你看泡脚那大木桶，那么高、这么大［示范］、三道箍。这么一推，把这个搁里了，搁到那石架上，底下热气蒸，我这接着挑第二拨儿。这挑够一屉了，那该出锅了，这一推，把这个拿出来，"啪"一扣，"包子，包子，包儿得！"这是羊肉铺过去卖包子。

那么这个早晨起来当作早点，有人吃。当然有的条件好一点可能还买得多一点回家吃去。蒸包子呢用这油屉，你别看那东西，那小屉推出来以后，"啪"推上一屉。手这么一抠，把底下这熟的抠出来了，接着，这蒸着，这又上下一屉，有时正好上三屉。

杨：所以一屉接一屉是吧？

陈：一屉接一屉，这种基本上就是羊肉铺的，"包儿得，包子，包子，热包子，包儿得！"

杨：跟那个大教吆喝好像还不一样。

陈：不一样。这个本身呢，叫"一把揪"，也叫"倒僧帽"，这叫什么呢？“焖径包子”，现在这东西没有了。

杨：那这怎么写？

陈：“焖径”，“焖”，至于是哪个“径”？就是一个桶，这个桶叫“焖径”。三道箍，上头两道、底下一道，三道箍。天天使，不使就散了，因为天天使，它蒸着热气，它不干，你要三天不使，它就散了，跟那水桶一样，它就风干了。这是一种，这个是在过去历史上早晨早点以后的东西。那么下午也卖，因为它本身是属于主副合一，既是主食又是副食，都在一起，能当饭吃。早晨也卖、中午也卖、晚上也卖，羊肉铺有这东西。

这个从历史上说，是个好东西，刚出锅，特香。当然，羊肉铺的肉都是下脚料。过去也好，现在也好，你买肉馅绝对不是整块肉铰的，都是皮皮溜溜。你羊肉卖完了，剩那皮皮溜溜，不能扔啊！最多不好办，就铰两遍，是不是？那过去“馅饼周”也算上，也不是都是卖那个门钉（肉饼），使那上脑做那个，下来那个，这么大的二两一个馅饼。所以馅饼、粥，它是大众化的东西。过去在“煤市街”送煤的，赶骆驼的，过来弄俩馅饼、一碗粥吃。

杨：那就相当好了。

陈：南来顺过去也卖二两一个馅饼、粥。两种，一种是馅饼，这么大个，二两，要粮票，一碗粥。另外楼上高的就是门钉肉饼，顺手流，就是我说切馅儿下馅儿那个，就是这个，所以这是两种。刚才说“焖径包子”，那就是在回民当中，早晨起来、中午、晚上都可以有的。过去吃早点的人比较少。过去你看卖二斤豆腐浆渣子，还卖不完。

杨：这还卖不完呢？就这么点！

陈：卖不完，就二斤。二斤出多少碗呢？咱们过去一斤豆子，就是咱们现在的一斤黄豆，过去出多少？出八碗浆。豆腐脑，一两一碗，八分钱。出豆腐浆、豆腐脑不一样，豆腐脑的浆要比豆腐浆的浆稍微浓一点。都是同样磨出来，那么浆呢，就出得多，一碗出两碗。浆一般就是20碗，一斤豆子。这豆腐脑是8到10碗，这是一斤豆子。那么过去一般个体的小买卖，就二斤，还卖不完。

杨：那就是……

陈：那“焦圈”要和一二斤面，也且卖呢！烙个三五斤的烧饼，且卖呢！那不像现在，一买我买10个、20个，哪有啊？

(2) **夜宵**

杨：咱们刚才说了这些东西，还有一些东西，都是夜宵类的。我看好多都是散戏以后，在大栅栏、前门外那块摆摊。一般像这个爆肚、卤煮、炒肝之类，一般这都是什么时候卖？

陈：炒肝一般都是早点。

杨：都是早上吃？

陈：一般都是早晨。

杨：过去炒肝就是早点。

陈：卤煮中午、晚上都有，为什么呢？卤煮炸丸子、炸豆腐、卤丸子，基本是上午做下午卖。

夜宵以什么为主？以馄饨、鸡汤面……

杨：像爆肚、卤煮呢？

陈：卤煮跟爆肚就不是了。夜宵应该是鸡汤面、馄饨、白汤杂碎。

杨：还得是白汤的。

陈：嗯，到晚上，汤汤水水的这些比较入菜。比如鸡汤面、馄饨，基本是馄饨摊都有的。好一点的就有鸡汤面，有馄饨；差一点的就是单纯馄饨。

鸡汤面这里面一个架子上面搁着整鸡，底下这半面煮馄饨，底下有一个箅子弄这个馄饨汤，往鸡上浇。盛一碗馄饨、两碗馄饨，汤少了再兑汤。兑热水本身就往那鸡上浇，这就是幌子，但是真正卖鸡汤面的，真正是浓鸡汤带一个桶，在这个案子底下挂着，这是正经鸡汤。面在锅里煮着，我这兑作料，什么虾米皮、紫菜、冬菜这些作料的时候，放一勺鸡汤，底下倒在里面。热面捞出来往里这么一砸，汤也热了，面也温了，再给我来一勺子一挑，放点香菜，这种鸡汤面确实是好鸡汤，真正是鸡熬出来的好鸡汤，这叫鸡汤面馄饨。

夜宵基本上是这些，当然也带点主食啊！带点烧饼、油酥火烧等等。回民这边就是白汤杂碎，或者是热汤面，热汤面要原汤。

杨： 还是吃这软和，是吧！

陈： 什么叫原汤啊？就是煸完锅，菜都搁好了，调好了味，我拿一小锅煮面。煮完面以后，把面捞在锅里使那汤，使那煮面汤倒在里面，展宽了再一咕嘟。面不是十成熟，是八成熟，再一咕嘟，煸这个调料的味道就钻到面里边。面汤是浓稠的，吃到嘴里不是水咕叽的，是带点汁的。

杨： 汁。

陈： 对。这叫原汤面。另外过去有片儿汤、疙瘩汤，晚上基本上都是这些。多数是鸡汤面馄饨，这是夜宵，有的时候带点点心、火烧什么的，带点这些东西。有的说散了戏了，比较讲究的有点角色了，挣钱多一点了，晚上还弄二两。

杨： 爱喝点。

陈： 弄点小酒，弄个爆肚，弄个爆散丹，这就是晚上夜宵本身有喝酒习惯，但是最后还是以汤汤水水为主，最次你还得来碗爆肚汤。晚上一般是这样。尤其天桥这一块，晚上散戏的多。

杨： 对。

陈： 唱戏的也多，唱戏的过去上台之前不吃饭。

杨： 饱吹饿唱嘛！

陈： 下了场之后肯定要吃饭，吃完饭回家睡觉起码凌晨 1 点钟以后。早晨不起，晚上不睡。这是文艺界的习惯。

杨： 那他晚上演出嘛！

陈： 对，对。

杨： 他还兴奋的状态下，他也睡不了，本身他也饿。

陈： 小吃摊都摆这么高、这么粗的一个铁桶，上面戳一个铁棍，铁棍是空的，底下点电池，这热气从这出来以后，电池灯，贼亮贼亮的。但是那味大了，晚上推车子加一个电池灯，电池灯就是那种石头，有一种叫什么？电池石，一点就着，从这冒气，这么长的火苗。电池烧完了它就灭了，里面有水泡着。

咱不知道这是什么原理，反正就是搁好了以后，兑上水之后一点就着，天天就是电池灯。另外一种是马灯。

杨：马灯我知道。

陈：就是手提的那个，跟铁梅那个……

杨：对，李玉和拿的那个信号灯。

陈：李玉和那个是高级的，但是大街上的就不是，大泡。里边那个汽灯，有网子，里边搁上东西打气，"噗噗"打足了气，关上以后往那一挂，气没了，它就萎了。这都是过去夜里卖东西的，卖馄饨的，卖爆肚的都使这个。当然坐商就好一点，有电灯了。

杨：这基本上都还是小吃摊。

陈：还是小吃，还是摊位多。

杨：现在还有吗？没了吧！

陈：你看看那是什么范围？现在所有的小吃店都比解放前的南来顺大。

杨：是，是，是。

陈：现在所有的小吃个体户都比它大。

杨：那天我妈还说呢，现在这个玉华台地儿太小，人那么多，它不扩建扩建吗？我说："您 20 世纪 70 年代您也去过西单玉华台，那就是一条。"那还是大饭馆呢！

陈：筒子房，这一条挺深挺深的。

杨：比现在的经营条件差多了。

陈：还一个，过去是前灶后膛，炒菜的火顺着墙边，顾客进来就跟厨师背后走过去，为什么呢？后边本身安静，前头杂乱。再一个，你进来之后就瞧见东西，瞧见我的制作了。

杨：嗯，现在就有点……

陈：明膛亮灶，是这个问题。过去中等的饭馆基本上都这样，大庄的庄头单有厨房。

杨：那是。

陈：过去没有排烟设备，好的有个老虎嘴子[①]就完了，你说的那个油泥、油烟子，拿铲子一铲就一大条子。过去没有这些设施，也没有这些要求，也没有抽油烟机呀！

杨：是，是。

陈：咱也就是老虎嘴子多一点，是不是？就是这个问题。过去再大的饭庄也没有现在这些设备，是不是！

杨：是。

陈：这就是社会的历史在变化，社会在发展吧，一天天的。

杨：就像这种夜宵类的东西，我还有一个想法，是不是只有像北京、上海这种比较大的城市才会有？

陈：县城也有。

杨：县城也有？

陈：规模比较大的县城，在它的主要街口，繁华街的主要路口有，也不多。过去比如说三五十米远就有一个摆小摊的，但是不一定都是一样。

杨：对。

陈：你那卖花生、瓜子，他那卖半空儿，他那可能卖水果，等于就是一个市场吧，实际上就那么几家卖东西的。卖同类的东西不是很多，不像现在，形成一种市，食品市全是吃的，它是卖什么东西的都有。卖水果的……

杨：要不然养不活呀。

陈：过去卖烟卷，吆喝："糖果、烟卷……"

杨：一起。

陈：卖零客。比如说烟斗烟、前门烟、大前门、哈德门，这些都打

① 老虎嘴子：旧时的一种简易排烟装置。

开，您买一支多少钱，您买两支多少钱，不像现在一买买一条，买一盒的都少。你看戏园子门口摆好几个烟摊，看戏的不是进去买一盒，买点瓜子，“花生、瓜子、糖果、烟卷……”买两支烟，买点花生、瓜子，就坐那瞧戏。你以为买一盒、买一条？不像现在似的，最次买一盒。过去零支。

那洋火都不带带的：“哎，先生，你借我个火儿使？”

杨：都蹭？

陈：不是蹭，生活水平就这样，他能看戏，应该是不错吧！

杨：对，对，对。

陈：但他并不是多富裕。民主剧场两边的小摊多了，好几个，烟卷、瓜子、糖果、水果糖，不像现在还包装什么的，就是散的。螺丝糖、桂花糖都是散的，没包装。拿簸箕一撮，上秤一称，或者您买三块多少钱、两块多少钱。买一块螺丝糖放嘴里含着进戏园子了。

在包厢里面有钱一点的就不是这样的了。包厢里边人家直接要，伙计不是就这么扔过去，送到手底下，那果盘、瓜子、花生得单配，单收钱，那就是身份高的。底下坐的那个……

杨：池子里的。

陈：尤其是后排坐那个，那都是……买戏票的，戏票价格也不一样。包厢什么样，中排什么样，前排什么样，后排什么样？买后排犄角旮旯那个，也是寥寥无几的票钱，要看戏怎么办呢？过瘾，得了，买两支烟，买两块水果糖，这一晚上就在这了，没地儿去啊！可不就这样嘛！随着社会的变化，人们的生活水平在变化，这就叫发展。

杨：是。

陈：你说过去，说有看戏的钱吗？没有……你别看有看戏的钱，在戏园子买的是四等票，是不是！“看戏去啦！”好像怎么着似的，您瞧您买的是哪个票，是不是？您买池子里的还得分一、二、三等。前五排多少钱，五排到十排多少钱，十排以后多少钱，最后排多少钱，也是分等级的。

（3）零嘴儿

杨：我想问，您所见的过去卖豌豆黄、芸豆卷的是什么地方的人，后来公私合营，小吃店不是有了嘛！

陈：什么地儿的人都有。比如河北人卖的切糕，就是蒸枣、生枣，现在也有，骑着自行车后面带着，这多数就是近郊区房山、密云这些地方的。而且还到不了密云，最远也就到顺义这块。

杨：切糕这种东西要比爱窝窝、豌豆黄粗多了。

陈：不一样，切糕也有细的。

杨：但是总体来说，卖豌豆黄、爱窝窝的，您刚才跟我说主要是在庙会卖这个。

陈：对，但是这个问题你要知道，市场行为。同样这三家卖爱窝窝的都不一样的。

杨：都不一样，各有各的特色。

陈：比如我家卖豌豆黄，我的经济实力比你好一点，我卖豌豆黄的车子、帷子，上面所使用的家伙就比你高级。

杨：看着就好。

陈：你那个设施、设备条件差，你这个形式上就不如我。三家同样卖，我这大铜案子、大铜钉，四外是盘龙，大蓝布帷子，清真“回回”。上面放的筷筒子是竹筒子三道箍，铜箍都铆着钉。筷筒子、糖罐子等等都是不一样的。

比如卖爱窝窝，四种馅儿，四个玻璃。玻璃罩子可以折叠的，有荷叶的，到时候往上一罩，打开，俩门。卖豆汁也一样，我有这设备，你没这设备，你也卖豆汁，我也卖豆汁，但是我这设备比你高级。层次不一样，做的东西也不一样。

杨：庙会还分好几个层次？

陈：比如厂甸庙会，1961 年、1962 年、1963 年，这三年都是我出摊。我南来顺的摊位实力比个体强得多，我那是大盘龙的铜壶，案子四外都是扎着非常非常结实的桌帷子，上面写着“清真南来顺”，上面格子、罩子非常齐。那三家也卖，人家买东西的老远儿一看就奔我这来了。同样是豆面糕、爱窝窝，所以这个不同。要是上北顶庙卖爱窝窝、豆面糕，那就是小推车了。

杨：北顶庙那卖得出去吗？

陈：卖得出去啊！过去赶庙会好多带着孩子玩儿，孩子没地方玩儿。孩子说我要吃这个，我要吃那个。都是以孩子为主。

杨：所以过去这类的小吃主要还是卖给小孩儿的。

陈：爱窝窝、豆面糕、驴打滚、豌豆黄什么的，庙会第一是卖给小孩儿，第二它的形式不一样。比如豌豆黄，大砂锅扣出来带个枣就喊："小枣豌豆黄！"

杨：还有小枣的豌豆黄？

陈：有啊！这个砂锅熬豌豆黄熬得了，枣怎么办呢？就取出来放在豌豆里头，完了以后使砂锅澄，澄完以后扣出来，就跟半个西瓜一样，拿刀切。"小枣嘞！豌豆黄！大块嘞！"跟卖西瓜的吆喝近似。

你到小吃店里就不是这样了，可以切菱形块。解放以后就按两卖，但是庙会还是那个，就取一锅豌豆黄，弄几个砂锅一扣，完了以后弄块白的布一盖就推过去了，这还是好的。不好的连白布都没有，暴土扬场的。什么刮风啊，尤其是庙会，甭说60年以前，你就现在上庙会看看，也是暴土扬场，是不是！你甭说讲卫生，地摊上的羊肉串卖20块钱一串，那呜呜的风就撒了花椒盐。

杨：甭搁孜然了。（笑）

陈：所以这里面的环境就是这种情况。所以过去"手拿食"像这些都可以算，看谁拿着。小孩儿拿一块豌豆黄，一个扦儿穿着一边走，一边吃，这也是。过去庙会上还有很多关东糖、糖瓜就不分季节了，我们参加的这庙会就有，但是它也是"手拿食"啊！

杨：吃个玩意儿似的东西。这个其实后来也都进咱们小吃店了。

陈：有的进了，有的没有。

杨：比如什么没进呢？

陈：比如过去庙会卖的糖葫芦这些，小吃店没有，没进去。过去糖葫芦、关东糖这些，应该是茶食店卖。冷热饮、茶食，带一些糖葫芦什么的小食品。

杨：过去是这个地方卖。

陈：对，它跟小吃店又不一样，又不是一个路子。比如丽都就是在茶食店的基础上开起来的，大通就是茶食店。

杨：就跟二妙堂[①]似的，是吧？

陈：它比二妙堂的范围又大一点，因为它规模大，但要卖精，二妙堂偏重于西餐。

杨：奶油栗子粉。

陈：对，西餐冷饮。二妙堂是汉民的，大通是回民的。什么叫好东西？现在好东西的做法简化了，简化以后它的成分就不一样了，好的成分就降低了。再比如说卖豆面糕，很简单吧。过去卖豆面糕的都加糖汁，现在都没有了。

杨：但是那个是热的吧？我父亲小时候在护国寺庙会吃过。

陈：那庙会，有那个锅，推车上本身有一小火，小火炉在那。豆面糕有的是搁炉子上燂着，热的。但是那个不标准，真正标准的还是现卷，糖汁本身化了以后……

杨：浇一勺。

陈：浇一勺。这个还得剁，不剁糖汁蘸了是滚不过来的。这些东西简化了，那么简化了好不好呢？原始的味道没了，这种做法没人知道了。以后再做，也就是现在这豆面糕。原始的吃法呢？豆面糕四种香味，红糖、桂花、豆面、江米。现在就变成了豆馅、豆面、江米，这个味道可就不一样了，这就突出了一个香味，豆面的香味，那可是四种香味同时突出啊。那么你自己这东西，浇汁的没了，不就被淘汰了吗？这

---

① 二妙堂：民国时期开设于前门外大栅栏的一家西餐甜品店，主营西式咖啡、点心，在当时极其有名。马芷庠在1935年所著的《北平旅行指南》中曾提到该店，去这里吃点心曾一度是北京人追求时尚的一种方式。

是很好的东西，很可惜的东西。但是现在又说没有才对，低糖啊。

杨：而且现在能这么去细品这种味道的人太少了。

陈：太少了，逐渐就没了。比如说再过 30 年，豆面糕能不能让现代机械化生产代替了？

杨：这难说。

陈：豆面糕、蜜麻花现在变成小食品了。现在爱窝窝、豆面糕跟原始的卖法不一样了。过去现要现包，现在包出一大盘子搁那，您吃嘴里它不柔软。

杨：对，而且糖也开始化了。

陈：时间长了也很有可能被淘汰，是不是？所以随着社会的发展，有些品种被淘汰，可惜又怎么着？

零嘴儿的清真小吃茶菜

（4）主副一体的炸货

杨：那好多炸货算什么呢？

陈：炸货也是得分清楚。一种就是刚才咱们说的那种。马路上的炸货也不少，卖炸糕的、糖饼、麻花等等这些，过去大街上也有，这些东西劳动人民不吃吗？他也吃，但是他不多吃。比如我带点干粮，来一个糖饼，他就着干粮吃，当菜吃。比如弄块炸糕，他不完全吃炸糕，还就着窝头呢，这就是当时的历史事实。

杨：等于是炸货好多就当副食，它炸出来是主食，但是其实它当副食吃。

陈：对。另外像现在的小白领也好，小姑娘也好，买两块炸糕当饭，拉洋车的可不成，拉排子车的不能拿那个当饭，不禁时候。所以就弄块窝窝头，弄个贴饼子。又要吃，又没钱怎么办？买一个就着吃。

60 年之前北京是什么样的？多数是穷人！有钱的人相对而言是少数。什么叫资产阶级，什么叫小资产阶级，什么叫无产阶级？这里面的层次划分就说明一个问题，哪个阶级吃哪种饭。比如我们那个掌柜的，就是六个人这么个小买卖，他早上起来就俩焦圈、一杯茶，有时候加个烧饼。

杨：按从业人员来说，他得算资本家了，但是收入不高。

陈：最后划定为小业主。业主范畴，这买卖是他的，甭管一间门脸、两间门脸，那是自己的买卖，小业主。

构成资本家有一定成分，咱们 1956 年公私合营时定资本家有界限，三条：你这个买卖本身的资金在 2000 元以上，伙计三个以上，工人三个以上，这样的门脸、店铺就定为资本家。不管大小，属于资本家的范畴，不够这个条件的就定成小业主，再差一点的定成小商贩。这个本身就是三级。

但是在资本家里面又有很多级，同仁堂是资本家，同福和也是资本家，前面都是一个“同”字。同福和 2000 块钱以上，同仁堂 2 亿元还得多，资本家当中也有大和小。但是咱们解放初期定了三种——小商贩、小业主、资本家，资本家还有大小。

杨：那肯定，现在咱们也是，这很清楚。

陈：但是这个阶级、阶层的生活状况代表了本阶级。

杨：那您应该都见过。

陈：比如我们掌柜的，应该属于小业主范畴。他早晨起来小叶茶，弄俩焦圈，或者弄个烧饼。那时候我是天天跑留学路那个地方给人家买俩焦圈回来。

杨：嗯，那是现在这个“俊王”王师傅他爷爷，是吧？

陈：还不是他爷爷，应该属于他……按辈分是爷爷，但不是他亲爷爷，那是他们这一支儿的，哥儿好几个，一人把一个门脸，但总的都姓王。

小商贩就没这个事了，买俩焦圈他舍不得，要买俩焦圈就给孩子，要不给老人，他自己本身不吃。像我们掌柜60岁，少掌柜40岁。他吃，少掌柜瞧着，他也不吃。这些就是阶层不一样，生活反映不一样。在一个家里头也有阶层。我们一家子还有老中少之分，也是有阶层的，有点好吃的让给老人和孩子，自己舍不得吃，舍不得穿，不也是这样嘛！比如说过去有家庭上供，有一堂蜜供。

杨：蜜供不是还能分期付款嘛！

陈：接神了。接完财神了，大年初一往后排，说什么时候撤供，正月十五撤供。那撤供的时候蜜供给谁吃？比如我有重孙子了，供尖儿必须给重孙子吃。完了以后撤下来，大伙才按照层次不同去分着吃的。但是家庭主要成员，壮年什么的，上有老下有小的，还是尽着老的、尽着小的，家庭不也是这样嘛！

杨：过去蜜供局，我记得是打一个蜜供塔能从……按照现在的说法，就是能分期付款。

陈：不是分期付款，是预期限订，预期付款。比如一个蜜供，我今年订的蜜供，你腊月三十以前得给我送来。我把钱给你了，提前再给你点，我订明年的预贡，给点钱，叫预订。到明年腊月三十，我不用说话，你自然给我送来了。我给你钱，我再付你下一期的。

杨：我记得过去摆这个蜜供塔也是一个手艺是吧？

陈：对。

杨：现在好像都没了。

陈：有。但是现在的摆法不一样。比如姜波，他就说他们家是“蜜供姜”，为什么他叫“蜜供姜”呢？因为他们家姓姜，他们家是包工头，搞基建的。哪盖房，他是组织者，他包下来，再找瓦匠、木匠去做，那冬天干吗去？

杨：打蜜供？

陈：嗯，冬天家里做蜜供。北京这个区域有多少家订“蜜供姜”的，现在开始准备原材料。码蜜供是个挺细的活儿。

杨：我知道。

陈：要不码就不齐，歪七扭八不成。得码出个形来才好看。那天我看他码一个，姜波跟他一个学生码的。这么宽，过去人家那蜜供跟中粿条[①]似的那么粗，他这个不是，是宽的，中粿条似的码不齐。那天他把我叫去，做了三坛蜜供，那蜜供大概得有15斤，就那一个塔，他码得大。过去中等家庭上贡时的蜜供一般是俩，大概这么高，这么粗。

杨：我记得过去也就一尺多长。

陈：他那天码得这么老高，这么粗，条宽都这么宽，跟小麻花似的。他说码了好几个钟头呢，才码到这儿。后来我说：“这个……”反正我也没表态，也没说怎么着，你这个好坏我不言语，我心里有数。

杨：这些个我好像都沾边，都见过，也都吃过、看过。因为我在我姥爷家，中等生活以上。您说说炸糕的事。

陈：炸糕没有下剂子的，那江米面发好了，这一盆就是上手一抓，“啪啪啪”往里打馅儿。然后一捏，这一按，“啪”就下锅。你像人家天津“耳朵眼炸糕”也是这样，但是人家不是一个一个下锅，人家是几个人包，这么一大浅子，这一锅出来，这一锅下去。咱们北京卖炸糕是一边包，一边炸，叫“打馅儿”，没有叫“按馅儿”的，这不是行话。包子也不能叫“按馅儿”，叫“挑馅儿”，一个馅尺子，挑馅儿。挑包子，“找个挑包子的”。说往里包东西，这叫“打馅儿”，不能叫“按馅儿”，是不是？这个炸糕本身它就不成，就没有揪剂子这一说，

---

① 中粿条：老北京话，就是江米条，用江米和面，揪成小条，过油炸，再蘸冰糖粒儿，甜脆可口。

就是盆里揪块面，他手有一定的标准了。揪一块面多大分量；里边有多少馅儿；豆子煮出馅儿来多大分量；面发得了有多大分量；成形出来了多大分量，这都是有标准的。炸糕没有揪剂子的。人家叫“打馅儿”“挑馅儿”，没有叫“按馅儿”的。拿馅尺子“啪啪啪”这么打，那就是这么一转，这一按，它不是转着走，就薄了嘛，就跟你那抻褶似的。这个打，它不就薄了嘛，这么一转，一按。那包子也是这么着，没有下剂子，没有“按馅”这一说。那么肖先生跟我一块合作，我能说人别的吗？所以我只能跟你说，咱们说这叫知识。我们讲这个东西，讲的是文化，文化就要讲知识，这是知识性。

杨：就得准确。

（5）消暑类

杨：好像凉粉一类的东西就是夏天吃，是不是属于消暑类的零嘴儿？您说漏鱼儿，是不是就是这类的？

陈：就是凉粉那小蛤蟆骨朵，我跟你说，你回家自己能做。

杨：这么简单吗？

陈：你不信就回去试试，买好的绿豆淀粉，纯绿豆粉，拿水给泡了。因为是粉珠儿，干的，头天晚上把它泡了。泡到第二天，一斤粉子，七斤半水。

杨：哦！这么多。

陈：要有把握的就八斤，怎么办呢？比如旋粉皮，你看这个晋阳饭庄的名菜叫“里脊丝粉皮”，或者“鸡丝粉皮”。这个过去在解放以前的饭馆、面锅，就是二荤都有，凡是卖面的都有，为什么呢？旁边搁团粉泡好了，要两张皮有铜旋子，抓一把和弄和弄跟粥似的，这有个面锅转着呢，往里一搁，这么一转，底下开水一烫，那淀粉不就凝上了嘛，差不多进点热水再一转，上面下面一烫，拿出来往凉水盆里一搁，你拿手这么一转，“秃噜”就掉下来了。你提溜起来就是一张粉皮，就是你现在大街上买的粉皮，就这么简单。你要是做凉粉，更简单，我告诉你，回去也做。你也别弄一斤粉子，一家吃不了。你使半斤粉子，你回去以后，泡上，锅里搁上一半的水，烧开了，或者三分之二的水烧开了，把这个搅和成粥了，然后一倒。倒完以后里面变色了，也就是熟了，就算完了。你拿一盘儿把它倒里头，弄平了就行了。凉了以后，你“嘣儿”磕出来以后就是一个大方坨子，你这么切，它就是凉粉。

那么漏鱼儿呢，更简单。你使一个铁笊篱，别使那丝儿的、带眼儿的那个，这粥熬得了以后，底下有个凉水盆，把这个往里一漏，从那个眼儿漏下去“滴答滴答”，那本身就是小鱼儿，带一小尾巴似的，跟蛤蟆骨朵似的，这就是漏鱼儿。太简单了。但是现在天儿热，不愿意弄，像我说的这个，可以回家试去。你准成。你要使好的绿豆淀粉，因为你没把握，水量要掌握好。现在不应该使明矾了，如果要是使，粉皮更好一点，使一点明矾，就是我们过去旋的时候里面泡一点白矾，然后再弄就起透明作用。

杨：这个矾过去好像常用。

陈：现在不能使用。

杨：记得我太姥姥做绿豆粥就搁点矾，特别特别漂亮。

陈：对，特绿。现在不能搁了，对人身体没什么好处。

杨：但是您说危害有这么大吗?

陈：这个事啊，现在就是讲《食品卫生法》。那你说有没有害?有。但是话说回来，过去旧社会都吃这个长大的，什么东西里头的化学物质本身，在一定程度上起作用。你说过去吃豆腐，你看《白毛女》，那点豆腐必须有盐卤不可。没盐卤当时还点不了，是不是?那盐卤点豆腐，一物降一物嘛。本身就是这样的，而且还好吃。这个化学成分不能过量，过量以后很可能就有问题。刚才我说的这几个品种，你回去就可以做。比如饭馆卖的杏仁豆腐，外行一来，哎哟，这杏仁豆腐怎么怎么着。

杨：我做了几次杏仁豆腐都不太好。

陈：怎么?

杨：口感特别硬。

陈：使什么呀？

杨：就是琼脂。

陈：那你琼脂大了。我告诉你，现在杏仁粉、牛奶兑到一定比例以后，琼脂别大了。必须要有弹性，跟豆腐一样哆哆嗦嗦才行，多简单啊。

杨：您看每次我那个琼脂的量都掌握不好。

陈：今天我做得硬了，明天用琼脂少一点。不知道你做多少有多大的分量，你做一次知道硬了，下一次少一点不就完了嘛。不会做的时候就先试着做。但是不管硬也好、软也好，这东西不糟践，能吃。比如过去说什刹海那边的玻璃粉儿，不就是琼脂嘛，拿开水一熬，旋吧旋吧，弄点糖水一浇，就起个凉的作用。过去的饮料不就是为了凉嘛，这都很简单。因为这些东西我都不做，都是瞧，但是我有一定比例和一定标准。像你说的硬了，那我就尝你这个硬了是为什么，为什么不按标准走。软了不成形，那就是琼脂少了，而且好多地方还可以改，琼脂大了就再熬一遍，放宽点水，或者倒进去一杯奶，是不是？说这个软了，我再兑一点，这个东西在我们手里不是事。

杨：因为我是京剧票友，所以我就感觉您这个厨艺跟京剧似的，都是活的，只要按照规矩一调，就是这玩意儿。

（6）甜品

杨：我突然又想起一个东西，您说这看戏，我原来看过去的历史记载，说清末到民国初年的时候，好多戏园子还有奶酪，但是民国以后渐渐地就没有了。因为清代的时候旗人看戏，去戏园子的居多，后来就穷了嘛！他们喜欢吃这奶酪。

陈：不是。戏园子本身就有这些东西。

杨：是啊！

陈：戏园子本身。刚才我说的是戏园子外面。

杨：不是，我说的就是戏园子里面卖奶酪。

陈：戏园子本身就有一个供应小食品的，但都是高级的，像奶酪、奶卷、奶饼子啊，以及比较高级一点的糖果。这些小零食，花生、瓜子什么都有。在里边那就不是买四等票的进去买了，它也是有区别的，价格高。

民主剧场①进去以后，两边是楼梯的小窄道，中间进去以后，两侧就有咱们现在说的小卖部，那时候也有小的供应点。这些东西基本上都不零卖，伙计都送到包厢里头，包厢都是四个座的、六个座的，送去以后就有一个小桌，有的喝茶、有的吃奶酪、有的喝饮品，中间都是小食品，瓜子、花生、栗子、糖豆什么的。西边是华北戏院，对面是民主剧场，拐个弯是中和戏院、大栅栏庆乐戏院，往南一走，天桥、天乐、小小……

杨：咱们聊到戏园子的奶酪，您那时候在这戏园子里头看，还有奶酪吗？基本就没了吧？

陈：我那时候基本上就没有了。

杨：因为我看到书里写的是旗人爱吃那玩意儿。

陈：解放以前，不仅是旗人，身份高贵点的汉人也吃，那东西是一个挺好的饮品，是吧！有钱的人可不是……但是这东西出自于哪呢，满人，它是这个时期出的。

到我们那个时候，我 1956 年在民主看戏，里面有小卖部，就没有奶酪了。有汽水、冰棍、酸梅汤。

杨：洋的东西多了，雪花酪可能也有了。说到奶酪，我记得上次跟您聊“奶酪魏”，这奶酪也算是北京小吃了？

陈：对。

杨：是吧，现在也算是北京小吃。

陈：过去应该算宫廷甜点，甜品。

杨：但是这东西解放前市面上卖得多吗，也不多吧？

---

① 民主剧场：开业于 1924 年，位于珠市口大街路南，原称“开明戏院”，其建筑结构和剧场设施为当时最先进。因其先进的设施、舒适的环境，吸引诸多戏曲名家在此献艺。1949 年后开明戏院改称“民主剧场”，到了 20 世纪 60 年代“文革”期间改为“珠市口电影院”。2000 年，因为扩展两广大街，被拆毁。

陈：不多，吃的人也不多。

杨：它主要是什么人来吃？“奶酪魏”就是南城的嘛！

陈：“奶酪魏”本身他们家祖上，据说是从宫廷传出来这个偏方，这个制作方式落在他们家了。好像他跟这个人有关系，最后就说我做这个东西怎么传下来的，咱们也不了解“奶酪魏”的历史。人家现在是“奶酪魏”。

杨：您解放前应该见过吧？

陈：没有。

杨：没见过？

陈：解放前没见过。因为“奶酪魏”本身过去在门框胡同有一个小摊。解放以后、公私合营之前，在门框胡同有个“奶酪魏”。这个“奶酪魏”卖奶酪，我都不懂什么叫奶酪。有时候从门框胡同走，“奶酪魏”卖奶酪的本身就这么大一个地方，我也没吃、没见过，但就知道那有一个卖奶酪的。

他原来是挑挑儿的，在戏园子庆乐门口摆摊，最后可能积了点资金在门框胡同里租了块地方，大概也就有我那个床这么大小的地方，挺小的一个地方，可能有咱们这个屋子三分之一大吧！

杨：其实就是说这种东西还是主要供戏园子？

陈：对，还是少数人吃这东西。

杨：还是当点心。

陈：饮品吧！

杨：因为它有酪干。

陈：对，有酪干、奶饼子，这也算饮品吧。

杨：那杏仁豆腐、果子干其实也都是属于这一类的吧？

陈：杏仁豆腐、果子干可是两类。区别在于果子干就是低档次，杏仁豆腐是高档次。

杨：嗯，果子干就是好多卖水果的就做。

陈：不是，果子干这东西，推车打冰碗的那个？

杨：冰盏，就是卖酸梅汤的卖果子干，是吧？

陈：那都是跟龙王爷打交道，凉水。杏仁酪凉水可不行。

杨：对，那得做。

陈：对，凉水做不出来。杏仁豆腐是高一个层次了。果子干是低层次的，有诗为证啊！你吃两碗果子干，马上想上厕所，是吧？

杨：是。

陈：为什么？因为它不干净。那天“年糕杨”来了，给我送点他的食品。他看到我做果子干，来给我纠正，他说：“陈老，这果子干柿饼、杏干不能拿开水沏。我妈说的，拿开水沏，它就不腻乎了。”我说：“你为什么搞小包装啊？你们家老太太说的是哪个年代？那是解放以前，吃完就拉肚子。那是那个年代，今天您用那个，人家答应你吗？喝你一碗果子干要是跑厕所拉肚子去了，这个你得明白。”我就拿那小吃本去了，我说：“瞧瞧，以诗为证[1]，过去喝两碗还要拉肚子，诗人证明。”

他又说了：“那您怎么腻乎？”就是说黏度，我说：“这你就不知道了。开水或者凉开水或者矿泉水，在开水烫了以后，第一洗了，第二消毒了，而后我再泡，放在冰箱里，冰箱的温度让水吃进去，泡透了，黏度出来了。第二种方法，蜂蜜、桂花，档次提高了，消毒了，味道也浓了。过去就是凉水泡杏干、泡柿饼，切点藕，现在我用开水把这烫了，洗净消毒了，我把它放在冰箱里 24 小时，它自然也发开了，水也吃进去了，必然它的黏度就高，出来后我再兑蜂蜜、桂花，浓度自然就高了。”

杨：对，对，还香了，就更好吃了。

陈：我说：“你妈说那个不是不对，那是旧社会，你为什么搞小包装？”

---

① 《燕都小食品杂咏》中有“果子干”一条：杏干柿饼镇坚冰，藕片切来又一层。劝尔多添三两碗，保君腹泻厕频登。

杨：对，对，对。

陈：过去卖驴打滚的有小包装吗？没有啊，这就是社会在进步，我们在改良。但是里边有一种东西我不明白，你回去研究，它是一种发酵菌，果子干的发酵菌是属于哪种发酵类的菌？这个你去研究，这是你的事，因为我没这条件，但是我能做出来，它能够达到果子干这个标准，而且味道比以前好了。

杨：我觉得这就是您说的与时俱进！

陈：对。因为什么呢？假定说我卖这果子干，人吃完饭一人来碗果子干。或者是中间，或者是之前，完了以后，好几个人都跑厕所，人家去告你，那是食物中毒啊！

杨：这个一告一个准。

陈：是不是？最后他不言语了，以诗为证。我说："你回去研究研究菌去，什么样的菌类能发酵成果子干。"

比如说奶酪，它本身是一种菌，它是一种米酒发酵。有的就是酸度的东西也能发酵，效果一样吗，味道一样吗？但是它是菌，它就是一样的。我说："回去你研究这个，你要往科学这边走。"

杨：对，那您刚才说的果子干就是一般的东西。那杏仁豆腐呢？

陈：当然它就是高级的。

杨：它是什么地方卖的？

陈：这个杏仁豆腐本身一个是茶食店，一个是高档餐馆。按照季节，到了季节了，夏天到了，冰凉适口，是不是！

杨：嗯。

陈：这是在这个高档餐馆和茶食店，在小摊上卖这个的没有。

杨：但是后来都进了小吃店了。

陈：卖果子干的这个，茶食店也有。它是这么粗、这么高的一个大玻璃罐子，泡得了以后上头盖一个盖子。

杨：那个就干净多了。

陈：对，这就是茶食店，多数果子干还是推车沿街叫卖，就使凉水，果子干最后一泡一汪水，最后成黏了，完了弄点藕片往上一放，所以你吃完肯定拉稀。

杨：奶饽饽到底是怎么做的?

陈：奶饽饽也是奶熬的，比如说酪干。

杨：这奶饽饽我到现在也没弄明白，乾隆写了是怎么做，但是乾隆写得很简单，他又不会做。他大概其就是说奶制的，但是到底怎么做的，现在也不知道了。

陈：这个本身是个功夫。因为奶经过上火熬，把水熬出去了，最后成了奶团了。

杨：那得费多大工夫，那过去的奶是不是也比较厚?

陈：不是，过去现在都一样。过去这个奶子房，就是卖奶的，天天进来的牛奶都是好的，卖不出去要坏了，怎么办呢?熬酪干，熬啊。熬完了水全熬出去，成了干，最后就专门卖这个，这叫酪干。另外一种呢，就是熬奶，熬熬熬，熬成团子。再加上糖，加上面粉，等等，形成奶饽饽。具体怎么做我也不太清楚，但是我知道我们那一个姓李的，他家里过去就是做这个的，叫“奶酪李”，牛街的。他就跟我说酪干就是今儿晚上该关门了，还剩好些奶呢，明儿再喝就中毒了，那就晚上熬，把水先熬出去成团，成团后再炒就成干了，叫酪干。有的熬得差不多成团了，水分还有，但是不多了，加上面粉，加上什么的，做点心，就是这样。这是牛街奶酪。

杨：过去确实有这么一个“奶酪李”。

陈：人家叫李翠玲，现在人那姑娘还在南来顺。牛街专门卖这个，这个做法，是李翠玲跟我讲的。因为咱没接触过宫廷点心，也没接触过奶。这个人在我们那是服务员，她家是卖奶的，就说这个东西。具体咱不懂这个奶酪、奶饽饽怎么做。总之一句话就是奶熬成团，最后兑面粉，兑什么糖，兑什么，最后剩点，有的是包馅儿的，有的是成团的、起酥的。就是手法不同、原材料不同，出来的东西就不一样，大概是这样。

（7）果腹类

陈：贴饼子确实也有好的。我小的时候，六七岁、十来岁这个时候，一出安定门，一下关[1]，路西边有一家专门卖饼子的，外号叫“饼子五”。

杨：哪个“五”呢？

陈：一二三四五的“五”。“饼子五”可能这个人行五，很有名，就是贴饼子，外号叫“饼子五”。我那个时候跟我舅舅进出城卖黄土，回去拉着一个扫街的……

杨：您小的时候还卖过黄土，就是摇煤球那个黄土？

陈：对，那时候就七八岁吧，舅舅家有一个车，每天早上起来到黄土坑挖黄土，挖了黄土赶着车往城里卖。

杨：我记得过去卖黄土的都不是北京人，好多都带口音嘛！

陈：不，北京城门外，就是三环路以外、三环路左右很多，有黄土坑、沙子坑，比如说什么叫沙子口？沙子口本身就是城外了，它这就出沙子，很多地名是根据它当时的市场。比如说我们卖黄土，我们从哪挖呢？从北小营，就是快到昌平了。

杨：那么远的小营？

陈：去拉，拉完了以后，拉到交道口或者北新桥，把车往那一搁。

杨：每天都去小营？

陈：只要你去卖，就必须去。早晨起来 5 点来钟就去拉了，进了安定门以后……

杨：那得多长时间？

陈：大约九十点钟。

杨：走过去可不近。

陈：对，大车。早晨起来。完了比如到安定门关那地方，我舅舅掏出个饼子，从家里带的。如果家里不带，从他那买一个饼子，我特殊点，给我买一个烧饼。

---

① 下关：北京旧时有城墙，出城关及关厢，下关即出城门的意思。

杨：为什么您特殊呢？

陈：因为我小啊，毕竟是小孩儿，所以买个烧饼。这个“饼子五”很有名，卖贴饼子的。什么窝头、贴饼子，我估计街上都有卖的。

杨：那后来您做小吃店的时候还有卖窝头、贴饼子的吗？

陈：那就没有了，合营以后，基本上这些东西都不存在了。我卖贴饼子，合到小吃店以后，贴饼子真是没有了。后来有的属于风味了，改善食品，现在贴饼子都有了。

杨：是，现在又出来了。

陈：恢复本位啊！

杨：觉得是健康食品。

陈：健康食品。而且我跟你说，这次我看贴饼子，我说那贴饼子不错。那天我从那走，无意当中一看，第一讲尺寸、个头，跟社会卖的小便宜东西不一样。它大，手多大它多大。过去讲贴饼子要是好，在农村贴出的饼子一尺二长，大贴饼子。

热锅，水和贴饼子的尺度合适，大锅、大柴锅贴出来一尺二长，那也确实是功夫，要不然你那么长贴上，它就掉下去了，锅的温度得掌握好。贴饼子好吃啊！刚出锅的贴饼子热嘎渣一揭下来，抹点黄酱，卷点大葱，哎哟！那美！

杨：还能卷？因为我印象里贴饼子都是硬的。

陈：嘎渣揭下来以后，那瓤儿归上岁数的人吃，年轻人就拿着嘎渣抹上点黄酱，弄棵葱一裂，就那么吃，特香！我还告诉你，这个郊区吃食还有好东西，过去北京叫糊弄粥。

杨：糊弄粥是什么？

陈：熬的杆儿粥，所谓杆儿粥就是稠粥，高粱米。还有几种杂粮搁在一块，搁点豆，熬的粥稠，不像咱们喝的粥稀。因为稠粥解饱，大葱一撕，搁点黄酱，点一点香油。

杨：把葱撕了，搁点黄酱，都搁在这粥里头？

陈：拿热粥糊弄，我们吃。过去叫“糊弄粥”，这是我小时候吃的。还一个是香油酱拌饭。

杨：香油酱拌饭，还是黄酱？

陈：黄酱、香油，不管是小米也好，高粱米也好，大米也好。这就是过去在地头干活儿，又要快，又要有味道，又没有菜，就弄点大葱。自己做的酱，自己家里的葱，带点香油，到那把饭盛出来，把葱一撕，滴点香油，搁点黄酱，然后一拌。也可以说主副合一。香油、酱油拌饭，糊弄粥，贴饼子，嘎渣卷大葱，我跟你说，这些东西好多人没见过。

杨：是。

陈：没吃过。你不信自己试试。当然，这些东西你吃完了以后就不能跟人说话了。

杨：是。

陈：它味道很大。但是你想，农村赶车的、耪地的，他哪有那讲究啊？咱们说饭前便后洗手去，哪找水去啊！所以虽然不讲究，但是那真的是另一种味道。

杨：但是这也不难做啊。豆面擦格儿是什么？

陈：豆面擦格儿是什么呢。这么长一个……就跟擦菜的礤子一样。

杨：就跟擦胡萝卜那个意思一样。

陈：对，但它是底儿朝上，刺那面在下面，光面在上面。弄一块豆面和好了以后，面稍微软一点，拿手这么一擦，面出来都是一骨截一骨截的。

杨：就跟漏粉鱼儿似的。

陈：对，这叫擦格儿。山西这叫蛐蛐还是什么，反正北京叫擦格儿。这大街上、马路边上就有卖的。有的拉洋车的走到这弄一碗。比如说赶车的、拉排子车的这些人也都吃。也有瓦匠、木匠，那时没有管饭的。

杨：那时候不管饭。

陈：没有管饭的。多大工程，包工的都不管饭。

杨：那就是要么自己带，要么就……

陈：过去瓦木工有句话叫“人歇工，牙挂队”。

杨：“牙挂队”是什么？

陈：没饭吃了，就叫“人歇工，牙挂队”，这就是过去瓦木工的说法。说今天下雨了，得，出不去了，今儿您就不挣钱了。不像现在有月工资，干一天算一天。所以这些人该吃饭了，过来弄一碗饸饹，弄一碗荞面条，还得说不错。

还有喝杆儿粥，为什么说我们家喝杆儿粥，郊区本身也不一样。好几个长工，临时忙了，好几个短工，都吃好的啊？晚上就这碗粥了，但是这粥稠，不是稀粥，所以就弄点黄酱，什么菜都没有，就是一锅粥，到那你盛一碗，弄点酱一拌，有的连香油都没有，好一点的搁点香油。你别看这东西，你不信明儿你熬一天试试，但是你吃完了没法出去跟人说话。农村的大葱拔下来，捋捋一裂，那叫一鲜，真好。你看着不讲卫生，那真是另一种味道。你说现在人吃好的了，富贵病出来了，你说过去不吃好的，有些人就吃这玩意儿，还真棒棒的。

杨：咱刚才说果腹，提了一个点心类的，其实还有别的，我也说不清楚它到底是什么类的。比如说扒糕，就是夏天的凉粉，这类也不是不能当点心吃，它就是吃个零嘴儿似的东西。

陈：所谓“碰头食”嘛！

杨：这个是“碰头食”吗？

陈：是，也应该算果腹的。比如说拉洋车的饿了。大夏天的，我去弄个贴饼子，就是干的。卖扒糕凉粉的都是凉水，酸辣筋道的凉粉。所谓酸辣筋道凉粉，有的凉粉盆里搁一块天然冰。这些在历史上也是果腹的。

杨：现在就当零嘴儿吃了。

陈：比如有的人在家里拿个窝头，碰着卖凉粉的，来碗凉粉。酸辣凉粉，凉粉里的醋一大盆子，你玩儿命搁醋，那醋本身就好多凉水。拉洋车的肯定又渴又饿，掏出个窝头、贴饼子，来一碗，“您给我咸着点，多搁点作料！”

杨：就等于副食一样。

陈：所以这个东西决然分清，不好说，但是历史事实就是这样。因为我在农村长大，现在成了城市了。你想我住的那个地方——药王庙，离安定门五里地，离门里面五里地，是不是！可是全是郊区。你们家楼下这个小庙叫北顶庙，你知道北顶庙卖什么吗？

杨：真不知道，它还有庙会是吗？

陈：对，卖什么？

杨：我还真不知道。

陈：这就是历史。四月十八北顶庙，要赶庙会。那庙会主要卖什么？扫帚、农具，有一部分小吃。

杨：哦，也有小吃。

陈：有一部分，都是民生，但是以农具为主，叉子、耙子、扫帚、笼头等等这些。

杨：所以它跟万寿寺的那个庙会就不一样，跟东、西两庙也不一样。

陈：所以，这个庙会究竟以什么为主？当时北顶庙赶庙会的都是四里八乡这些卖农具的，以农具为主。当然也有别的，有布头、袜子这些东西，但是以农具为主。

我赶过庙会，赶过北顶庙，那都是小时候的事了。

杨：我也问您一个题外话，那赶北顶庙的这些人，是以信娘娘的多呢，还是买东西的多？

陈：买东西的多。真正烧香、磕头的都是有点什么求的。多数人赶庙会本身是买东西，上庙会的多数人是卖东西。说烧香、磕头的有，少量的，并不是说所有人到庙会都去烧香。

杨：主要是商业用途。

陈：对，它就是个营业场所。实际咱们这叫庙会，在一定程度上，人家有的县城就叫集市。

杨：对，那北方这个好多都属于开庙，以庙为单位。但是咱们说回来，好多小吃，咱们过去说的果腹类的，后来慢慢地，公私合营以后基本就淘汰了是吗？

陈：不是，街道小摊位没有了，你吃就上屋里了。

北京小吃烧饼

北京小吃锅饼、锅饼条、芝麻锅饼，已经不常见了

杨：我知道。

陈：有没有人在屋里拿走的，也有啊！

杨：我说的是吃的品种。

陈：对，毕竟有的东西进了屋，它就减少了。比如说大油饼，街上没有卖的了，进屋就变成小的了，一两一个了。

（8）部分小吃的普及化

杨：您看哪些品种在小吃店之后，它更普及？

陈：很多历史上的品种，普及化的东西就是黏货、炸货、烙货这些东西。

杨：黏货是？

陈：黏货就是年糕。

杨：年糕。

陈：年糕各种各样。像爱窝窝、豆面糕现在到处普及。

杨：它也算？

陈：这个东西你以前推小车能卖多少，是不是？到了小吃店，这些东西相对而言也不多，不做这么多。那么有些东西确实少了，或者断档了，或者是没有了。

杨：那您先说说这个多了的。您能多举几个例子吗？就是您说的爱窝窝、驴打滚这样的。

陈：黏货多，第二，烙货多了。

杨：烙货，就是烙饼之类的？

陈：糖火烧啊，什么烧饼、螺丝转，螺丝转少了，就是比较大路的这些。

杨：为什么会多了呢？

陈：因为生产量大，购买力大了。比如说烧饼，这个东西过去是一家一户，十斤面、八斤面，现在这家伙一弄，几十斤面、上百斤面，就是大众顾客多了。比如说现在外地来的人挺多，到了北京以后，总是要吃饭吧，他得吃大路饭，烙饼、馒头、切面，吃这些。为什么呢？社会在变，人们都不愿在家做饭，尤其老北京人，那老头、老太太，“买馒头去”“买烙饼去”。

杨：很少在家蒸馒头了。

陈：这就是社会在变化，这也就自然多了。

杨：其实我这意思是说原来旧社会，说解放前……

陈：对呀。

杨：以前不那么普及，但解放以后，因为有小吃店，人们更多地认识它了。

陈：不，这个里面反映的就是社会在变化。过去有几家不自己做饭的？

杨：那倒是。

陈：是不是，那么现在还有几家自己做饭的？我老伴儿说吃什么呀？你想，馒头、烙饼、米饭、包子、饺子，烙点馅饼、炖点肉、炒点菜，就这个，来回折腾，她就烦了。说现在吃糙粮了，得了，买二斤棒子面，蒸点窝窝头。蒸点窝窝头，就你吃，年轻人不吃。那我说你别蒸，天天买俩贴饼子，那不完了嘛？

这里面就是什么呢？社会在变，你那品种自然变了。老百姓过去20世纪50年代就提出一个口号，我对这个口号现在还有印象。50年代提出一个什么口号呢？就是“家务劳动社会化”，50年代就提出来了。

杨：50年代就提出来了。

陈：对。

杨：其实到现在也没有完全实现，大量的没实现。

陈：但是现在还应该说社会化不少啊。

杨：是，一直在进行当中。

陈：比如咱们就说现在这个卖烙饼的、卖馒头的，它不就是家务劳动的东西吗？人们就买了，你伸手就来。现在更有方便的呢，打个电话或者你按一下手机就能把东西送到家来，是不是？这不是家庭劳动社会化嘛。你不用做饭、刷碗了，吃完了饭盒一扔，得了。这些东西多了。

少的东西什么少了呢？那些过去劳苦人民吃的东西少了，比如说豌豆，过去挎筐的。

杨：卖牛筋豌豆的。

陈：牛筋豌豆，现在谁还吃啊？

杨：是。

陈：卖蚕豆，卖芸豆的，卖芸豆的挎筐。芸豆、芸豆饼，基本上消失了。比如说茶汤，油茶这些东西也少了。这些东西本身，咱们讲特色，它是特殊工艺。现在特殊工艺没人用了，大汤壶搬又费劲，弄不好倒下去烫人。那么现在这些东西，第一少了，第二质量差了。它本身质量一差，操作方式不一样，也就没人买了。

杨：逐渐地就是一个恶性循环。

陈：不是。这就是随着社会的发展有些东西必然被历史淘汰。

杨：因为吃的人少了，就是时代的原因逐渐被淘汰，然后陷入一种恶性循环，过问的人少了，它质量也差了。

陈：不是恶性循环，这是历史的必然。比如咱们就说美味斋有多少人懂啊？因为你是干这个的，是不是？你懂。你的同龄人有几个懂的？

杨：几乎都不知道。

陈：要说肯德基呢，谁不知道？这个就是一个对比。一些老的东西确实应该淘汰，有些老的东西确实不错，但是没人认识，自然它也就消失了。

杨：所以我就说有的东西就比较可惜。

陈：对。

（9）面条

陈：咱们说老北京炸酱面，解放前也有卖炸酱面的。过去卖炸酱面，进门说要俩面坯儿，就是四两面，小碗四两。服务员喊下去了，面锅的人就遛面，服务员就切面板，红案就炸酱。

杨：现炸是吧？

陈：唉，同时进行，面得了，面码切得了，炸酱炸得了。说那炸酱的酱糗子味得弄出去呀，那不可能同步进行。人家有办法，葱、姜、大料上锅蒸，把这酱蒸熟了，酱糗子味早去了。要小碗炸酱，这就是煸肉的功夫，煸上这勺子，就你这一碗，“嘣”一扤，到这。

杨：蒸好了酱往肉丁里……

陈：不是，搁点油，那是油炸酱，不像现在。

杨：对。

陈：出来小碗里面，酱就这么多，上面全是油。所谓炸酱嘛，油炸酱，它不可能你这面得了，面板切得了，我这炸酱还没得呢，那可不行。所以饭馆本身人家是现炸，小碗干炸，您吃这俩面坯儿、这点酱正合适。

我在一期节目上说过，北京炸酱面馆我吃了好几家，名气最大的是崇文区那个市场对过那家。

杨：崇文区市场，我还真没吃过。

陈：把着西南角，很有名气。我上那去了，就是花市南边吧，花市斜对过西南角，我去了。一进门一看，这一大盆酱，那里边遛面的、抻面的像这么回事，我说就这一大盆酱……

杨：那哪叫小碗干炸呀！

陈：老北京哪有这么卖的呀？

杨：对呀。

陈：炸出一大盆酱来卖面，就是面馆人家也不这么卖。

杨：那过去老北京卖炸酱面吗？就是现在所有炸酱面馆都做不到这一点。

陈：我在电台做这个节目的时候，是志梅跟那小伙子叫什么，做这个节目。

杨：就是北京广播电台的志梅是吧？

陈：她就说：“哎哟，这炸酱面让您一说这么复杂呀！”我说：“不复杂呀，很简单。”比如说面码现在有人给编了个顺口溜，四季吃炸酱面的菜都给编进去了。我说：“这个不对，这顺口溜说得让人听着很有兴趣，不懂的人认为是这样，懂的人是懂应时的。”这个季节需要什么面码？必须有。香椿下来了，那香椿芽，对不对？

杨：你到秋天哪弄去啊。

陈：就是。所以说一年四季的菜名要全，但是必须应时，是不是？现在说什么叫精，什么叫细，目前没人传这个，传这个挣钱吗？不挣钱。大路活儿，快，挣钱。那吃炸酱面，外地人来说，老北京吃炸酱面，来了以后也不知道怎么着，这就是炸酱面。有的人一吹乎，说炸酱面怎么着，说了好多，蒙了好多人去吃。真的老北京传统炸酱面一家一个味，一家一样，一个人一个口味。

比如说赵忠祥，他老说那炸酱面如何如何。赵忠祥、姜波、春妮，还有孟凡贵在春妮家吃了一次炸酱面。小姜波在那抻，赵忠祥他炸酱，说到他那吃，他炸酱。后来又说按着他那说法，他那专门有一个厨师炸酱，我说：“那就是你的味道。”

杨：对。

陈：我就不认可你的味道，为什么呀？你那是猪肉，我不吃，那我也要吃炸酱面。那我吃羊肉末或者牛肉末，或者是炸木樨，虾皮炸酱，各有各的味道，一个人一种口味。北京过去的老住户，这一个院里好几家都吃炸酱面。

杨：都不一样。我觉得一个炸酱面，一个打卤面，各家有各家的高招。

陈：打卤面唯一的一个就是花椒油。你这花椒油使得不对，这香味就出不来，别的都好说。说卤稀一点，稠一点没关系，唯独是花椒油，你要使得不对了，那就不行。

杨：穷有穷吃法，富有富吃法。

陈：不管怎么说，这一个院子十来家，好多都做炸酱面，家家都吃。偶尔吃一次，不天天吃。

杨：这个炸酱面好吃不好吃，就在北京人艺，他们那院里有一个评选，说谁家吃的是最好的，是于是之他们家。为什么好？就是人家放的肉丁多。我觉得这个就是特别实在的一个说法。

陈：这是一个，那个年代谁家能吃上肉，谁家能多吃肉，它自然就香啊。你看现在低油、低糖、低盐，没有炸酱面还一碗油。就是上次说王铁成那个问题。哎哟，这个砂锅白肉、砂锅芋头不是味了。人家问他您原来吃什么味？现在什么味？你说不上来，原来吃的时候是困难时期，你想想。你知道有一个人叫梁玉泉，是我们公司的武装部部长，1974 年我们在“五七”干校吃炸酱面，那真是肥肉片炸那个酱，一嘴油，吃完面以后连油都喝下去，现在谁还喝啊。

杨：是。

陈：当然也得分哪。要到贫困山区，那还是好东西，肉还是好东西，越肥越香。

杨：原来 20 世纪 80 年代买肉还愿意买肥的呢。

陈：另外一个，真要纯瘦啊，它不香，它发柴。炖肉要没有肥的，炖出肉来味道就不一样，所以这里面就是质地、口感的问题。社会的变化、吃饭人的要求在变。现在说什么香，贴饼子香，他吃贴饼子不吃馒头。为什么呢？这个降低血糖，粗粮。

杨：刮肠子。

陈：所以这个东西就是时代、社会在变，品种随着时代的变化而增加，随着时代的变化而淘汰，只能这么着。咱们说什么应该，说了半天应该，我这不卖钱。做买卖的他不就为赚钱嘛，什么赚钱多，什么爽手，什么来得快。您说我这粗糙啊，大量地卖，你说护国寺小吃不好，瞧瞧人家这小吃，那么一小破店儿，一年 510 万元的纯利，营业额多大呀！是不是？起码得翻五倍，按 20% 的毛利，20% 的纯利嘛，五倍，五五 2500 万，得 3000 万元的营业额。那么大个“吐鲁番”，120 人，1700 平方米，年利润才 800 万元嘛。怎么比呀？人家三十几个人，这里 120 多人，所以什么叫好？什么叫坏？卖钱多就好，赚钱多就好。

杨：是，那肯定，企业嘛，肯定这个是金指标。

陈：那么你这个金指标，品种本身就不是你那指标了。你说你这再好，不卖钱；你说它糙啊，那么地理位置好，爽手，出来就卖光。还有一个问题，越是新鲜的东西口感越好。为什么吃饭非上那些忙的地方呢？比如说我们这门口，就是北门口，开了一家田家牛肉面，是这一个饭馆租出来这么一个长条的地方来，不大。我进去瞧了瞧，我说："牛肉面多少钱啊？""16 块钱。"我说："几两面呢？"他说："您怎么还问几两面？"我说："那我问问你这一碗面多大分量啊。"他说："我们也不知道，反正就一碗。"我说："牛肉面使多少牛肉啊？"他说："我们也不知道。"我说："那你们怎么准备？"他说："我们老板知道。"

杨：现在服务员基本都这样。

陈：老板知道，那老板又不在啊，你们卖面的不知道给人多大分量，你就知道要人 16 块钱一碗？

杨：现在服务员没办法。

陈：对呀。话说回来，老板不在，是不是要按照老板的要求做呀？那问题不就出现了吗？所以还是这句话，随着社会的变化而变化，随着社会的发展而发展，有些品种历史必然淘汰，不是说咱们让它淘汰或者咱们不让它淘汰，那不成。当然，淘汰也应该自然形成，比如鲁菜的油爆双脆，是历史名菜，有些人不懂这个菜，从菜单上看见了，要了，上来吃，就退了，为什么？他不懂就说明不好吃，只得退。时间久了，餐厅也就不卖了，没人懂啊，餐厅也不卖，不就自己淘汰了嘛，这也是自然规律。

（10）清真小吃

杨：我想问您，为什么现在感觉回民小吃就那么多，几乎占了大部分北京小吃的份额？

陈：这个啊，就是前两天说过的"两把刀、八根绳儿"。

杨："八根绳儿"是什么？

陈：走街串巷挑挑儿，前头一个筐、后头一个筐，每筐拴四根绳儿，一共八根绳儿，就是走街串巷。这些人呢，就是回民居多，而且集中在牛街，但是他们在牛街，这个东西未必在牛街卖。走到哪，卖到哪。有些东西家里加工，挑出去卖，有些东西是现场制作。那么不一定就在牛街，反正在这附近，甚至有的赶庙会。这些人过去没有大财主，没有多少有钱的。甭说一个没有，有几个，但是很少。那么也没有当官的，真正搞事业的、当官的也没有，就是做小生意。因为比较贫寒，小本经营，从少、从小做大。第一要养家糊口，第二要发展，以后叫小康。现在我们的形势叫小康，过去就是奔中等生活。回民本身在北京集中是做小生意的多，汉民小吃也不少，但是和回民相比，毕竟是少数。

杨：汉民做小生意的是少数？

陈：量少。

杨：发现好多品种不是回民的？

陈：对。

杨：然后就变成回民的了。

陈：不是。

杨：现在好像只有回民卖了，汉民反而没有了。

陈：不是。现在有些回民小吃是汉民卖。为什么说汉民卖呢？你比如像我这种类型的人，过去在旧社会不少，是汉民在回民饭馆里学徒，以后他开了买卖或者做什么生意，都是回民这一套。因为学的就是这个，那么接触的朋友和经营者都是这个，所以必须挂清真牌，过去回民馆是汉民开的不少。

杨：您说过，得有一个顶帽的。

陈：对。

杨：我说那个，您比如说那个炸回头[①]，现在吃不着汉民的了。

陈：这个过去啊，不能说汉民的没有，很少。回头本身就是回民的。

杨：我听我们院的一个老先生说，他小时候吃那个猪肉青韭菜回头。

陈：这个青韭或者是韭黄，在炸回头时是必不可少的，使猪肉馅炸

---

① 炸回头：北京清真小吃中特有的品种，此食品形状好像元宝馄饨，内包牛羊肉调成的馅料，颜色金黄、皮焦馅嫩，口味鲜香。

的有没有？不能说没有，为什么不能说没有？人家回民做这个是羊肉，人家汉民有的人啊，就自己做，瞧你怎么做，回家使猪肉做去。我不使羊肉。这个不能说没有，卖的少，就是真正卖猪肉回头的少，没听说过。

杨：还有奶制品，好多人是满蒙民族的，现在变成回民了。

陈：不是，这个奶制品本身，过去都是宫廷的东西，奶饼子、奶干儿、奶酪。

杨：像《红楼梦》里头这样的家庭。

陈：但是为什么回民卖呢？过去北京接触牛奶的人多数是回民，不像现在牛奶厂那么多。你想，奶来源于西北，西北大部分是回民。那么北京卖奶酪的，一般是回民。有没有汉民？有，但很少。因为接触这个东西，接触奶的人多数是回民，因为接触牛奶，跟牛羊打交道的多数是回民。说汉民没有？不是，就是少。

杨：我感觉原来是大教、贵教都有的东西，只要不打架，就好像回民都能做。

陈：不，这里还有一个怪事。比如 30 多年以前改革开放，肯德基来到中国，上海有一家，咱们国家的。

杨：华荣鸡？

陈：华荣鸡就说你肯德基开哪，我华荣鸡就上哪，结果在北京开了好几家。因为我是行办主任，就是行业管理办公室，不管你谁开，我得给你签字，我不签字，业内不认可啊，那它们开业必定请我。华荣鸡请我们，那老板跟我们公司关系还不错，在安定门外路西。

杨：我知道，我去那吃过。

陈：但是没干过人家，回民过去历史上有这么一个，凡是这个羊肉床子，这边仍有猪肉杠。

杨：为什么呀？

陈：这个咱们就说是历史形成的，当然在牛街没有，是在外村。羊肉床子、猪肉杠，都是附近，挨得很近。这就是怪事，咱们说不清楚到底为了什么，但是过去历史上北京就这么一个实情。那么你现在到市场去看，牛街不算，超出牛街那个市场上，你去看看卖猪肉的、卖羊肉的都挨着。因为属于什么呢？肉类，那个时候咱们说不清楚，现在仍不敢说人家是什么。

杨：现在菜市场卖牛羊肉的未准是清真的。

陈：对。但是也有人挂清真牌子的。你看小的副食店，又卖这个又卖那个，都是一个人。卖牛羊肉的、卖大肉的都一个人。那就是这一个猪肉铺、那一个羊肉铺，历史就这么回事，当然牛街不是。

杨：大概大杂居的地方都是这样，小聚居的地方不这样。

陈：对，在牛街肯定不行。

4. 北京小吃的标准

【访谈者按】现在很多人都会说如今的北京小吃“不是原来的味”了，这种所谓的“不是味”，我觉得大概有两种原因，一方面是随着生活水平的提高，人们的口味也在提高。在吃顿好饭能说一礼拜的时代，有肉便是好吃，而如今，酒池肉林也未见得好，这是对美食的要求不同了。另一方面，国家实行市场经济已经30多年，早已不是统购统销的年代，各餐饮企业或个人都是八仙过海各显神通，经济效益成为最重要的指挥棒，很多小吃确实也出现了质量严重下降的情况，有很多地方虽然质量不高，但冠以“祖传秘方”等商业噱头，却依然挣钱。面对质量问题，陈连生先生就提出了小吃有没有标准的问题。

在市场经济下，每家的小吃制作方式各有不同，却都各具特色。在市场刚刚繁荣的初期，大众消费往往是向“便宜”看齐，以往吃不上的东西，现在很便宜就能吃到，也给很多商家在制作小吃时偷工减料有了可乘之机。在这次口述采访过程中，陈连生先生拿出一本计划经济下由饮食服务公司内部出版的成本核算卡，其中包括了各单位每种小吃的成本核算，比如一个烧饼，应该是多少面、多少芝麻、多少麻酱、多少小茴香，用材成本是多少，利润是多少，在对各饮食服务公司检查工作时，工作人员需要检查的烧饼酥脆到什么程度、烧饼内的层数有多少、香味应该达到什么标准等。这是一套计划经济年代全市整齐划一的产物，也是在多年的实际工作中总结出来的一种标准。但我们知道，检查标准是合格的标准，并不能算是好的指标。虽然市场经济不能再以这样的标准来要求各商户，但对于大众和需要了解小吃标准的餐厅，都是一种重要的参考。

这部分口述，陈先生讲述了当年成本核算制度的建立，并谈到在当今市场经济下小吃标准与成本核算制度的利与弊。成本核算制度以及成本核算卡最早便是由他所经营的南来顺饭庄开始的，他不仅是亲历者还是主持者，在之后20年市场经济的运行中有着极其丰富的经验，他不仅懂得老一套的标准，还具有在新时代的一套管理经验。对于这老与新，他更有着勤行经营者的思考。面对当今的小吃乱象，读者可能更关心的是成本核算卡在小吃质量上的参考价值，但这次访谈中所谈到的老与新之间利弊的思考对社会以及我们的北京饮食文化发展更有深层次的意义。

陈：现在好多人都说北京小吃没标准，我始终说是有标准的。为什么说是有标准的？当时计划经济的时候有专业公司，所谓“专业公司”，咱北京市过去叫“城市服务局”，以后叫“第二服务局饮食处”，专门有这么个处。那么下边的专业公司就是饮食公司，饮食公司里边专门有饮食科，主管饮食的东西。当时全市不统一，服务局要统一，管理啊，它要加强就必须统一。

杨：对。

陈：那么统一的标准从哪来？就是从基础上进行试验。南来顺当时是北京最大的小吃店，是品种最多的小吃店。因此饮食处和宣武区饮食公司就在南来顺，每一个品种都经过试验。

比如说烧饼，一斤面出十个烧饼，一斤面半斤水，那么加上麻酱，加上芝麻，上秤一两六，出秤一两五。那你在检查这烧饼的时候什么标准呢？上秤一称，五个，不能一个一个称，一称，七两五，首先说在分量上符合标准；那么最后再看形状、颜色，看好以后，拿刀“啪”一切，剁开以后，看层次，最低不能低于 25 层。要看层次，要闻香，这个麻酱和花椒、茴香的香味，切开以后，它特别香。烧饼本身的要求一两五一个，那么上秤是一两六，因为有水汽，出秤一两五；切开以后看层次，最低标准是 25 层；最后你闻香，拿手一捏，而且层次还必须得均匀，不能一捏中间一面疙瘩、边上有层、中间没层。这就是烧饼的标准。

比如说油饼，一两一个，它的含水量跟烧饼是一样的，但是它的用油量，也就是一斤面用多少油呢？一两八钱油。那么现在做不到，为什么做不到呢？因为过去核这个标准是非常严格的，过去东西比较少，比如说炸油饼中间有一个过桥，拉出来搁那上头，顺着过桥那两边流，流到锅里，它省油。现在炸油饼哩哩啦啦就走了。

杨：对，对。

陈：耗油量高。你比如油条，过去标准是二两油，就是一斤面二两油。那么现在所经营的这些东西，一般像油饼得达到二两以上，那么油条就得二两二、二两三。

杨：为什么油条比油饼吃油呢？

陈：当然了，油条本身比油饼稍微焦一点。那么油条有两种，一种叫旱条、一种叫油条。油条就是面案子上使油，旱条是面案子上和面，这两种不一样。那么耗油量，旱条稍微高一点，油条稍微少一点。所以我们这些东西都是有标准的，不是没标准。

比如那天我听肖先生在电台说那个麻花，耗油量多少多少，他说“我还试过”。我说那个试法是单一的，我们这试法是从专业的角度，每天这么做，所以全北京统一是一个标准。

杨：为什么在南来顺弄呢？我觉得北京市弄这个应该是公私合营之后。

陈：对。

杨：它统购统销了……

陈：这个是六七十年代做的这个标准，因为以前都……笼而统之有标准，但是怎么检查啊？没有标准，所以最后北京市服务局到了宣武区饮食公司，从宣武区饮食公司选中的。因为南来顺小吃店品种最多、规模最大，所以在这试验有代表性，能代表北京市所有小吃的制作方式，所以在这试验。

那试验这成本卡做出来以后呢，全北京在区里检查的时候，到哪个店，烧饼多大呢，上秤一称，五个，七两五，这就叫够分量。

杨：然后就变成行政化的东西，在商业上铺开了？

陈：对，本身在二服务局系统，你到各区检查去，都是这个标准。

杨：就北京市统一的？

陈：对。所以我说历来是有标准的。你比如油饼，北京过去卖油饼的没有像现在一两一个、二两一个，没这个，都是大油饼，推车，你要一个上秤称，一撇两撇上秤称。那么解放以后，论个，这就方便大家，实用，论个。过去卖油饼都是街上跑的，都是上秤称的。

杨： 上秤称完了之后，切是吗？

陈： 切。就是这么大一个，四条，然后一撇两撇往下扯，你要多少。

杨： 其实口感上没什么区别？

陈： 有区别。这个小的当然炸得透，是不是？大的本身耗油量低，大的耗油量跟小的耗油量不一样。

另外，标准制定了，但是执行标准也不一样。为什么呢？就是炸油饼和监锅的，这两个人的配合，比如说火大，火冲，耗油量就高。

杨： 对。

陈： 速度慢，火很冲，油顺着烟就跑了。说火很冲，速度很快，"唰唰唰"，这个火量很大，下去它就变色，就成形，那么这样就算正常的。所以这里边叫什么呢？三分炸，七分监，监锅的很重要，速度要快，火候要好，全看监锅的了。这我炸，"啪"扔里头，这就是你的事，那么耗油量大也在他这。现在我说这个标准，对大多数现在市场的形势，应该是有参考价值的。

杨： 对。

陈： 应该有参考价值，不是说谁家非得像你这样，因为现在市场放开了，你比如烧饼，你那烧饼可能就八钱，他这可能一两或者一两二，价格不一样，过去都是统一价格，说五分钱，都是五分，全北京烧饼都五分，现在不行了，有卖五毛的、七毛的、八毛的、一块的、一块五的，甚至有卖两块的，但是分量都不一样，没有说两块就二两，没有，基本都是一两左右，那么就是价格放开了，没人管了。

上上礼拜，北京市在牛街搞了一个美食一条街。

杨： 在牛街又搞了一个美食一条街？

陈： 一条街。是以什么为核心呢？以食品安全吧，以这个为核心，那么做牛街美食一条街，北京《西城报》登了一下。后来我们宣武区的区长，原来的区长、区委书记，那天见着我了，说："连生，我给你看份报纸。"我说："什么呀？"他说："《西城报》。"我说："我有。"他说你应该发挥这个作用，牛街本身的食品如何如何……我说：“您今天说这个问题过时了，您不是宣武区的区长了，您也不是宣武区的区委书记了。”

杨：宣武区都没了。

陈：现在人家经营者是个体经营，谁听你的？说你是什么行业专家，人家说了：“我自己做买卖，我愿意怎么做就怎么做。我怎么样便利顾客，我怎么样盈利，我就怎么做。你给我规定那个？”因此现在它就不统一。比如说致美斋的烧饼卖一块五一个。我那天早晨去了，我说它那个烧饼比牛街的烧饼，甚至比很多名牌烧饼都好，它卖一块五，个儿可不小，它那个烧饼估计面得在一两二左右。比如说牛街现在有一个卖烧饼的店，卖一块钱一个，它的烧饼也不错。那么朝阳区有一个李老小。

杨：我知道。

陈：它那烧饼也是很有名气。

杨：对。

陈：我虽然没吃过，但是我觉得致美斋的烧饼就不错。聚宝源的烧饼，这么点小烧饼，也很好。咱们有时候老牌的，而且很有名的店的烧饼质量却很次。这就是现在市场放开了，价格很难统一。那么要说计划经济的时候，这 150 多个品种都是一个一个试出来的，而且是在北京当时的环境条件下统一执行的，所以我说是有标准的，不是没标准。

杨：对。这个标准其实也是参考原来公私合营之前，大致上的那么一个水平。

陈：最后怎么办呢？要让它真正统一，拿出标准，那么就经过总公司、区分公司，在南来顺，经过多少个老师傅一个品种、一个品种试验，制定出这么一个成本卡。那么我又把成本卡编成了一本书，所以七九年出的就是这个，第一本就是这个。那么在天津出版社出了以后，我从天津又买回来。北京出了以后，我上天津一看，哟！南来顺供稿，所以我就买回一本。那么我呢，这是第三本书，因为这个本身很实用，在改革开放初期很多……

杨：个体户。

陈：个体经营者照猫画虎，有这个东西，他就能……

杨：做到八九不离十。那汉民的小吃是在哪？当时是在哪个小吃店？

陈：汉民这个，咱不知道，但是这个做的在南来顺。那么这里面有些品种，汉民也有。

杨：是。

陈：比如说这素三角，不专门就是回民的。

杨：对。

陈：素三角本身叫“焖子”，那么人家都一处是……

杨：三角。

陈：这毕竟是人家的特色，那么这个汉民也有。比如说扒糕，回、汉民都可以卖，凉粉什么的，这都可以，绝大多数都适用，什么炒肝、灌肠、卤煮等等，基本上好多都通用。比如炸油饼，汉民也这么炸。

杨：是。

陈：回民也这么炸，是不是？南来顺小吃店本身规模大、品种多、品种全，那么技术水平也相对高，所以才在南来顺搞这个。这个东西我觉得还是适用于标准，不能说没标准，你出成品多少、耗油量多少，是不是？比如说薄脆耗油量多少，焦圈耗油量多少。焦圈按标准，一斤面、一斤油。薄脆，一斤面、八两油。你炸，基本上是这样，因为咱们都是通过试验得出的结论。一斤面出 20 个焦圈就必须使一斤油，没什么大的出入。薄脆，一斤面出 20 个，就是八两油。排叉也是一样。

比如烧饼，十斤面、八两芝麻、八两酱，那么它还有点油、花椒粉使多少、盐使多少，这里面都有。

杨：这就不光是您那这么用，是全北京市都这么用，有一个大概的标准。

陈：但是谁执行得好，能不能认真执行，那就是检查部门的责任了。

杨：对。

陈：服务局下面检查各区的商品质量，以什么为标准呢？就得以这个为标准。我到东城检查了，我到西城检查了，到宣武检查，统一都是这一个标准。

杨：当时计划经济嘛，就是这个。

陈：比如豆腐脑，一碗豆腐脑给人家多大分量，因为你要人家粮票，一碗豆腐脑在当时给八两，一斤出八斤，给八两。这个典型性稍微差一点，标准要求，七两五到八两之间就正常。

杨：其实咱们是从市场经济到计划经济。

陈：对。

杨：再从计划经济到市场经济，原来没有这么一个标准，都是社会上一个大概其的模糊标准。

陈：对。

杨：后来因为咱们计划经济了，就统一标准，那么这个标准其实是随着时代变化的。咱们那个传统开始流失的时候，这计划经济留下的这些东西对现在还挺有指导意义。

陈：这个咱们还得这么说，不是计划经济的东西都不好，计划经济有的时候……到现在你也没完全脱离计划经济。现在我们国家说今年国民经济增长7%，那不是计划吗？国家本身就有计划，是不是？说我们国家规定7%，有的地方7.5%了，有的地方6%多，综合起来整个国民经济是不是7%？那不是计划吗？我今年这PM2.5要到什么程度，到2020年多少，那不是计划吗？说市场经济没计划，没有没计划的。

杨：是。

陈：市场经济也有计划。整个国民经济计划，“十三五”计划马上开始了，怎么没计划？“一五”计划到“十三五”计划，怎么没计划？说市场经济没计划，这种说法不科学，是不是？

杨：对。

陈：事实摆在那，是有计划的。“十三五”计划要达到什么水平，是不是？第一个五年计划，五三年时候……

杨：它就不管那么细了。

陈：哎！不是说以前你这差一点不成了，现在是发挥个体的作用……民营企业人家爱怎么样就怎么样，只要符合市场规律就行了。说我这烧饼卖两块，有人愿意吃，说你卖一块五，也有人嫌贵，就这问题。

杨：对，你做得太次就没人买，自负盈亏嘛。

陈：是。

杨：咱们成本核算卡是什么时候开始有的？刚公私合营的时候还没有？

陈：没有。那成本核算卡是在20世纪70年代末，我们在写小吃那本小书的时候有这个印象。咱们这些东西，今儿卖什么，先写一个，算算，卖多少钱，都是这个。添一个算算，卖多少钱。后来就想，这么多东西，零零乱乱的，倒不如咱们把它集中起来。

那个年代，各单位都有各单位的成本核算员，每个单位卖的东西由这个成本核算员核算。弄个纸，弄个笔，写完了，这卖多少钱算出来，知道了，定那儿。这张纸有时候就扔了，有时候就留起来。从那时候开始，系统性的管理，市里、区里都有这个想法，就是要建立成本卡。成本卡这么长，单片的，一张一张的，打俩眼，拴个绳，拴起来。

后来我们公司业务科跟南来顺就弄这个，说干脆咱们统计一个，作为咱们内部资料，不对外，但是咱们区里就执行这个。所以那时候就印的这么一个卡，非常简单的这么一个卡。于是，全区统一执行。

杨：后来我看全市都有。

陈：成本核算就是统一都是这样，因为局里检查也以这个为标准，这个实际就是三家做的。这个东西，宣武区饮食公司在南来顺做的。是市服务局饮食处参与的，那么每一个品种的制作过程当中，又是在原来成本卡的基础之上，一个一个在南来顺试验的。这就是上次我说的，二服务局饮食处、宣武区饮食公司和南来顺三家制定的这个东西。为什么在南来顺？就是因为南来顺品种多，在南来顺试验的，一个品种、一个品种试验的，所以出来个内部成本核算卡。

那个时候计划经济，它有专门的机构，到各个地方去，到东城、西城，总之互相检查，都有个标准。比如烧饼，统一都卖五分钱，那有好有坏，有的做得粗糙、有的做得精细、有的做得符合标准。比如说豆腐脑，都卖八分钱，有的单位使鲜肉片、口蘑汤，有的单位就加上了黄花、使肉末，也有的使熟肉，不一样。但是不管怎么着，你那个价位，成本和你的售价要一致，是这个问题。

杨：公私合营到20世纪70年代末，大概有20年……

陈：20年。

杨：都没有核算？

陈：都没有。每个单位都有一个核算员，所谓核算员就是有点文化，会算算账。那小门小户的掌柜的本身也不认字，得有时候求人，“你给我算算这个”。那么过去旧社会，解放以前那些掌柜的，很多小门小户都没问题，但是有一个最大的长处，都会算盘。为什么？做买卖算成本，都会算盘，多数是这样。你看他没文化吧，算盘打得挺好，就是因为他实际需要。

我那时候也是，什么都不会，1953年不是建立会计账嘛，过去没有，流水账，写在纸上，写在水牌上。那么五三年就开始建立了会计账，叫簿记账，有发票。那时候……那掌柜的就说，“你小，你去学吧。”我就学了一段。在单位那时候叫“账房先生”，合营以后，几家凑在一块，那先生有的水平很高，这个人就当了单位的成本核算员，也这么着。每个单位都有一个成本核算员，卖人家东西，总得有本有利啊，是不是？不像现在的个体经营者，脑袋一拍，这个卖五毛钱，那个卖一块钱，不是这样。

杨：问题回来了，后来这个成本核算卡等于是检查用的对吗？

陈：不只是检查。它就是你所经营的东西都是要有一定的成本的，那么作为局里业务处也好、公司业务科也好，上面要检查质量，那么检查你这个商品的标准，首先是成本，然后是售价，最后算你的毛利率。这里边一个是你核算得精确不精确，第二个生产这个品种符合不符合质量要求，最后统一都使这个，以这个为标准。这个不是说我拿起这个对着检查，都印在脑子里了。比如一个烧饼五分钱，应该什么标准，个儿多大，味道什么样，专业人员本身印在脑子里。过去业务科的干部对这些品种第一得熟知，第二要了解它的成本，第三他本身就知道这个应该达到什么标准。这个专业部门，比如说业务科、业务处，也有饮食处，一年 365 天就干这个的，所以不一定非使这本，但是这本本身又是依据，就是我们弄出来的东西。

厨师各有各的想法，各有各的做法，不统一。比如说出成率，有的人为了追求利润，应该出 10 个，他就出 11 个；有的人大手大脚，他就出 9 个了。那么厨师这个行当，过去真正过秤的少，多数都是凭手，手松的和手紧的就不一样。那么检查本身，我不管你手松手紧，我有一定的标准，你必须是这样的。在这种情况下……

杨：就是在这个基础上，你愿意手松手紧都行？

陈：不，你愿意手松不行，必须达到这个标准。

杨：就是这个标准达到之后，再手松手紧？

陈：手松手紧是你的事，但是你给人家不够分量不行。你给人家多了，你赔本。那是你自己的事，是不是？我来检查就是按这个标准，一斤面应该出十个，就是出十个。生的多大分量，熟了多大分量，那么这个本身就有个依据。

成本核算卡这个东西，我们叫内部使用的，其实各家基本上都有了，都发了。

杨：早期的时候都是核算员各自为战？

陈：嗯，但是检查部门、管理部门是要有标准的，要不然我凭什么检查你啊，就是这么个问题。

杨：其实各个点做出来的东西也还是各不一样，各有特色，是吧？

陈：不是，手工活儿的东西，一个人一个样，但是总之得有一个统一的标准，要不然你管，管什么呀？那有个顾客投诉，投诉到你这个公司机关，那公司机关根据人家的投诉就得下去检查。人家投诉你，你做的对不对，你是不是违反了标准。人家投诉得对，你就给人家该道歉的道歉，该赔礼的赔礼；如果人家投诉得不对，那你得给人家解释清楚我这是什么什么，得有依据。这就是当时的依据。

由于每个企业经营不一样，同样卖这个东西，师傅手法不一样，做出来的形状在某种程度上也不一样，但都大体相同，但是有的做得精，有的做得粗；有的手松，有的手紧。我检查，不管你手松手紧，不管你技术如何，我的要求统一都是这样的。比如烧饼，那时定的就是层次必须25层以上。那你这十斤面出多少烧饼，用多少芝麻，用多少酱，用多少花椒、盐，那就是根据你自己掌握，但是我统一标准，八两芝麻、八两酱，或者七两芝麻、八两酱，是这么个标准，就用这个来检查。

各区之间还有个互相走访，互相学习交流。但是说是交流，实际也是各自检查，他那怎么样，我这怎么样；他那好，我这坏；他那比我好不好，我这比他怎么样，各区之间都有这往来。

杨：其实五六年公私合营以后，咱们是正式走入计划经济。

陈：对。

杨：但是在这20年当中慢慢才摸索出这个东西来。

陈：五六年公私合营以后，管合营那些人都不是专业的，有银行的、有零售的。也是摸索着过来，最后就形成，这应该怎么办，那应该怎么办，综合起来。

杨：那20世纪50年代的时候有检查吗？

陈：有啊。50年代合营以后，那就有机构了。比如说前门，就叫前门饮食管理处，上面设立一个北京市饮食公司，专业公司，饮食公司是二服务下属的一个处，但是它是一个专业公司。那么你专业公司干什么？就管这行业，怎么管这行业，就管经营。

杨：大多数是外行？

陈：不，逐渐它不就形成了吗？所谓外行，你干一段，钻呗，它就不外行了嘛。

杨：对。

陈：那么你是专业部分，就必须按照专门管，中央也一样嘛，你商业部是干吗的？管商业的。管商业管什么？流通，是吧？进、销、调、存、转，就管这个嘛。那么现在商业部又不一样了，现在大了，管世界进出口了，过去没有啊。是不是？过去就是你从全国各地调、销、存，就是这个问题。发展经济，保证供给。现在国际贸易了，是不是？这个不一样了。

杨：刚开始检查的时候是什么样？检查什么东西？

陈：那时候也是检查分量准不准。

杨：比如说您在西珠市口大食堂当副经理的时候。

陈：咱们还是说那时候烙饼，一斤过去给十六两，那时候秤还没改革，也检查你够不够分量。历史上饭馆都是不够分量的。

杨：都不够分量？

陈：比如我小时候学徒在会芳春，你要一斤炒饼，说“我来一斤炒饼”，上秤一称，就是十二两，就给你少四两。那个时候和现在是一样的，现在比如买一斤烙饼，就是一斤。计划经济就咱们那个标准，可不能是一斤，你买一斤烙饼就必须是一斤半，有五两的水，给你实际粮票的一斤，实际粮食的一斤。现在不是，现在你买一斤烙饼就是一斤烙饼。

杨：我明白，是烙饼的斤两。

陈：哎！比如过去卖炸油饼，这么大，方的，上秤称。合营合进来，再这么大，上秤称就不行了，就改一两一个。这就是一步一步过渡。为什么出现这个东西呢？也就是经过几十年的发展演变而来的。

杨：其实现在咱们吃的油饼是公私合营以后才出现的。

陈：对。

杨：原来我记得都是那么大个儿，你不是讲一撇一撇地卖嘛。

陈：一撇一撇那是大街上推车的，卖苦力的，挣了钱了，得了，来半斤油饼，上秤一称，就这个。那么随着人们生活水平的提高，大街小巷的摊全进了店堂了，一步一步做得就比较细了，所以卖大油饼上秤称就没有了。到这个程度本身也就是一步一步发展，演变过来的。形成这个东西是在实践当中摸索出来的，方便精细了。

杨：咱说的是小吃核算，其实那种正餐的炒菜是否也有？

陈：炒菜也有成本。

杨：这个是怎么计算的？

陈：这个也是你卖什么都要有成本，这个本身就是计划经济，统一管理。它统一要求，你卖什么必须有成本。因为过去有一个叫类别划分，比如风味餐馆，你的毛利率应该掌握在多少，一级餐馆掌握在多少，二级餐馆掌握在多少，到你便饭馆、小吃店这个掌握在多少。过去像大众小吃这一块，基本毛利率让你掌握在28%到32%，统一的。全北京只要你是三级饭馆就必须28%到32%。

杨：什么叫三级饭馆？

陈：就是餐饮业划分三类，一类是特殊风味，二类像饭庄之类的，三类就是大众化的。毛利率死规定，就是28%到32%，你不能突破32%，突破32%你就违犯了《价格法》，你不够28%，那你本身企业就亏本。另外，二级饭馆，也就是说再高一级的。

杨：您是说风味的？

陈：再高一级的，那么可以达到32%到38%。那么再高的呢，就是38%到45%，可能大概有这么一个规定。总之最准确的是28%到32%，是大众饭馆，包括小吃店。

杨：我就想知道，这几类有什么代表性的餐厅吗？我就能大概其明白。

陈：有啊，它分类，比如说宣武（区），过去像晋阳（饭庄）。

杨：晋阳应该是属于一类的吧？

陈：它本身就是对内的，而且本身属于特殊风味，那么它一般在40%到45%。那么晋阳以下，就没有再比晋阳高的，也没有比……就是南来顺和华北楼，这是最大的。那么这两家，华北楼和南来顺，第一规模大、人员多、品种全，那么这两家的毛利率大概是28%到32%。

杨：这两家也28%到32%？

陈：28%到32%。但是又有区别，比如正餐的炒菜，那就是32%以上了。

杨：对，我就觉得南来顺是两部分嘛。

陈：正餐炒菜，它就是32%以上了，32%到40%，就这么个概念。华北楼楼上那一块，也是一样。楼下大锅饺子，那机器饺子“哗哗哗”往锅里流，那勺子往外扤，不论个儿、不论分量，扤这么一下子多少钱，因为它那个地方是靠近车站，人往来多，卖的是流量。就是那种情况下你就28%到32%。那么楼上炒菜就是32%以上，到40%。像晋阳大概是到45%。我们炒菜都是32%到38%至40%这样。

杨：像鸿兴楼或者兴升馆这样的呢？

陈：兴升馆不存在了，它就改了。那么这些大概在中间这段，32%到40%。

杨：因为它们比较单一？

陈：单一，分类属于二类。一类是晋阳这道的，二类就是像炒菜……

杨：您的南来顺和鸿兴楼是炒菜和小吃都卖的，鸿兴楼卖饺子嘛。

陈：对。那么底下的就是小吃，什么豆腐脑、炸油饼这类的。

杨：好像过去饭庄是属于晋阳那类的。

陈：对。

杨：然后饭馆，老北京不是有几个档次吗？

陈：对。

杨：到大众饮食，就像早年间二荤铺那类的小馆，是28%到32%的。

陈：哎。那么这里边就是划级分类，在当时的管理虽然是计划经济，但我觉得现在也还应该是这样。当然现在价格放开了，没人管了。你爱卖多少卖多少，符合市场需求，只要有人吃，你这有效益，你爱怎么卖怎么卖。

杨：咱还说那个核算卡的事。这东西您觉得是不是有利有弊呢？

陈：在那个年代，那个时期，在管理上这叫依据。那么今天，它就不适应了，价格放开了。我做费工费时的东西，就可以利润率高。同等条件，咱俩挨着，很可能一样的东西，我比你卖得贱，我为了多点顾客。

杨：但现在是不是也有利？现在这个社会，失去一个检查的标准，并不是咱们一定要整齐划一。

陈：对。但是你说不要整齐划一，我现在还是留恋这整齐划一。为什么？各种层次，不同饭馆，应该有各种不同层次的标准和要求。比如说你卖人家45%的毛利，一个是你饭店的质量、一个是你的环境、一个是你的服务、一个是你的设备设施，那么人家吃得舒服满意，不完全就是从菜的质量一个方面评价，是不是？

杨：对。

陈：说你卖28%至32%，那你这经营环境和服务态度，这几者兼有，划级分类不完全就是菜一个标准，环境、服务质量，方方面面，你就必须是上乘的。你比人家低，你就是二类，你比二类还低，那就应该是三类，这里边我觉得还是有一个……

那么从现在看呢，地理位置、经营理念、经营对象有不同，这就是市场经济的变化。咱们还说，大董的东西要搁牛街卖，绝对没人吃，是不是？但是你要把牛街的东西搁大董那，也不行。

杨：对。

陈：它不是大众化饭馆，一般人不进去。你那设施设备在那，价儿在那了。虽然不像大饭店，但是价儿在那了。那么今后我觉得发展势必是这样，像“吐鲁番”、南来顺这些饭馆，现阶段大众化，如果人民生活水平再进一步提高……

杨：它还得再提升。

陈：它还得下降。

杨：为什么还得下降？

陈：它就像个体户了。大饭店本身下降了层次，比如翔达酒店。翔达酒店那个酒楼从开张就赔钱。这是从香港请来的一个，他经营酒楼是很有经验的，是高价把他挖来的，大概年薪进门就是36万元，解决住房、解决老婆工作，包括孩子上学都管。干了十几年，一直在赔钱。

杨：为什么呀？

陈：他干的是南方的，干的是酒店的高层次的买卖，开张时赔钱，搁一段缓上来了。大概一年这酒楼也就是一百五六十人吧，盈利一二百万元，比“吐鲁番”少三分之二，所以一直就不大得宠。结果这孙总下台了。换这个孙总，人家跟他谈，“你经营得不好，怎么办?”派经理，给他降副经理。给他降副经理，就得降工资。工资降多少？18 万元。他说：“我要 24 万元。”不成，你做得不好，你要做得好，36 万元不给你降低，还得给你涨。结果呢，一跺脚，辞职了。

现在换一个，是个回民，经营这个企业，他又不是干饭馆的。他呢，有个思路，把饭店降低，降档次。一进门那里头那些鱼池什么的各种设施，全拆，摆上餐盘。结果公司把晋阳的支部书记，调到那继续当书记，管餐厅。这个支部书记原来是服务员出身，在晋阳是服务领班，叫张冬梅。张冬梅有晋阳的客人，张冬梅在晋阳是服务师，她手里有一帮客人。

杨：等于是堂头吗?

陈：派到那去了，还是书记，还管这个前厅。结果，她把价格“唰”降下来了，现在平均一个月卖三四万块钱了，过去一天就卖几千。这就是饭店本身降格了。

杨：是。

陈：西苑饭店，老三在那，你知道现在卖什么？门口戳摊，卖酱肘子。

杨：西苑饭店?（惊讶）

陈：怎么着？卖酱肘子，卖豆包、花卷、烧饼、糖包，卖这个，出摊，因为完不成计划。那个服务是越来越次，为什么呢？技术人员没有，服务师没了，全用的各学校的实习生。这是四川这拨儿，到站了，呼啦，全走了；又来一拨儿，西安的，西安的走了；又来一拨儿山东的，那服务非常差，饭菜质量也非常差，卖的就是牌子。比如说自助餐，300 一位，洋白菜、鱼汤，抓把盐、搁点味精，炸花椒往上一倒，得，就出去了。

杨：哎哟!

陈：怎么着？你在那吃500块钱标准，说订婚宴，太可怕了，垃圾餐，没有一两道像样的菜。

杨：那像您说南来顺跟“吐鲁番”这样的餐厅，有自己真实手艺。

陈：你记着，这种档次上不去了，环境上不去了。比如现在结婚的，很多办婚宴的都到饭店，不上你那饭馆了。人家头天晚上饭店都订好了，开几间房。车不用了，不用花车了。从饭店出来直接到宴会厅，举行仪式，举行完了吃饭，花车这块省了。饭店本身接这块，也不能像接外宾，毕竟档次就往下降，所以现在婚宴在饭店挺多。

杨：对。现在我感觉像什么，过去北京的饭庄跟饭馆，饭店就相当于饭庄，大型的都找这个地儿了。

陈：你要知道，尤其现阶段，去“非首都功能”。300平方米以下的再开餐馆不让你开了，规模必须在300平方米以上，还得符合食研所，食品卫生研究这类部门的要求。这小的，小门小户的将来就……大的本身下降，层次下降，中的也是下降。

杨：那小的就更没办法了。

陈：唉！

杨：除非是那种档口，卖个煎饼什么的。

陈：什么叫“非首都功能”？这本身就……出个摊乱七八糟，首都大都市的要求，环境条件、卫生条件，各方面的就不一样了。

杨：什么批发市场，这就是“非首都功能”。

陈：都走了，是不是？

杨：对。

陈：但是饭馆走不了，凡是像中层以上这行，中层以上这些个变不了，反正要求一天比一天高，过去那种糊弄局啊，什么东西……

再一个，现在出现两个问题：第一个，这叫营改增，营业税改增值税，这对饭馆是有利的。过去是不管你赔钱赚钱都得交营业税，现在不用了，就是你增值这块交税，不增值不交税，这对饭馆有利。不利的，这个油烟本身啊，无形中你是看不见的，但是现在环保部门就要求你，你这单位多少炉灶、用多少煤气，经过核算，包括你单位有几辆汽车、有多少尾气，扩散出来以后……

杨：等于叫环保税？

陈：对，你叫环保税。不叫“环保”，叫什么？叫排污费。你知道西城饮食公司交多少？他讲了，3 万吨排污费，就整个西城饮食。朱玉岭跟我说：“陈老，您说这 3 万吨堆在那，不跟大山堆一样？咱们什么也瞧不见，让咱们交 3 万吨这个钱。”我说：“你这人大代表不提?”他说：“我跟您说，我跟王市长（王安顺）我们是一个组啊。”你甭说这个，环保现在是世界性的问题，按照环保局要求，该怎么办就怎么办。他说：“你说这块……”所以小门小户的挤对得受不了了，就必须是这样。所以我还坚持，想划级分类，才能够使这个市场更加规范……

杨：对，我觉得真是应该划级分类。其实原来那成本核算卡还真是按照级来制定的。

陈：我跟你说，我现在没工夫。我要有工夫，成本核算卡我也有，单页的，这么厚一沓子了，在楼底下。老三有一床头柜，他那床头柜值钱啊，有一个吊柜，之前搁的是一个床，上面搁了一张画，所以就没法弄，要有法弄我还真能找出来。

杨：其实最主要的核心任务是核算成本，统一标准，便于检查。

陈：嗯。

杨：所谓的统一标准也是划级分类之后的。

陈：对。

杨：其实还是从实际工作中不断摸索出来的。

陈：对。你想，专业管理你必须管到一定程度，那么你的业务部门研究什么？你就研究业务的经营问题。经营问题，经营什么？经营的品种。那品种就涉及质量，质量就涉及价位，所以这几个方面最后得出这么个东西来。

那么我说，这个小吃事业跟刚才咱们谈这个成本核算也是一步一步发展起来的，那么你今天再用这个……这爱窝窝在小摊上卖一块钱，护国寺小吃店批发一块钱，批到饭店里头，饭店一上桌就十块钱了，它这道点心卖一百块钱，这一盘，就十个，那不就十块钱嘛，你怎么计算利润呢，是不是？你到 APEC 会议结束以后，掌柜就售卖这东西，他就卖好几块钱，那价格成倍上涨。这里面就是说过去按成本，在那个历史阶段。现在发展起来，到今天的市场经济，这个东西也是根据自然规律过来的。

杨：但是我觉得是什么呢，那个时候它是作为一个成本核算和质量监督，现在不一定都这样。

陈：对。

杨：但是这个东西回过来，价格放开了将近 30 年，很多质量失去标准了。

陈：对。

杨：回来其实还可以再作为大家的一个参考。

陈：对。

杨：它这个好处在 20 多年之后又重新出现了。

陈：不只是这个问题，不只是参考，而且你一个非经营者用了这东西以后就可以变成一个真正的经营者。你知道这东西应该怎么办了，有人一教你就会了，你按着办就没错。你按现实的价格就可以做这方面的买卖了。这并不是不适用，尤其现在中央提出来“双创”——大众创业，万众创新。那么我大学毕业以后没得干，没有选我本专业，我做小买卖可不可以？也算创业啊。那你有这东西搁那，那不就是你创业的资本吗？你照这个做，练几次，找个内行人指点指点不就成了吗？

杨：而且现在说实在的，大量做小吃的，特别是这几年，那些外地来的，十七八岁的拿这个就能上手了，但是他们好多都没这个，不知道是怎么回事。

陈：对，他们是照猫画虎，我参照你、他参照我，这么来的。

杨：对，逐渐、逐渐好多做的就都走迹了。

陈：对。这里边还一个问题，十个人都做爱窝窝，放那以后你去比较，形状、口感绝对不一样，绝对十个人十个样。

杨：对，手工活儿嘛。

陈：那么现在你要有一个统一标准，毕竟得让它接近。

杨：我觉得这个统一标准是一个基础，只能要求你往上走，现在好多是没有这标准以后往下走。

饮食业小吃食品规格质量标准和操作规程

类别	品名	单位	用粮数	售价	成品规格	备註
烙货食品	烧饼	个	50克		热重75克，温重70克	
	质量标准	扁圆，十层以上，麻仁均匀，剂口严正，上下有色，掐桃，无面疙瘩，份量准，外形好。		操作规程要求	串面合适，小山子，麻酱抹匀，椒盐内有小茴香。	

86年10月27日

饮食业小吃食品规格质量标准和操作规程

类别	品名	单位	用粮数	售价	成品规格	备註
炸货食品	糖油饼	个	50克		热重85克温重80克	
	质量标准	圆形鼓腔，直径16.5厘米，金黄色，糖面均匀，不糊。		操作规程要求	调货合面，糖面揉匀，用炸刀，开1刀，甜度适口。	

86年10月29日

1986年发行的宣武区小吃成本核算卡之烧饼、糖油饼标准

四、老“勤行”里的名店、名菜与传承

【访谈者按】陈连生先生身处餐饮业，这部口述自然离不开“吃”这个话题，老北京的饮食在过去很多文人的回忆中屡屡出现，有不少书更是专门写美食的，书中对于那些名店、名菜的描写，读起来让人对老北京的生活向往之极。不过旧时的记载都是出自文人的视角，并非内行人的观察。而20世纪40年代末到70年代末这30年间，对饮食行业的历史，更是一个空白。这部分口述的内容，就是以陈先生的回忆来展现出“勤行”在这个历史时期的风貌，比如跑大棚的厨师在餐饮业中的位置、清真烤鸭的出现与特色、一些历史名店的变迁等，由于陈先生一生主要致力清真馆的经营，对于这些行内的情况介绍，也比较偏重于回民餐厅。陈先生作为一个行内人，他所谈的这些内容都是非常宝贵的，有很多都是外行人接触不到、意识不到的。在采访过程中，他对传承的重视是让我感受颇深的，一方面是他对那些名店的变迁、人员的流动、厨艺传承支脉等方面的清晰记忆，这是一种在历史角度对传承的关注；另一方面是他早在20世纪60年代初就看到了传承的重要性，在那个“大干快上”的年代，一个年轻人提出并组织一次盛大的拜师会，也可以看出他对“传承”二字的认识之深。

杨：前些日子看瀛生先生写的一本书，他说这个跑大棚的席面最接近于宫廷，但我觉得实际情况和这个说法完全相反。

陈：跑大棚的是最差的了，也不是最差的，是属于中等。

杨：席面里头不算好的了。

陈：就说回民在牛街娶媳妇、聘闺女，真正跑大棚的，搭起棚来支起的不多，有个十桌八桌的也就这样，不像现在一办几十桌。过去叫"两脚踹"，是吧？就是挖一个坑，晚上弄火。

杨："两脚踹"不就踹塌了吗？

陈：所以这个跑大棚是中等生活水平的人，如果不到中等生活水平的也请不起。

杨：是。

陈：而且也不会有这么多的亲朋好友，只有大户人家的亲戚朋友多，所以搭大棚、办大事。那么说接近宫廷是两回事了。宫廷本身是宫廷的东西。说宫廷那些达官贵人到饭庄吃饭都是高档的，都是讲究的。

杨：饭庄跟宫廷有区别呢。

陈：对，所以都是讲究的、高档的。为什么前门外、宣武区这一块的饭庄多，就是地理位置的关系嘛。内城不许你有戏馆子、饭庄子，全在外城。内城那些人有钱有闲，那些人吃皇粮，到时候伸手要钱，而且过去有的当官的家里有积蓄的，就是这个情况。跑大棚的是跑大棚的。档次跟宫廷绝对差太远了。

杨：档次根本就差太远了！

陈：说差得多远，能支得起大棚的就是中等生活以上，中等生活以下的很少。

杨：跑大棚的厨师水平呢？

陈：专这个行当，比如牛街"厨子梁""厨子杨""厨子王"等等，专门就是干这个行当，以后逐渐转成饭馆了。过去旧社会，棚铺、轿子铺、棺材铺、杠房。

杨：这都红白喜事嘛。

陈： 这些都有，这叫专业。那么现在棚铺没了，没人搭棚了，杠房没了，用不着抬杠了，都火化了，是不是？所以过去的东西，现在很多是有变化的。过去这个行当，说跑大棚这个行当现在也没了。

杨： 农村还有。

陈： 农村还有搭棚子，也就是在当地。

杨： 可能不搭棚子，但是有跑大棚的师傅。

陈： 就不是跑大棚的了，就是当地的厨师，都知道你是能干这个的。

杨： 平常是下地干活儿的，有事了就请他。

陈： 那跟跑大棚的又不是一回事，可能比跑大棚的档次又低了。跑大棚就是"八大碗"，就是合碗子。

杨： 什么猪八样、猪九样。

陈： 比如前年我到新疆，参加全国第二届清真美食节，我作为嘉宾在研讨会上有个发言。北京来的客人毕竟都是专家呀，拉着我们到乌鲁木齐一家最有名的"九碗三趟子"吃饭。什么是"九碗三趟子"？就是九个碗，三碗一趟、三碗一趟，这个名字叫"九碗三趟子"。去了以后，屋里装修很好，比如说你戴眼镜的，桌上给你放一个擦眼镜的布。像什么有搁扇子的，挺讲究的。一上这个"三趟子"，哎哟，我说："这就是最有名的东西？最有名的菜？"60 年以前的北京，这就是跑大棚的玩意儿。合碗子，这煎丸子，是吧？什么煨牛肉、扒肉条、黄焖肉等等，黄焖豆腐什么的弄一大堆，上锅一蒸，搁碗里一炸汁。蒸得以后，盘子往那"嘣儿"这么一扣，挨个浇汁，全是那一个汁。

杨： 扒菜吗？

陈： 不是扒菜，就是炸汁，往上一浇。我心说，这就是北京和外地的差距啊，这是前年的事。我说："不错，挺好，这是传统。"我能说什么？咱们只能说人家好啊。人家请你去这个地方，这是当地的好地方，人家觉得这如何如何。您现在还弄这个就不成啊。

杨： 不够精了。

陈：这就是过去跑大棚里头，它省事。今晚落作儿[①]啊，该煮肉的煮肉、该炸的炸，完了以后，明儿个上锅一蒸，说要开席了，冷荤"唰唰"上去以后，跟着就是"八大碗"，是不是？它叫"九碗三趟子"，实际上就是九个碗，三趟子就是三行。这是在乌鲁木齐顶尖的回民饭馆，它是回族的、清真的。

杨：那么说清真菜，早年间马连良先生跟西来顺的关系不是特别好嘛，有了南来顺，是不是就不太去西来顺了？

陈：那时西来顺已经不存在了，西来顺是改革开放以后恢复的。西来顺原来在哪？在西长安街上，新华门斜对过。西来顺本身有两个特点，一个是褚连祥本身过去在清宫做过饭，在国民党时期、在中南海里面也干过。

杨：给国民政府做饭？

陈：后来不干了，出来自己开西来顺，面对的是中南海。白崇禧是回民，经常出入中南海。褚连祥的技术水平确实很高，也很开明。他经常跟汉民饭馆的厨师接触，借鉴了很多汉民菜，到他这里改良了，比如扣肉，他不能弄，怎么办呢？就弄个黄焖肉，跟扣肉的做法一样，也是煮完以后上锅蒸，然后扣碗浇汁。回民是黄焖肉，汉民是扣肉。比如酱爆肉丁，汉民是这么叫，到他这叫酱爆里脊。比如这个焦熘肉片，人家是焦熘里脊，他改成焦熘肉片、醋熘肉片。

杨：炸羊尾也是吗？

陈：炸羊尾，汉民是叫高丽澄子，他借鉴了以后，就叫炸羊尾，为什么叫炸羊尾呢？

杨：像羊尾？

陈：一凉了以后，这东西一抽就跟羊尾倒着差不多，就是象形的。

杨：就是他发明的？

陈：是，人家是叫高丽澄子，就是鸡蛋清，然后打成糊，搁上富强

---

① 落作儿：跑大棚的，就是到个人家里去做饭，前一天要搭一个简易的工作作坊。

粉，弄一个豆馅球，然后加工一搅。技术好的，就非常圆，技术不好的就拿勺弄，炸出来以后不圆。这都是他借鉴的，发展为清真菜。因为清真菜面儿窄，品种比较少，现在好多人都说清真菜怎么怎么着，不过毕竟面儿窄，就是借鉴了很多汉民菜，这样就发展了清真菜。褚连祥善钻，有五个徒弟，其中有一个徒弟落到我那了。现任西来顺经理也是褚连祥的徒弟，叫高义；再一个叫马德洪，在东来顺；马德起在瑞珍厚。也有人说杨永和也是，但应该是同龄人。

这些人都死了。金世光在我那，宋文志在回民医院，这是他的五个徒弟，这五个徒弟都跟他学了不少东西。比如像金世光，最拿手的是扒菜，比如扒三白。这个东西呢，鸡片、鱼片、玉兰片都是白的，然后白芡大翻勺，出来以后一点疵没有，特别白、特别漂亮，扒菜相当好。他是1963年评的特级厨师，这是在宣武区清真菜当中唯一的特级厨师。除了他以外，西城有一个杨永和，他跟褚连祥同代，年龄差不多。褚连祥本身有两个特点，一个是他接触面广，跟当官的比较熟；另一个是他引进汉民的这些东西，发展了自己，所以清真菜改革当中，褚连祥起了相当重要的作用。

但是这个东西，咱们细说说不清楚，我就听他们说这个买卖是安国栋接了。这个梁德山就是西来顺站柜的，站柜就是开菜单子、买进卖出。

杨：柜头？

陈：是，进货的时候不管你进什么货，要经过他验收。你买的这个价格高不高、低不低，自己本身就有数。他就是在西来顺站柜的。西来顺倒闭以后呢，安国栋接过来以后，他不仅仅就是一个西来顺，还有自己一个买卖叫庆宴楼。

杨：嗯，您跟我说过。

陈：另外呢，他还弄了一个一亩园，在西河沿。他一个人那时候是三个买卖，但是真正是他独资的就是庆宴楼，其他的像西来顺接过来了，也不是说我拿多少钱接，总之是你这个买卖不行了，我接过来继续经营，也是算半个了事吧。详细的咱们说不清，因为咱们没有亲眼见，只是听梁德山、安国栋他们说。他们这个西来顺掌柜的褚连祥叫褚大爷，因为他们年龄都仿上仿下。

杨：后来这个褚连祥呢？

陈：他去世早，1947 年就去世了。梁德山和安国栋都是 20 世纪 80 年代、90 年代才去世的。

杨：（清真菜品）原来就是烤、爆、涮？

陈：爆、烤、涮，所谓的卖爆肚、杂碎这些东西都是小品种，真正规模大一点的就是东来顺。东安市场着火后就盖了一座楼。再有它过去是卖馅饼的，由于大众化，最后发展挺快的。像西来顺没有多少人，大概三十几个人。过去北京饭店也不过百十来人。要是像现在的“吐鲁番”这么大、南来顺这么大，那就接近北京饭店的规模了。北京饭店、六国饭店，六国饭店在哪知道吗？在（东交民巷）南口，把角那个，现在是外交公寓的一个店。过去大饭店就这么几家。还有是宣武的惠中。你说远东多大？现在才多大啊？过去永安饭店大得了不得，其实就是西河沿东口路南的小饭店。小屋就这么大，带澡盆、带个卫生间就了不起了。像刘青山、张子善这俩就住永安饭店，来北京就住那里，吃天春馆。天春馆在西河沿北路，经理是马得明。餐厅顶尖的厨师长现在死了，他是那里掌柜的。服务员叫王林金，他女婿是现在的公司组织部部长，那时是服务的。那时天春馆有个女招待，因为他腐败嘛，所以吃饭什么的都要档次高的，要女人陪着。刘青山、张子善就是住永安饭店，那才多大？有这么几十间房，不像现在北京大饭店这么大了，那时哪有啊，是不是？

杨：西来顺后来是什么时候就没了？

陈：四五十年代就没了。后来不知道因为什么就归了安国栋，安国栋就接了西来顺，安国栋是我那里掌灶的。安国栋是个资本家，也是 12 岁学徒，昌平县人。人很钻，开了一个庆宴楼、一个西来顺、一个一亩园，三个买卖，但是他没钱。

杨：那怎么办呢？

陈：当了事掌柜的，从了事到自己开买卖。后来这个人到了公私合营以后，因为他技术很高，所以就在回民食堂炒菜。到了 1961 年，因为他技术水平高，调来南来顺炒菜。这个人在 20 世纪 40 年代，家里有电话，住的是现在那个天安门纪念碑西侧，石碑胡同。1954 年建纪念碑，他那里拆了，搬到虎坊桥住。那时自己是独立四合院，骑凤头车，到晚上三家挨着打钱，是这么个人。金世光是伙计，他是掌柜的。到这了他就是改造对象，金世光就和他调过儿了。

过去呀，这个在咱们饭馆里边，宣武区的饭馆应该说得上回民饭馆的像两益轩、同和轩、同义轩等等。

杨：“三轩”嘛。

陈：是。这些个呢，当时在三四十年代、二三十年代，在宣武区乃至北京市回民馆当中应该就说是核心企业了。你像“烤肉宛”“烤肉季”、又一顺，包括南来顺，在当时的餐饮行业中都提不上。这里有一个清真烤鸭，这个应该是同和轩搞的。为什么同和轩做清真烤鸭呢？因为同义轩、两益轩卖的都是清真菜，而且街坊都是在附近，都是在石头胡同北口横着那条街，李铁拐斜街，现在叫铁树斜街。同和轩也在这条街上开，那么怎么能和它们有点区别呢？那么它就引进了烤鸭。

杨：是不是清真的第一次？

陈：对，引进烤鸭这个人叫什么呢？大概是叫胡宝珍，是艾广富的师傅。人家这个同和轩本身就是要和这两家有点区别，有竞争力。

杨：就是您说的特色。

陈：所以这个清真烤鸭是同和轩的。北京所有卖烤鸭的没有清真的，但是唯有同和轩是清真的。这个你可以查一查，网上大概有艾广富这方面的情况。前两天的《这里是北京》谈了一下“吐鲁番”，也卖清真烤鸭呢。

杨：您那的烤鸭挺好吃的。

陈：在牛街毕竟得用清真烤鸭这种形式，清真烤鸭和汉民烤鸭有四个特点，第一个特点就是按照民俗、宗教，阿訇下刀。

杨：对，得念经。

陈：这是第一个。第二个是烫鸭，鸭子要烫啊，打好了气以后要烫，那个肉皮要绷紧，用的是花椒水，这样去腥去异味。第三个呢，烤的时候，膛里灌了花椒水，就是连蒸带煮带烤，外面烤、里面蒸煮，一是熟得透，二这个鸭子本身里面也有一些脏器，然后基本上出来了。烤完把这个塞子一拔，"哗"这个花椒水就出来了，脏器、油什么的就出来了。第四个呢，它出来以后用刷子刷香油，有两个好处：一个就是烤炉本身是炭火、木柴火，它容易爆，上面沾灰，香油一刷就刷下去了；二个是刷了香油以后，这个鸭子明亮。因为烤炉是热的，一刷香油就明亮、芳香，对这个皮脆还有好处。那么它和汉民的烤鸭有这几点区别。这就是说呀，在回民饭馆当中比较特殊的。在当年，也就是说在有名的企业当中，这个里面算是有这么一个特殊之处。

杨：您说这个胡先生，就是艾先生的老师？

陈：叫胡宝珍。

杨：他本身是从哪学的呢？

陈：他本身不是说哪学的，就是按照"回回"的要求。

杨：我说烤鸭这个事。

陈：就是他发明，灌花椒水、刷香油，就是从教义上过来的。清真烤鸭和汉民烤鸭有什么不同？这个就是他发明的。另外这个羊肉馆有一个最大的特点，不管做什么，牛羊肉都要用花椒水，所以也借鉴牛羊肉的做法，用花椒水的方式烫鸭子，灌到鸭子里面毕竟就去异味、脏器味，对这个烤鸭的品质呢，相比之下就比不用花椒水的强，用开水烫和用花椒水烫是两回事。这个应该说在清真"三轩"当中，算是第一个区别，第二个在那个阶段既是引进，又是创新。这就是当年在清真馆当中比较有名的企业的做法。这些我都是听老安他们，安师傅他们闲聊天，说褚大爷怎么着、同义轩怎么着，听来的。因为两益轩、同义轩这些掌柜的跟安国栋都无话不说，都是牛街的"回回"。你比如同和轩是马家的，现在这个字号仍然还存在。

杨：这个字号还在吗？

陈：还在，但是不是干饭馆。马国玺这个人为了保持他们家的字号，就把这个字号挂了起来。原来这本来是咱们公司公有的，公私合营以后是公有的。现在把这个挂起来，就是你谁要再用我这个“同和轩”就得跟我说点什么。现在他挂的是“同和轩画廊”。

杨：是在琉璃厂吗？

陈：不是。在牛街教子胡同，那个输入胡同东口把角那个楼，上面往高里瞧点，挂着一个“同和轩”。这个人是专门画猫的，他的爷爷开的同和轩，他的父亲母亲跟我关系不错。他弟弟在我那学徒，他媳妇儿原来也在我那，后来转到远东去了。他过去是育才中学的体育老师。

杨：后来怎么改画画了呢？

陈：他得了肝炎，就是休病假了。然后没事就练字练画，专门画猫。

杨：现在 70 多岁了吧？

陈：没有，他是 1947 年的，60 多岁。他现在画猫画得不错了，已经很有成就了。在回民画家当中还是个典型人物。那么他的儿子呢，两岁就开始画，现在他儿子可能在方庄那边有一个工作室，他儿子是美院毕业的，也是专门画猫的。三岁的时候就给康克清、邓颖超画过猫，好像是比较不错的。

杨：小时候就是美术神童？

陈：是。现在是高级美术画师，是美院毕业的。他仍然还是画猫，现在他叫什么？叫“猫人”，北京牛街猫人马国玺，那么这个人对猫确实有研究。对猫的一切生活，确实有个研究。为什么有个研究呢？那天单守庆有个新书发布会。

杨：您不是去了嘛，我看见了。

陈：他在会上还真讲讲猫的道道儿，大家听了还真觉得挺受启示，他是同和轩的第三代传人。那天李士靖去了，就说：“哎呀，你是同和轩的第三代传人。好，我给你点同和轩的资料。”结果他回家了。后来老头碰上我，就把资料给我了。我一看，因为老头那的资料不是第一手的，是方方面面的。比如给我一部分资料，就说：“连生，我给你点资料，这是北京小吃什么什么。”我一瞧就说：“您这是从我这出去的。”“哦，你的呀?”他是从吕学文那弄的，吕学文从我这弄的。老头那么多资料都是收集来的，同和轩和两益轩。

杨：刚才我想问您的是胡师傅为什么能学到这个？就不是说他发明创造的清真烤鸭，就烤鸭的这件事。

陈：胡宝珍本身是受什么启示呢？人家同义轩掌柜的是竞争意识，就是我要和同和轩、两益轩有区别，我要卖烤鸭，但是“回回”没有卖烤鸭的。

杨：这个手艺从哪学的?

陈：就是跟烤鸭是一样的，烤鸭店的手艺。

杨：我就说他这个烤鸭店的手艺是从哪学的?

陈：他本身就是从烤鸭店学的，胡宝珍本身过去在饭馆学过烤鸭。掌柜的有竞争意识，添了这个品种。他是在掌柜的启示之下，沿用了清真做法，变成清真烤鸭。当初不是说了嘛，凡是饭馆用牛羊肉的多数离不开花椒，所以他就用这个花椒水。这就算是清真烤鸭的一大发明，用艾广富的话呢，就是“这是我恩师的一大发明”。这个你们可以找一找，有详细的资料，胡宝珍多大年龄、哪年出生什么的，有详尽的资料。但是这个“三轩”不是那么太清楚，一会儿在西城，一会儿在宣武，这么一个情况。

另外一个呢，从回民饭馆当时，我那天讲的炮煳的故事，这你也知道。本身就是“馅饼周”，人家发明这个东西，不是有个故事说刘宝全嘛。那么这个东西，我说的是有依据的，不是胡说的。为什么呢？黑荫池本身是“馅饼周”的徒弟，马世芳是“馅饼周”的徒弟，这些人都落到我手了。这些人从1961年跟着我，一直到退休，大概到20世纪80年代。你琢磨琢磨，几十年一直跟着。所以他们平时聊天，有时一起开会，商量品种的时候就说。这是一个。

杨：是，其实我是什么意思呢，等于好多原来的老字号都没了?

陈：对。

杨： 等于哪好吃就奔哪了，原来特别有特色的都变成您那里的特色了？

陈： 对。

杨： 但是他那里的特色能不能保留下来？

陈： 这里也有一个问题，西来顺没有了。北京的回民饭馆过去讲“三轩”，都不存在了，只有一家南来顺规模比较大、环境条件比较好，有单间、有雅座，这是一。第二个呢，这个京剧界的人都住菜市口附近，他们这个团就是这样，马连良稍微远一点，在报子街住。马连良本身是回民，回民饭馆最大的就是南来顺了。那个时候又一顺在把角那个地方，就是在西单把角，商场里面也有一个又一顺，规模都比南来顺小。再有就是鸿宾楼，1956 年迁进北京的时候就在咱们这个远东饭店北院，现在铁树斜街北院，卖锅贴为主，门口出摊卖锅贴。不像现在这样。1961 年南来顺饭庄在菜市口重开，规模比它们都大。

鸿宾楼为什么起来了？就是因为南来顺翻建。鸿宾楼搬到西单的时候也翻建，但起来的时候比南来顺早半年，因此回民的一些客人、一些国家的使馆人员，过去上南来顺，南来顺一拆就只能去那了。鸿宾楼提前半年，规模大、环境比较好，使馆什么人就去那里了，名气慢慢就大了。这个鸿宾楼的菜是天津菜，跟北京菜的做法不一样。当初鸿宾楼的菜是炸汁，北京菜是配汁。什么是炸汁？什么是配汁？凡是扒菜，早晨职工来了以后做一大锅：葱、花椒、大料、姜一炸，然后倒一锅汤，这样一熬就放旁边了。什么时候要一个扒肉条，好，把肉往里一推，完了以后三下五除二就出来了，不管您要什么菜，都是这一个汁。但是北京菜不行，北京菜是一个菜一个汁，比如木樨肉片一般都是用碗芡，葱、姜、酱油、醋什么的碗芡，这个菜差不多了，把芡往碗里一弄，这个不炸汁。炸汁的菜是什么呢？比如炖鱼需要炸汁了，它那个全部是炸汁，现在它也改了，也配汁了。在当时的情况，一个是东来顺、一个是南来顺。东来顺本身就是以卖涮肉为主，炒菜有一部分，但是名气大、地理位置好，后来也应该说（南来顺）在回民饭馆当中仅次于东来顺。

杨： 这个手艺的传承呢？

陈：这个问题就需要咱们说了。那么合起来之后，有些是历史传承下来的，有些逐渐就简化了。什么是传承？比如有规模的饭馆就有特色，有特色必定就有有技术的人。有技术的人、有规模的饭馆一般来说都有徒弟，这些徒弟有的跟师傅关系不错，有的是师傅喜欢，有的是徒弟爱好，所以自然就形成师徒的传承。因为餐饮业的传承是口传心授，只要你用心、肯于动手，只要师傅愿意教，你就能学到东西。过去没有拜师会，历史上有。

杨：您小时候是不是赶上过？

陈：我没有参加过拜师会，因为我没有拜过师。

杨：我是说您赶上的那个时代。

陈：那个时候就有拜师会，所以在 1962 年，我就组织了一次拜师会，我这有证件，你可以看。

杨：嗯。

陈：那时候我到菜市口南来顺当经理，南来顺集中了北京，也可以说宣武区在回民当中有影响的一些厨师。但是他们年事已高，那时还没有退休，但是体力就不行了。有些年轻的人技术学不到家。我为了让这些技术真正传承下去，就组织了一个拜师会。那是 1962 年年底或 1963 年年初，就拜“羊头马”，还有切肉的黑荫池，像金世光，扒菜的技师。

杨：您是说褚连祥的徒弟？

陈：是。什么陈国路、安国栋这些老师傅，收了一些徒弟，拜了师。这是什么呢？有组织的、指定的，比如谁和谁关系不错，爷儿俩不错，得，咱们拜师啊。跟师傅谈好了，你愿意收他这个徒弟，徒弟愿意拜这个师傅，我就组织一个拜师会。这个拜师会大概是一二十个徒弟、一二十个师傅，这个是在当时怕技术失传的情况下（办的）。我就拜梁德山为师。为什么拜他为师呢？因为梁德山这个人是二三十年代跟褚连祥在一起的，褚连祥开了西来顺，梁德山就是站柜的柜头。

杨：他是柜头？

陈：是，这个人能写、能算、识别货源最清楚。比如海参多少头，哪的产地、出成率多少，他一看就知道。因为海参、鱼翅、燕窝这些是高档的东西。对高档的东西必须有一定的识别能力，否则你进的价格很高，但是这个东西出成率低或者质量次就不行。这个人本身非常精，你所有的东西，谁买回来必须经过他验收。

杨：就是商品学？

陈：是，这个人有这方面的知识，他本身账上也行，算盘也好，开单子也细致，因为做管理，我就拜他为师了。1962 年的拜师会是我组织的，我的目的就是传承。其他那些有绝技的都拜了师，那时没有磕头的仪式。

杨：已经 1962 年了。

陈：但是确实有这个证书，徒弟一份、师傅一份，这个证书没有了，为什么呢？“文化大革命”的时候一折腾，夺权的时候办公室一抄都没了，但是照片还有，就是拜师会的照片。通过这种形式传承，历史上有师徒关系，确实有一定规模的饭馆就有师傅、有徒弟，像二荤铺那些小饭馆就不存在。谁是师傅？掌柜的就是师傅，师傅就是掌柜的。其实也未必有什么技术水平，那就是卖家常饭。这就不存在拜师了。我说的这些是够一定层次的饭馆，就是学技术。比如现在咱们这个王义均，他是丰泽园的，我们俩是街坊、发小，他可能比我大一两岁。我在珠市口的时候，他在煤市街把角，我们都挺熟。他的师傅王士珍、穆成勋我都认识，后来因为我调到兴升馆，那里掌灶的是杨师傅，我在的时候就 80 岁了。因为那时没有退休啊。

杨：哪干得动啊？

陈：就是坐在那里指挥、教徒弟。

杨：有点像厨师长似的？

陈：不是厨师长，他不管那么多事，就是问问师傅这个怎么着。我去兴升馆的时候是四代人，一个是杨师傅，杨师傅的徒弟叫李贵，李贵的徒弟叫米彭年，米彭年的徒弟叫阎双财，阎双财的徒弟叫张长立，跟我同龄，等于是五代人了。在 1958 年、1959 年的时候，兴升馆就是五代人，这就形成了窝子屋檐儿。什么是窝子屋檐儿？就是这个是一窝儿，从师傅到徒弟都是本屋的，外来户就要受欺负。所谓窝子屋檐儿，就是别打算有外来的。你看《天下第一楼》的刘小辫，去了以后罗大头就挤对人家，咱们都是一屋的，外来人不成。那时候就是五代人，虽然没有正式师徒关系，但是确实是一代代传下来的。我去的时候是张长立，等于是第五代厨师，跟我同龄。那时可能二十一二岁了，他死了一二十年了。我说的上面这四代人已经全死了，像李贵、米彭年，阎双财是去年死的，大概 90 岁吧。老杨什么时候死的不知道，反正我是 1961 年出来的，大概那以后老头就回老家了，他是山东人。这几代人都死了，包括张长立是五代人，这些都是自然传承，你承认我是师傅，我承认你是我的徒弟，自然传承。所以这里面本身就把业务技术传下来了。我在兴升馆的时候是这样。你说的所谓洗牌，就是刚才咱们讲的 1956 年公私合营大洗牌。业务技术的传承，有些饭馆一窝子全下来了，本身业务技术是传承的。

杨：兴升馆原来是合并了几家吗？

陈：没有。

杨：它就是自己？

陈：兴升馆就是自己一家，为什么就一家呢？兴升馆早合营了，它不是最老的，是 1955 年合营的，比大规模公私合营早了一年多。为什么呢？这个企业有点名气，规模不大，三十几个人，但是也有点特色，山东馆，处的地理位置也好，但是已经摇摇欲坠了。这个兴升馆就是比丰泽园低一级，比社会上的一般饭馆高一级，有点规模，有雅座、有招待，规模高一点的，这也是第一批，1955 年合营一批，是少量的，不是大量的。大量的是 1956 年全面公私合营，那么这个业务技术本身仍然还是自然传承的。1962 年我搞拜师会什么原因呢？就是我那个地方很杂了。

杨：不是窝子屋檐儿了？

陈：不是窝子屋檐儿，就是集中在一起。你那里的技术人员不错就调到我这来，他那里的人不错就调我这来。他们没有徒弟，虽然技术好，但年事已高，干脆组织一个拜师会。当时饮食公司工会挺支持的，所以搞了一个拜师会，收十几个徒弟，就把业务技术传承下来。

杨：当时有没有政治上其他的一些说法？

陈：没有。

杨：都挺支持的？

陈：都挺支持的。因为当时公司工会主席是刘经武，他是去年死的，89 岁吧。他对这个问题挺支持，他对我也挺支持，我想搞点什么，他是挺支持的，所以在 1962 年搞了一个拜师会。收了一批徒弟，这批徒弟传承了一些东西，确实不错。比如我刚才说的这四个人座谈，安国栋是 12 岁学徒，他最后成为资本家了。过去学徒的人，出来只要学徒就要立志将来当掌柜的。就说出去学徒只是学技术，那不是，你必须立志当掌柜的。他是昌平县人，12 岁学徒，这个人挺爱钻研的，最后发展得不错，开始当了事掌柜的，后来自己开店。最后这个人是三家的掌柜的，西来顺、庆宴楼等三家的，庆宴楼是自己开的。那时他算不错的，他从小学的技术扎实。再一个就是黑荫池，黑荫池是“馅饼周”的徒弟，刀工相当好。

杨：就是合着眼切羊肉？

陈：是，给他也收了徒弟。

1962 年南来顺拜师典礼大会合影（二排右一为陈连生）

拜师典礼大会现场

左侧为黑荫池，右侧为杨师傅

陈先生讲照片（四）： 这是拜师会咱们说那俩人，师傅、徒弟正在签字，这时候你看这老头快80岁了，这个也接近60岁了。这是黑荫池，这是杨什么的，反正姓杨，这是拜师会的现场。这是拜师会那爷儿俩。这个发言的是我们公司的经理

第三篇　社会变迁下的“勤行”

【访谈者按】了解“勤行”里的传统，是我此次口述的初始目的，但在旧时回忆之外，陈连生先生不时谈到的“变”让我感到更加精彩。所谓“变”，是深入到他讲的每一件事情当中的，比如行业的变化、市场的变化、小吃的变化、菜品的演变等等，好像所有的东西都可以变，但他的“变”并不是凭空而变，他有他“不变”的宗旨，这就是他的经营之道。他懂得了经营当中最核心的道理，依据不同条件，比如不同的时代背景、不同的市场环境、不同的企业资源，再从内容和形式上去寻求改变，从而让他在“勤行”中不断地获得成功。陈先生的“饮食专家”“小吃专家”“行业专家”等身份，其实都是基于他经营者的身份而逐渐形成的，他对“不变”与“变”之间的灵活掌控，才是这部口述的关键。他的“变”都是围绕他的“不变”展开的，所以他谈到的传统，既是传统的，又是现实的；他谈到的现实，也既是现实的，又是传统的。我把这部分口述的内容分成了三大块，第一就是陈先生所谈的买卖经，也就是经营之道，是指导他做事的立足点，也就是我上面所说的他“不变”的宗旨。第二是老字号问题。老字号看似是个传统内容的问题，但其实从解放前到公私合营，再到改革开放后的新时期，老字号一直都经历着巨大的变迁，每个时期都以不同的面目出现，陈先生一直关注老字号，他是以行内经营者的身份来剖析老字号的变化，非常精准地指出老字号的实质。第三是陈先生自己在经营中对求“变”的总结。这里面有他自己成功的案例，也有他对其他企业的观察，这当中又包括了关于传承与传统的思辨，以及他最为关心的小吃问题。上述这些深刻的问题，是我在采访前没有预料到的，对我在今后的工作和生活的帮助也是我没有想到的。在看待一个行业、一段历史的时候，什么是本质，什么是现象，怎么在纷繁复杂的现象中抓住本质，这段口述让我有了进一步的哲学思考。

一、买卖经

【访谈者按】这一章的核心是一个“变”字，但这一节首先要谈的是“不变”的宗旨。陈先生几十年来一直是餐饮企业的经营者，搞好经营是他的首要任务，如何做好买卖的经营之道就是他不变的宗旨。他出任过国有、集体、合资、民营几种体制下餐厅的掌门人，每次都大获成功，可以说把这一行琢磨到家了。领导见他时常夸他的一句话也是“买卖做得不错”。有了对经营之道的精准把握，他才能知道在经营当中，什么能“变”，什么不能“变”，怎么去“变”，去“变”什么。在这一节口述中主要涉及了三个方面，企业的经营规律、经营者的作用、企业的用人，这些都是我对他所谈内容的一种总结，而他都是以生动鲜活的传统谚语来表达。所谓“买卖钱60年”，其实说的是企业经营中的周期规律，一个企业最兴旺的时间为什么以60年为标准，根据这句话，又如何去观察一个企业处在什么样的发展阶段。“死店活人开”谈的是经营者的重要作用，无论企业是大是小，陈先生认为经营者一定起着至关重要的作用，经营者要对企业自身条件、环境条件、社会条件等多方面进行判断，并依据自己的判断选择经营方式和经营策略。“做买卖不要三爷”这句话，谈的则是企业用人之道的一个重要方面。当然，陈先生所谈的经营之道是渗透在全部口述中的各种问题里，不过我认为这三个方面最为突出，在他的经营之道中也是最具代表性的。从他的表述来看，都是最质朴、最传统的，从他之后展开的每个分析案例来看，又都是跨越时代的，都是很现实的。所以，在他经营过的一些传统餐饮企业，给我的感觉是非常传统的，但骨子里又透着现代，反之，在他经营的不少非传统餐饮企业，让人感到时尚，但企业的核心其实又都是极为贴近现实生活的。

陈先生在谈“勤行”的时候最爱说“与时俱进”，就是变化之道，在他的表达中，从经营的内容到经营的形式，总是要随着时代和社会背景进行变化，但在万“变”中，总有“不变”的东西，也就是经营中最核心的宗旨，这是“变”的根本。我把陈先生的“变化之源”放在这一章的第一节，以便于读者在后两节的阅读过程中有更深切的体会。

1. 买卖钱60年

陈：你记住历史有这么句话，“庄稼钱万万年，买卖钱60年，跟官的钱，下水的船”。

杨：您讲买卖钱60年，这个我觉得好多真是这样。比如西来顺也好，好多过去著名的老字号其实在解放前就不行了，但是有的真是上百年的老字号。它们败落有什么原因？还有就是能坚持延年的原因和故事，就说这个经理人，了事掌柜的一定要特别能干。比如柳泉居其实就是延绵下来的，就是到解放前。

陈：我跟你说呀，这个买卖钱60年是规律，这是定律。

杨：就是定律吧？

陈：就是根据人，比如我这个人从18岁开始经营这个企业，到了78岁了，60年到了。那么78岁跟18岁的经历一样吗？跟28岁的经历一样吗？不一样，所以注定你本身就不行。

杨：就找不到接班的吗？

陈：企业不是不行，就说你这个企业本身有人能继承你沿袭下去，它就能传承下去。很多人是不能延续、不能继承的。咱们现在很多饭馆，现实的就是没有一个说不换经营者，这饭馆不变化的。比如刚才咱们说的一个老国营企业，好多老经理在的时候的名菜，现在都没有了，要预订，凭什么？

杨：是现在经理不懂，管不了厨师长吗？

陈： 对。所以这个买卖，这是我跟你说的，接老经理班这个人是不错的一个人。

杨： 我知道。

陈： 那天老经理去了，会计就说呀，毛利率下降、品种减少、送货的人趾高气扬。

杨： 哦。

陈： 那秘书和现在的主管会计说"老经理在这，送货的人敢吗"?

杨： 对，对。

陈： 比如肉不行。"拿走换去!"这肥，"拿回去!"送货的颠颠地拿回去。现在还"你这太肥了"?"不好办啊，现在都这个。"［比画拿钱的动作］拿人手短、吃人嘴短，就是这么回事。凭什么那厨师长不听你的呀？我是经理。你不听，我开除了你，不用你。他还不敢啊，可你不用他，用谁呀？又不懂，所以就这么着。哪天跟厨师长俩人弄僵了，厨师长不干了。没办法，晚上上人家家，请人家外面喝酒吃饭，跟人家聊，最后第二天上班，这买卖能好得了吗？能坚持吗？是不是啊？所以这里面，我就觉得一个人做买卖讲诚信、讲合作，对内对外都是要讲和谐、光明正大。你比如这个菜单子，今天要鱼翅就是哪哪的，你拿来看是不是。今天要燕菜，你上火之前我得看是不是这个东西，最后才能保证出来是这个质量。那么说 60 年本身是从年份上说，我们说任何一个企业，领头人一换，没有不变的，不是变好就是变坏，真正说很稳稳当当延续的不容易。

杨： 相当相当不容易。

陈： 那么说历史上延续到今天的企业为什么？它 100 多年、200 多年了，别信这个，没有一个！月盛斋多少年？

杨： 不是 1775 年就有吗？

陈： 那么它中间断了没有？

杨： 中间断了吗？解放以后的那个不算。

陈： 首先一个就说，它本身是一直延续下来的，真正有名是在哪一年开始？

杨： 哦，明白了。

陈： 对不对？它发迹是哪一年？说它给清宫送酱牛肉是哪一年啊？是从开张那天就送吗？

杨： 对，对，可能是先积蓄好几代才发迹。

陈： 这是一个，现在烤鸭店发展得这么好，它哪一年发展起来的？烤鸭店是总理的作用，来北京涮羊肉、烤鸭，这是北京两大特点，所以才有和平门烤鸭店，是不是？那么它本身过去卖烤鸭应该说人家卖得不错。杨全仁人家这买卖做得不错，人家是兢兢业业、一心一意做买卖，人家这买卖正常延续。但是绝对不会像现在发展得这么快，是不是？

杨： 您说的那个"商无官不兴"？

陈： 对，所以不管一个企业多大，现在的发展和过去的发展性质都是不一样的。过去是真正买卖人一心一意做买卖，在旧社会什么人最高尚？不是那当官的，买卖人是最高尚的人。买卖人讲经营、讲诚信、讲礼貌，真正大买卖是规规矩矩的买卖，买卖人是可信的。过去不是是个人就进这买卖店的。说我要去瑞蚨祥学徒，您就去啦？

杨： 得有保人。

陈： 人家得要，人家得看你的家庭出身、谁保你，对不对？人家才要你，为什么呢？保证人家买卖的诚信、信誉，你进去一个土匪似的，到那说话野调野腔的，怎么接待客人？是不是？毕竟是要文明礼貌的，你得有这个修养。另外过去做买卖的人，好的掌柜的训练职工是有素养的，不是举手就打、开口就骂，人家是有素养的。

杨： 您能举几个例子吗？

陈： 你比如说咱这个饭馆，或者任何买卖都有这个。说山西人做买卖如何好，人家都是老乡。说山东人开饭馆都是用老乡，那么老乡毕竟有个照应。到晚上徒弟不能出去，锁上门了，在家里就是学算盘、学写字。

杨： 您说不好的掌柜的就带他们去下处。

陈：对，这个就是咱们正经的规规矩矩的买卖。所以买卖人是最规矩、最文雅的。买卖人很有礼貌。过去一说这是买卖人，一说这是三年制的掌柜的，哎哟，喝大酒。那么过去警察不受欢迎，是不是？本身就狗子，好人不当兵、好铁不打钉，对不对？那么除了这个之外，地痞流氓怎么说？那混子、二流子等等。所以过去买卖人最高尚，那么现在你看，做得好的比较文明礼貌的也应该说是最规矩的。所以买卖人啊，买卖钱 60 年。一个是从时间上看，任何一个企业，真正做的买卖，60 年一直兴旺，不是这样，都是有起有伏的。为什么有起有伏，就是人员的变化，比如咱们那某个老字号做得多好啊，“咔嚓”老经理这一变，这买卖是一天不如一天、一年不如一年，最后民营了，现在归个人了。

杨：不是国营的了？

陈：不是了，出去了。现在有那么俩人在那管事，40 多个职工辞一个、辞一个，现在就剩仨人了。书记、经理俩人，还一会计，这仨人是股东，其他全是临时工。我愿意用你就用你，不愿意用就算，反正一个人一月弄个五六万块钱。他们也不求发展，自己本身也退休了，这手拿着退休费。

杨：也挺不错的。

陈：当然不错了，但是要让它发展就很难说，发展不了。那么要是我自己的买卖，我一心一意在这干，我现在 50 多岁，我还继续干，还可以让它更好，但是这个就不这样。

杨：但是我觉得他们家做菜感觉挺规矩的。

陈：对，现在不行了。过去不是有名厨在这当厨师长嘛。现在有好多企业好像是几百年历史了，你查一查，几百年历史是不是始终是风光的，从什么时候开始风光？说它开的时候，比如“烤肉宛”，不就有一个推车卖烤肉的嘛。现在的“烤肉宛”和那时候有法儿比吗？不是那么回事。那么柳传志这个买卖呢，柳传志一退休，“唰”下来了，最后没办法，柳传志又回来了，就是一个人的问题。那么说 60 年，这一个人的精力再旺盛，最多也就 60 年。

杨： 您见过或者听说过能超过 60 年的吗？就是两代人或者三代人的吗？

陈： 五代人的也有。

杨： 就是起码能保持原来的状态。

陈： 能保持的也不少，比如“俊王”，但是他们家几代？王文启以上的人不知道了，王文艺（音）、王红曾，加上现在的王丽华。

杨： 是。

陈： 那么这“羊头马”现在叫第七代、第八代，就是每天推车卖羊头，就以这个养家。

杨： 不是什么大发展。

陈： 就是一个小车推出去能卖，我卖不动了，我儿子接着卖。我儿子卖不动了，就是孙子接着卖。过去本身就是养家糊口。

杨： 不是什么挣大钱的。

陈： 什么“年糕钱”“爆肚冯”不都这样嘛，这就是养家糊口。保证有这么一个正常的营业，生活有来源，这就算不错了。真正讲大买卖几百年延续下来，我不信。你说这个月盛斋马记，昨儿电视报道方庄那个酱牛肉，就四种调料，这个牛肉就如何如何好。我心说你甭瞎扯，我也能煮得比你还好呢。还有什么新鲜的？对不对？那就是因为你有了月盛斋的这个名声了，酱牛肉，去大超市买去，三四十块钱，你到月盛斋买酱牛肉 90 块钱、80 多块钱，凭什么？

杨： 凭的人家字号呀。

陈： 哎，那个马跟我在一块，他还有什么说的？没什么说的。可能他病了，在方庄那边有一个小门脸，月盛斋马记。那么这里面我说，它什么时候发迹的？它什么时候最有名？什么时候没名儿？现在咱们好多企业都是延续了一些老名称，做得不错，一天天起来。你比如说“烤肉宛”“烤肉季”等等，这都是延续了一些老名称，不断地换人，红起来了。你比如说小韩现在开了两家还是三家“烤肉宛”，他那个地方前身是哪？是河南饭庄，河南饭庄是老字号吧？最后那个地方一直空着。

得了，等“烤肉宛”拆了，在西三环那边弄了一个小的。就说弄这边吧，环境条件不错了、规模有了，就招徕了咱们前一段政府买单的时候的那部分客人。

杨：哦。

陈：现在你看他卖什么？你看这几家，“烤肉宛”也好、又一顺也好、鸿宾楼也好，没有一个没橱窗儿的。从窗口卖给老百姓啊，老百姓是永远吃不完的客人。谁不吃饭呀？谁都得吃饭，现在老头、老太太谁愿意做饭。得了，买点馒头、豆干儿，回家熬点粥，挺好，是不是？另外再卖点什么窝头，有点特色，质量又不错，就是这个。那么说哪个地方的饭馆不下降、不上升，那倒不一定。总之在这种情况下，如果企业像“烤肉宛”当年那么发展不容易了，快没有了，大吃大喝不成了。说个人有钱的有的是，跟花公款不一样。

杨：对，花公款有造的心理。

陈：像我那个儿子明天去北戴河，去三天。昨天晚上回来的时候说不去了。怎么不去了？说是那什么经贸委说：“你们怎么还搞这个？”因为一去就好几十人，得跟经贸委打招呼。就说什么形势下呀，还弄公款去旅游？得，不去了。这个企业就觉得我有钱，我又不违法，我组织职工出去。

杨：那也不行。

陈：那是公款啊，不是职工自己拿钱。说我这是企业，企业也有公家的钱啊。所以现在说60年是根据人的精力去看，福聚德[1]那个老掌柜的俩儿子、仨儿子，他都不喜欢，就觉得他不成，所以才找了卢孟实嘛。

杨：《天下第一楼》？

陈：对，卢孟实把企业弄起来了，他们又一折腾。最后谁是主人，谁是……那么卢孟实走了，这买卖不又完蛋了嘛，不又垮了嘛。福聚德

① 福聚德：话剧《天下第一楼》里的烤鸭店店名。

起来是卢孟实弄起来的，并不是这家自己弄起来的，那老一代的本身做买卖做得不错，具体这个买卖他交给谁都不放心，人家才请这么个人。人家卢孟实去了以后，从一个小的买卖到大的，最后盖起楼来了。最后仨人就折腾，这也要钱、那也要钱，最后问这买卖姓什么，弄得卢孟实没辙，也得走人啊。是不是？那么买卖不就算倒闭了嘛，说又起来了，那是解放了，是不是？我是这么说，说一个买卖几百年坚持下来的如何如何好，我不信。瑞蚨祥好吗？现在应该说也还可以，但是真正比原来不行了。

杨：比原来孟家的时候完全不是一回事了。

陈：20 世纪 50 年代的时候瑞蚨祥不错啊，因为它还坚持过去的特点。

杨：就是您说的它自己找生产点？

陈：对。现在也有的人开始注意这个问题了，自己加工、自己生产，是不是？所以说这 60 年是人的自然规律。我就觉得反正任何一个企业只要换经理，准变！但是也有换经理变好了的，张一元，对不对？红螺食品厂也是。

杨：您二进吐鲁番不也是这样嘛。

陈：红螺食品厂本身就是三家原来的食品厂合在一起，因为都是奄奄一息了，合在一起成立一个什么什么集团公司，请了一个人到这当厂长，最后人家折腾折腾。现在厂子已经发展到 1200 多名职工，大小 6 个厂子，所有门店，就是卖它这个东西的 500 多家，每年营业收入在 3 个多亿 4 个亿，养了 1200 个农村富余劳动力，现在纯利润 3000 多万元，就是一个人。昨天我去的时候就讲："我们就引进了一个人，就引进了这个管理者。"它这个企业销售这个东西多数是销往农村，多数是旅游商品。到北京来了，哎哟这好，"十三绝"就是小麻花，果脯，什么杏脯、桃脯这些，深加工。所以呀，就是一个人的作用。

你比如咱们说中央，这集体换班子，那真是每个人经过磨炼考验的，不是是个人搁那就行呀。有人说有受贿什么的问题。我说："你向前看，看社会发展，看人民生活水平提高没有，是不是?”60 岁老头出门坐公共汽车上哪都不花钱，进公园不花钱。80 岁老头除去工资、退休金之外，还给你 100 块钱什么补贴。你们家过去有汽车吗？现在你们家好几辆汽车，你怎么不想这个？

人的一生就是一段，你比如说李嘉诚，是吧？这在华人当中是首富，李嘉诚要是死了，也就是他的下辈人就吃他。王永庆，台湾的王永庆，一死，这一家子打官司。老伴 80 多岁了，还得分财产多少多少。这一分，这王永庆的家族，你只能吃老本，没有新发展。这个现实摆在这了，是不是？所以这些问题就是有没有新发展，有没有老子死了，儿子做得更好，有没有？也有，但是相当少。总之一句话，只要求变，它就变。

杨：可是您说，咱们不说私营企业，就这些国营的企业，这些接班的经理也都是在原来岗位上一点一点培养出来的、锻炼出来的。

陈：咱们不说别的，就刚才咱们说的接班的那个经理，他不好能接班吗？

杨：对呀。

陈：但是那位老经理走了，没人管他了。

杨：哦。

陈：就放纵。老经理也是接班，他过去接班，就在自己办公室，不管谁来让我给你签字、核准，多少钱一斤、总数多少，对上了，我就给你签字。上会计那拿支票，要现金，我扣你 10% 当回扣，这就完了。现在不行，会计把门一关结账，那送货的趾高气扬，那肉拿手指头一捅就一窟窿，光是水呀，是不是？你能保证质量吗？会计说，有一天气得我没辙，我自己上冷库买这个羊腰子，30 块钱一斤。我们进的是 55 块钱一斤。说我进的质量差，能差 25 块钱吗？那么如果你要不吃回扣，他能不听你的话吗？你不给我好的，我用他的，他就没辙。这你不敢啊，你不要，我告你。

那么老经理不在了，不管他了，他自己放纵了，没人管他了，都我当家了，那不拿？这好吃呀。人都知道这不对，臭豆腐闻着臭、吃着香啊。你说不给？不对？那起码装我兜儿里了，对不对？那么现在腐败现象成风，怎么来的呀？说中央没管吗？管着呢，那管不过来呀。比如我做的是这样，你为什么不按照我这个做呀，没人管呀。过去还有监督职工、监事会，现在哪都一个人说了算，这企业有几个不是一个人说了算？都是一人拍板儿。民主集中制本身是在党的组织原则上，在经营上可不是民主集中制，那就是"一言堂"，我说怎么办就怎么办。

这是咱们说买卖钱60年，我还给你说过，"跟官的钱，下水的船"。

杨：什么意思？

陈：我给你解释，某某某头天是市长、市委书记，第二天就监狱了。这就跟小船在水里一样，一阵大风就翻船了。"跟官的钱，下水的船"，不知不觉很可能就倒霉了，也有可能发达了，这是顺风顺水，一遇上大风就不得了。这个没谱，别问您这个官多大，不知道您几儿就进去，对不对？再比如某某某，他爸爸还是谁谁谁呢，对不对？弄得那么好，什么"打非""扫黄"，一下就进去了，所以跟官的钱没谱。买卖钱60年，为什么要60年？说你从18岁开始经营，你到78岁还有多大精力？《天下第一楼》里为什么让卢孟实接这买卖？老掌柜的已经顶不住了，少掌柜的不是这么回事，所以改成卢孟实掌管。卢孟实就在那种空手套白狼的情况下盖了两层小楼，最后把街边那个又收回来盖了楼。为什么呢？就是人家有经营头脑。一个企业就凭一个经理，换一个经理马上就变样，不是变好就是变坏。真正保持往上同步，就不容易，所以60年是一个年限。为什么庄稼钱万万年？只要你辛苦，你认真去勤耕，你种上了，春种秋就收了。年成好就多收，年成不好辛苦点照样有收成，所以庄稼钱万万年。

还有一条你记住，"商无官不兴，官无商不富"。当官的时候宣武区委书记，正局级，您不就那几百块钱工资嘛，现在高了几千元、几万元，你还有什么说的？所以当官的很多都跟做买卖的有关系，跟商家勾结赚钱，除了贪污受贿之外，要跟商家联系，自己才能富。做买卖人跟当官的勾结，要不然也兴不了，为什么这么说？瑞蚨祥着火了？不是清宫里面帮了一把嘛，对不对？清宫里所有的服装都是瑞蚨祥的，什么太监、当官的都要利用好了，对不对？吐鲁番也一样。

杨：吐鲁番也一样吗？

陈：你瞧，我给你说吐鲁番。说吐鲁番跟当官的有关系，太有关系了。咱不说谈的时候怎么着，就说吐鲁番开张的时候也正是咱们搞廉政挺原则的时候。开张批准两桌，你只能请两桌饭。新疆来客人，加上当地的是两桌饭。那天我请了七桌。

杨：为什么呢？

陈：来的客人多啊，请了七桌。最后人家就告了，区里领导参加了，就是去的几个头。结果人家告了，最后让他们写检查。就是让你请两桌，你请七桌是为什么？这就是当官的问题了。我这么一说，人家新疆合作的那个李经理，叫李福贤，是广东梅县人，脑瓜活。就说："跟他们说咱们没请客，是委员长请客，让他们找委员长去。"然后就把这个事搁到委员长身上，因为开张那天委员长去了，虽然咱们那边没有剪彩，但是委员长特高兴，全是新疆职工啊，吃上手抓饭，真是拿手抓呀。羊肉串、烤全羊、馕、薄皮包子，高兴啊。老头一高兴，这个李福贤就把这事搁老头身上了，老头就说："嗯，我请客。"其实他也没掏钱，然后就说是委员长请客。人家民族委员长，人家请客，这是第一。第二，9 月 5 日开张，9 月中旬中央工作会议在北京召开，委员长把新疆 15 个地区的区委书记、专员，所有参加中央工作会议的人全让上吐鲁番吃饭，就是请客。在吐鲁番，就是咱们新疆在北京有窗口了，咱们在北京可以吃上家乡饭了，15 个地区的地委书记、专员高兴，也美，这个说："我们弄一个。"那个说："我们也弄一个。"弄得吐鲁番的专员和书记很被动，他俩当时不同意啊，最后这么一吃，好家伙。

新疆维吾尔自治区的主要领导都来了，都高兴。一来就一大片，街坊邻居都觉得，怎么吐鲁番这么一个小饭馆招来这么多人。街坊邻居都是抱着孩子到这个门口看新疆阿姨。新疆人来得多，跟看外国人一样，就是在那个年代。哎哟，追着新疆人看。第一是新颖，第二是怕，听说新疆人厉害，都有刀，再有就是来的都是大头。两次在那个地方戒严，都是高级领导人，必须警备戒严。这一下子就起来了，所有人都跑到吐鲁番请客。报纸一吹乎，这是官的力量。咱们没有跟这个当官的有什么勾结，就是借他们的力量。结果一下，我在那里开张四年半，市里区里不算，得了两次国家民委奖励，一次中共中央、国务院的，正式授吐鲁番餐厅是"全国民族团结进步先进集体"。这个证件我有，这么大的国务院的公章，这一下吐鲁番就起来了。

杨：您把买卖做火以后，别管是南来顺也好、吐鲁番也好，有没有人抢您这个职位？

陈：抢是抢不了的，为什么抢不了？"文化大革命"当初就有一个孩子抢我的职位，正因为抢我的职位，他最后弄了一个"三种人"。这个东西，毛主席讲过，核心是自然形成的，在这种环境条件下，你能在这站住脚就必定有你的多方因素。人家讲天时地利人和，对不对？你在这做，谁要抢你的，他本身抢不过去，没有适合这个环境的人。你比如说抢我，第一得是回民，不是回民不行。在回民当中还真选不出来一个经营好的，比如牛街现在。那天我在河北唐山，那里有个法立德食品公司，那是一个大的企业，四五个亿，老板是个女的。她家是八代阿訇，她来到北京就上吐鲁番，她的货在清真超市销售。那天在宁夏开了个世界回商大会，我作为北京的一个特约代表参加了。在那碰到她，一说吐鲁番，她说："这老爷子是吐鲁番的？您是汉民，不是回民？我跟您说，牛街两大买卖，最受老百姓欢迎的是俩汉民。"一个是老平，现在副食品公司的经理，是清真超市的经理。另外一个就是吐鲁番，就是我，人家都知道。所以回民在这个问题上不大好找人，第一得是回民，在回民当中站得住脚。我在回民中几十年了，历届阿訇没有一个我不熟悉的，包括国家民委主任跟我都特熟，所以有这个条件。第二我是干这行出身，摸爬滚打。你说吧，你蒙不了我。第三是我的人脉关系，我买卖做得好，所以抢不了我，不是没有人抢，想抢也抢不了。

杨：我可能说得不是那么合适，因为什么呢？当初黄宗汉先生就说，他弄那个大观园挣了钱，就被别人抢了。

陈：你要知道黄宗汉不是实职，他只能站在政协副主席的角度，不能亲自去经营。你只是提出这个东西，觉得这个不错。给别人一定的权限去办这件事，但是不等于自己经营，它是多方因素。在区里，从政协的角度说，你是做这个的，你去。但是你没有当大观园的经理、党委书记，你也没当大观园饭店的董事长，不是实职，是社会的虚职。等到形成了，得有机关和组织，人家另外成立班子，因为黄宗汉先生本身在哪都没有实职。

杨：没错，他的实职就是政协。

陈：那么他确实干了不少事，出了不少主意，而且确实那个人的脑子真是为宣武区服务，就是他没有实职。我是实职，别管怎么着，必须是我经手。他跟我不一样，他是虚职。他说了算数，也可以不算数，因为不办具体事，得有办具体事的人。人家是实职，所以是这么个问题。黄宗汉先生跟我还不错，所以咱们就说没人总结这些东西。

我跟你说吧，我出了几本书，最后一本书是人家写我。我六个第一。什么六个第一？就我经营吐鲁番十年，到第十个年头，我离职审计六个第一。什么第一？每平方米营业收入在全北京市所有饭馆中是第一。劳动效率，也就是说一个座位一般饭馆上座率 30%、40%、50%、60%、70%、80%，我是 110%。为什么 110%？这里面就是策略，比如我有三家结婚的，我先跟你谈，你想不想走在前头，吃点新油？“当然想了。”“那好，你举行仪式要早，中午 11 点以前你把仪式举行完了，你吃第一拨儿饭。我这三拨儿结婚的呢，谁要是最后一拨儿，第一是上菜慢，第二是回锅油。”当然你就愿意了，然后中午 12 点第一拨儿客人走了，外面这桌就上来了，这 100 多人等于是捡的，跟平常一样。这拨儿人上来之后还是正常顾客，这 100 多人就是捡的，翻堂率高了，是不是？比如逢年过节订餐的，三十晚上订餐的，咱就说好了几点吃，你早点来，你下午 4 点半来怎么样？下午 5 点半吃完了。下午 5 点半到

6点半，6点半到8点，就是三拨儿客人，必然这个效率就高。我什么效率都高，你炒一个菜也是炒，炒100个菜也是炒，我都给你这么多工资，最后你干多了，我多奖励你一点。我的效率就高了。翻堂率高了、客座利用率高了，利润率自然就高了，利润额也就高了，劳动效率也高了。所以全市同类饭馆我有六个第一，最后审计的时候给我的结论。我去吐鲁番的时候，翔达公司所有饭馆都赔钱，只有晋阳保本，一天卖上万块钱。孙勇贷款投资装修晋阳饭庄，投了4000万元，过去一天卖上万块钱，投资以后一天七八万元。

杨：开了好几个分店？

陈：最后恢复了美味斋、恢复了致美斋，这一下都起来了，最后改造清华池，清华池一年1000多万元纯利润。最后有个街里的店改造让我接，我说："我不接。"开始我在北边，这边监理得不好，让我监理。我说："孙总，我告诉你，我今年67岁了，一人不做俩买卖，做俩买卖分心，我做不了。"最后经过讨论，他说："大爷，把小的扔了，咱做那个大的。"我说："那行。"那我不能不接啊，把北边租给东来顺了，一年30万元，我接了这。他头一年在这赔了54万元，我进门第一年赚了174万元。您瞧，这一翻跟头就300万元。最后南来顺又让我接，我说："孙勇，我跟你说，我已经76岁了，奔80岁的人了，还让我接什么？我告诉你，我兼任，也行，我一个跟头坐那起不来了，你俩店都没人啊。"老年忌贪。

杨：您说的这是现在的，那"文革"的时候呢？

陈："文革"的时候我算是比较逍遥的，一个是他们管我叫逍遥派，另外一个就是劳动者，天天就是拉东西，一天八趟活儿。而且职工们最喜欢的是你跟他们打成一片，最喜欢的是你不嫌脏、不怕累、什么都干，他就拿你当他们自己人一样，他不拿你当领导，你在群众当中就有基础。如果你一天晃晃悠悠，到哪都哼哈，谁拿你当回事？表面上拿你当回事，转脸人就说你。基层就是这样，跟机关不一样，大机关是大机关，小机关是小机关，但是基层面对职工就必须打成一片。

杨：没有人那时候想夺权吗？就是“文革”的时候。

陈：“文革”的时候都夺了，当时一成立红卫兵，当天就夺权了，就是把公章归他们了。我屋里的画，他们都摘走了，地毯、沙发都扔到阳台上，跟我没什么事。“四清”刚完，说我这个那个都说不清楚，已经定性了，我是走社会主义道路的当权派。

杨：最后要有什么事拍板儿呢？

陈：那个时候基本上……

杨：就几天的事吗？

陈：不，很长一段时间，正常的经营还是该怎么管怎么管、该怎么干怎么干。比如毛主席发表最新指示，抽出去游行，说这企业 100 人，很可能抽 50 人走，那 50 人该干什么干什么。那个年代说实在的，不像现在这个不行、那个不行，这是大事，你该去就去，今天你去、明天我去，倒好管。那个时候的人，不是谁都是傻子，谁都知道你到底怎么回事，你到底是好人还是坏人，都清楚。你干没干，人家都清楚。你想天天跟职工同吃、同劳动，就是没在一块住，你说什么事我不干？刷家伙洗碗、买东倒西，这个早晨卖早点，早晨替班，什么炸油饼儿、烙烧饼什么都干。尤其基层，对这种干部非常亲切。你这干着，他们给你倒碗水。像这日子口儿，中午饭口①的时候，我提溜一壶绿豆汤，挨个给厨师。谁不拿你当知心的人啊？什么事都想跟你说。

我这个人干活儿就是实实在在，进来就干，不干就吹。你想啊，我早上 5 点多钟起来骑着车从珠市口到湾子，早晨起来一个来回，路南路北查早点。等到早上 8 点半上班，我这一圈都回来了。我到办公室上班，我这一圈回来，早晨经营这块我都知道，谁家质量如何、服务态度怎么样，我都知道了。

---

① 采访当时是夏天饭口，是指该吃饭的时候。

陈连生在座谈会上谈经营

1987 年“小吃展览”上的南来顺展台

2. 死店活人开

陈：1961 年当经理到 1989 年不是 29 年的时间嘛，天天跟这个小吃打交道。30 年啊，天天跟它一块。正餐当然也没的说，因为是饭嘛，反正正常的供应，今天有个婚宴、明天有个寿筵，今天有个身份高的人吃高档的，这都很正常，分工不同。你这块是卖正餐的，他是卖小吃的，都是一个单位，核算也一样。

杨：部门不一样。

陈：就是分工不一样，小吃那片是一个摊一种核算，说我这片里有十个摊，到晚上，十个小摊结账，很清楚。但是综合归在一起，连正餐带小吃都归在一起，算总账、看总毛利。毛利也是看综合性、综合数，小吃要高一点。

杨：小吃的毛利更高？

陈：那当然，小吃的毛利高一点。这个干餐饮的，你比如我在吐鲁番就两条，高价的、大价钱的毛利低；低价的毛利高。这就掌握综合毛利。你比如一个菜 200 块钱，这个售价很高，但是毛利可能很低；30 块钱、35 块钱、40 块钱。那么你想 200 块钱，要是 40 块钱毛利，这一个菜你本身就赚 80 块钱，它的额度就高，但是毛利低。小吃比如一个烧饼，五毛钱成本，你卖一块二，这个额度是七毛钱，但是毛利本身就上去了，是不是？我们讲综合毛利有高有低，现在会经营的老板，高档的东西看着毛利低、额度大，低档的东西额度小、毛利高，所以才是综合平衡。现在有人不懂这个，死规矩就得是什么什么。有人是拍脑门儿，没谱。经营者本身唯一的是算账。

杨：是，您跟我说过。

陈：你不算账，最后怎么综合平衡？

杨：是。

陈：你怎么求利啊？所以动脑子，就是在你经营过程中，怎么把握顾客的心理，还不能利润过低，还得让顾客认可，这就需要在价位上调整，这是一个功夫。

现在再提，比如今天给你的这个菜单，可以说是我有点细心，还把它留下了。你想，这个是 1961 年的，到现在 50 年了吧？53 年了。那么就算我有点心吧？要是没有心，一个破本早就扔了。你看这个菜本身有几个特点，说我这个菜要用什么材料、要用多少、要用什么地方。你看这个鲍鱼必须用日本鲍 12 只。这个燕菜要什么样的燕菜一两，要肉翅什么样的翅一斤。

杨：这个标准很清楚。

陈：对，而且使什么样儿的东西、什么地方的货源，都有标准。不像现在开一个菜单子，拉开一个就完了。用的餐具的标准，用的什么碗、什么勺都应该有。这就是说，你看我们这企业本身，过去饭馆的企业，这企业的经理是服务员出身，你看它的服务就好；这企业是厨师出身，它的饭菜质量就抓得好。

杨：对。

陈：这就是它的一个特点。说这个企业经理是会计，那没的说，它这经济指标、管理这方面就细，这就是这个行业的特色。

杨：那正好说说您呗，您是学柜头出身。

陈：我呀，开始学，这个饭馆它的规模比较小。

杨：就什么都得做。

陈：什么都得干，买、卖、采购、送饭，这虽然小，买卖都干。在企业呢，说那包饺子呢，你得擀皮去；说那烙烧饼呢，没事你得给看铛去；说那今天卖面了，买卖不多，就那么两份，你弄块面门口去遛去，招揽生意。所以是多面手。

最后，1953 年建立会计账，掌柜说"你学会计吧"，那时候掌柜的根本不重视这个，弄个小孩子到那去应付差事。这件事就启发我对这个账目上也有印象。我这人又不服输，老是干什么都想干好，所以应该说多方面，你要说饭菜质量，我也懂；要说服务，我也懂；要说进货出货，我也懂；账目上，我在单位看账目，不像人家报表全看，我不看。我就看四项：第一，经营收入；第二，毛利率；第三，费用率；第四，纯利。我就看这四项，这四项指标就是硬指标。卖钱多，和上个月，和去年同期相比是增了是减了，毛利率同期对比是高了是低了，和去年同期对比高了低了，那么按照市场的变动一看，费用率是大了是小了，最后就是你的利润率。你卖 100 块钱，去年是 25 块钱的利润，那么今年 24 了，那你的利润就低，今年 27 了，那就自然涨了。你看这一个月报表送到我手里，我看四个大数，看完拿走，我签字，你报。那细数，什么这个那个我不看，那是会计的事。这个资产回报率怎么收、费用率怎么掌握，这些我不管。这都是你会计本身的职责，你就管好这个，我就看这四个数。自然这个企业我就全面管好了。比如饭口的时候，我下去转一转，前厅看一看有什么问题，熟的顾客见面打个招呼，说两句客气话。再熟的敬个菜或者是送点小食品，这本身是感情投资啊。我到生产上，厨师正忙得大汗淋漓，我递了一大壶，这大壶里面是绿豆汤，我挨个给那厨师倒碗绿豆汤，拍一下，"嘿，这不成啊"，这就管了。它是自然的东西。他这正忙得大汗淋漓，给他倒杯绿豆汤，喝下去什么心情啊！"头儿挺关心我的。"这企业，说制度管人，制度谁建的？人建的制度，制度不可没有，制度是死的，人是活的。我给你举一个例子，早晨起来这班前歌。

杨：班前歌？

陈：唱班前歌。

杨：上班之前唱的歌？

陈：上班唱的歌，那么这里面就有一个迟到不迟到的问题，人唱着班前歌你还没来呢，唱完了你进来了，那你就迟到了。有两个人，一个人住东单，一个人住昌平，这俩人都迟到了。头天迟到了，那么这领班的就说了，"你迟到了啊"。"迟到了。"第二天东单那个没迟到，昌平迟到了，我赶上了。后来领班说："这个是怎么回事？"我说了一句话，我说："昌平确实路远，得倒车，这个呀应该宽松一些。"东单那个就说了："你不一视同仁，你向着他，凭什么他迟到就不管呢？"一拍桌子，"我不干了"，这就走了。那么这里面就是有点区别，因为确实他今天按时出来，从昌平一倒车，可能车一堵，确实他又远。你不干了，那你走你的，我没让你不干，是不是？作为对他的理解，他不是我们亲戚朋友，他是职工。对你也一样，那么相对而言你近，你又骑车，他是坐车，那么这个本身制度是有的，但你得灵活处理。

那么处理这个问题，有些人就觉得不合理，其实没有同等要求。那么这个人走了以后，他媳妇儿就找我了，“大爷，您别生气，他这个人驴脾气”。他这媳妇儿在泰丰楼是领班。我说：“甭管他什么脾气，我没让他走，他走了我就不让他回来了，我不要他了，我要再让他回来，等于我这说的话是不算数的。他走了让他走，他上哪我不管，我没让他走，我也没罚他。”那么这个问题就过去了。住昌平这个他心里怎么想啊？“哎哟，大爷真理解人。”所以这个里面就是，你在管这些问题上，一定要出于客观。

这服务员忙得手脚离不开了，确实很忙。你下去一转，哟！这桌子没抄呢，“嘭嘭嘭”帮他抄一把桌子。抄桌子这工夫，你帮他办了，他就缓过劲儿来了。我在企业当经理，没有一个闲人，什么副经理、会计、出纳，饭口一律上前头。经理、出纳在屋里坐着，前面那些人忙活得四脖子汗流，到饭口了全得下去。因为在基层，所以什么叫严加管理？那么这些管理人员下去本身就起一个监督管理的作用，所以跟我一块干活儿的人都有一个感觉，用人太狠。我南来顺的职工和吐鲁番的职工出去两个特点：第一个特点是能干，不怕苦；第二个是缺点，嘴不饶人，嘴特厉害。

杨：为什么嘴特厉害？

陈：因为我这些职工，实实在在地说，我允许人说话，是非辩明。到了有些单位只听好的，不爱听坏的，我们这些职工出去以后，好的坏的都说。比如说廊坊那个小曹，曹毕江，为什么他跟我这关系这么多年一直这样？比如现在我说上那去，打个电话他马上就来。这个人很直，就是敢说话。不对就是不对，他不去阿谀奉承。说头儿来了要说好听的、头儿不来我就说点牢骚。不是，他很直。所以从我那出去的职工，大多数不管上哪去，对他们都有这个评价。尤其宣武饮食公司，一说这是南来顺的职工谁谁谁，你看吧，干活儿绝对好，但是嘴特厉害，不饶人。你像王福民，干活儿特好，但是那个眼睛也管事，嘴也管事，嘴也说。为什么有时候他不落好呢？你在南来顺这个惯了，出去就不行了。所以这就是在管理上的问题，是要有制度，但是作为管理者本身，一定要衡量这个制度在每一个人身上有什么伸缩的地方，所以这个小吃的管理要比饭馆的复杂。

杨：为什么呢?

陈：因为品种多，纯手工活儿。

杨：您说那个饭馆那一个菜也挺多的呀。我记得去年去同春园，那厨师长跟我说使劲压缩压缩到100个以内，那也不少啊。

陈：饭馆这东西，比如说红案，它比较系统，卖这些东西，比如说……当然小的就不用说了，因为吐鲁番规模稍微大点，八个火眼儿，八个炒菜各有特色。你本着你那菜的特色，我本着我这菜的特色，各自已经形成规律了，你不用管它如何，它都按照规律走。比如说吐鲁番，叫北京菜、新疆菜、社会家常菜，这八个火眼儿这么分。那么北京清真菜三个人，按北京清真菜的传统做法，新疆菜两个人，按照新疆菜的规律，准备的东西都很正常，那么社会家常菜这块就比较杂了，但是大路活儿，也那么点，宫保鸡丁、鱼香肉丝等等，社会家常菜，它本身不是吐鲁番的菜，宫保鸡丁、鱼香肉丝不是吐鲁番的，但是吐鲁番也卖，为什么？这个有卖点。那么火上几个人分工很细，谁给谁配菜、谁给谁搭伙，都是很规律的。这小吃不行。小吃比如说早上的油饼，今天是你炸，明天你休息换我炸了，这煎锅也换了，手法是不一样的。

杨：一个人一个手法?

陈：那当然，手法不一样。炒菜也一样，换一个人就一个味道。

杨：对呀。

陈：有些人做饭，在家也一样，拢味。

杨：什么叫拢味?

陈：拢味就是怎么做这味道都是挺正的。有些人不拢味，怎么做那味道也跟不上。这就是与人的性格有关，与人的情绪有关，这个小吃本身要比那复杂。

杨：要比做菜复杂?

陈：你别看它比较单纯，但是要做它就复杂。因为这小吃怎么样?

肉眼能看见。

杨： 就是受个人的影响更大，是吧？

陈： 菜你看不见，比如说鱼香肉丝，都叫鱼香肉丝，拿出来了，一家一个样。这小吃你一看就有区别，比如说烧饼，你咬一口，有层没层就看出来了。比如说这油饼炸得金黄色，酥又脆，是不是这个标准？明眼人一看就知道。那个炒菜的标准顾客能明白的，久吃者知道是怎么回事，偶尔吃一次这个，“哎哟，这就是这样，这就是鱼香肉丝，就应该这个味！”其实他没吃过，或者是他在别的摊位吃了，跟你这个不一样，就觉得这跟别人不一样，一个摊位一个样，一个人还一个样呢。

那小吃这个东西就属于很系统性，很规律性的，大众化的，都知道。比如说面茶，这是面茶常干的，打酱你就看得出来，不像现在用漏勺，过去打酱用筷子，特别匀，不常干的一疙瘩一块，你打不匀，盖不过碗来。

杨： 现在都是漏勺了。

陈： 所以这小吃肉眼能看出来，一上桌就能看出好坏。这菜你必须尝，知道什么味，以味为核心的。那么小吃也是味，但是它里面“件儿活”，所以相对是两种路子。

那么我是从小就没有一样没摸过的。你说炒勺我也摸过，你说面案我也干过，采买我也干过，外卖我也干过，账上我也管过，服务员我也当过，在处理社交这个问题上，我还算有点长处。另外我在经营过程中还非常注意宣传，这是别的单位很少的。所以我们公司我的顶头上司吴甲龙就说：“老陈长者风范。”什么叫“长者风范”？一块出去，虽然他是正职，我是副职，但是有事拢责任。所以他就讲“长者风范”。比如说孙勇对我就俩评价：“大爷，你要在宣传部门干，一定是好宣传部部长；要在外交部门干，一定是好外交家。”刘士成对我的评价是什么呢？“这小子，跟钉子似的，这活儿要让他干上，你放心吧，绝错不了，他不放过。”这是我的三个正职给我的评价，因为我是副职，给我的评论就是这样。

区里边，像老金他们对我的评价：“连生这个人有眼光，有主见，尤其对一些大是大非问题，有自己的观点和立场。”市里像刘峰他们对我印象特别深，丁铁峰死的时候，追悼会通知我了，他通知我了。蔡敬之说：“小陈跟他什么关系？”后来闲聊天，他说：“刘峰的你也去了，你怎么处理？”我说：“工作关系，跟你一样，跟你什么关系，跟他们什么关系。”过去20世纪60年代，丁铁峰骑着自行车到各单位，全市转悠，后来1963年给车了，给小奔了，披着大衣下车去小卖部，到小卖部，指着里面一溜儿东西说：“过来，找你们经理去。”过来以后他说：“这个卖多少钱？多少利润？多少毛利？”张口就来，因为我有成本啊，所有成本都经过我的手，我张口就来，所以为什么他对我印象深刻，因为我业务精。

那时候公司里的领导，早晨起来6点钟检查早点，一进南来顺拿一焦圈往桌子上一摔，然后开拍我肩膀，“小陈，行，这东西合格”。这里面就是说，这里的“虫儿”从这里爬出来，你眼睛就有活儿，能不好吗？我还是说那句话，那天我跟他们仨说，我说致美斋弄不好，我这脸上都抹黑。你想，一个我的秘书，一个我的司机，一个我儿子。不管怎么着，它是赔钱单位。现在它赚钱了，这就完了，别的话咱就不说了，扭亏为盈了。因为本身你赚不了多少钱，你能卖多少钱啊？但是亏损企业现在已经变成盈利了，那不就是说明问题了吗，是不是？这个管理一个是实践知识，一个是多年积累的经验。

管企业就是这么个问题，你有实践知识，你有管理经验，你眼睛就是活儿，说句话本身就到位。你说职工为什么服你？他知道你是干这个的，他知道你一说就在点子上。比如厨师长，今儿一不高兴不干了，这经理就跑人家家找人家，请人家喝酒聊天，明儿出点问题又不干了，又去请人家。我在那，他绝对不敢。你想，我弄的全国第一位名厨，特级厨师，到他退休了。您走人，我不用了。局劳资处找我，局长找我，市民委主任找我，说：“那么大南来顺搁不下人？”我说：“人到退休年龄了，合法退休，让人走人。不让人走，我没条件，人要房子我有吗？人要把自己傻闺女搁里面，我能答应吗？”后来沙主任过来说：“连生，你这就不对，他这么大南来顺都做了。”我说：“沙主任，您拿民委食堂做饭去多好啊？技术高。”他说：“你这小子，这么说话。”我说：“您让我这么说话。”是不是？朱学元找我，“局长说了。”我说：“局长说了，你叫局长来找我来。”我说：“赵局长，不是不尊重你，您拿局里做饭去多好啊，局里面食堂多好啊。”我心说，我几个孩子这块开吐鲁番，我几个孩子就是南来顺翻建以后照样开南来顺，这不管得严？您要有一个炮肉不给人走，几个炮肉凑到一块，往开水锅里一烫，这下勺一煸锅，一煸葱，捞出一控水，“嘣儿”搁勺子酱油，“走，挨着去！”“噔噔噔”出了。丁铁峰要去，张旭要去，马连良要去，那东西，它不是大，它不伺候老百姓，它伺候的是有权有势的人。你技术高我承认，那你要不高，我能让你当特级厨师吗？但是你得为大众化服务，您这样的做法带出一批孩子就是这样，毁了人了，所以我不用你，我用新人，但是我要求严。

杨：我发现这个真是跟经理管得严不严特别有关系，那鸿宾楼的蔺经理，天天就往厨房门口一坐，出来指不定哪盘菜他就尝一下。

陈：另外媒体上现在也是这样，这个宣传不错。比如最近牛街看到很多，今天就说这家馅饼，明天说那家锅贴，一家家宣传。凡是宣传一家，我吃一次。比如那回有家卖锅贴的我去了，就在一个小胡同里，哎哟，再背得不过了，那人乌央乌央的。那个锅贴到底怎么样？我说了，纯属一瞎掰。但是经营者好，就是这样。

杨：为什么？

陈：你瞧，这个女同志可是不一般，真是社会上可以说“三教九流”都能接触。我去的那天，头天电视上放了，我第二天去了。我一去，那个小破屋，那个破桌子，人乌央乌央的。我到门口，人说：“大爷，您几位啊？里边儿请。”没座啊，那有一个两人座，就说：“大爷您坐这，给您拼一桌。”这个就是买卖人那种拉客人的方式。

杨：怎么个意思？

陈：就是热情，您到了门口就不让您走，让您进来吃饭，这是第一。然后买了三两锅贴、一碗粥，确实挺忙的，我吃了俩。我说：“打包，我走，给你腾地方。”我把粥喝了，就说：“您这个 19 块。”我给了 20 块钱，人家说：“爸爸哎，您等会儿，我给您找钱去。”当时一愣，哎哟。结果找了钱，对服务员说：“给人家老头一块钱。”我在那待这么一会儿，什么阿姨、大妈、妈、大爷、爸、大哥、大姐，她就是老板，还有服务员。然后就说：“吃锅贴慢啊，面条可快啊。”所以就有一部分客人被她拢住了，说这东西到底怎么样？扯淡！不信，你就吃一个试试。还有就是告诉你，这种买卖挣钱。往前一走，桌子碰凳子一下，“哎哟，肏！”这是女同志，然后就说，“我肏你妈的。”张嘴就这个，但是这种人在那个地区、那个地理位置维持这么一部分人。别人还做不到，一般人做不到，所以她能发财，这就是一种经营的形式。

杨：等于就是靠服务？

陈：就靠她那点流气把人抓住了，比如她叫你一声“爸爸”，你这心里，谁不认识谁啊。“爸爸，您等着，我给您找钱去。”给你一种什么感觉？你怎么也说不出她的毛病，就让你心里有一种不同的感觉，就是那种滋味你说不出来。

杨：这不就是那个堂倌的问题吗？

陈：这就不是堂倌的问题了，这个东西比堂倌……因为是自己的买卖。这种人做买卖黑，她的东西纯属瞎吹，你要说她没有质量，咱们也不好这么说，但是你吃她那个锅贴，确实不怎么样，净是肉头儿。因为你一嚼就是这样。有筋头巴脑嘛，那肯定就是肉头儿，要不然六块钱一两？三两 18 块钱，一碗粥一块钱，一共 19 块钱。你说要上肯德基花 20 块钱，相比之下，我觉得年轻人就愿意到肯德基，它干净、文明。这东西就撒野，但是在那个地理位置，她还成了。她一天卖两三万元，换别人还真经营不了，换个人在那个地方想赚钱没戏。她跟人家就说，电视台来采访，回家到床上腿都是酥的，都发麻，这一天折腾得累呀。是啊，挣钱不容易，上了她那屋就跟上了战场一样。这就是一种经营的方式。很多人看这个不好、那个不好，你说她野，但是能挣钱，规矩点的人还挣不了钱。

杨：就适合那个地方？

陈：是，适合这部分顾客。这顾客进门就叫二姐，擦桌子什么的全管、全帮忙，这就是吸引这一部分客人。这又是一种经营形式，跟饭馆什么的不一样。你说她撒野吧她也撒野，你说她不文明，她也不文明，但是有一些人给笼络住了。

杨：过去一些二荤铺是不是有的也这样？

陈：所以这个问题就是谁做买卖挣钱，谁行谁不行，死店活人开。他去了就把这个店弄起来了，他就是这种路子，而且那里的回头客很多。

杨：记得有一次跟我姥姥和舅舅去吃饭，我姥姥说这个小饭铺的饭怎么怎么不细致，我舅舅说了一句话特别到点上。他说："您不看这是伺候谁的，这是伺候学生的，学校门口的。"

陈：对呀！您去那地方档次本身就不够。有的是单一品种，就经营这一个品种，一年 365 天就这么办，而且按照自然的规律处理问题，那么这个品种就好。那么规模不大，卖的品种单一，但是不少挣钱，因为费用低。

今天早上吃早点，这买卖是那老板退休以后自己开的，今年 80 岁了。我去了，他说："哎哟，老陈，老没见您了。"一个烧饼、一碗豆腐脑，他说："别拿钱。"我说："你做的是买卖，我天天来。要是偶尔来一次，你不要钱，我天天来不行，你也不在乎这个，我也不在乎这个。"他这个买卖做的又是一种路子，就是周围这些老北京人，每天不管多热、多凉都来。为什么？他那个东西稳当，有的品种还是信得过的。还有就是条件在，油饼现炸、烧饼现烙、包子现蒸，全是热的，你吃嘴里就跟大街上的不一样了。还有就是你别看他 80 岁了，他还在那里盯着。烧饼质量不好，他说话了。就那玉米粥别提多好了。我对他那里也有一点看法，他那里消毒不好。"哗"流水，给你盛豆腐脑之前控控碗，这算不错的熟人，生人拿起来就盛，是刷碗水。这事咱也不能跟人家说什么，这是人家自己的买卖。他住花市，天天早上 4 点半起。

杨：不近了。

陈：有一个出租车每天定时接他。他都 80 岁了，我说还行。最近我看看，桌椅板凳都换新的了，就是花点钱折腾折腾。“是啊，太差了。”“也是，太不像话了。”所以这个做买卖可真是，饭馆这个行当是各式各样的经营方式，不同的经营层次，不同的经营方式，不同的环境，也有不同的经营方法。要说拿出一定的规律，同类饭馆应该有同类的要求，这个不同的地方确实有不同的特点。

杨：您跟我说完这些东西，我就想起过去金受申说过老北京，“庄有庄肴、馆有馆馔”。您刚才还老说一个词儿，就是“上不了桌”，就是“上得了桌”和“上不了桌”不同的经营。

陈：所以死店活人开呀，掌门人哪，不管你干小吃也好，干炒菜也好，或者干哪个行业也好，掌门人太重要了。一个家、一个企业、一个国家，都是一个掌门人。一个家、企业、国家，都一样，没有好的掌门人，再好的企业也不成。

杨：是。

陈：还有一个问题，人就是要有个不服输的精神。比如咱们三个人同样干这一个行当，规模也差不多，那咱们三个人坐在一块就有个比较了，谁做得好，尤其年轻人谁甘于落后？那么这时就有一个争上游吧，那就得动脑子。怎么争啊？这是一个问题，所以是一个互相促进、互相比。比如开展评比、总结、评先进，现在搞得不多，但是这个问题不能搞庸俗了，不过不能没有啊，没有就没有先进的东西，没有后进的东西，就不突出了。那么先进的，也就是有本事的人得不到发扬和支持，落后的人就很平庸。尤其在国营企业都这么回事，反正你这级别就是行政 21 级 62 块，他的级别就是行政 20 级 70 块。不管买卖好坏、你做得好坏，你够这级别就拿这钱。那么这个东西就不便于鼓励积极性，所以咱们改革开放就解决了这个问题。

现在的工资不一样，现在又出现一个新问题，这个不平衡，两头儿距离太大，高的真高、低的真低。那么中央也采取这个措施，怎么解决？缩小高低差距，不容易，也不大好解决，不过逐渐采取很多措施来解决。这是按照社会的现实情况不断推进改革。我们那个时代也有这个问题，年轻人谁不想办法把自己搞得更积极一点？比如跟我同代的有三个人，一个叫贾厚方，一个叫苏文凯，一个叫安英，我们是同龄人。贾厚方、苏文凯比我小一岁，安英比我大两岁，我和安英还是老乡。安英在服务局饮食处工作，苏文凯在团区委工作，贾厚方在公司是团委书记。他们的工资全是49块，我挣62块，他们就不服气呀。为什么我们在上面我们在机关，还不如基层工资高？

他们是站在个人角度，在基层本身有基层的辛苦，你在机关坐办公室，有你一方面的特点。但是基层跟机关不一样，为什么我能挣这么多钱？就是因为平时表现好，在评定工资的过程中就想着这小伙子行，他在南来顺的买卖做得好，已经上了报纸了，那就涨一级。涨一级不行，还得套一级，这一下。当时都是49块，结果我一下涨到54块，又给我涨了一级，就变成62块，一下高他们两级。那么这里面就是说工作的性质不一样，反映出的效果也不一样。因为我在基层是盯着一个企业做买卖，确实取得了成效。

杨：您那个调一级是很难的，您做出成绩多难啊，比机关调一级难多了。

陈：是啊，机关都是一个级别呀，过去都是基层职工啊。

杨：您在基层往上走多难呀。

陈：我们四个都是基层的职工，苏文凯是大食堂的、安英是华北楼的、贾厚方是天桥鸿兴的，我们四个都是基层的职工，他们三个上去了，我在基层。我为什么不能上去？也就是因为我在基层干得不错，有在一个点干29年的吗？

杨：是，是。

陈：我这一辈子就干俩饭馆啊，吐鲁番前后两段干了十四五年，南来顺干29年，宣武区所有饭馆唯有三家算站得住的，晋阳饭庄。现在宣武区不说别的，只要说饭馆就这三家，南来顺、吐鲁番、晋阳饭庄，这宣武区公私合营的企业，是不是？那么有我俩，现在他们公司承认这个，现在饮食公司大半天下就陈大爷，现在这两家的利润额也是最高的。就现在的吐鲁番，任何企业都没有吐鲁番营业额增加得快、利润率增加得高。

杨：前两天见到我的一个远房大姨，住在香格里拉，还经常跑吐鲁番吃早点去。

陈：是。那么这里面呢，就是人的心情不一样，进取心也是很重要的。你比如说我现在，我们的孩子，还有老伴也说："退了休了，你瞎忙什么呀，一天到晚也没完没了。"我就说："要富有，钱我没有。要是精神上，我比谁都富有。我天天有活动，我精神不空虚。"我不是除了看电视就是看书、睡觉，我天天有活动，也可以说我现在的活动有益于社会。

杨：您是相当有益于社会。

陈：我经济上没有什么可图，我没这个。比如像昨天，他们给我弄红楼去，去了一天，说大热天图什么呀。我说："什么也不图，人家找我，那就是他需要。我在这方面有点常识，我就跟他说清楚，对他来讲有帮助，就这么个问题。"你看我现在还有呢，很多人上我这来，弄完了，拿走我的书还不算，还说："您给我写几个字吧。"我说："我是文盲，写什么呀？我写不了。"真的现在还是逼着我写字，有一个卖烙饼的小孩儿，就是全麦烙饼，原来在我那搞供应。他就觉得我的经营有多好，他在自由市场卖烙饼，结果弄了七家。这个小孩儿卖全麦的，就是他自己弄一个小屋，租这么一个小地方，带俩小孩儿。一个一个弄了七家，结果非让我给写字，我说："我写不了，我大字不识。""您给我写什么样算什么样。"那我就给他写俩，根本就拿不出手去。你知道这个刘一正是个大画家，穆斯林书法家，他出了一本书，上面写了 47 个回民菜。上面那些个照片的人物都是市长以上、副总理之类的。

杨：还有您的字？

陈：最后他非让我写俩字，我说："我要一写，你这本书就糟践了。"他说："您啊，写什么样儿算什么样儿，圣人不嫌字丑，您是这个行业的专家。"我说："我不是，我就是卖烧饼的。"他们呀，都是看热闹的，人家说这怎么好，要合影。他说："您这个我也是借名儿，您要是给我写了字，就证明您对这本书认可了，行内有人认可。"得，那我就写吧，我就写了几个字"文人谈吃"，那根本就跟猪爬似的。

杨：您太客气了。

陈：就这么回事，你看这写的。

杨：我看看您的字。

陈：这是我头一回写的字，这是这家非让我给写一个牌匾。

杨：您这字相当不错了。

陈：这个不是。

杨："老门框爆肚"？

陈：就是我给你求去，这是我写的。

杨：您这字相当好呀。

陈：这两张是我写的，这是我给人家求的，淳一先生的。你说我给人家写什么？非让我写个牌匾，我写不了。我根本就没动过毛笔。这不昨天我那儿媳妇儿说："您光写字不行，给人盖个戳儿。"她从他们家给我拿来印和戳子，这是头一回。这是他那字号，"老门框爆肚"，他写一个字号、牌匾，我说："我写字不行，给你求去吧。"

杨：他那个爆肚好吃吗？

陈：这个东西呀，什么是好吃，什么是不好吃，你要是懂的就觉得那么回事，不懂的就……所以现在非挤对我写字儿，我说我……咳！

3. 做买卖不要"三爷"

陈：现在有些个体经营者，用的都是自己的亲戚，但是这种办法不会有大发展，不是真正大企业。你记得有多少家族企业到了一定程度就出问题。

杨：一定得企业化、制度化。

陈：真正有经营头脑的管理者，还是从正常的角度出发，不论亲戚。按照我们党的政策教育，任人唯贤，不能任人唯亲，是不是？现在用人就是这样，这个人品行好，有这方面的经营知识，那就应该安排这个人。那跟过去比不行，那是我们家的。现在出现什么呢？就是表弟找表哥，你先来的，你到北京站住脚了，我来了就找你，你给我帮衬。表弟找表哥，表哥上别的地方炒菜去了，把表弟戳这了，这本身就是过去那一套的。

杨：过去好多餐饮是山东人，不就这么来的嘛。

陈：现在一个真正正牌的企业家不这么干，你想啊，企业发展这么大，得有多少亲戚能用啊？是不是？你就必须选好了人，靠得住的人，你得相信人家。疑人不用啊、用人不疑，你用人家还怀疑人家这个那个，当然不可能没问题，如果不出问题，咱们国家纪委就没用了。但是一个真正企业家，真正有谋略的企业家不认亲，过去我们讲做买卖不要"三爷"。

杨：哪"三爷"呢？

陈：真正的掌柜不要姑爷、不要舅爷、不要少爷，这"三爷"做不好买卖。因为什么呢？他做得不好，你管他不管他？你管他之后，他回去跟他妈说了，他妈给你打电话，要不就跟你吵架。尤其姑爷，回去跟姑娘说，姑娘跟娘家妈一说，这个娘家爹就倒霉了。所以过去好买卖人不用"三爷"，就是这样。

杨：可以给钱，但是不能让你在我这干。

陈：《天下第一楼》不也是这样嘛，我也是这样。你比如说这是我的三儿子，我的小儿媳妇儿在吐鲁番工作，吐鲁番让我接，我就说："第一是你走人，我不要你。"我老伴儿就说："怎么你去了，人家就不能干呢？"我说："不好处理，她做得多好，我不能表扬她、不能奖励她。她做得多坏，我不能管她，我一管她，你不答应，儿子也有意见。她做得多好，我一表扬和奖励她，职工有意见。所以你给我走人。"结果上东直门卖鞋、上西单卖服装，卖了一段。我老伴说："你说你这叫什么事？"我说我跟孙勇说说吧。我说："有个事你给我办办。"他说："什么事？您说。"我说："老三媳妇儿在吐鲁番，我让她走了，现在没有固定地方，这样也不行。""那您什么意思？"我说："上孔善堂，我跟茂全说了，茂全同意了。我为什么跟你打个招呼呢？跟你打个招呼，那就是从咱们公司角度支持这件事。"

杨：去哪？

陈：孔善堂，现在叫宏宝堂，卖字画。

杨：琉璃厂？

陈：对，琉璃厂把角儿那地方。你说她在我那，我怎么处理？她好了也不行，不好也不行，这就不好办。所以这个就是避嫌。你好处理，你说你这个企业有多少职工，你说我不公道，可能我处理这事没处理公平，就是处理的方式有毛病，但是我没私利。你说遇上儿媳妇儿的事，我怎么处理？不好办。过去旧社会的饭馆都不要"三爷"，做买卖的都不要"三爷"。但是现在一些企业的老板，没有远见的老板就把自己的亲戚朋友全拉进来，我这挣钱多。所以过去做买卖不用"三爷"，跟现在一样不能任人唯亲。还是那句话，经过考查，适合干什么就应该干什么。本身有这个本事，你不让他干。没本事的人搁那了，能干好吗？所以这个现在的企业有好多，开始是家族企业，到一定程度就分家了。你说那个刘永好多好，现在哥俩还分呢，你南派、我北派，中国南方归你、中国北方归我，到一定程度还要分家呢，那还算好的呢，哥俩。哥四个当时那么艰苦奋斗，现在弄成这么大规模，最后还要分家，你怎么着、我怎么着。如果说那个谁，他叫陈什么？就是老给钱的那个什么？

杨：陈光标。

陈：他讲了："我弟弟妹妹都在我这，都不好干，结果我一人给你100万元，你爱干什么干什么，缺钱还找我。"结果弟弟他们不争气，100万元放高利贷，最后钱没了，高利贷崩了。妹妹也不干什么，最后折腾的100万元也没了。那最后怎么办？还回来，那你别回来，该干什么干什么，我把钱给你了，你在我这不正经干，我给你钱了，你也不正经干，我有钱是我的，你困难我可以帮你，单独给你钱行，别在我这。

杨：过去有句话是“救急不救穷”？

陈：对，另外有些人不会用钱，你说用100万元做点生意，能由小到大。他拿这100万元不知道怎么用，钱烧的就折腾。那天我听了他一个讲话，就说我妹妹怎么着，我弟弟怎么着。就是我现在理解，比如现在国营企业一个班子如果不团结，如果两个人互相争、斗，那结果就不好。我还说任何一个企业，不管家里头、企业、工厂、矿山，乃至于国家，“一言堂”，一人说了算。说你说这话就不对了，怎么能“一言堂”呢？我说，那叫说瞎话，那叫无知。任何一个企业，书记和经理肯定有一个人说了算，不是书记硬，就是经理硬，不可能俩人都说了算。一个企业哥俩好，你尊重我、我尊重你，你怎么办、我没意见，我怎么办、你没意见，这是“群言堂”。我们党的组织原则是民主集中制，是不是？在民主基础上集中，在集中指导下民主，不是大民主。

当然拍板的人是经过千锤百炼和多年考验，确实有拍板的能力才行。那“胡子老婆乱当家”怎么能行呢？我从来不民主，但是我从来民主。我要办一件事，咱们大家一起讨论商量，你什么意见、我什么意见，你说的意见和他说的意见要是我都听，我是干吗的？我对上级负责，你们都得对我负责，那你们的意见我听了，谁意见好、符合我的心意、谁的意见符合实际，咱们采纳，最后归结起来，这叫民主，最后到我这集中，“啪”就拍了，是不是？企业也一样，任何一个个人，包括一个家庭，你要没个好家长，这家里也是照样。你说哥几个的意见都一致？我这三个儿媳妇儿，你说得意见一致？那不一样，反正不管怎么说，谁说什么，我不同意都不能办。你看我三个儿子50多岁、40多岁，说是要买房买哪的，花多少钱。虽然自己买房，也得跟我说说。说要买车，买的什么车？花多少钱？需要买车可以，买什么车？就是该怎么办怎么办，你看老二途锐100万元，买这么好车干吗？他不买这么好车不成，他做买卖的。

杨：等于是一幌子。

陈：就是“打肿脸充胖子”，证明你的实力，是不是？那你不让他买就不成。你说老三是厨师，上下班弄个途锐？你挣多少钱啊？你养得起吗？一个途锐，保养一下就1万多块，普通车保养一下才几百块钱，你得说是干什么的，用得着吗？所以这个问题就是从实际出发。你想我这几个孩子不管怎么着，稍微大点的事都得问我，我一般不会这不行、那不是，只要你说得对，符合你的意愿就办。没钱我给你，我还可以支持，毕竟我还有点钱。钱虽然不多，但毕竟我没用啊。你说一月4000多块钱退休费，我们俩一个月7000多块钱，吃不了喝不了的，这帮虽然白吃吧，也就够了，是不是？孙子有点事，我也掏点钱给他。我这么着，很踏实。

杨：是。

二、社会变迁下的老字号

【访谈者按】老字号看似是个有关传统的话题，但其实正如中国的其他传统事物一样，在每个不同的历史时期，都有着它自己的变化。从解放前的饭馆、饭庄，到解放初期的对私改造，到1956年前后的公私合营，再到改革开放新时期，我们今天看到的老字号无疑都经历过巨大的变动。当代人观念中的老字号，其实与解放前的那些名店相比已经有了巨大的差别。过去的那些老字号是怎么变化的，了解的人并不多，或者对这段历史发出声音的人太少。面对老字号的历史问题，陈先生作为这些变化的参与者，目睹了它们的全部变化，也有很多自己的思考，解放前北京的餐饮业是什么样的，解放后又经历过什么样的重新洗牌，尤其是那些老店在公私合营之后变成了“某某大食堂”“某某小吃店”，改革开放之后，又变回了“某某楼”“某某居”，而有些老字号又是从来没有变过名字，这些都是非常有趣的问题。我觉得这些正是我们现在看到的形形色色的老字号的多种来源。我觉得这是非常可贵的，至今没有人来对这些问题进行总结。我们现在看到的老字号资讯，主要也都是商业宣传，大多是从各名店的源头讲起，但从解放以后到改革开放之间，基本都是抹去的。很多业内的亲历者，包括历史学者，都从未对这些问题进行过系统的梳理和总结，我想这部分口述，可以作为一部老字号简史，或是餐饮业简史的基础。北京是全国老字号最多的地区，餐饮行业在其中也尤为著名，这也是我一直以来关注的一个问题。晚清民国时的“八大堂”“八大楼”“八大春”等知名的饭庄、饭馆非常多，陈连生先生作为这一行业的老前辈，他经历了这些老字号的变迁，并有自己的总结，他这段对于老字号问题的讲述，是非常有意义的。

我把这一章的主题定为“变”。第一部分，也就是商业的宗旨，谈的是如何变，一个企业应该围绕什么样的核心来变，这一部分，则通过老字号的历史变迁，展现了社会历史中企业的变化，是从真实案例中对上一部分，也就是商业宗旨的解说。特别是“老字号”这个概念，绝不仅仅是个有年代的牌匾、字号，老字号之所以有价值，正是它的商业精神符合了陈先生所说的经营宗旨，他进一步提出的老字号的四条标准，揭示了它的内涵。从老字号这个角度来谈商业中不变的经营规律，谈围绕着这种经营规律而展开的与时俱进的变化，是一个非常好的诠释。

杨：我听完您上次说过您的经历，尤其是解放初期公私合营之后，我就觉得解放以后咱们北京的所有饭馆等于是重新洗牌了，所有店的特色都等于是重新规划了一样。

陈：嗯。

杨：后来的各自特点，像南来顺后来等于是您给抓起来的？

陈：对。

杨：其他的是怎么形成的呢？

陈：我觉得你提的这个问题很现实。1956 年公私合营，合营之前有一部分饭馆是由国家拯救、保留了。

杨：为什么拯救、保留了呢？

陈：1952 年对私改造以后，所有的饭馆，尤其是“三反”“五反”以后，所有的饭馆基本萧条。

杨：为什么呢？就是因为对私改造吗？

陈：第一是对私改造，资本家经营没有积极性；第二是政府限制，利用改造首先限制了他们；第三是“三反”“五反”以后，一些铺张浪费的问题，反贪污、反浪费，好多饭馆一下子就萧条了，很多饭馆就倒闭了。

杨：没人敢出去吃了，我听我们院一个老先生说，他们家过去也是大户人家，就是特别爱吃的那种。到了50年代之后，也是想吃去，但是有时不敢了。他给了一个特别典型的例子是什么呢？他爸爸带着他明明是奔饭馆，走到饭馆门口有同事过来，扭脸儿再往前走，不敢进了。这就是对人的这种批判，你自己有钱也不行，大吃大喝不行。

陈：那个年代艰苦朴素之风非常盛行。比如像丰泽园就是政府保留下来的，因为它比较有特色。在解放前后，山东饭庄当中它应该算是比较活跃、比较有特色、有代表性的。由于各方面问题，到了1952年已经经营不下去了。当时北京市政府有几个管商业的领导，跟市里领导商量说："这个不行，如果这些企业都倒闭了，第一是影响市场，第二是我们还需要。"因为政府有些行为，比如接待外宾、招待一些高层次的人、统战一些活动，所以政府出资，类似这样的饭馆，在1952年以后它们就合营了，第一个公私合营的。

杨：要是饭馆不行就接过来？

陈：政府出资、政府赞助，最后政府加以管理，成为公私合营的企业。企业是私人的，政府出资参与管理了，就变成公私合营。所以这种饭馆保留下来了。在北京老的有规模的饭庄，丰泽园是一个典型。同和居这些老字号也是老合营户。

杨：老合营户就是当时就给接管的？

陈：1956年是公私合营高潮，它们就是提前合营了。这是政府需要、社会需要，这一部分比较有代表性。一个是统战政策，需要接待一些人，或者是外宾，等等。过去丰泽园等企业都是国家所需要的，不仅仅是社会需要，也可以说是政治上的需要、社会上的需要。

杨：咱刚才说1952年时有一些老的合营户，这些老合营户，是不是大栅栏好多手工艺就是那时恢复的？

陈：对，荣宝斋在1952年已经不行了，就要关门了，也是北京市文化部门的一些领导提出的意见。最后不行怎么办呢？政府注资、公私合营、派进一个经理，派进谁呢？侯恺，就是解放以后荣宝斋第一任经理，大概90岁边儿上吧。这个人本身到荣宝斋当经理就是个外行，但是这人很钻，悉心向那些过去的老人学习，最后懂了不少文化界的知识。后来跟市委副书记范如生、张旭、黄胄、少羽这些人的关系都不错，侯恺是1952年进去的，这种企业本身就是政府支持，包括工业、手工业，还有一些典型的企业。

杨：您说到这呢，我想起20世纪50年代初林徽因写过一篇《和平的礼物》，说到老北京手工艺品，像珐琅彩景泰蓝这样的，具有很高的价值，呼吁国家对它们进行保护，这些手工艺匠人很多都集中在前门地区，您是不是了解这个时期他们的情况呢？

陈：珐琅是以花市那块为主，这一批是1952年救的。这一批是当时比较有代表性的。比如荣宝斋本身是很有历史性的，而且是文化战线上的一个旗帜，文化界活动的一个场所。那时，侯恺进去当经理，后来跟我聊过，因为他跟我关系不错。老头现在可能还健在，反正前几年在清华池门口碰到他一次，已经走不了路了。他的大儿子跟我关系也不错，老伴姓白，叫白燕。你想想，那时一个是田科长、一个是董寿平，他们都是业务上的。田科长一天干什么呢？上班以后到单位点个卯，就背着手出去遛去了。遛什么？就是去旧货商店。

杨：他去收？

陈：或者所谓的潘家园市场。这是谁的，用寥寥无几的钱收来了，回来以后重新一装裱就行了。

杨：专门收书画？

陈：因为人家懂。我那里开张的时候，侯恺、张旭、黄胄一帮人去了，“这间屋子不错，墙上空着啊？老侯，你看怎么弄？”“好办，我给你弄弄。”结果田科长推着个三轮车，一个小伙子拉来一车，徐悲鸿的马、齐白石的竹子和虾，都是复制的，不是真的，然后就装上了。人家去了以后说：“唉，这都是假的呀！”“那怎么着？”“弄几张真的呀，找他，找他。”意思就是找黄胄，给弄两张。“老黄，你也弄一张。”“行。”这时王雪涛画了一张牡丹，我去取了，然后裱上了。黄胄在哪住？协和医院南门那有个小四合院，在那住。

杨：那个是煤渣胡同？

陈：现在拆了。我那天去看的，小四合院。我去了还没画呢，就说："你来了。"我说："您今天让我取画。""哎哟，我没画呢，等着。"然后画驴，这一笔这么一挑，驴屁股就出来了，然后脑袋上几下，就五分钟，这一张画就扔地上了，然后又画一张，又扔地上了。"行了，拿走吧。""哟，这就完了？""那怎么着？"结果我拿出一看，怎么五条腿的驴，他把那个尾巴和腿都连上了。

"文化大革命"这一来，像八一电影厂的政委刘力生给我写的字，就全没了。头一天晚上夺权，我们都是掌权的呀，就得交印，不交不行。然后都交代完了就回家了，第二天早晨一来全空了，地毯也揭了，沙发也扔楼顶上去了，说是"四旧"。最后地毯糟到什么地步？拿手一抓就一把草，雨淋了没办法。红卫兵"破四旧"，你没脾气啊。

1952年合营期间，各行各业都有，不只是丰泽园和荣宝斋。

杨：大栅栏那边是不是手工艺特别多？

陈：手工艺特别多，但是得是知名的、够级别的。

杨：现在好多咱们看到的国营厂，景泰蓝厂、珐琅厂，包括过去的一些漆器，这些东西是不是大部分1952年合营的？

陈：也不是都是。就是一部分有代表性、够规模、有影响力的，政府先注资，然后派经理。荣宝斋侯恺进去，14级干部，书记是一般的干部，大经理、小书记，书记听经理的。他是14级了，接近文化部副部长的职务，在文化部里他可能就是个司长。

杨：16级可能就是局级、高干了吧？

陈：不，13级就算高干，17级以上都属于高干范畴，但是不够格儿，侯恺进去是14级。

杨：那相当高了。

陈：相当高了，媳妇儿是回民。为什么老来南来顺吃饭？他媳妇儿叫白燕。另外文艺界的人喜欢吃回民菜，南来顺当时在北京来说是规模最大的饭馆，东来顺也没有这么大规模，就是这么个问题。

杨： 有很多现在看着非常辉煌的老字号、大饭庄，其实在以前并不是特别起眼儿。

陈： 北京现在是这样。

杨： 不说像东兴楼在80年代重开的这些。

陈： 我跟你说，多数都是80年代以后恢复的。为什么这么说？1956年公私合营以后，北京两大民生，第一是小吃店，菜市口小吃店、虎坊桥小吃店、磁器口小吃店，这是一种。另外是大食堂，所有企业都不是这个庄、那个庄，都合在一起，比如西河沿大食堂、广安食堂、磁器口食堂，都是以地名为主，极少数的是原来的饭庄。

杨： 萃华楼是保留的？

陈： 对。像隆福寺就是地名，那个时候像白魁什么的都改造，叫什么红卫、胜利、红旗等等，改革开放以后恢复了一些老字号。有的原来的老字号没改的，这是极少的，比如南来顺。南来顺在1966年"文化大革命"一起来，就改成新胜利小吃店，不叫南来顺了。70年代末才恢复南来顺，其他的也一样，像什么砂锅居也改过名，等等。这些都是改革开放前后恢复了原来的字号，扩大了规模。什么时候开始装修呢？80年代初，小吃店一装修改饭庄了。饭庄一装修、一扩大就提高了档次，这是70年代末、80年代初。

杨： 您是从小在大栅栏长大的？

陈： 是，我一直没有离开珠市口。

杨： 老字号的一些饭馆，您能不能逐个给我说说，它从解放初到解放后的变化。比如两益轩，过去"三轩"，一楼、二烤、三轩、四顺嘛，那这个两益轩合营的时候是一个什么样的情况？

陈： 两益轩本身在50年代初就关了。过去就在那个李铁拐斜街路北头，这叫三元店，三元店的里面有住店的客人，前面是饭馆。

杨： 就相当于现在酒店的前厅似的。

陈： 两益轩、同和轩、同义轩都在那条街。

杨：都在李铁拐斜街上？

陈：斜对门，都是回民馆，都是南方来的客人。

杨：南方来的客人？

陈：住这个地方，住三元店。那么两益轩到什么时候关的呢？解放初期就关了。

杨：就是“限制、利用、改造”的那个时候？

陈：对，就关了。什么时候恢复的呢？改革开放以后恢复了，在牛街北口。

杨：就是说关了之后，那就没了。

陈：没了。

杨：那您刚才说游园的时候那个两益轩……

陈：我说的是“两益轩”这名，它前身就是广内国营食堂，后来那地方改成两益轩。两益轩本身改革开放恢复了一段，后来跟内蒙古海拉尔畜牧局合资，盖了三层小楼，一层散座、二层包间、三层旅馆。卖炒菜，也没卖正经八百两益轩的东西。开了几年，买卖不景气，因扩建两广路就拆了。

杨：它那时候是在广安门内是吗？

陈：就是牛街北口西南角。那么现在两益轩还有一个人，是两益轩的本家叫王世华。这个人还在，大概今年也得九十二三，这是两益轩的后人。那么恢复两益轩的时候他在那当堂头。他弟妹是我那的一个服务员，还是个劳动模范。两益轩这个买卖是咱们恢复的，恢复以后不行，一拆迁，又关了，又不存在了。

杨：那其实就是由原来一个中心店，然后再恢复老字号？

陈：恢复老字号不是它，是公司主张恢复老字号。

杨：然后就把这中心店给改成两益轩了？

陈：不，中心店还是中心店，两益轩是中心店下属的一个单位，不直属公司。

杨：是那中心店恢复的？

陈：对。

杨：公司恢复，然后让中心店派出这么一个？

陈：在那选一个点。另外还有一个同和轩，这个同和轩，现在这后人把这字号利用起来了，同和轩姓马。

杨：那这个同和轩解放以后是怎么着了？

陈：也停了。

杨：也是自己就关了，是吗？

陈：就关了。

杨：也是50年代初？

陈：但是后来也恢复了，在哪呢？大栅栏西口，路北头。是在大栅栏小吃店的基础上恢复的同和轩，恢复老字号嘛。恢复以后，大栅栏一拆迁，这小吃店没了，同和轩也没了，但是同和轩马家把这东西拾起来了，现在牛街教子胡同往南走，往高处一瞧，路西边有个楼，那楼上五层写着“同和轩”。为什么呢？人家保留这个字号，这是我们家的，但是不卖饭，它里面是画廊。

杨：您跟我说过。

陈：那么同义轩呢？到现在没有人恢复。

杨：那同义轩也是50年代初关的吧？

陈：也是。对私改造的时候基本上就没了。为什么没了呢？人还有。归到什么呢，食堂、小吃店。我们那字号就不要了，比如说同和轩的人，两益轩的人，同义轩的人，那好些人呢，炒菜的就归粮食店，归回民食堂了；卖小吃这一块呢，就剩大栅栏小吃店，老字号没了，分成俩新字号。

杨：完全都是调拨出来，重新洗牌了。

陈：在那个年代，兴起的就是食堂、小吃店，两大类。

杨：像汉民馆子，那时候过去的老字号致美斋、致美楼，这不是原来都是宣武门的吗？

陈：也都没了。

杨：我是说大概什么时候没的？

陈：也是在50年代，解放初期。

杨：我就是想问问，它各自这些买卖……

陈：多数是两个途径，一个途径就是公私合营以后，你那小点叫两益轩，叫什么也不行了，综合起来咱们叫回民食堂，那几个综合起来，咱们这叫小吃店，你们那四个（字号）我就不用了。那么什么时候恢复老字号？改革开放。那个是老字号，恢复。公司牵头，找那么几个人组织，最后恢复。比如说泰丰楼，到现在还存在，那也是改革开放以后恢复的。

杨：八四年、八五年？

陈：比如说惠丰堂等等这些，都是老字号。

杨：这个惠丰堂和厚德福……

陈：都是宣武的。

杨：后来不是支援海淀了吗？

陈：对，都是支援海淀建设了。

杨：那原来支援海淀建设的时候……

陈：全部。

杨：是什么形势？因为支援海淀建设的时候已经没有惠丰堂和厚德福了吧。

陈：有啊。因为支援海淀建设的时候是50年代初。那时惠丰堂还存在。厚德福是在大栅栏里头，一个小胡同进去以后一个大院，50年代初。

杨：就是把所有的人员都调拨到海淀去了。

陈：有的人不去，不去你就留下。那个时候不像1956年以后，人是死的，那时候人还可以活动。你可以不在这干了，你干别的去。比如说“羊头马”师傅，我不干了，我当工人去了。1956年以后人员就不可以随便变动了。

杨：都是国家体制内的。

陈： 你随便变动必须经过政府同意，经过你这主管单位同意，是这么个问题。说那老字号没了，本身有了食堂、有了小吃店，几个老字号合在一起，叫你那名字不合适，但是也有的保留了，比较规矩的、成规模的，比如说同和居，它那里没变。

杨： 它不是老合营户吗？

陈： 对，它就没变。但是“文化大革命”当中，它那字号就变了。

杨： 是，“文革”基本都变了，连胡同名儿都变了。

陈： 现在又恢复。

杨： 比如大教的饭馆也有好多，比如刚才咱们说的惠丰堂、厚德福，还有原来的泰丰楼，很多这些大饭馆都在宣武。

陈： 这个汉民馆啊，我接触得少。到了公司以后一段时间，管了那么七八年、十来年。

杨： 您不是管那个兴升馆吗？

陈： 大概也了解一些，谈兴升馆还不是我在公司的时候，因为我在兴升馆，自己在那工作过。兴升馆实际呀，就是一个山东的中型饭馆。那个时候的饭馆呢，在粮食店街上，一条街全是卖饭的。

杨： 为什么会在那有那么多卖饭的呢？

陈： 煤市街粮食店两条胡同全是饭馆街。

杨： 这怎么聚到那的呢？

陈： 这是历史形成的。过去本身清朝的时候城里头不能开饭馆、不能开戏院，文化娱乐场所也不行，因此都在前门外。这个前门外有大栅栏商业街，必然去的人就多。那又有八大胡同。另外又有天桥，是文艺聚集区。这些人，不管是到大栅栏逛街也好，还是去天桥玩也好，怎么吃饭呢？因此这个地方就自然形成饭馆一条街。你比如有一首诗说“馅饼周”，怎么说的呢？说的是“居处长安未足忧，平民食物尽堪求。至今煤市街前过，犹有当年馅饼周”。那天《这里是北京》说“馅饼周”都卖给什么人，“馅饼周”本身就是卖给那些拉骆驼的。“馅饼周”就是当时的快餐，既有馅饼，又有粥。过去北京的运输工具里，骆驼是一个很重要的方面。它送炭、送煤，这饭馆必然需要啊，那么就是骆驼队、骆驼群，所以就说是卖给拉骆驼的。

我说不完全是卖给拉骆驼的，就是周围的平民百姓也到这个地方吃馅饼。那天我讲了“馅饼周”的馅饼有两种，因为本身卖炮肉、炒菜，总之随刀下来一些肉头，它得处理呀，所以就卖馅饼。另外一种，门钉肉饼是小馅饼，那个小馅饼就不是肉头的，是精肉。所以“馅饼周”本身的馅饼，我引进的时候是两种，我在南来顺待的时候，60 年代卖馅饼的时候怎么卖呀？二两一个，一毛六分钱，两个馅饼、一碗粥，一个人吃得饱饱的。二分钱一碗粥，俩馅饼三毛二，三毛四分钱吃得饱饱的。就是有菜、有肉，在某种程度上就是这样。另一种呢就是门钉肉饼，但那时也不叫门钉，就叫肉饼，就这么大。

杨：名字上是否有所区别？

陈：那时的小馅饼不对外，是对内的。为什么不对外呢？因为对外本身呢，它没有那么大供应量，就一个人会烙。既要烙这个大众的，又要烙这个小的。这个小的呢，我那时候，南来顺 1961 年至 1965 年期间，所供应的单位在回民这一块多数都是一些高层，比如京剧界、文艺界的这些高层，还有书法界，另外有一部分就是外交部礼宾司，这些阿拉伯国家的客人。来了以后上馅饼就是上这个小的，就是把牛的“上脑”改刀，剁这个肉，这个量很少，一个人弄不过来。另外这个面别人拾掇不了，顺手流，全凭这个手艺。

杨：是烫面吗？

陈：不是。

杨：那为什么流呢？

陈：和的就是软点。本身啊，冬天是用点温水，夏天就是正常凉水。和得相当软，就是顺手流。那么它凭什么能包成馅饼呢？第一讲的是速度和技术，第二就是面干儿，就是干面。拿来就抓，特别快，所以能成形。要是换咱们就成不了形，那个馅儿打不进去。这个东西呢，在 60 年代，1961 年至 1965 年之间，我那个地方，一般高层客人吃这个东西。我又有“馅饼周”的两个人，还过来一个老头，保证了烙出馅饼的质量。

杨：我明白，就是您说的兴升馆的老杨师傅？

陈：对，是他这么个人。那个年代这个老头就 80 多岁了，而且黑荫池在 60 岁重新拜师。

杨：哟。

陈：黑荫池本身就是他的徒弟，但是为了证明是他真正的徒弟，所以就在 1961 年、1962 年我主持的那个拜师活动上，正式办了师徒合同的手续。

杨：那年黑荫池也拜了？

陈：对。

杨：我想老杨师傅那年只是收徒弟？

陈：老杨师傅也收了，黑荫池也拜了。上面是拜师傅，下面是收徒弟。所以呢，“馅饼周”本身是这样。

杨：您就说说那时大栅栏的变化吧。您再说说打磨厂的福寿堂，原来您也说过，现在看大栅栏有好多老字号您都没见过？

陈：对。

杨：您经历的大栅栏的事能不能说说？

陈：我是 1958 年去的兴升馆，兴升馆就在粮食店街，一拐弯就是大栅栏。在粮食店北口路西，中和戏院。那么过了中和戏院就是六必居，六必居一拐弯不就大栅栏嘛。我们那时候的大栅栏啊，我觉得几大家，像瑞蚨祥、帽店、鞋店、同仁堂药店。

杨：帽店是马聚源吗？

陈：马聚源、内联陞都有，帽店、鞋店，有一个妇女服装店，就是现在路北东口大铁门这个，跟瑞蚨祥那个门差不多。50 年代那是妇女服装店。瑞蚨祥挨着妇女店，专门卖妇女的衣服。1956 年搞了一次展览，叫轻工业食品展览。各路吃的和穿的，就在那个妇女店，我在那里当讲解员。从那以后，又办了一个大的，在文化宫整个西大殿，就是吃的、穿的，是轻工业局和服务局，大概几个局联合。那个过去是一个什么老字号，就改成妇女店，现在楼上卖衣服，楼下也卖，反正分了好几块。那么大栅栏东口的第一家就是大通冷热饮食品店，这就是在大栅栏东口紧把口那一家，现在拆了没有了。现在进了东口，目前有一个，这个地方叫什么不知道了，以前也是个卖服装的。现在卖什么呢？叫热狗什么玩意儿，一个近似西餐的店。往里这一块呢，一直从北边走，过去是大栅栏一百、二百店。

杨：第一百货店、第二百货店？

陈：对，现在都不存在了，都改成一个一个小屋了。但是瑞蚨祥有一个二妙堂，二妙堂过去是庆乐戏院。庆乐戏院再往西走点可能就是眼镜店，还有什么店来着，挨着就是一百、二百就过来了。这边呢，西口是我们的，叫茶馆，国营茶馆。再往东边一点，现在郭德纲那个地方，广德楼，那就是一个小剧场，在那里头。那么路南呢，从西口往东数呢，第一家是自行车商店，现在大观楼影院就是原来翻建的地方。再往南这么走，什么同仁堂啊、内联陞啊、马聚源啊、张一元等等，就是路南这一溜，不像现在的乱七八糟，是比较整整齐齐的一条街，都是正经八百门脸一条街。这个你要想弄细一点，可以查一查。

杨：嗯。

陈：这个你看《蓝调南城》这本书大概也有，肖复兴数了22家，他写了22家，写的是大栅栏还是哪，我记得是数的老字号20多家嘛，你可以看看这本书。

杨：有，好几年前看过。

陈：还有一本书可以看，你要是看饭馆，民族这块挺突出的，叫《清真饮食面面观》还是《清真食品面面观》？这个将来我给你找一本，吐鲁番那有，这是单守庆写的。这个写的都是回民吃的，另外回民的一些礼节、斋月什么的。这个可以看，我觉得这本书也不错，也还行。

杨：本来还想问您一个事，就是这个饭庄、饭馆，我对这个概念不是那么清楚。

陈：这个里面啊……

杨：特别老的和现代的不一样了。

陈：我在北京饭店给日本40多个企业家讲了一次，从小饭摊、饭棚子、二荤铺、饭庄这么四个层次，饭庄还分大一点的、小一点的这么几个。说过去真正像咱们说的福寿堂这么大的，真是极少极少，真是在当时就是这么几家。

杨：八大堂可能就这么几家。

陈：能跟北京饭店去比较，就是那个规模，是不是？虽然是平房，北京饭店是楼房，当然规模就大一点，但毕竟是过去旧社会的饭馆。你像现在泰丰楼没多大，但是也比过去的泰丰楼大。

杨：原来不是在煤市街吗？

陈：对，也比过去的泰丰楼大。你比如现在的丰泽园，比过去的丰泽园大多了，四进四合院啊，门朝东嘛，是不是？过去请客说是叶剑英来过，那也是小范围的，一两桌，也就这样。不像现在一弄多少桌呀，是不是？那时我们珠市口大街有两大家是50年代比较受欢迎的，一个是晋阳饭庄，晋阳饭庄建了以后不是对内嘛，就是对内市委、市政府啊，国家机关啊，对内不对外。在晋阳饭庄吃饭的车能排到煤市街，这就是晋阳饭庄开张以后，要比丰泽园什么的火得多，有过这么一段。当然“文化大革命”以后，它对外了。另外一家就是民主剧场。

杨：民主剧场？

陈：是，看戏的。民主剧场的车从铺陈市一直排，在路南能排到煤市街口。在那个年代，那车都是什么呢？华沙。华沙就是后面平的那个，一个是华沙，另外一个叫什么？那个吉普车叫什么？

杨：212？

陈：那叫什么，苏联69，反正就是这车多，还有就是老的奔驰，小型的那种老奔驰，那时都是这种车型。再大的高一点的就是吉斯、吉姆，不多，但是那些饭庄不是像现在乌央乌央的。婚丧嫁娶，这是大量的。过生日、过满月，这是大量的。那么正常的客人都是三五个，十个八个，一桌两桌，都是这样。因为过去的饭庄本身不是像二荤铺一样，过去就是二荤铺也算上，比如我学徒的会芳春是六个人，那进来吃饭的人也是稀稀拉拉一会儿进来一个，这个进来弄了半斤炒饼，那个进来弄碗炒疙瘩，那个进来来碗面汤，不是像现在到饭口人乌央乌央的，是稀稀拉拉的。

那么现在应该说，饭庄这个行业和过去相比是兴旺发达了。过去像我们，早晨起来上市场买菜，该准备都准备完了，就坐那侃大山、聊天，来了一个客人，大家都该干什么干什么。这个客人就吃一个菜或者两个菜，吃完走人。一会儿再来一个，真正到十一二点钟，可能也就进来十个八个，也就这样。过去为什么叫冷庄子，那冷庄子本身很可能一个礼拜都这样，开张一次以后，临时抓啊。我这个开冷庄子的也有一帮人，没事的时候你们该干什么干什么，我有买卖提前给你们打招呼，哪天哪天你们干什么，就是这样。所以过去大规模的冷庄子，还有一个问题呢，送饭。

杨：送饭？

陈：冷庄子送饭。说我们家今天来客人了，不做饭了，饭庄叫一桌饭。打个电话或者小跑，叫一桌饭。不是现叫现来，也是提前订。订这桌饭，我给你做得，就是冷庄子的事。这么大的圆箩，老高，挑着，连菜带汤什么的全来了，有的是加工好的，有的是在你这适当加工一下，改改刀儿、加加热，等你家这事完事之后，吃完了就收起来、挑回去。另外那家小一点的（饭店）就挨家送，送一个人的、俩人的，像机关的，还有大买卖店掌柜的，送得多。哪像现在都是坐门等客、坐店等客。

杨：是。

陈：没有送外卖这一说。现在肯德基什么的有这么一个小车，过去饭馆都送，包括二荤铺都送。我天天给孙孚凌他们送饭去。民主剧场对过嘛，孙孚凌他们市工商联就在珠市口路南，现在这地方还有啊。现在就剩一个教堂了，珠市口教堂。南面那一溜，你看那个中和汽车行，我也给送饭，中和汽车行一共是三部车、六个人，一个掌柜的、一个账房先生、三个开车的、一个替班的。那个先生掌柜的也是，你给我送什么呀？一碗木樨汤、半斤炒饼，一碗木樨饭、一碗豆腐条汤，寥寥无几。过去所谓二荤铺就做这个买卖，饭庄就是等着。一个是婚丧嫁娶，一个是应付很多事情。

杨：我看过去那个文献，经常就说这个大饭庄弄的都是上百桌？

陈：我跟你说啊，真正上百桌的没有几个，哪有像现在说结婚一请多少桌，您不就是亲戚朋友吗？过去跑大棚就解决问题了。说我们家有点什么事，跑大棚的来了，订多少桌，我这全给您办了。家具、原材料、火什么的，它是这个。比如丰泽园具体是谁我就不知道了，是29军吧，打完仗以后庆功。29军军长这几个当官的，他们对丰泽园印象不错，最后说要招待这些当兵的，叫劳军。你丰泽园怎么办？人家丰泽园有办法，怎么办呢？你有多少当官的？都是谁？问清楚多少人，我丰泽园负责做。其他那些当兵的就找跑大棚的，你包一块、他包一块，几千人吃饭同时开，几个跑大棚的，每个跑大棚十几个，十几家跑大棚的就把这事办了，当官的由丰泽园自己做。所以这大规模的是这样，除去北京饭店和刚才说的福寿堂之外，哪还有多大的？你说丰泽园有多大？东兴楼有多大？根本就没有多大，一般弄个十桌八桌就算了不得了。

杨：我见过原来东兴楼的照片，连楼都没有，就是平房。

陈：对，哎哟，三间门脸就大买卖了。你说瑞蚨祥多大？那是最大的吧？现在还在。你看同仁堂多大？同仁堂现在有三间了，以前也没有瑞蚨祥大，“前店后厂”，后面是加工厂、前面是营业的商店。

杨：没这么多人和销售量。

陈：对，全北京解放的时候是100多万人口[1]，就是二环路以内，只是说北京城内。当然现在多了，别说100万人口，现在2000多万了[2]，当然现在包括郊区了。

杨：其实郊区还是没有市区人多。

陈：对，现在有名有姓的人家有数，那没名没姓漂着的也不少。

杨：我想问您，您说80年代的时候集中恢复老字号嘛，为什么要恢复老字号？我听黄宗汉先生说，80年代初，时任北京市领导提出了一个“夺回古都风貌”。

陈：不是，这位领导在饭馆提出一个问题，首善之区，站在北京，得吃到全国。因为北京是中国的首都，那么应该说是世界的首都，因为国际交往挺多，所有风味都应该引进，这是一个。恢复老字号是有一个过程。因为毛主席对老字号有批示，并且点了好几家老字号的名，什么全聚德、同仁堂、瑞蚨祥、荣宝斋等等，那么这个恢复老字号有一个过程。

杨：毛主席点名是什么意思呢？

陈：就是必须保护这个老字号，这个有根有据，你查，“毛选”（即《毛泽东选集》）有，这个绝对都有。毛主席当时说这些老字号是咱们中华民族的文化遗产，所以要保护，要传承下去。那么这里面恢复老字号就是“文化大革命”期间，把很多老字号都以“封、资、修”批了。

杨：改名了？

陈：对，“文化大革命”以后要复出，不能还是那一套，什么红旗食堂等等的，是什么就是什么，所以南来顺恢复了。

---

① 据1949年10月北京市人民政府调查研究室所做的《北京市综合统计》，当年9月北京市城区人口1320499人，城郊人口1961457人。

② 据北京市统计局最新公布数据，2013年北京市常住人口为2115万人，其中本地户籍人口1313万人，外地流动人口802万人。而根据社保部门的数据估算得出，北京市的常住人口实际上已经接近3000万。

杨：南来顺在“文革”期间还改过名？

陈：对，叫新胜利小吃店，然后恢复了。这样很多的食堂、小吃店又恢复了一些老字号，那么毛主席对老字号这个问题已经有批示了，这个老字号就逐渐恢复了，就成立了老字号协会①。你是老字号协会，就必须要恢复老字号。这个老字号协会一成立，很多老字号从客观环境上允许了，那么有些老字号除了老的一些正常保护下来之后，又恢复了一些。比如当时的元兴堂，说人家元兴堂是过去的老字号，然后恢复了。还有你谈的泰丰楼，在这种情况下恢复了一些。比如我们泰丰楼、元兴堂、美味斋、致美斋、致美楼、南来顺，反正总之吧，恢复了不少。

杨：东兴楼什么的呢？

陈：东兴楼不是我们公司的。当时全北京一样，全国都一样的，有这么一股风潮，所以就恢复了一些老字号。那么原来的食堂、小吃店就改了老字号。其他行业也有，变了字号的，现在也改回来了。那些字号本身不成字号，很多地方都是以地名为单位名称，比如菜市口药店、珠市口药店，这都不客观，应该是在这个地区，它本身是个企业，企业必须有一定的名称。统统以地名取了，不合情、不合理，确实要恢复，是不是？一个是毛主席确实有批示，确实恢复了一些，又成立了老字号协会，所以“呼噜呼噜”就改了。但是有名有实的有，有名无实的也有，而且有名无实的很多。

杨：所以恢复起来之后，我看很多很快就倒闭了。

陈：对，有名无实。凭什么叫老字号？有老字号的内容，没有内容

---

① 老字号协会：成立于2005年8月31日。由北京市部分老字号自愿联合发起，经北京社会团体登记管理机关核准登记的非营利性社会团体法人机构。协会主管单位为北京市商务委员会。现有会员来自商业、餐饮、服务、生产加工、文化等行业的老字号团体会员。宗旨是：遵守国家法律，弘扬优秀传统文化，团结北京老字号，真诚为北京老字号服务，努力维护北京老字号的合法权益，促进各方的交流和合作，推动北京老字号快速健康发展。2013年9月正式启动认定北京老字号的工作以来，在企业自愿申报的基础上，经北京老字号评审委员会审核评议，拟认定145家企业（151个品牌）进入第一批“北京老字号”名录。

叫什么老字号？是不是？没特色叫什么老字号？

杨：我看前门那边有的老字号基本就是卖旅游产品、布料的地方了。

陈：毕竟有些人还认，比如瑞蚨祥和谦祥益，你去了之后，丝绸什么的东西就比其他的大百货商场认知度高一点，但是东西跟大商场是一样的。你比如我在谦祥益做了一件汗衫，900 多块钱，光手工费就 260 块钱。那么你要买件汗衫，大概要买那个丝绸的也就是三四百块钱。那么你到谦祥益做，第一是质量，第二是按身裁，第三做衣服的人是有名有姓的，是比较讲究的。我前年做一件 900 多块钱，去年做一件大概 1000 多块钱，为什么到那个地方去？奔的就是那个字号，我们毕竟有点老的观念。现在老字号恢复不少，有名有实的有，有名无实的也有。昨天晚上便宜坊在电视上有个节目，就是吃多少钱，怎么怎么着，总店是在鲜鱼口里头。你上鲜鱼口总店瞧瞧，有人吗？没人啊。上次我提了一下，便宜坊啊，800 年古都，600 年老店，这样的老字号卖炸酱面，我说这叫什么呀！

杨：这不是自毁名头吗？

陈：是，你叫便宜坊吗？哪有这么干的？

杨：把炸酱面、卤煮搁在便宜坊这个牌子底下，不是给它跌份嘛。

陈：就是啊，所以我说有些人不懂啊，怎么都行。懂的话，那……

杨：卤煮是连二荤铺都进不去的东西。

陈：它自个儿砸自个儿的牌子。

杨：有个孙立新不是在它那吗，也不管它的事？

陈：他管不了这事，他现在卖的是自己，卖的是技术，哪有什么表演，他们是卖这个。要说真正在企业搞经营，也不是他的事。现在我还说这个问题。现在咱们呀，真正搞经营的、懂得经营的、认真抓经营的，国营企业现在真不多。

杨：您说是不是体制问题呢？

陈：为什么个人做买卖能做好？有些个人的买卖发展挺快、做得挺红火，有些国营企业的买卖别换人，一换人就完了。这个还是那句话，比如这个王秀兰，在张一元这到底退不退？早就该退了，现在还在那盯着呢。你比如说赵志良到底退不退？他是明年，菜百的。你说他退不退？李福成退不退？

杨：他是哪个企业的？

陈：啤酒厂啊，燕京的，全国人大代表，退不退？确实退了以后就有变化。柳传志不是现实嘛，退了，最后又重新复出。他退了，他指定的人结果“咔嚓”赔钱，他一复出，“噌”一下又赚钱了，这就是个人的作用。柳传志很现实吧？

杨：是。

陈：宣布退休了怎么怎么着，下去一年，买卖赔了多少钱，最后没办法，还是柳传志复出，买卖又起来了。

杨：买卖钱60年，就是您说的这个道理。

陈：就是这一个人，你没有经历你就吹吧，换了别人很可能好了，也很可能就吹了。

杨：想这么痛快的，肯定接班都能接得这么好也不容易。

陈：昨天的节目①我听了，你们谈了几个问题。一个就是福寿堂，福寿堂现在还有那个原址，你可以看看。

杨：就是打磨厂那个？

陈：打磨厂里面有个旅馆，路北那个。把角路南那个叫福星楼，不叫福寿堂。福寿堂是再往里走路北，现在有个旅馆，这个旅馆原址就是福寿堂。再有你们昨天谈的惠丰堂，惠丰堂不是海淀的。

杨：现在不是归海淀区了吗？

陈：不是海淀的，惠丰堂、河南饭庄都是咱们前门的。

杨：咱们老前门的？

陈：对，河南饭庄在大栅栏里头路北一个小胡同进去的大院子，特

① 这里是指北京广播电台体育广播的《饭点儿说吃》栏目，已于2016年8月停播。

点是铁碗烧鸡蛋，河南菜。

杨：就是铁锅蛋吗？

陈：对，铁锅蛋。那么这两家呢，是咱们前门支援郊区建设，给了海淀区，因为海淀区没有饭馆，全是小饭摊。城区一扩大，把这河南饭庄扩到西城来了，所以归了西城。河南饭庄可能关了，没有了，在护国寺东口。

杨：您说的是厚德福吗？

陈：是，关了，开了一段。

杨：关了，换成峨眉了，没有峨眉挣钱。

陈：那么另一个问题，什么是老字号？这是几年前了，市商委法制处要给老字号立法，让我参加那个会。人家都是什么普兰德、东来顺、清华池这些，我是吐鲁番的，不是老字号。后来讨论都差不多了。雷昆说："老陈，你谈谈你的意见。"我说："我谈什么？我不是老字号啊，我们是 1985 年开的。""那你也得说说，叫你来，你得有话说啊。"我说："我得先问你，什么是老字号？老字号的特点是什么？你凭什么立法？立法的根据是什么？"他说："你提这么多问题，你什么意见？"我说："现在我去逛大栅栏，好多老字号我都没听说过，我在大栅栏长起来的，都没听说过。像瑞蚨祥、同仁堂、张一元、内联陞、盛锡福这些都听说过，还有很多老字号不知道哪里蹦出来的。你说的老字号，字号老就是老字号。应该说 1956 年公私合营之前，拿出来一个就是老字号，因为我们的标准是以 1956 年公私合营为准，50 年以上。有一个界限是国家的界限，要是多了，我随便开一个就是老字号。"那么光字号老就值钱？不值钱！有一天我到山东，往前一看那个脏啊，这还是老字号啊？有什么特点啊？没有。

要是让我说，有四条标准。第一是在年份上以 1956 年为界限，1956 年以前就存在；第二是它有特色；第三是有个好的掌门人；第四是与时俱进。就是这四条，比如给你举个例子，某个老字号的绸缎庄，它为什么是老字号？它第一个特色就是质量，为什么质量好？因为这个企业过去在公私合营之前，所卖的布匹，白士林、蓝士林、大五福以及各种绸缎多有自己的生产作坊。要你这个东西，你给别人多少我不管，你给我就是这么多钱，但是必须保证质量。人家的布不缩水，第二是不掉色，第三是尺码足，对不对？这就是人家的特点，为什么一些地主老财都去它家买东西，因为人家的东西不缩水、不掉色、尺码足，这就是它的特点，是不是？公私合营以后，这个字号还有，但是它的内容变了，花纱布公司、清河织呢厂、织布厂，什么是老字号？都这样，它没特色了。这是扯淡，字号摆在那，就那个字值钱？没用。现在这家企业没特色，同样的东西人家在郊区就买了，没意义，只有字号是老的，没特色。

张一元，这个字号老不老？老啊。张一元好不好？和刚才咱说的这老字号谁好？

杨：现在觉得张一元好，有特色。

陈：为什么张一元现在好？

杨：花茶有特色啊。

陈：特色哪来的？

杨：跟过去就不一样了。

陈：我告诉你，就是有一个好的掌门人，死店也要活人开。张一元就是王秀兰去之前，4000 块钱的固定资产，就是那个小破楼，上楼楼梯都晃悠，屋里空空，卖的茶叶是中茶公司来的。永安茶庄卖这个茶两块，张一元也是从这进的，也是两块。你要到了茶城，人家比你这便宜多了，你没特点。人家小王去了以后，站柜台听顾客的反映，按照顾客的意见跟茶厂挂钩，要什么茶，我给你多少钱，你给我炒好了，窨多少次、窨多少回，人家把这个茉莉花茶捧起来了。然后改成茶厂、商店，最后去农村自己种茶，厂、店、农三结合，最后生产有自己特色的茶叶，别处没有。这就是一个好的掌门人。人家动脑子，20 年把张一元调动起来了。五年以前张一元一年卖了 27000 万元，菜百卖了十个亿，赵志良说："它卖 27000 万元的树叶子，我卖黄金十个亿，它赚的钱比我多。”因为黄金的利润没这么高，价格虽然高了，但是茶叶的利润率高啊。这是什么？就是特点，有一个好的掌门人。

第三是人家与时俱进、适应社会发展，你不适应社会发展，自己总是守着老的，适应不了，这个就是特色，就是和社会结合起来。字号真正老，这是三个标准。

杨：我感觉跟您这么聊，我是这样觉得的，它那个与时俱进不是随便的与时俱进，它的与时俱进让您觉得特别传统。

陈：对啊，因为人家本身就是找出了特色。这个小王去的时候，那个买卖奄奄一息，就要关张了。因为没有特色、经营得不好，都卖那个东西，什么老字号？人家去了以后把这个特色抓出来了，所以得有好的掌门人。当然也得有改革的好时机，这助了王秀兰之力。

杨：具体说到老字号的特点，像您说的南来顺是您抓起来的。

陈：对。

杨：其他饭馆的特点呢？

陈：改革开放初期，有些饭馆就是过去的食堂装修一下改成饭庄，有些小吃店装修一下改成饭庄。改饭庄就应该有饭庄的品种，这样就挖了一些人。把那些老的、技术水平高的或者已经退休的请回来，把咱们这个饭庄弄起来。比如泰丰楼已经倒闭、不存在了，我们公司要恢复泰丰楼，那怎么办？就把过去泰丰楼的一些健在的老师傅，都七八十岁了，找到一起开座谈会，说泰丰楼的历史是怎么回事。

杨：这些老师傅是在宣武吗？

陈：还是在宣武，因为八大楼多数是在宣武。这样通过找一些老师傅座谈，然后恢复老字号。记得有一天座谈的时候有个业务科干部对这个有看法，就说弄一帮“老喀啦丸”坐那瞎侃。还别说，这个泰丰楼就侃起来了。最后有一个现在水平比较高的叫马德明，这个人在兴升馆待了一段，在兴升馆很受气，因为他过去是天春馆的掌柜的，西河沿天春馆，刘青山、张子善就是吃他家的饭。

杨：您说他那里有女招待？

陈：是。合营以后变成大食堂，这个大食堂最后改成菜市场，把菜市场一分，就给他分到兴升馆了。他的技术水平高、知识很广，但是到兴升馆掏炉坑。

杨：哟。

陈：为什么？因为兴升馆的师傅都是传下来的，窝子屋檐儿，不尊重（他）。要开这个泰丰楼，他身体还不错，还健在，他七十来岁，就把他请回来。由他组阁，成立泰丰楼饭庄的一个班底，他又找了一些有这方面知识的徒弟，弄了泰丰楼。1984 年开始恢复泰丰楼，这一块是马德明出力，他过去是饭馆掌柜的，既有组织能力，又有一定的技术水平，所以泰丰楼的班子就由他组织起来，通过他传承给一大帮徒弟。

比如前天晚上我看《舌尖上的中国》第二集，里面有一个张绍刚做了三个菜，说他的厨龄 25 年。结果他的师傅是谁呢？是李启贵。李启贵是我们泰丰楼的一个徒弟，今年已经六十来岁了，他在天伦王朝当了行政主厨。退休了现在不干了，在大兴跟一个房地产公司的老板可能搞什么。但是他在厨房这块确实有过人的东西，确实有技术，确实善钻。原来他在门框胡同也就是普普通通的一个小馆，后来组织泰丰楼把他调进去，他在马德明手底下学了不少东西。现在可以说是国际大厨，就是他的技术水平。像王义均、张文海都觉得这孩子不错，但是今年也 60 多岁了。这人钻技术钻到什么程度？全国大赛第二届的时候他参加了，没拿上金牌，不甘心，下决心学习。他是红案、白案，样样都精、样样都学，比如他本来学红案，最后学抻龙须面，是跟周子杰学的，是很刻苦的。有一次我组织参加石家庄第三届全国大赛。

杨：您组织的？

陈：中烹协组织的，因为我是宣武区的业务经理，组团参加，这些都是我组织的。培训中心也是我管的，这帮孩子都归我管。他们单位经理不让他去，为什么呢？他们单位经理说："他们学了本事，你们外头拿牌子去了？"结果他偷偷摸摸把准备工作做好，夜里打一出租车一下子就到了石家庄，到那里拿了一个金牌。做的什么呢？空心龙虾球，就是把龙虾做成泥子。空心是什么呢？就用肉皮冻，最后把肉裹在外头，炸出来以后里头就化了，搁在桌上一煎“刺啦”一下子，相当好，结果拿了金牌。还有一个故事，拿了金牌以后，单位领导不支持，最后买一只龙虾当时是200多块钱，这个龙虾单位不给报。

当时培训中心是我管，培训中心主任朱锡彭，就是跟我合作写书那个。他跟我说：“连生，你看泰丰楼这个李济合不给李启贵报龙虾钱，是不是你跟他说说？”因为我是公司经理，泰丰楼毕竟是我的下一级。我说：“算了，你别跟他瞎喘气，他不同意，你让他报，他得跟你翻脸，咱们报了吧。”结果我们这个主任也财迷，就说：“你放屁！”当着好几十学员呢，因为我那里是培训中心，当时我没言语。

中午12点以后学员都散了，吃饭了，我在办公室，我说：“老朱，你过来。”“兄弟，哥哥错了。”“甭说了，你给报了，他报和咱们这报都一样。咱们报也行，他报也行。咱报，别跟他喘气。这样你变相支持了李启贵，你也没伤了李济合。如果我去了说话，等于是李启贵使出我压着李济合。把李济合伤了，李启贵也得不到好。这样咱们报了，200多块钱的事，都是公家的。”就这样，李启贵学技术就这么认真、这么艰苦。

杨：那时掏钱打出租车去石家庄是多高的消费。

陈：是啊，现在他的厨艺确实是相当不错。卢森堡大赛是咱们中国参加的第一个国际烹饪大赛，这次是蔡敬之带队，陈守宾、张之广、李启贵这几个人参赛。参赛拿了一个国际大师称号，是谁呢？就是全聚德那个陈守宾。我俩同龄，蔡敬之是咱们公司党委书记，是队长。陈守宾是全聚德的厨师长，等于厨师长领队。干活儿的是他们这俩人，一个李启贵、一个张之广，这俩人现在都是60岁边上。都是我这的学员，也都是我这的职工，那俩人就不服气。他们在卢森堡，我们练，拿牌子是你们拿回来的。你们什么也不干。

实实在在地说，陈守宾技术上真不如这俩孩子，真是不如。但是陈守宾是全聚德的厨师长，这俩人一个是致美楼的、一个是泰丰楼的，虽然是老山东馆，但是跟当年全聚德比就不一样了。蔡敬之是党委书记，又主管全聚德，当然就是他了，所以陈守宾拿一个国际大师。好多人不服气，陈守宾也说："谁他妈爱服不服，反正国际大师第一个是我拿来的。"可是陈守宾死了，现在这俩人，李启贵在大兴那个地方，张之广现在被市政府特聘，可能是市政府食堂的专家顾问什么的。就是这俩人，这里面就说技术传承，一个是真正师傅传下来的，另外一个徒弟确实真钻、真正认真学。

杨：我听张汝亭先生跟我说，他老到兴升馆去学。

陈：因为他在天桥那个地方就卖饺子，鸿兴饺子就是以卖饺子为主，那个房子是晃晃悠悠的小楼，都是很次的。因为天桥那个地方来往客人多，就以卖饺子为主，后来添上炒菜。汝亭这个人很注意学习，他跟张长立俩人，他比我小一两岁，长立跟我一边大，七十八九岁的样子。天天往兴升馆跑，因为兴升馆当时在咱们宣武区算公司所属的技术水平比较高的。而丰泽园不属于我们宣武饮食公司，属于北京市总公司，二服务局，所以挂上钩必然就上兴升馆，那时我在兴升馆是团支部书记、副经理，所以就这样打了交道。

那时正是因为他是窝子屋檐儿，兴升馆的几个师傅都是不错的，马德明最后落到兴升馆。不管怎么着，马德明虽然净打下手，但是也上灶。因为是"资本家"受监督，但是不管怎么说，人家技术水平确实高，确实开过饭馆，管理经验确实丰富。所以泰丰楼的时候让他组织这个班子，像李启贵就是他教出来的。当然不是跟他一个人学，人家李启贵善学，什么张文海这些人都去找。比如学抻龙须面就找周子杰，只要有益就去学，是这样的人。所以真正传承下来的东西就是师傅教了，徒弟认真学了，有些东西就传承下来了。比如那天做的"芙蓉鸡片"，这是典型的山东菜，但是真正像张绍刚做的这个水平，现在真不多。现在他们一般在哪个单位当厨师长，都得有几万块钱工资，比白领高多了，确实是有玩意儿、有东西。比如"芙蓉鸡片"，现在去哪吃绝对吃不出那天张绍刚做的那个水平。因为我看了，李启贵在那里给他监督，这个应该怎么做、配什么东西，最后采访李启贵，就说："我已经60多岁退休了，为什么还这样？因为我喜欢这个，我爱这行。"现在一些传统的东西虽然量不大，但是真东西确实是存在的，确实有。所以不管怎么洗牌，技术的东西能传承下来以后，洗是洗不净的。

和故宫博物院专家单士元（左三）等在一起

杨：还有您刚才说的晋阳，您上次给我讲照片的时候，就说单老对您弄那晋阳有意见？

陈：不是我弄晋阳，因为晋阳本身改成饭庄以后就破坏了原来的建筑。

杨：是哪年盖的现在这个的？

陈：这个楼是七几年、八几年盖的。盖这楼是王宗真，七几年我不记得，反正是七八十年代吧。80年代左右盖的。那时候在那当经理的是王宗真，这楼本身盖的不全是饭馆，盖楼开始是叫晋阳饭店。

杨：还有客房，是吗？

陈：三层、四层都是客房，二层、一层是餐厅，因为那时吃饭的客人很多。过去吃饭排队呀，晋阳也一样。那时候盖楼是王宗真在，盖了以后就是三楼、四楼是客房，今年是 55 年，35 年店庆，那个楼盖好了。

杨：35 年店庆？

陈：晋阳 35 年店庆。

杨：1994 年。

陈：你想，1959 年开的，今年是 55 年。那么 55 年刨 20 年就是 35 年。可能是 1984 年左右盖的，因为盖那个楼时间很长，另外盖了以后，很长时间没有用，最后经过装修开业了。35 年的时候，晋阳的经理是贾玉龙，35 年大庆，那个有照片，就是胡絜青去晋阳饭庄，那里有一张照片是我和刘敬民、胡絜青一块照的。那时敬民是宣武区的区长，他从外面调进去的。那就是 80 年代盖的，反正今年是 55 年，9 月份要搞店庆。

杨：单老的主要意见是什么？

陈：这个呀，为什么跟我没关系呢？因为我是 1989 年调到公司当经理的，当经理的主管科室其中有基建科，就是基建这块都找我。单士元上晋阳饭庄吃饭，就发现晋阳饭庄破坏了原来的格局。第一，两棵海棠树只有一棵了，西边那棵海棠树是厨房，烟一熏就死了，这是第一没了。第二，是由于房子本身有隔断，我们作为餐厅就把隔断全给打了，没有隔断了，就是一个大空场儿了。

杨：这楼都盖起来了，就是把原来的拆了？

陈：没有，盖楼是另一个地方，是晋阳的东侧征的居民房，这个纪晓岚故居原封没动。

杨：就这么小吗？

陈：就这么小，但是前面有一块，马路改造的时候，你看前面的树，第一进院就是紫藤，因为紫藤现在已经流落到街上了，第一进院没有了。马路边上几棵槐树，就是晋阳门口的几棵槐树。

杨：原来人家的门槐？

陈：对，门槐。那么晋阳这个院子本身，原来是公馆，那么改了餐厅以后就破坏了格局，隔断拆了，门窗全换了，扶手什么的都不是原来的，都变成插座了。原来门闩、插销都是铜的，最后隔断都是一扇一扇的。那么单老吃饭时发现这个问题，然后就找到公司了。我是主管啊，所以就到了晋阳。到晋阳去了以后，老头就提出来了，就说："应该恢复古建筑，你们这种做法是破坏了古建筑。"我说："您是什么意见？""我的意见是恢复隔断，把门窗的扶手什么的，门闩、插销什么的全部恢复原来的。"我说："单老，我们这是营业单位。"因为我们这个厅，就是阅微草堂那个厅能办十桌，因为有的时候结婚嘛，办个七八桌，这个地方挺体面的。因为中间穿堂门，又厚，四级面的穿堂门。

结果老头说："那也不行，你得按照古建筑的要求，应该保护。"后来一块聊吧，反正越聊这个越投机吧，人家说什么，咱们就听。后来就答应了，我说："第一，我把门窗照原来的样儿给它恢复了，原来的插销是铜的，乱七八糟的，给您继续做好，但是隔断不行，要是打了隔断就没法儿做生意。因为现在叫晋阳饭庄，不是公馆了，也不是故居。"那时候没叫故居，只是叫晋阳饭庄，就是这个问题。后来这个楼盖起来以后，这边营业了，那么就提出一个"以商养文、以文兴商"，就把这边腾出来全部搬到东楼，东楼的客房什么的全部都撤掉了。

杨：原来晋阳饭庄是有那个院儿的？

陈：对。那么东楼这客房全拆了，就变成一、二、三、四层全是餐厅了。那么纪晓岚故居呢，就给腾出来恢复原状了。比如原来西边是厨房，现在全变成走廊了。东边的走廊，原来是书记、经理办公室，变回来了。原来是大玻璃棚，现在全拆了、露天了，海棠树又恢复了一棵，所以现在变成故居了。但是呢，前院没有了。

杨：对，前院修马路了。

陈：朱锡彭给市有关部门写了保护古迹的文，要不是有些人三番五次这么争论，晋阳饭庄就全拆了。因为当时有些人就忽悠，这个纪晓岚故居本身是个文物，毕竟是历史人物啊，那么这几个发展的历史不一样，都反映它的历史阶段。据说那个拐弯，让出这一块，政府多拿出4000万。

杨：哦。

陈：拐了一个弯，把这块留出来，要不然人家直达，这样拐了一个弯，这边窄了，把晋阳的这个异地拆了，这样就保持了现在的水平。

三、不由横溪，变中求生

【访谈者按】 在与陈先生认识之前，我很喜欢去他返聘后掌管的吐鲁番餐厅就餐，从个人的体会来讲，那里的菜品做得到位，服务到位，尤其是有很多别的地方不常见的传统经典菜，感觉那里对传统的传承做得非常好，而且跟很多主打传统菜品的饭馆的萧条不一样，每天顾客盈门，买卖非常火爆。所以，传统与传承的问题是我这次采访陈先生其中一项重要的内容，在与他访谈的不断深入中，他对传统和传承的认识深深地吸引了我。传统绝不简单是旧的东西，一定是工作和生活中最实用、最有效的一种方式，一定要随着时代和社会状况的变化而变化，他所经营的餐厅，里面的菜品让人感觉是特别传统的，但其实又都是经过改良的、改到突出时代特色，而不是墨守成规、一味仿古。比如他在口述中谈到的传统菜“四做鱼”，不同的时代就要有不同的变化。新中国成立前的“四做鱼”有内脏菜，并且菜色单一。到了当今这样的时代背景下，人们在饮食方面更注重健康，喜食内脏的习惯在改变，原有的内脏菜就要换成更为精美的鱼肉菜，从传统品种当中寻找更为精致的菜肴移植到“四做鱼”这个形式里，不仅原有菜品的档次有了提升，而且菜色也更加丰富了。再比如老北京小吃有一个品种叫“牛筋豌豆”，随着人们物质生活水平的不断提高，它早已从美食的行列中被淘汰，但对它重新包装，改为方便的休闲食品，又可以让“牛筋豌豆”找到人们消费时的位置。这些陈先生所谈到的变化，既是传统的、有传承的，又是新的、改良过的。这让我想起了当年齐如山先生谈戏曲改良时提出的一个词，“不由横溪”，要先知道横溪是什么，才能做到有横溪而不由。说的就是创新之道。也就是说，要知道传统的内核是什么，在很好地传承了传统之后，再去另辟蹊径。戏曲创新如此、治学如此，“勤行”中的经营也是如此。

这部分口述都是陈先生个人在变化方面的经验之谈，涉及他关于传统与传承的理念、他对小吃改良方面的认识，以及当前的饮食市场的问题，讲述的是饮食行业的历史和现实，核心都是“变中求生”的道理。

1. 变化中的传统与传承

杨： 我还特别想知道，您这个传承的观念是从哪来的？我觉得您开始给我说的您学徒时，就是解放初积极分子入党，那种感觉就是要革命、要革新？

陈： 不是。这里面啊，什么叫解放？解放生产力啊，人的心情不一样，我们毕竟是在旧社会属于受压迫的。比如 12 岁学徒，为什么 12 岁学徒？家里穷，没饭吃啊。为什么去饭馆？饭馆能吃饱啊，不吃新的吃剩的也能吃饱啊。你看铁匠、木匠、瓦匠，再说什么也是窝头咸菜。第一就是家里穷，第二就是去饭馆能吃饱饭，第三个本身就受剥削。说你今儿做得好是应该的，做得不好“啪”耳刮子就过去。掌柜的、师傅是张口就骂、动手就打，这很正常啊。当然我还算比较机灵的，很少挨打挨骂。那么这里面必定就是受剥削。一解放，哎哟，翻身了，当家做主了，自然就迸发一种积极性，共产党好，得要求入党。

就是解放以后迸发一种积极性，那么咱们改革开放不也是嘛。你想，干多干少一个样，是不是？那么改革开放以后不一样了，多干多得啊，你有本事就多挣钱啊。你在这不行可以换地方，过去不成啊。你想走？走不了，没人要你，没档案不成。你在这，你想发挥你的作用，这不用你。那么改革开放本身就是解放生产力，使这些人“哗”放出去，像柳传志人家本身是个人才，在这就窝着，最后人家蹦出去了，搞了一个大公司。是不是？那么解放生产力本身，就是不同的时期用不同的方式。我们那个时候有积极性，就是因为得到了解放。过去挨打挨骂，解放以后没人敢打了、没人敢骂了，资本家得在你的监督之下。过去他是我的上司，解放以后我是他的上司了，这个感觉不一样。我是工人阶级，是监督你的，因此大家的积极性都很高，很多人都要求进步。再一个呢，1949 年以前，北平没解放以前，国民党的伤兵，傅作义手底下的那些人在城里横行霸道。

杨：那时在六合顺不就支应这帮人吗？

陈：好人、坏人都受压迫，那么解放以后，老百姓一看见解放军进了城以后，躺在大街上，扫院子、挑水，为老百姓服务。过去是那个拐一提拉，“砰”一下就把电灯泡给砸了。看你不顺眼，张嘴就骂，老百姓受欺压呀。那么新中国成立以后，解放军进来跟别人不一样，共产党进来跟过去的国民党不一样，必然就让很多人迸发了一种积极性，靠拢组织、要求进步。你想那时候的劳动强度，哪有时间啊、哪有休息啊，黑夜白天干，也不觉得累。这就是新中国成立以后是精神上得到了解放，自发地爆发出这个生产积极性、工作的热情，不是我一个人这样，大家都一样。

杨：我知道，就是那个年代，五六十年代“大跃进”也好、各种运动也好，讲的是一个什么呢？“破旧立新”。但是我觉得您特别重视这个传统。

陈：不是我重视这个，这些东西啊，我本身是没有文化的人，那么对这些东西，属于资料性的东西，我一般都放在抽屉里头，我觉得有参考价值，所以就把它留起来。那么就谈到出书，我也是，一些老知识分子退的退、死的死，这些技术传承不下去怎么办？得了，咱们写书，让它从文字上有一些保留。我历来很注意积累这些资料。

杨：我不知道我感觉得对不对，就是您不管在社会上怎么样、社会上的思潮怎么样、“破旧立新”还是重视传统，您就是从实际工作当中发现传统的东西真正需要，所以您就注意保留？

陈：对。

人物报道

餐饮周刊

痴迷一生为护根

——记北京小吃专家陈连生

陈连生曾接受过专访的媒体报道（王仁兴：《痴迷一生为护根——记北京小吃专家陈连生》，载《食品报·餐饮周刊》2001年1月18日）

杨：包括您说60年代初，您在南来顺主持拜师会，您是不是也在实际工作中发现了这个问题？

陈：就是过去旧社会本身，饭馆没有师徒合同，就是言传身教，徒弟本身一个是正式学，另外一个是偷学。

杨：偷学吗？

陈：有点悟性的就学得好点，没有悟性反正也学了，就是二把刀。那么我们到1961年的时候，南来顺的买卖做得好。1963年2月《北京日报》把南来顺登了，就是《把买卖做活》。做好买卖凭什么呀？要凭技术，要凭质量。那么经营得好坏，首先在于你有没有质量。质量掌握在人的手里，这些人都已经六七十岁了，如果他死了，这个东西还有吗？所以为了传承，举办了拜师会。

举办了拜师会以后，两个目的：第一，是要继承一些传统的手艺，要传下去；第二，是确实培养了一批新人能够继承。那么对企业发展本身就是动力。说我跟谁学的，我有师傅，我这东西来个名声，名师必然就有高徒。所以过去本身有句话就是"名师出高徒"，集中在南来顺的这些人是整个宣武区回民饭馆的精华。这些人如果死了，这些东西带走了，你这个东西就断档了。现在我们把这个继承了，有人能往下传了。那么这对餐饮行业来讲，本身就是一个发展。我在那个时候举办拜师会就是这个想法，因为我是最小的，你看照片里面，我也是年龄最小的，但是我是组织者。我们得到了上级领导的支持，认为连生这个做法对，可以办，所以那时有我们公司经理参加，有我们公司工会主席参加，有公司党委书记参加。因为他认为你这做法是对的，老师傅也高兴，为什么呢？你瞧，给我收徒弟了。他的积极性也高了。徒弟也高兴，老师傅也高兴，这对南来顺的发展是一个推动。

经营者本身就得研究怎么经营，怎么能经营得好。比如在那个年代，有宣传意识的人不多呀。哪个饭馆说是电台搞个宣传，报纸搞个宣传？没有，绝对没有不一定。我自己在我的范围内，主动去宣传，我是能做到的。我旁边就是人民照相馆，人民照相馆跟我一个公司，来了以后就说想做这么个玩意儿，你给我弄个照片。给我照了以后，写上以后，"啪"一印就几百张，那时不是弄得挺多，就几百张，我最后就保留这么一张。这本身说明什么呢？说明我在经营过程中，在这个历史阶段，我有这么一件事，所以就保存下来。也应该说我是比较善于积累这些资料，为以后的经营本身、为以后的工作留点基础。

陈：1979 年，有的师傅要退休，有的师傅身体不佳。我就把这些退休的师傅集中起来，我给你们找一个地方，你们几个人坐这聊天，聊什么？聊技术、聊品种。那时都有谁呀？一个是黑荫池，一个是安国栋，一个是梁德山，一个是刘树深。梁德山是“厨子梁”，这是过去皇上赐名，“大顺堂梁”，现在可能有一家，那是梁德山的侄子开的，现在就在教子胡同南口把角。这个“厨子梁”是燕王扫北，从西北带过来的部队的厨师，他就落在牛街了。现在这个梁德山还有个孙子自己在干这个，另外就是那个“大顺堂梁”，是梁德山的侄子干的。这个刘树深是德兴斋的掌柜的。

杨：他是学医的吗？

陈：是。退了以后，刘树深家里没人，就和老伴两口子，住着一个单元房，挺方便的。我就把这四个人集中在一起，每个月给 200 块钱的茶钱。

杨：四个人一共 200 块钱吗？

陈：一个人。

杨：那可真不少了。

陈：就是比他们退休工资高得多。为什么？因为咱们想把他们肚子里的玩意儿掏出来。那时使大砖头录音机录音，配一个小伙子，文字能力比较强的去记录，连录音带记录，这个大概搞了三年多时间，就是几个人坐在那里说书，最后整理出来一本书，叫《北京清真菜点集锦》。这样不仅是文字传承、师徒传承，还有录音。就是闲聊天儿，跟咱俩闲聊天儿似的，你说一个，他说一个。

杨：您的思想可够超前的。

陈：就是 1979 年的书，1976 年“文化大革命”后，我就有感觉，因为斗的斗、批的批、死的死，我就感觉那东西传不下去了，所以那时我就组织了一个写作班子写这书，真是留下来了。改革开放初期，就在教子胡同南口有个书店，专门卖清真的东西，我在那卖，5000 本书一抢而光。为什么一抢而光呢？就是当时已经自发地要开小饭馆儿什么的，有的是内行，有的是退休的，有的什么也不会，那怎么办？照书办，改革开放之后这本书起了相当大的作用。

杨：当时是非常超前的。

陈：不能说非常超前。这是侯宝林先生题的书名，就是说书说的那本书，纯属于工具书。

杨：哎哟，这个真好。

陈：这本书在改革开放初期，对想开清真馆儿，就是回民开饭馆起了一定的作用，没想到搁到那个地方一抢而光。

那个实际就是安国栋和梁德山、黑荫池、刘树深他们四个人编的这本书。那么你那天不是说了谁嘛，陈志明是最后帮着出版的，那本书真正是他们几个老头在一起口述，我们安排一个小伙子记录，并且有一个大板砖的录音机。

《北京清真菜点集锦》1985 年版书影

教做鱼（左：安国栋，中：王佩强，右：王建昌）

教做八宝饭

陈先生讲照片（五）：嗯。这个是南来顺，这都是师傅传徒弟，这是三代人，这个是最小的。这个是你上次看到的，就是你那个录像里面做冷荤的，现在这个小孩儿是吐鲁番餐厅的厨师长，现在62岁了，王佩强（音）。这是安国栋（音），这就是王佩强（音），这叫王建昌。这是师傅教徒弟

杨： 我现在明白了，感觉您是继承传统也好，与时俱进也好，其实都是源自一种工作经验，都是属于买卖经。

陈： 都是想把这个买卖做好。

杨： 对，对。

陈： 不甘落后啊。

杨： 我们是属于做科研的，从外头看，总之就是您是注重传统，是这个思维。其实您是从工作实际出发，把买卖做好的思路。

陈： 当然，光是老的也不行，我那本《北京清真菜点集锦》里面有十个营养菜，我觉得这也是我们南来顺本身这几个老头的贡献，这十个营养菜什么时候提的呢？70 年代末、80 年代初，那个年代没有提营养的东西，没有说这个菜有什么营养，很少这样说，咱们说绝对没有也不行，但是很少。为什么南来顺编这本食谱会出十个营养菜呢？

杨： 对，这个思路从哪来的呢？

陈： 过去在门框胡同北口路东有个德兴斋，上回我跟你谈过，德兴斋的掌柜的，在公私合营前病了，应付不了这个企业了。德兴斋掌柜的大儿子叫刘树深。

杨： 您不是说他是学医的吗？

陈： 他是孔伯华的高徒，编这个菜谱的时候，他是参与者。他就从医学角度上把过去清真馆的几个菜经过科学分析，定位是营养菜。这就发挥了他的特长。他个人也高兴，企业也受益，顾客也受益，应该说算是企业创新，服务社会。

杨： 相当于现在说的药膳？

陈： 对，在书上查，专门有这么一页是营养菜。

杨： 开始我看营养菜，就说这个概念是很新的，不是很传统的。

陈： 因为他是中医大夫，懂得药学。那么说药食同源也好，总之你得有这门知识才能琢磨这个问题。他正好有这门知识，因此在这本书当中出现了十个营养菜。

杨：原来是没有的？

陈：原来没有。

杨：就是这本书里头，原来南来顺也没有？

陈：没有，但是卖这些菜，历史上有人卖过。比如其中有一个叫“炒攒丝加三瓤”。

杨：我知道这个，我看咱们吐鲁番也有，得预订？

陈：对，这个菜呢，老牛街过去有这个东西。这个菜过去在牛街土名叫“12天菜”，为什么叫“12天菜”呢？就是过去妇女生小孩儿，12天是小满月。那么生了小孩儿以后，娘家人必然就要去看，什么时候去看呢？不是今儿生孩子，明儿我就去看，不是。那么过去呢，一般都是12天，娘家人去看，尤其娘家妈关心闺女，是不是？就带这个菜，这个菜它有一定的特点，牛肉丝、胡萝卜丝、笋丝、酱瓜丝、豆腐干丝，这五种丝。“三瓤”是什么呢？榛瓤、杏仁、桃仁。

杨：榛瓤是什么？

陈：实际上就是榛子，现在他们不用榛子，用松子儿，这个就是榛瓤。“炒攒丝加三瓤”，那么这个菜的特点，第一牛肉丝本身营养成分就很高了。第二是这几种丝，豆腐干丝，本身这个蛋白质也是高的，那么笋丝是粗纤维的，胡萝卜丝本身有胡萝卜素，这几种东西放在一起营养成分就更高了，再加上“三瓤”。过去饭馆也有卖的，但是少。不过牛街有这个习惯。这个菜怎么个好法呢？过去没有冰箱，那时哪有冰箱啊。

杨：不是用于保存食物的。

陈：炒得比较老，放的时间能够长些，把它搁在产房那个屋子，闺女在婆家跟娘家不一样，说我饿了随便吃点什么。尤其你不能出产房，这个菜搁在产房里，饿了拿勺子扤两口吃。这个菜营养成分高，又禁饿、又下奶，所以这叫“12天菜”。我把这个挖出来以后，我叫什么菜呢？叫“礼品菜”，这个东西可以送礼呀。当时我这个菜本身卖得相当好，不仅是这个菜卖得好，我还专门为此菜做了一个木制的提盒，并且配上十个小馒头。

杨：能夹在馒头里吃？

陈：是。我卖的这个东西叫“礼品菜”，因此这个菜名就叫“12天菜”，这是土名，正名就是“炒攒丝加三瓤”，我把这个添上以后就当成礼品菜送礼用。比如给这个添上以后，每年春节有很多人买了我这个提盒去送礼，这个我有照片。

杨：对，一会儿看看您这个照片。

陈：这里面就是做生意的人啊，要琢磨，你怎么能够使你在市场竞争当中不断地出现一些点子。你比如我在吐鲁番搞了一个什么呢？“常回家看看”。

陈先生讲照片（六）：这是我跟你说的那个“12天菜”。你看这是两个盒，这是“12天菜”，这上头带一个馒头盒，摞起来就是一个提盒，这是把儿。回家自个儿就能做

杨：这个是什么意思？

陈：这个是礼品盒，就是根据当时的那首歌《常回家看看》也弄

了个礼品盒。这个礼品盒卖了一年多就不卖了，为什么不卖呢？因为咱们条件不具备。你比如说这里面有煨牛肉什么的，总之是八个菜在里面。咱们在生产过程中是正常的厨房生产。

杨：是不是都是焖炖类的菜？

陈：对。但是卫生部门的要求，你要做这个菜，它要有保质期。那么有保质期，你就要有化验室，包装就得讲究。最后咱们呢，没有这个厂房，所以卖了一年多就不卖了。因为卫生部门提出这个问题，你没有保质期，吃坏了人怎么办呢？所以这个本身也是我在经营吐鲁番的时候搞的一个“常回家看看”的礼盒，纸的。

杨：您这个“常回家看看”跟这里面的菜有什么关系呢？

陈：这里面就是过去唱这个歌的时候就说要常回家看看，回家不能空手去，要带着礼品。我就借着这个名词，把清真菜搁上了，到春节前后卖礼盒。我第一年卖的时候，一天就卖了 100 多盒。

杨：那真不少。

陈：因为它新颖啊，说里面这个东西都是正常的回民菜，但是新颖啊。因为这个歌儿就是这么唱的，现实就有“常回家看看”这个礼盒，谁都买了以后，看看老人，图老人高兴。这个在牛街有一年多卖得相当不错，尤其当时区政协主席郑文其，他是回民啊，非常支持，大概是政协春节团拜会就弄了不少盒。政协机关，老的政协主席、政协委员就在我那弄了不少。他一直支持。后来我不弄了，因为咱们没有那个卫生条件，到时候吃出问题怎么办？说你这个保质期多长时间，咱们一般说这个东西三五天的事，假如人家搁的时间长点，然后坏了。这个熟食品不能没有保质期和一定的包装标准，要不然不行的。“12 天菜”和这个都是当时我们弄的。

杨：您说这个“攒丝”是一个什么概念？因为我在清宫档案里头，就是那个皇帝膳单，也经常看见“攒丝”。

陈：就是攒在一起。

杨：各种丝儿攒在一起？

陈：对，叫炒攒丝，这个炒，不是搁一块炒。

杨：熟的时间不一样。

陈：先煸肉丝，按照这个程序，哪个先熟、哪个后熟，然后在勺里煸炒。另外这个"三瓤"是要过油的，怎么让它熟啊？虽然都能吃，但是毕竟生的搁里面就不好吃。这个炒菜之前，用这个油勺，把这"三瓤""唰"倒在里面，然后油鼓子上不是有个漏勺嘛，就在那控着。这个"三瓤"一炸以后本身就软，这个菜炒得了以后，把这往上一倒，然后一翻勺就均匀了，上面加点香菜，挺漂亮。这个你回家可以做啊。然后这个菜可以卷烙饼吃，吃米饭什么的都是好菜。

杨：哪天我到吐鲁番先尝尝、看看。

陈：另外呢，我跟作家肖复兴先生相识还有点故事。

杨：什么故事？

陈：这本书的序是肖先生写的，为什么说有点故事呢？肖复兴这个人太认真了，他在报纸上批评两家老字号。他在《工商报》，还有一个报转载了，就是《老字号不敢恭维》，一个是批评美味斋，一个是批评致美斋，俩老字号。

杨：都是白广路上的吗？

陈：对。当时他在报纸上批评，头一个报纸不知道是哪个，然后是《工商报》转载的，被我们的主管区长发现了。主管区长叫袁双梅，是个女同志，主管财贸。发现以后跟我们公司经理打了个电话，就说："你们美味斋和致美斋让人批了。""怎么了？""说你们那个致美斋的'四做鱼'做法不对，美味斋小白蹄选料不对，人家批了。"我们孙总说："谁批了？""咱们老北京有个写风味的一个作家批了。"我们经理脑袋瓜很活，就说："好啊，咱们接受人家的批评，请人家来，让人家当面给咱们提意见。"

然后就通过报纸找到肖复兴，请他来提意见。我们公司就在美味斋把肖复兴请去了，还把我们公司所有领导都请去了，包括基层各企业的领导，意思就是接受人家的批评。去了以后肖先生就怎么怎么着，我们美味斋和致美斋的经理，在公司的规劝之下一人写一个检讨，在会上念，大家提意见。结果都说了一遍，我也没言语。

后来我们的董事长任兆敏说："大爷，您说说您的看法。"我说："跟我没关系。""您别这么说啊。"后来我说："我没什么说的。"因为任兆敏他们在我面前都是孩子，就是："大爷，您说说。"那天孙勇没在，公司几个人非要我说说。我说："那我就说几句，首先我对肖先生不恭，我对肖先生的意见不完全赞成。第一是感谢肖先生对我们餐饮行业的监督，能够给我们提出批评，这点我们应该感谢。我们觉得像肖先生这样的顾客越多越好，让我们餐饮业不断发展和完善，符合社会的要求。"但是我对肖先生不恭啊，提点个人的看法。

第一，肖先生批评我们"四做鱼"，我觉得是肖先生缺乏与时俱进。肖先生看的"四做鱼"是书本上的知识，老致美斋"四做鱼"怎么做、应该怎么吃，这是书本知识，缺乏实践，不能与时俱进。过去从缸里拿出来一条鱼让您瞧了，最后当着您的面儿摔死，回去以后给您做，分四个部位去做。这个是旧社会的饭馆，半天也进不来一个客人，进来一个客人非常讲究，是有钱有闲的人才能吃"四做鱼"。今天的饭馆抽屁股座儿，我们的致美斋忙得"脚丫子朝天"、人乌央乌央的，还这么做？客人就受不了了。起码这条鱼按照您那个要求没有40分钟上不来桌，让人家等40分钟不行啊。我认为我们现在"四做鱼"的做法是适合现在社会的，早晨起来厨师来了把鱼宰了，拾掇净了分四个部位，搁在四个盆里。看您要哪个，您想吃鱼片，我抓鱼片。你想吃鱼块，我抓鱼块，对不对？您要了，我马上下锅做，随着就出了。您要的四种都单独给您上桌儿了，首先在时间上保证了。

第二，是质量也不错，用您的方法，我们的饭馆还开不开？我们饭馆一天能卖多少？所以我觉得肖先生的意见很好，但是缺乏与时俱进。我说得不恭一点，不怕肖先生不高兴，您是书本知识，不是我们饭馆的。您得站在我们经营者的角度，我们经营者是站在顾客的角度。当时肖先生没话说了。我说第二个就是肖先生对商品知识不熟，您给我们小白蹄提意见，您说是猪肘子，您今天吃还是这个，不能改。什么是小白蹄？您认为小白蹄是猪爪子。

杨：小白蹄不就是猪肘子吗？

陈：小白蹄本身是前肘，您理解的猪爪子是小白蹄，您猪爪子和猪肘分不清。您说今天的小白蹄选料不对，一会儿咱们上桌还是这个，为什么不改啊？这个就是小白蹄，您说的那个是猪手，爪子那个地方。您把小白蹄就当成猪手，我们的小白蹄指的是猪肘。上海菜在北京就是这个特点。我管过上海餐厅，就是美味斋的前身。我管过几年，这个东西是什么，我很清楚。您是不清楚的。把猪爪子当成小白蹄，这个本身是选料的问题，而且您认识小白蹄是什么？我们把猪爪子就叫猪手，我们上的小白蹄就是猪的前肘。我说您这方面是书本知识，我觉得肖先生确实对我们负责任，但是这两个意见，我们从经营者的角度上是不可接受的。当然我不是说了这么点，我说了好多。最后说完了，因为我最后一个发言，我就上厕所了，这个肖先生就追过来了。这个人也确实是很认真的一个人，就说："陈先生，咱们哪天一块坐坐？"我说："好啊，将来跟您探讨探讨。"出来以后我们俩坐沙发上了，他说："陈先生，这方面的常识，您不愧是老专家。""哎哟，我不是，就是管了几年这个。""好好。"

这样我们就认识了，然后他就说："陈老师，跟您请教个事。""哎哟，您别这么说呀。""这个大北照相馆到底在哪啊？"我说："大北照相馆不是在前门大街嘛。""以前在哪？""1956 年以前，大北照相馆在石榴胡同北口西南把角，老的大北照相馆。1956 年迁到前门来了。大北照相馆的人是谁呢？谢林同、吕晋浦，这是大北照相馆的人，他们现在还健在，这些人现在都 80 多岁了。搬到前门大街就归崇文区了，原来是宣武区。"过两天又跟我打听说："陈老师，我跟您打听，这个二妙堂在哪？""二妙堂在大栅栏，是冷热饮店，以冷饮为主。"现在瑞蚨祥西边的小楼，专门卖皮衣的那个地方就是二妙堂，两层小楼，那个冷饮店合营时候的经理叫周少南，另外的叫杨文山、果西荣，这是当时二妙堂的三个职工。50 年代初在那。“经营什么?”我跟他说经营什么。过两天又给我打电话，就说：“我请您办一件事。”“您客气了。”他说：“前门大街全聚德装修改造完了，发现一点东西，让我给鉴别鉴别。我一想我不成啊，还得请您看看。”我说：“您这话不好说，您要这么说，咱们一块去看看。”

什么东西呢？三样儿东西，一个保险柜、一个发货票、一个折子。我进门这么一看，他们那经理就说：“我们清理的时候有这么多东西。”后来肖先生去了说：“陈老师，您看。”我说：“我别看，这个东西是解放前夕的。”那个保险柜上写着“北平市某某铁厂”，这个就是解放前，但是并不老，因为写的是北平市，这就可以看出哪个年代的。

杨：到不了 1928 年以前？

陈：对。就说发货票，我说“发货票是 1953 年的”。

杨：为什么呢？

陈：我说：“你别拿，我说两句话，你瞧有没有？有就是，没有就是我瞎蒙。”发货票前头有两句话是“卖东西需开发票”和“买东西需领取发票”，这是 1953 年的发货票，当时北京刚刚私营改造，使用统一的簿记账，使的是发货票，有这两句话就证明是 1953 年以后的。结果他们打开一瞧确实有，因为我在这里坐着呢，就说：“您记性真好。”我说：“1953 年改簿记账，我们掌柜的 60 多岁了，上税务局听课的时候让我去。”我当时就记得这个发货票是什么时候的。还有第三件东西可以留，为什么呢？这个确实是人家老杨家的东西，就是那个折子，小封套，这有一个红纸，四围是蓝的，这么一个小套，里面那个折子抽出来以后。

杨：就是折子本？

陈：我说这是人家老杨家的东西，为什么呢？杨家掌柜的记着每天用多少煤，用谁家的煤，多长时间一结账，人家都写下来。今天进多少煤就写上了，掌柜的盖一个戳，这是人家老杨家的账本。这个应该说是全聚德本身历史上的东西，因为发货票是国家的，保险柜是市场卖的，但是这个是人家真正的东西。最后就说："得了，既然您这么说了，我们这知识算没影儿了。"那时还没开业呢，给我们拉到广安门外什么饭店楼上的全聚德，这里关张了，在那里开一个。因为我有车，我和司机我们俩就过去了，还有肖先生，在那里吃了顿烤鸭。最后肖先生说："陈老，我真佩服您这脑子。"我说："不是，我现在就是还没糊涂，这都是我经过的事。"后来我说："肖先生，我也得求您点事。""陈老，您说，您可别说求我。"我说："我有一个老朋友平时跟我在一起打交道经常聊天，这个人很有心计，我说什么他就记什么。现在出了一本书叫《宣南饮食文化》，我哪天把稿子给您送去，您给我们审一审，然后请您给我们作个序，您要觉得有价值就作一个，要是觉得没价值就算了。""好，我一定给您瞧。"

结果头天送去的，第二天就给我打电话说："陈老，我瞧完了，这本书价值相当高。不能叫《宣南饮食文化》，应该叫'北京饮食文化'。""哟，不敢这么说。"所以就这样作了这本书的序。这个书名是马铁汉题的，他是宣武区比较有名的书法家，他们都认为这本书可以代表北京的饮食业，就这样给我作了序。我们逢年过节打个电话，还经常慰问慰问，因为他有时去国外看儿子。走的时候就说："陈老，我出去了啊。"我们往来还不错。应该说我在餐饮行业想什么说什么吧，这样的故事还不少。

杨：虽然解放后有类似于您办的这样的拜师会，您做的这样的口述，但是传统菜品还是有不少流失。

陈：有人毕竟爱这个，干一行就爱一行。比如说很有钱的人在这个问题上很钻，他爱吃。比如有个厉家菜弄到日本去了，在一个小胡同，据说谁去了。

杨：是厉家菜？

由朱锡彭、陈连生编著的《宣南饮食文化》书影

陈：对，厉家菜，一个是爱吃，他自己家传。在某种程度上不能说人家没东西。但是在我看来并不是那么精。也是说出来的。我看了看那天他闺女到日本去说我们的麻豆腐是从北京运来的，水疙瘩从北京运来的，等等。这些东西不属于饭馆的特殊东西，是北京老百姓的东西。有些当官的、大人物去了以后一吹乎，炒咸食不就是炒咸菜嘛，谁家过去都有。过去旧社会，老北京人穷啊，弄一水疙瘩切了以后一炒，这是一家子的菜，现在成了明星菜了。现在吃窝头也是。过去家家吃，现在改善生活才吃。麻豆腐过去是上不了桌的东西，现在已经成为名菜了。这里就说形势在变，人们的生活在改善，回归自然、更加传统，是不是？这些不能说不好，就是在变化。生活在变化，比如昨天我就说我的孙子和儿媳妇儿。我说："你们现在营养过剩，天天离不开肉。我不行，我比你们好多了。我天天吃素，吃青菜，我不胖也不瘦，我就这样。这么多年我就140斤，没变化。"

杨：要不（您）身体好呢。

陈：我的营养均衡，他们营养过剩。实实在在地说，人们生活条件一天比一天好，怎么避免，营养成分都会自然增加。那么吃粗粮、吃素菜本身是营养均衡的一个方法，所以现在有些老人专门去买三条腿、荞麦面，一个本身的生活习惯，另外就是对身体有好处。现在都回归自然了，有些东西过去是不值钱、不受欢迎的，甚至是讨厌的，现在变成好东西了，这个就是在变化。那么技术传承，不能说把好东西传没了，但是确实也是失去了一些东西，不能说没失去。

杨：比如说呢？

陈：有些东西确实断档了，拿小吃来说，像烂蚕豆、牛筋豌豆、芸豆饼这些东西，现在没有人拾起来了，因为确实太低档了，也不被人认识。过去这些东西都是穷人哄孩子的，孩子有好几个，现在买个雪糕、冰激凌；过去哪成？阴天下雨孩子就闹，得，给你两分钱，买两分钱牛筋豌豆。卖豌豆的煮一锅豌豆，牛筋豌豆。大人出来拿两分钱，扻这么一碗，回家往炕上一放，几个孩子抢着吃。

杨：您一说牛筋豌豆，过去好像郝寿臣先生就是卖这个的，因为嗓子好，就叫学戏去了。

陈：天津改革开放初期大乌豆遍地都是，现在少了，就是张家口出的那种大蚕豆，回来拿水一泡、拿刀一拉，搁上五香调料一煮，大街上卖蚕豆。既是下酒菜，又能当饭吃，这个东西现在少了，但是断了没有？我觉得现在有些搞冷荤的把这个给搞起来了。但是好多品种是拾不起来的玩意儿，就断了。

杨：您比如说什么拾不起来，我看原来书里记的一些东西现在见不到了。

陈：我觉得像书里记的东西得这么看，有些东西是随着社会的发展变化而变化，该淘汰了。为什么？因为不被社会认可了。现在孩子们一说到哪吃饭，就是肯德基、麦当劳，这一代人已经形成习惯了，对那些就不大认识了。现在就说吃一个苹果怎么怎么好。那是宣传，但是人们真正认不认是另外一回事。比如现在有些白汤儿杂碎，没人像过去那么做了。白汤儿杂碎是怎么来的？熬出来的，光是熬出来还是不够。比如我在南来顺卖白汤儿杂碎，为什么黄胄喜欢？为什么王雪涛他们喜欢？那不一样。做羊杂碎的羊下水来了以后全是鲜的，分成部位，该洗的洗。煮的时候，首先那个羊肚子拿开水烫，然后把草芽儿刮下去，一水儿白，非常干净。煮的时候肠子、肚子一块煮，心肝肺单煮。心肝肺染汤，有血啊，所以就单煮。煮了以后搁旁边，这个锅里咕嘟着肠子、肚子这些。

杨：要煮烂了？

陈：不是，煮的时间长，汤自然就白了。卖的时候怎么卖？我们不是像现在那样卖，就是从锅里捞出来。心肝肺这些东西单切，就是按照我这个标准把心肝肺切得了以后，拿开水这么一烫。烫完以后热了，这勺子下去扤那肠子、肚子，往上一浇，毕竟汤就是白的。底下那几样儿东西的血煮出去了，另外凉了以后拿开水已经烫出去了。所以上了以后，这个汤倍儿白，搁上香菜、芝麻酱、辣椒油，跟现在这个羊杂碎不一样。像卖爆肚的，就说是老北京爆肚，我心想你见过老北京爆肚吗？纯属于蒙人。这个就是不精。第一是费工、费手，第二这本身造价就高。这碗杂碎没有20块钱就别说话了。你说我吃碗杂碎汤20块钱？你要是上饭馆、上宴席可以要100块钱，因为好吃、上来的好看，真正是白汤，雪白的，是不是？

杨：是。

陈：这些东西，我看北京市场目前断档了，也说有杂碎汤。有些卖杂碎的吹得挺响，电视台宣传杂碎怎么怎么着的。我觉得真正叫白汤儿杂碎，你这个上来的汤儿不够格。

杨：没下那个功夫。

陈：一个是没下那个功夫，另外是没有这个知识。现在好多老字号，好多传承的子女说我们家怎么怎么着，我们家秘方。我心想什么秘方？纯属配料不同而已。你的功夫到了，做到这个程度了，自然就好吃。那天看张绍刚这个“芙蓉鸡片”，你功夫不到、你手劲儿不到，都不成。现在还要淘汰一些东西，为什么该淘汰？因为这个东西按现在来说，这个五脏本身就是脂肪高，人应该少吃，是不是？这个是多方面的原因。现在有一句话叫与时俱进，不管做什么都要适应社会、适应大众化的需要。说保持传统、发扬传统，我觉得这些可能是会流失一部分的。

杨：您像“四做鱼”就是好东西，虽然我这个同龄人没人知道，但是我跟人一说，人都想去吃。

陈：对，但是有一个问题，毕竟是咱们宣传了以后人家才知道，你要不宣传谁知道？还有一个，“四做鱼”的传统做法得改良。我最近给他们提了一个意见，我说你做一个新派“四做鱼”，传统“四做鱼”就是这种做法，就是这东西。

杨：其实说实在的，现在这已经都变了，都不是最传统的了。

陈：对，尽管是变了，但它还是传统的。那么新派“四做鱼”，上来一个酱汁，上来一个烧中段，上来一个头尾，这黑得乎的全一样，那不就这一条鱼分三个段了吗，能不能变变颜色啊？

杨：他有一个“醋熘鱼片”是变色的。

陈：是，“醋熘鱼片”是一个，那仨基本上还是一样。能不能变点新的做法？假定说我们就以传统的东西变，比如咱们这个“醋熘鱼片”本身是带色的，那你做个汤菜行不行？你用这鱼做个鱼丝行不行？

杨：鱼丝是什么？

陈：鱼丝，切丝啊，你烹啊。鱼丁行不行？那不有“白蹦鱼丁”吗？那也是火候菜啊。

杨：那“白蹦鱼丁”多复杂啊。

陈：对，您要讲究高档、漂亮，一上桌。

杨：那比“醋熘鱼片”……

陈：奶白色，对不对？那么你就是变一变，把其他名称的东西搁在一块，也叫“四做鱼”。

杨：对，其实就是这么回事。

陈：这不就很容易？所以你脑瓜要灵，你老死乞白赖抠这个。

杨：时代变了。

陈：所以时代变了必然就会有淘汰。人都有生有死。

杨：我记得原来看那个金受申先生写“四做鱼”的时候，就跟现在也不一样。原来还有炸鱼内脏什么的，现在谁还吃那玩意儿？其实传统已经变了，不妨再变。

陈：不，这好多内脏的东西，在那个历史阶段有些人是生活条件好，属于吃着玩儿的东西。到底这东西能吃不能吃，你做了以后到底好吃不好吃，它就有这个问题。实实在在地说，那真是少数人的做法、少数人的吃法。咱们老百姓说吃鱼肚、鱼片什么的，都是改良的做法。拿出来以后，洗净了，晒干了，完了一炸，炸鱼肚，那不就是这个东西吗？这些东西啊，现在不是大家所认可的，新一代人产生了，那新一代的吃的随着就涌现了。所以现在讲吃的里边两大特点，一是刺激，二是时尚。你没有刺激，没有时尚，抓不住青年人，你“四做鱼”只能抓一些上岁数的，而且得懂的。年轻人没吃过，咱们尝尝去吧？不一定对口，因为没有刺激性。他一吃那孜然，美！我儿媳妇儿过去当过服务员，晚上炒洋白菜搁孜然，她就说香，她爱吃。你在四川馆子干惯了，回家吃东西没味，吃什么都不好。一些东西必然被历史淘汰，再好的东西也一样。

陈：比如说“小楼烧鲇鱼”。

杨：您现在不是还做着吗？

陈：做着。但是究竟怎么样啊？是原始的烧鲇鱼？

杨：那肯定得变。

陈：现在知道烧鲇鱼，懂烧鲇鱼的还有多少呢？

杨：没几个。

陈：这不是好东西吗？也得淘汰，人知道的不多了。人不吃烧鲇鱼了。现在深海鱼比鲇鱼要好，过去北京吃鱼就讲黄河大鲤鱼。

杨：鲇鱼好多人都不吃。

陈：过去北京四种名鱼：鲥鱼、鲤鱼、鳜鱼，还有一种，“江河湖海”四种名鱼。

杨：是不是鲈鱼啊？

陈：不是鲈鱼。

杨：草鱼。

陈：湖中鳜、海中斑、河中鲤、江中鲥，这么四种鱼。现在科学发展了，海里打出各种各样的鱼，咱们都不认识。我干一辈子饭馆能认出几种鱼。人拿出来一说，“您认识吗？”这我不认识。我儿媳妇儿从海南回来，那天买了点鱼，一片一片的。大家说：“您知道这是什么鱼？”我说：“我不知道。”叫什么？是叫斑马鱼或是什么鱼，刺还少。就用生煎的方式就行。所以现在好多新的东西，必然就使人们逐渐认识新的，吃新的东西了，是不是？你说那银鳕鱼过去咱们见过吗？

杨：没见过。

陈：吃过吗？那深海的东西，确实无污染，那个做法也简单。怎么吃都好，咱们不认识，咱们不懂。

杨：以后烹调方式可能也因为这个东西就发生变化。

陈：对。

杨：咱现在没有那么做银鳕鱼的了。

陈：好东西被淘汰也是历史规律。比如油爆双脆，肚板、鸡胗，那会吃的、懂的，说好；不会吃，要了就说不好吃，他不懂啊。

杨：是。我就是想问您，咱们淘汰的名品中，比较可惜的您能不能说一说？您刚才说一个炸布袋、一个豆面糕的那种吃法，等于现在做起来简化了。有没有其他的一些品种消失了很可惜的，解放以后就消失了的？

陈：咱们再说一个炒疙瘩。

杨：炒疙瘩现在不是还在呢吗？

陈：在。

杨：是，它简化了好多做法。

陈：炒疙瘩过去是揪，现在都切方丁，有的是用空心面代替疙瘩。

那么时间久了这些东西第一就要走形，第二没有炒疙瘩的味道。那炒疙瘩本身用手揪，现煮现炒，它是筋道的。现在煮出一大盆来往那一搁，要一个舀一勺子，拿油一炸，这炒疙瘩过油，看着好像好吃，吃嘴里面不是味，这些东西必然淘汰。比如刚才咱们说这个，真正的好东西，“四做鱼”是好东西。早晚也得淘汰，没人认了。比如说刚才咱们说萝卜丝饼，除咱们吹乎之外，有人知道吗？它不就是好东西？但是已经没了。

那天“炸糕辛”把我请了去，他说要在台湾开一个炸糕店，弄了好多小吃。最后他的意思是说您给尝尝。然后我就说了一个问题，我说：“你到外面去开，我赞成。但是你搞了一大堆北京小吃什么的，我不赞成。”然后就说小吃的发展怎么样，我说有市场，但是没大发展。

杨：为什么没有大发展？

陈：因为它是手工活儿，要大发展，就得批量生产，工厂化。

杨：是。

陈：有爱这个、有爱那个的，不是所有小吃，我样样儿都爱。我说你挂个牌子是“炸糕辛”，你把炸糕搞好了，再搞另外一两个品种，真正搞得好、过硬了就去。要是想把北京小吃样样儿都弄好，那就瞎耽误工夫，你做不到。第一是没那（能）人，第二是没那精力，你做不到。我说小吃大有可为，必须改革！

杨：怎么改革？

陈：比如现在市场上卖的豆面糕、爱窝窝等等都是机械化生产、工厂化生产，包装搞得很细、保质时间很长。这些东西变成休闲食品了，这个有发展。如果按照传统小吃做，那不会有发展。

杨：那个应该算是点心了。

陈：不，这个是休闲食品。过去吃豆面糕也属于休闲食品，逛庙会、弄孩子，就买俩爱窝窝吃。休闲食品，吃着玩的。

杨：我爸老说他下午放学 4 点来钟到护国寺买一个热的驴打滚，浇糖稀的那种。

陈：不能吃饱。所以这些东西大发展就是工厂化，变成休闲食品。

杨：我感觉好多东西吧，真是随着时代就不可逆转地发生变化。劳动工具的改变，谁也不再愿意去费那个力气了。

陈：对。

杨：就像您说的和面，汗珠子噼里啪啦，现在肯定不了，再说手揉得好……

陈：再说那缸炉烧饼好，那东西烤，必然……那电炉，“咔嚓”往里一推、开电门齐了，完了往外一拉、一倒，它就是不一样。今天还说我这个传统，问题是生产率低啊。

杨：那就看肯出多少钱买这个了。

陈：什么角度，对这个问题是什么标准，我找传统、找风味，就是这个；我找现实，就是这个。

杨：但是老找传统也不行。

陈：没发展了，是不是？你不能说传统不好，很多东西在传统的基础上改良一下。所谓创新也好、改革也好，是在传统的基础上出来的。

杨：原来我老觉得传统的好，丢了可惜，但是现在发现你就得跟上这时代。我记得您那回跟我谈老字号的问题，您说老字号得与时俱进，我觉得这个时刻也得与时俱进。

陈：它得有发展。你要没发展，它自然就得丢。

杨：而且这里头吧，我觉得也分两类，有的是可惜了，有的是必然的。

陈：对。所以这里边就是社会在变，人的食用观念在变，认知度和口感。

陈：对，一样。

杨：人都需要有这个变化，你得跟着时代，别老追着老的。它就是在那个社会背景里头好。

陈：今天的社会，餐饮业两大特点，一是刺激，二是时尚。年轻人再来讲什么烤鸭 108 片等等，扯淡。他吃着过瘾（就行）。

杨：现在不是烤鸭新吃法吗，拿张饼杌到嘴边上直接就能吃……

陈：孜然、辣椒，这些东西都是非常刺激的，现在各种辣都上来了，芥末也上来了，胡椒什么什么，过去吃东西按照传统的，一点点就行，老师傅就不干，但现在什么花样都上来了，什么叫这个搭配跟那个不搭配啊，什么叫搭不搭啊，他就说我这营养，我这个跟那个搭配以后就如何如何。

杨：而且有人认可就行。

陈：哎！社会在发展，在变化，总之这些也应该提高，就是这么个问题。那个麻辣烫就为那一嘴。那麻辣烫，净宣传这东西不卫生怎么怎么的，为什么还这么多人吃？第一便宜。

杨：第二刺激。

陈：第二它刺激。那麻辣烫什么都可以在里头涮，你看那一帮都是年轻小伙子小姑娘。那你说，现在老百姓多，还是白领多？

杨：那肯定一直都是老百姓多。

陈：那么老百姓多，人一多了这些东西本身就畅快。比如咱们再说一个，商场里面各种吃的摊位，你到百货大楼地下室去看，你到翠微商场上去看，你看那些东西有多少传统的？

杨：基本没有传统的。

陈：完了，为什么呢？社会在变，吃的主儿在变，卖的主儿在变，那么你那传统的东西也就不被人认知了。就我说的那句话，会吃的人死得差不多了，会做的人也死得差不多了。

杨：但是我觉得吧，这个所谓会吃会做也得相对来看，就是他会吃那个时代的，因为现在这个时代突然一下信息爆炸。

陈：对。但是话又说回来，今后还在变，社会在发展，人的意识在变，那么你也就得跟着变。什么叫与时俱进啊？就这个道理。比如现在咱们就说这个问题，北京现在上岛咖啡厅有多少家，那么旧社会有几家？

杨：特别有名的就那么几处，什么二妙堂之类的。

陈：现在呢？

杨：现在数不清了。

陈：就上岛咖啡厅这一家有多少店？

杨：起码得几十。

陈：这就时尚了。咱俩上小吃店、上茶馆，跟上咖啡馆不一样。

杨：但其实现在好多咖啡馆就取代了过去茶馆的作用。

陈：为什么说肯德基、麦当劳培养了一代人呢？不只是一代人，年轻人到肯德基，尤其孩子们，中午弄点汉堡、弄杯饮料，凉凉快快的，屋里有空调，完了趴桌子上做作业。北京饭馆行吗？小吃店行吗？这就是时代、社会、公民不同了。所以我觉得有些品种淘汰是自然的，是被人们认识和不认识的问题，所以你再好的东西人们不认识。

杨：就是知道了，它也上升不到接受。

陈：所以这里边就是社会在变，人的食用观念在变，认知度和口感在变。

杨：物流交通这么发达，全世界的各种吃法，大家都能看得到。所谓说会吃的，都是会吃过去的那些东西，现在有些新的东西他没尝过，没吃过。

陈：但是你要知道，这就是社会在进步。35 年之前拿一把葡萄干，这是宝贝，别吃，我留着回家，明儿孩子要出疹子可以吃。现在葡萄干臭街了，凭什么啊？就是交通方便。那些山里的东西，深山老林的东西运出来人们享受。现在你在北京，不像市政府提出来北京要吃全国了，现在吃全世界。

杨：全世界，对。

陈：这就是社会在进步在发展。人们随着年龄的不断增长，随着社会的进步，吃的东西也在改。

杨：对，我也是这种感觉。我现在就琢磨，原来觉得好像是公私合营的时候，好多边边角角的品种就没有了，他可能就改行干别的了。

陈：对。

杨：现在一想，其实好多小吃品种的减少并不是因为公私合营，而是时代变化了。

陈：对，公私合营这段是一个减少的因素，因为什么？比如说你是卖年糕的，他也卖年糕的，合到一起，咱们年糕品种就……你卖几样，他卖几样，还不减少。你是卖年糕的，我是卖烧饼的，综合起来以后很可能年糕就排不上位置了，就让你干别的了。那这一块可能就减少了，这是咱打比方。时代在变化，有些东西必然就得淘汰。过去挎筐卖煮豌豆的，牛筋豌豆，现在孩子吃吗？

杨：谁也不吃这个了。

陈：但是现在牛筋豌豆发展得……

杨：现在牛筋豌豆又发展起来了？

陈：唉！人家做小食品，是脆的。

杨：我知道脆的那个，跟煮的不是一个概念了。

陈：那么反过来，你那蜜麻花，人家现在作为小食品可以保质半年，但是你要真跟那蜜麻花比……

杨：它又不是一回事了。

陈：味道又有所不同了。但是社会在进步，那些东西必然也就逐渐淘汰了，好多东西啊。

杨：那时候挎筐卖牛筋豌豆的，那日子多苦，谁愿意再过那日子呀。

陈：对。比如说过去，挎筐卖臭豆腐、酱豆腐，为了糊口啊。上王致和批点，走街串巷卖，完了挣点钱回家吃饭。现在人家发展已经不是挎筐了，批量生产，小坛、小罐。

杨：没人再论块买了。

陈：哎！比如说过去打芝麻酱，买两分钱芝麻酱跑副食店去。现在都是小包装，到那买一瓶。那么这就是发展，就是进步、变化，所以有的东西被历史淘汰也是客观规律。

杨：那您能不能说说，公私合营以后您原来见过的、后来没有的，除了牛筋豌豆、芸豆饼，还有哪些过去相对有名的？

陈：多了去了，比如炸布袋。

杨：就是鸡蛋那个？

陈：对，油饼灌鸡蛋，这是科学的东西，油饼本身是咸的。

杨：我记得 80 年代还有过一阵儿。

陈：我还没见有人卖过，这就是电视台有人找这个找的我。10 多年以前找的我，才弄的这个。那么这个东西是不是好东西？是不是科学的东西？这里边就两个问题，一个会吃的没有了，一个会做的没有了，就没人卖了。那么我再死了，不说这东西，也还没人弄。

那么我为什么说这炸布袋科学？比如我每天吃早点，就是一个炸布袋、一碗白浆豆腐。这个鸡蛋本身营养成分就高，蛋白质，油饼里有油、有盐，这鸡蛋就吸收了盐和油，降低了盐和油的成分，符合低糖低油低盐吧？喝完白浆，加上点白豆腐，稍微有一点盐，那么你说这早点科学不科学？

杨：就稍微缺乏点维生素。

陈：不，先说早点本身，什么叫早点？什么叫早餐？这就叫早点。

杨：点心点心。

陈：这就叫早点。那么你刚才说缺乏点维生素，缺乏点青菜之类的，但是历史上早点是什么？有钱的人，一杯牛奶、两块点心。你就拿蒋介石、宋美龄他们吃早点来说，他们正餐吃饭，他们吃什么？也没离开这东西，是不是？所以过去比较有钱的人，生活条件好的……

杨：那这个就相当不错了。

陈：就是早点。但是这种吃法很科学。现在还有吗？你说可惜不可惜？我就说可惜。但是现在没人做，没人吃。

杨：您说现在河南人卖的这鸡蛋灌饼，这不也差不多吗？

陈：不行，鸡蛋灌饼跟那个相比省工省多了。弄张烙饼，一燏，挑起来，把鸡蛋倒里头，翻个儿，卷起来就吃。可是跟那个一样吗？不一样，爽手啊，快。你那个炸布袋可就（比这个复杂了），那个油锅里捞出来油饼掰开（烫手），磕鸡蛋再捏（费手），跟那就不一样。内容大体差不多，但是这速度要快。

杨：那鸡蛋灌饼肯定就战胜炸布袋了。

陈： 你说可惜不可惜？我说可惜。从它的健康成分，从它的吃法、营养成分，就应该说可惜，但是确实费工、费手，没人懂、没人吃，就自然淘汰了。

杨： 没卖的了。

陈： 还有人懂吃吗？这没人懂了，是不是？比如说老豆腐，现在哪还有卖老豆腐的？

杨： 真是。多少年前还有老豆腐，不就是那个麻酱拌的吗？

陈： 不，老豆腐不一定比豆腐脑点得老，所以称其老豆腐。老豆腐开锅，老豆腐老得开着锅。

杨： 那老豆腐挺好吃的。

陈： 对。谁还卖啊？豆腐脑多省事啊，都统一豆腐脑了，老豆腐本身是下午的饭。

杨： 对，下午的，它不是早点。

陈： 那么你说这个东西不好吗？但是没了，它没人卖了。东西多了去了，说过去历史上的东西，比如说炸丸子、炸豆腐，现在就是几个小吃店还卖炸丸子、炸豆腐，跟以前的不一样。

杨： 过去也不是早点吃的，现在基本都是归了早点了。

陈： 对啊，现在炸丸子、炸豆腐，这丸子本身不一样。比如最近大和恒卖豆面丸子，我上次买了一次。昨天我给王仁卫打电话，我说："你那豆面丸子，什么时候炸的啊？"他说："我不是豆面丸子了，我是白面的了。"我说："为什么啊？"他说："豆面丸子人都不认，黑不溜秋；白面的金黄色，漂亮，大家伙儿愿意买。"这就是社会在变，认知度在变。我就爱吃那个豆面丸子，吃那个豆香味，你再漂亮，没有豆香味不叫豆面丸子，所以这就随着社会在变化，人们的要求不同，自然而然就这样了。

杨： 而且我发现这个东西也是，人的生活方式也改变了，都变成早点了，谁也不拿它当晚饭吃了。

陈： 比如说萝卜丝饼，咱们现在说了好几次。现在这萝卜丝饼挺受欢迎，但是咱们不宣传的时候，谁知道萝卜丝饼怎么回事？

杨：都不知道。

陈：都不知道不就没了吗？没人吃、没人卖了，就得淘汰了。

杨：所以这个里头我觉得就有一个问题，我也想请教您。就是咱们过去有很多东西，精致的小吃也好，咱们说糕点也好，或者精品菜也好，这类的东西，因为过去它就是小众的，就是金字塔尖的人去吃的，很容易就被社会遗忘。像我们这代人，不光说我们这一代人，就是解放以后经过那么长时期的、平民化的社会，那到后来确实是会吃的人、懂这个的人都死得差不多了。到现在咱们社会逐渐在富足，年轻人有想法，想再把这些东西找回来，但是他也不知道怎么找。

陈：对。

杨：就这些东西您能不能举一些例子，就是说相对比较可惜的，如果再不找可能就没了，但是在过去其实真是相当好的品种。

陈：我跟你说的很多东西，不是说人们不懂，他没见过、没吃过这些东西。比如刚才咱们说了的，一个炸布袋，现在咱们就说炸糖饼。这个糖饼本身是我恢复的，我恢复了糖饼以后，北京的糖饼“呼噜呼噜”就出来了。

杨：您是在什么时候恢复的？

陈：10 多年以前，北京卖糖饼的极少。

杨：您得 20 年前了吧？

陈：差不多。

杨：您还是在吐鲁番恢复的？

陈：我说的不是所有的糖饼都没有了，但是是我创的。一炸了糖饼以后，牛街这条街炸糖饼的都出来了。

杨：吐鲁番那糖饼特别好吃。

陈：那么现在的糖饼有几个合格的？

杨：现在也有好的。

陈：怎么好法？

杨： 糖多，酥脆，咬起来外头酥，里头鲜。

陈： 使什么糖？

杨： 那我就不知道了。

陈： 昨天就这个问题，马国轩把王巍叫去了包粽子，发了个消息。随后我说："你在哪包粽子呢？"他说在弄小吃，又弄糖饼，又弄什么炸的。问我这糖饼是砂糖还是绵白糖，我说："你按传统做法好，红糖它才香。"为什么现在人不使红糖？红糖容易煳。一下锅，油一热，马上就黑了。它本身色就重，它容易煳，所以大家都使绵白糖，有的使白砂糖，下锅以后它本身色浅。但是吃的口感可不一样，红糖不有一种自身的香味嘛。

杨： 对，这个就得更细致地品了。比较可惜的品种，您能不能举一些例子，就是您进入"勤行"以后，真正看好的、精美的，只是因为时代的问题，但是可能过多少年后还会有人再往回找的这种东西。

陈： 咱们再比如说汤爆肚。

杨： 汤爆肚。

陈： 没了吧？哪有卖的？

杨： 汤爆肚，曲园有那个汤爆肚尖，东兴楼还有汤爆肚。

陈： 是羊肚？

杨： 曲园是猪肚，东兴楼是散丹，汤爆散丹。

陈： 汤爆肚本身应该是羊肚，包括致美斋，它是汉民馆，但也是羊肚。那么现在这东西没有了吧？你说算小吃也好，算大餐也好，这些都没有了。现在取代爆肚的就一种——牛百叶，到哪一说卖爆肚的，来碗爆肚，就是牛百叶。说爆肚仁、肚葫芦……

杨： 甭说别人，我都不爱吃，我就认那个百叶。

陈： 这油爆肚仁跟爆百叶可是两种做法、两种味道，对不对？现在有多少卖的啊？

杨： 基本上没有，除了同和居，现在基本上没有卖的了。

陈： 这不都消失了吗？这都是好东西，很有名的东西，是不是？油爆肚仁带点卤虾油，那是又鲜又嫩啊，吃嘴里咯吱咯吱，那不是好东西吗？没了。比如羊头肉，很有名吧？现在卖羊头肉的，真正用大片刀片羊头肉的不多了。怎么办呢？羊头煮出来以后，煮得跟肉那么烂，拿那个保鲜纸这么一卷，一卷一卷顶刀切，出来以后挺漂亮，那耳朵根子什么的都在里头。时间久了小孩儿就知道，这就是羊头肉，那历史的羊头肉被淘汰了，被这些粗制滥造取而代之了。

杨：但现在人好像也不在意，他知道了也不在意这个。

陈：这个也是好东西，也早晚被历史淘汰。因为它跟现在社会的刺激性和时尚性不搭界。我说好东西不少，现在你就说是油爆肚仁，像马连良那种吃法，爆散丹、爆食信、爆肚领、爆肚仁，包括肚葫芦、蘑菇头。现在有这么吃的吗？很少，不能说一个没有。卖爆肚，他吹他这怎么怎么的，其实没一样合格。你进去看爆肚，那摆着一盘爆肚，那水都出来了，待会儿上锅去爆。过去真正讲卖爆肚，要现切、顶刀切，都流汤了那怎么能行？过去卖爆肚比如牛百叶，大盘子底下搁一块冰，天然冰，上头铺一白布，散丹洗净之后往上一搁，尤其那上扇，上面搁两整根香菜，拿水一打。“给我来碗爆肚。”好，马上顺刀一拉，基本上人家那一碗就够了。顶刀切，切完您瞧着，搁这了，这“啪啪”先兑作料，兑完搁您跟前，爆肚下锅，一烫出来了，搁您跟前了。您吃什么口味，作料现兑的。现在作料弄什么，说我们家……

杨：动不动还秘方呢。

陈：还秘方。你那葱要不后搁，那秘方里边也糊弄味。过去卖爆肚是现兑，作料兑好了，最后搁葱、搁香菜，您最后一搅和，那鲜味都在，鲜葱、香菜、麻酱、酱油什么的。您吃那爆肚是什么味？吃完爆肚来碗爆肚汤，原汤化原食，再来俩烧饼。现在这种吃法有吗？

杨：没有。到哪谁也不给你这么做了。

陈：完了，它都大路活儿了。点爆肚，一个百叶，切多少盘，摆那了，要一碗，拿去吧。那作料早就兑好了，在那排着呢。上午没卖出去，下午再卖的时候，中午一休息，盖上一块白布这是好的，不好的就这么敞着。你不信上午你瞧瞧，就那么敞着。能好吃吗？所以很多好东西也被历史淘汰了，因为社会在进步，新的人要吃新东西，随着他年龄的增长，市场的东西他逐步认可。

杨：咱们说了半天，您的意思我理解了，咱们北京小吃里有些东西消失了很可惜，但从时代发展来看又不可惜。

陈：这是自然。

杨：就是你真去可惜它也没有用。

陈：咱这么说，过去大街上卖择手……

杨：择手是什么？

陈：就是前门大街东边那个胡同叫果子市，果农从农村赶大车，苹果、梨装到筐里，拉到北京，到那去批发。过去卖水果的水果商店不像现在，我一说多少，我到这买十斤苹果、十斤鸭梨、五斤香蕉，挑好的买，拿回家往那零售去了。这一筐梨或者一筐苹果，装到这个筐里头，那个筐是荆条，车咣当咣当，它自然就摩擦了。这个东西人家就不要了，等都卖完了这一堆，剩这个蹭皮的或者是在底下压扁压烂了的，凑堆卖，一堆多少钱。我买这一堆，完了以后上大街上，街面上铺一个席头或者一个麻袋，一堆一堆地卖。那么现在这个东西，你还能卖吗？

杨：不可能，不让卖啊。

陈：这本身就是污染呀，但是过去这个是好东西啊。

杨：这个就是择手？

陈：那穷人家就是择出来的东西，买一堆回家，孩子都吃这个。现在孩子吃这个行吗？历史就淘汰了一些品种。比如现在苹果比黄瓜还便宜，苹果多少钱？十块钱五斤，黄瓜还三四块钱（一斤呢）。

杨：现在都是菜贵。

陈：今后呢，你就说市场，今后水果要比菜便宜。

杨：为什么呢？

陈：你看农村现在发展的什么啊？果木树啊，什么桑葚……

杨：原来是觉得菜便宜，所以种水果的就多。

陈：过去没有种水果的，水果就是在地里特定的位置上长的。现在是各个山区都要种水果，为什么呢？他种地不行，那就种果树。这树长起来以后摘下来就是钱，话梅什么的，现在各种各样的水果。和田大枣怎么来的？和田过去那地儿其实就出枣，但是经过改良嫁接，这么大个，出来和田大枣。

杨：您说那还都是干的，要是鲜的更大。

陈：对，这是什么呢？这就是社会在发展，过去种老玉米，我现在不种了，种果树了。过去我种谷子或者种高粱，我现在种蔬菜了。

杨：生产力不一样。

陈：价值高了。但是一多了价钱也得下来了。为什么苹果现在比黄瓜便宜？就是到处都是苹果了。过去说买个苹果，你家大苹果桌上摆一堆，现在再摆这个？那已经是 30 年以前的标准了。现在为什么小食品上来了？比如说我从红螺拿的东西往桌上一摆，谁来了伸手抓小食品，剥开以后尝尝挺好。现在呢，这水果不像小食品，现在台湾的什么火龙果乱七八糟上来了，过去咱们见过火龙果吗？

杨：是，现在都不新鲜了。

陈：对，火龙果现在也快被淘汰了。社会在发展，一段一段的，不断的历史，说历史那东西好，历史那东西好吗？现在那段历史已经过去了，是不是？比如现在，就说出土文物当中有羊肉串，在马王堆出土的时候就有羊肉串扦子，那么羊肉串到底是哪个年代的？说不清楚。现在这还存在，这就应该说好，而且是普及了。所以回民、汉民馆都卖羊肉串，认可度高，购买力大。所以有些东西历史上就有，现在发展得很普及了，这是一种。有些历史有，但是现在不成了，比如说过去卖“半空儿多给”。

杨：是，现在谁买啊。

陈：叫喊完了，残次品。

杨：当个表演觉得还行。

陈：残次品，对不对？就是这么回事。所以有些东西随着社会的发展而发展，有些品种自然淘汰，这是必然现象。

杨：那您看现在小吃的现状，实话实说，咱也不点名道姓，都够标准吗？昨天我跟我一老师还说过，我说比如说现在，就是您刚才提的那小吃店，说实在的，您说它够60分吗？我说它能55分就差不多了。

陈：我现在不那么说，比如说我在北京电视台做节目，王倩跟我说："陈老师，您给它们打打分。"好几家，我说谁好谁坏呀？

杨：是，您不就还是那句话——有就好。

陈：那时说"有就好"，我现在还是这么说，真正说"有就好"不一样了。年糕类的东西，人家祖传下来就是这个玩意儿，跟现在年轻人比较讲究做的那个年糕不一样，你那傻大黑粗，这么粗，人家做的倍儿精致，同样是这个东西，您说您那个祖传的，我一瞧您这祖传就不如现代的。

杨：不是说它是不是按传统做法，就是咱们一般北京小吃，做得越来越糙，偷手越来越多，越来越不够标准，但是人却还……

陈：不是，这就是刚才我跟你说的，有的人很认真，做出的就不糙。

杨：我不是说都是这样，大量的是这样，精品少，越来越少。

陈：对，那么这里面什么道理呢？咱们就说，北京开饭馆的人，北京人多吗？

杨：开饭馆的人多，但是自己做得少。

陈：咱们说一个，咱就说大董好不好？

杨：大董不错呀。

陈：不错，那东西要让我吃，我就不吃。为什么？第一吃不起，它不是卖给我的；第二那东西架子花，不实在。那么这里面是多数还是少数？

杨：是少数。

陈：它卖给谁呀？

杨：它卖老外的？

陈：它卖老外的。

杨：高级白领。

陈：哎，高级白领。那么毕竟它不是大众化，有没有市场？有，很少，那市场很小，在那个地理位置。

杨：但是人家就做小众生意嘛。

陈：但是你要记着，它这个店真正赚钱的有几个？

杨：反正有那么两三个店是赚钱的。

陈：所以呢，那就不管开多少，东方不亮西方亮。

杨：对。您知道它去年出那大董鸭汉堡吗？就做汉堡，几种汉堡，它按麦当劳那个，也做得很不错，就搁在大望路那边，那就是人群。

陈：对，那么这就说明什么？刚才我跟你说的，将来咱们能不能西方化？奶油面包。

杨：它这不就是变化吗？

陈：所以，随着时代变化而变化，社会在变化，品种也在变化。因此我就说历史自然淘汰东西，说好东西，好东西同样不被认识，也得淘汰。

杨：我是想问您，现在为什么这种东西会越做越糙？原来它也没这么糙啊。

陈：不是这个问题呀，现在越做越糙，你得说是谁家，是多数还是少数。我那天讲一个问题，说过去的东西为什么精？少而精。比如“羊头马”，它就卖这一个品种，就靠这个东西养家糊口，几代人弄这个，它能不精吗？不精它卖给谁去？卖羊头肉的多了。

杨：是。

陈：为什么人家八个孩子，又有四个房，就这块支个羊头，就是因为做得精。顾客吃到嘴里头，咯吱咯吱的，是羊头的本味，搁上作料又是另一种味道。那么现在小吃店一大堆，这个也是你做，那个也是你做，因为你会，你就全做。豆面糕也是你，爱窝窝也是你，切糕也是你。

杨：它精不了，是吧？

陈： 它精不了啊。那么过去是单独经营、个体经营，单一品种，就指着这养家糊口，它能不精吗？不精没饭吃。它精，精的就发展了。它不仅解决温饱，还实现小康。你看那羊头就知道，20 个羊头卖完了，小车往那一搁，盖布往上一盖。他同义馆了，小锅子一点，酒喝上了。吃完喝完了，推着车回家了。到家里芭蕉扇一拿，树底下这么一凉快，明儿早上四五点时起来，屠宰场选羊头去了。选回来以后加工，下午出成品，就是这个样子。比如"焦圈王"，卖焦圈有名，为什么？

杨： 几代就是干这个，就钻这个。

陈： 哥儿几个分工，你开一个、我开一个，你管一个、我管一个，那老掌柜的挨个查，"你他妈这个不成"。自己的买卖，是不是？

陈： 这个现在要说找这些东西，不可能了，那都是一代一代往下传的。

杨： 我是觉得有一些东西，您像劳动工具改变，像吊炉烧饼，没人再用吊炉了，烤箱烤着多方便。有的东西比较精致、精美，这种东西有吗？

陈： 所谓精致、精美，在北京小吃范畴当中，就是你工艺好，做得认真，这东西就算好的。那么现在北京小吃，电视台让我讲什么好，我就说，有就好。

杨： 是，您说这个是。

陈： 那么这里边就是说，有些东西本身有市场，做的量大，它就丢不了；有些东西手工活儿，而且量也不大，没有什么经济价值，就是自然淘汰。

杨： 就是这个东西吧，我觉得有一些比较精致的……

陈： 比如说龙须面，精致吗？

杨： 相对就精致啊。

陈： 相对精致，那么现在卖龙须面的有多少？

杨： 没多少。

陈： 为什么？

杨： 我觉得这个跟市场也有一定关系，就是它适应的人群需要花更多的钱去买它。而且这些里头吧，我觉得也分两类，有的是可惜了，有的是必然的。

陈：对。

杨：可惜的您能不能举一些例子？就是您进入“勤行”以后，看真正好的，其实有些精美的，只是因为时代的问题，但是可能过多少年还会有人再往回找，像这种东西。

陈：这次我写了一个……我们出这是第四本了，就是当代名厨第四本，我写了十个人，这十个人当中我写了我们一个大舅子，他今年81岁了。结果他给我写了这个龙须面。他写的是个什么呢？龙茸面。我就没听说过，我也没看过。“鹿茸”的“茸”。那天照相，我想问问他什么叫龙茸面，龙茸面到底怎么做，比如说写什么龙须面呢、空心面，这个面那个面，他写个龙茸面，哟？我就不知道，他比我大一岁。那么我就问他师承谁？他说：“师承我爷爷。”我们这大舅子的爷爷就是清宫的厨师，后来清宫不存在了，就在颐和园里边开了一个饭馆，就卖清宫的面食点心之类的。我们这老丈人是跟着他学的。我们大舅子是跟着老丈人学的。后来问他：“你师承谁？”他说：“师承我爸爸。”我说：“这怎么写啊？这好像是家传。”因为我们俩在兴升馆待过，有一个董子光，董子光面食不错。我说：“这样得了，我给你董子光吧。”他说：“行，写董子光也行。”因为我这大舅子比他们大一辈，玩意儿也不错。“但是说师承，我这是家传。”所以我这大舅子就出一个龙茸面。他现在走不了道了，坐轮椅了。那么就说这些东西是精致的东西，谁还知道？

杨：但是有高端需求的时候，它就用得上。

陈：高端，作为现代来讲，除去公款之外，这高端的东西是真不多。

杨：是不多，但是比如说老百姓老是这个大众的东西，他逐渐会腻，他需要追求新的、精致的东西。

陈：经济条件到了，它就必然是这样。

杨：所以高端的一些过去的老玩意儿吧，我觉得丢了就相对可惜。

陈：我就说这个龙茸面，我都没听说过，它绝对是高端的。

杨：对。

陈：因为在大舅子手底下干过，我都没听说过。那么这东西按大舅子的说法，这是宫廷本身的东西，因为大舅子爷爷传给他爸爸，大舅子爸爸传给他的。那么现在没人懂这东西了，你说太可惜了，没人懂了。

杨：所以这个东西就相对可惜，这就是我觉得可惜的那一类。

陈：比如银丝卷，现在还有卖的，那么做银丝卷本身这个工序复杂不复杂？你要把它说成复杂，就复杂；你要说干这行的人会抻面的，也不复杂。

杨：是。

陈：但现在卖的人不多，吃的人不多，那么这些东西自然慢慢地，买的不多我就不卖了，不卖我就不做，不做就不会了，就传不下去了。

杨：银丝卷这种东西吧，在当年觉得还相对精致，现在来说其实又不够那么高端。

陈：但是不管怎么说，你要做好了，它就是高端的，你真正把这银丝卷拿刀一切，拿手一捏，里头金黄色，小面条一抖搂，倍儿齐，你吃嘴里那香味就出来了。我没跟你说吗，同样的切糕，同样这个品种，同样这个东西，不是一个人做的，不一样味。就是师傅和徒弟，做出来也不一样味。

杨：是，手工活儿。

陈：手法不一。

陈：有些东西就是人为的，有时间限制，热乎气一过就吹了。自然形成的就跟这不一样。东华门那个夜市，那是自然形成的。你看夜市热闹，现在一取缔，没了。当初，我这弄一摊，我卖这东西卖得好，但卖得差不多之后我租给你了，你来吧。我赚现成拿钱。卖烤鱿鱼全是烤鱿鱼，卖烤羊肉串全是烤羊肉串。

杨：东华门那夜市要取消了吗？

陈：是。它是自然形成的，但是早晚得取消。

杨：是啊，它现在除了蒙底层的外地游客……

陈：晚上还迎外宾。

杨：外国人都很少去那吃饭，稍微在北京认识一两个人的或者说能看看资讯攻略的人，绝不去那吃饭。

陈：所以你看着市场红火，那么随着政府的政策在变化，有好多的改变……昨天我看西城区一个胡同拆了 17 家违章建筑，清理了 300 多外地人。那里面有没有好的，吸引人的？里面可能有的挺好，挺吸引人的。至于这个品种是不是咱北京的或者是外地的，都照样取缔，那么取缔了以后，他再换一个地儿就不行了。

杨：您说选址这个问题，开买卖选址。

陈：当然了。

杨：过去不是说嘛，这老字号，一个是老匾，还有一个得有这金窝。

陈：选址好坏这确实是关键，但是有的选址不好，人家做得相当好啊。30 年以前有一个餐馆，在小胡同里头，后来开到宣武门里头文化街北边那，阿香。

杨：这我就不知道了。

陈：阿香菜馆，那轰动了。那就小胡同里的，车根本进不去。那火的！另外一个，你说这致美斋吧，这几年一直赔钱，咱们管了一下，现在它就盈利了。还是那地方，客流量也不多，宣传力度就跟上了。饭菜质量不断提高，品牌特色有了，企业就起来了。

杨：我觉得最主要还是特色。

陈：品牌特色。

杨：因为宣传，去年我也给它拍过一回美食地图嘛，它没用啊，真没用。

陈：你这东西必须让人家认可，因为现在回头客多了。昨天跟我说，有一个人到那订 12 桌饭。老大说：“对不起，我这搁不下。”客人说：“搁得下，我都看完了，楼上那边给我搁四桌，外面搁六桌，里面俩房子给我搁两桌，那俩房子大，我多给你钱，我就在你这。”老大说：“我这搁不下，客人来了没地儿坐呀。”我说：“应了吧，人家大老远奔你这来就是认可你。”反过来讲，今天你满了，别人来了坐底下，底下满了你还有几个单间，都坐满了，跟人说好听的，“对不起，今天我这有一个宴会。得罪，对不起！改日您再来”。可人一来，一看，哟，这么棒！中国人就这样，哪热闹奔哪。

杨：好多都是饥饿消费。

陈：哪热闹奔哪，一进门冷冷清清，一看怎么没客人呢？你再好的东西他也不认可。

杨：反正心里头都打着点埋伏。

陈：一看这么忙，这一定是很好，所以好多东西都是辩证的。你想一个萝卜糕，从通县买这么几个萝卜糕走，你这宣传力度起作用了。打电话问：“你这怎么做的？在哪？”它有这个宣传的作用，但是你还得有真东西，宣传了半天没真的，一吃不是这么回事，也就一次了。随着社会发展，应运而生的是一些新的东西，被历史淘汰的一些老东西，有的还是很好的，但是人家不认可了，你再好也没用了。比如那时候内联陞，千层底布鞋好吧？穿的人有多少？

杨：没多少啊。

陈：这种鞋叫作什么？叫又轻又透气又合脚，你看那个千层底布鞋就那老头老太太穿，而且现在一些老人都穿这种鞋了，为什么？它跟脚、舒服、透气、不臭，你不服行吗？说您再老，再老怎么着，毛主席都穿过。

杨：那是那个时代。

陈：那是历史。没用了。所以自然淘汰是必然的，社会在发展，新东西不断地应运而生，老东西被不断淘汰。

杨：所以我听您说小吃，其实总结四个字就是“与时俱进”。

陈：对。

杨：就是不管咱们怎么样，或者人家怎么样，它都是控制不了、左右不了的，只能与时俱进。

陈：那么这个就是新的代替老的。还叫小吃，比如说羊肉串 30 年以前没有，那么这就是新鲜的东西，进了北京已经轰动全国了。

杨：哪没有卖的。

陈：那么怎么办？这个东西就是现在的市场。你说历史没有，那个马王堆出土的羊肉串扦子就有，那多少年历史，为什么北京没有？社会没发展到这个程度呢。

杨：没有那么多人能吃得起肉串这个东西，吃肉的人觉得得精工制作。

陈：是这么回事。那天我看青年大赛，大董搞的那个。大董是大赛的执行主席、评委，屈浩他们三十几个人。那么人家评这个东西，就在那个基础上向高端里走，接近西餐，接近高端，走意境。那么这个东西，我觉得在那范围内可以，在国际场合可能也行，但是在咱们国内目前的社会层次和目前的经济形势下，那东西在北京市场范围不大。开了多少家了，里边都是意境菜吗？不是。

杨：去那吃的人也未必都吃意境菜。

陈：里边还是鸭子什么的，还是以这个为主。

杨：分两部分嘛。

陈：他那天讲了一个叫"一个中心，两个基本点"。国家不有一个嘛，他也讲。一个中心是什么？烤鸭为中心。两个基本点是什么呢？海味，以干货……

杨：还是传统鲁菜里海味的方法。

陈：哎！比如说葱烧海参，他从发海参到卖出这海参，人家动脑子了，这一个海参八道工序，八个人做。

杨：流水线了。

陈：两个好处，第一，你只做这道工序，肯定精，八个人八道工序都是很精的，出来就是精品。第二个好处呢，你想把这个全摸熟了，没门，你想打着我这旗子，大董海参，你去了也做不出来这个味。

杨：核心技术都在我这。

陈：哎！八个工序，发海参……

杨：没有八个都商量好了，专做海参去的。

陈：工业化成分，做飞机，没我这零件你上不去。现在不提倡工匠精神嘛，昨天弄一焊工，女同志。这就是他的思路，我既卖精，技术还不能跑了，核心技术不能跑了。

另外一个，他基本点是什么？基本上是装饰，出色儿。他说过去饭馆的核心是炒菜。

杨：但是摆盘不讲究。

陈：厨师。那么现在厨师本身就是加热的环节。

杨：加热的环节？

陈：哎，关键是摆盘，厨师现在不是我的核心，摆盘才是。我专门培养摆盘的，懂艺术，懂书画，爱钻研这东西，专门培训这个人，一个炒菜的，一个打盒的。这打盒的就是功夫，摆盘。那炒菜的本身就……别的过程都过来了，你这最后出这道海参只有加热成分，前面味道什么的都进去了，到你这就是加热。他是出盘看它的艺术性、意境。咱们过去讲以味为核心，以养为目的，那么现在加上一个美。这就是他目前的状况，可能是向高端发展的一个方向。但是咱们现在还不成，意识上跟不上。觉得吃东西了，这么大一盘子，就中间那么一点菜，是不是？

杨：是，觉得不实惠。

陈：这就是对象不同。

2. 小吃业的新思路

杨：我感觉咱们现在好多的小吃，自从公私合营以后，特别是和有了小吃店有关，售卖方式不一样了。过去吃小吃的人是小众，然后到小吃店一下给普及了，是不是起这个作用？

陈：普及的理由很充分。这个东西为什么到 90 年代普及了？因为成立了小吃店，品种就多了，选择余地大了，那么就使小吃广泛了；第二个便宜，它接地气了。过去四大小吃店：西四、隆福寺、大通、南来顺。

杨：您看哪些品种在小吃店之后，它普及得更厉害了，就是普及化了，原来并没有那么普及。

陈： 历史上很多品种，普及化的就是黏货、炸货、烙货这些东西。

杨： 到小吃店便宜了吗？

陈： 小吃本身是便宜的，它本身价位就不高。不管什么东西都是粮食、油、糖、酱，所以这个东西它便宜。

杨： 那是不是跟它规模生产、成本下降有关？

陈： 不是。现在有一些要规模生产。除去像护国寺一家之外，小吃还没有规模生产的，现在只有护国寺一家，它有了加工厂。

杨： 那像过去卖小吃，就一人卖。进的面，进的糖、油什么的，他是按个体进的，那价格是不是就比小吃店要贵一点？

陈： 这个问题，在过去一家一户的时候，没合营之前，这个卖小吃的他本人也是固定点进货。

杨： 他还是有渠道的？

陈： 他本身有渠道，他的进货成本必然要比老百姓买的东西便宜，因为他毕竟用量比老百姓大。组成小吃店以后，这些东西属于公家性质的了，价格一律……

杨： 统一的。

陈： 不管谁家都是统一的。那么在这个成本上，有些单位本身能做得好，成本降低。比如说有的出成率高，有的出成率低，就是因为在操作上，本身大手大脚。比如说很简单的，做任何品种都有个毛料和精料。这个毛料和精料在加工当中有的人细一点，出成率就高，可能竞争力就强。咱俩都卖这一个品种，我出成率比你高，我就比你卖得便宜。尤其过去旧社会，好几家都挨着，都卖一个品种，那怎么办呢？有的人就打价格仗，就拉客人。那么就是因为他出成率不一样，你放心，他绝对不赔钱。再一个，有的人看利润看得高，有的人看得低。比如说同样这一个品种，有的人可能看利润就高，那么就多买，有的人就低，所以这个里面在过去公私合营之前是这种情况，公司合营以后基本上是一样的了。

上次我给你那个成本卡，那基本上全市的同门类的品种价格都是一样。那么就有一个质量好坏的问题。同一个品种、同一个原材料，有的人比较精心，出来的质量也好；有的人漫不经心，出来的质量就差。就烧饼而言，同样使那么多东西，掐桃子的时候，有的人细，掐出来的桃子本身层次就高，有的人粗，摔山子再掐桃子大大咧咧，最后里面就成了面疙瘩，不出层，那么这里面就有个质量问题。过去旧社会本身个体竞争，一个是质量，一个是价格。

后来到了小吃店了，集体的了，这里面就不一样了。同样是小吃店，有些小吃店经营得好、管理得严，那么品种质量就好，价格虽然是一样的，但是质量它不一样，那么这里面就涉及管理。比如说过去四大小吃店，游园一比赛。

杨：游园是吧？

陈：就是“九一三”事件以后，不是游行不能搞了嘛，那么游园就是各个公园里有吃的，临时搭一个棚子，完了以后就在店里生产、现场销售，那么玩儿的人必然就吃。那么四大小吃店，实际上还不是四个，就是所有的公园呗，中山公园的、天坛的、颐和园的、陶然亭的等等，每年进行一次评比。那时候局里正好是刘峰抓这个。

杨：您说的这个刘峰是？

陈：是“第二服务局”的局长。

杨：整个北京市“二服务局”的？

陈：对，北京“二服务局”。他每年到游园会带着各区经理与小吃店经理进行观摩、评比，看谁的好。

杨：那这是露脸的时候。

陈：那么相对而言，南来顺就是最好的，在陶然亭做得是最好的。

杨：但是您指它是在陶然亭？

陈：对。

杨：像东城，可能就在东城的一个公园。

陈：对，崇文就在天坛，海淀就在颐和园，西城当时可能大概是在紫竹院，反正各大公园都进行评比。

杨：陶然亭只有您一家吗？

陈：不，陶然亭也好几家。

杨：那也都是您……

陈：我们宣武饮食公司的。一个是两益轩，那时候还存在，它也出摊。

杨：两益轩那时候还有这个字号，是吗？

陈：有。

杨：那它公私合营吗？

陈：那时候不叫两益轩，好像那时候叫广内饮食中心店。还一家是谁，反正三家，陶然亭里面三到四家。那么比较有规模、有档次、品种多、质量好的算南来顺，全市评比的结果也是南来顺最好。刘峰亲自带队检查，正是因为南来顺这个东西比较好，所以那个时候就要求把我调到“二服务局”业务处。我们区里不给，我们公司经理也不给，就是说我们还用。这个里面就是什么呢？就是你管得严、抓得紧，出的品种质量就好。有些单位为了追求数量，追求量大，但是产品的质量就粗糙了，所以这就是管理上的问题。

到了国营企业，公私合营以后的企业，关键是管理。那么南来顺又跟别人不一样，南来顺独体经营。那几家小吃出的呢，就是它的中心店，好多小吃店几家组织一起出这么一个台子，那么它就没有南来顺的条件好。

杨：对，那肯定。

陈：那时候往那送东西都是大解放汽车，大木箱这么长、这么宽，这一拉几十箱，就是大木头箱子两个人抬。

那么这小吃本身还有一个问题，就是你生产得很细，关键你在销售过程、运输过程当中也要妥善，货卖一张皮啊。

杨：是，是。

陈：你整整齐齐、五颜六色地摆在那块，拿的时候轻拿轻放。比如说芝麻这个东西，有的人拿出来以后，往这箱子里一倒，这芝麻就落了。

杨： 这就掉了。

陈： 有的人家怎么办呢，这个箱子本身搁到这，一拿，拿手往里倒，那么自然这东西它就好看了。

杨： 对，对。

陈： 它没脱皮啊。所以如何轻拿轻放，如何摆放整齐、装饰、点缀呢？要和小吃本身配起来，自然就勾起食欲呀，是不是？我这的照片你就能看出来，它往那一摆很漂亮。在摊位摆放过程当中，红的、白的等，就摆出了各种各样搭配的色彩，同样这个品种，你摆放得好看，勾起食欲，就引来顾客，因为游园的顾客是流动的。

杨： 对。

陈： 所以这里面，一个是生产本身细不细，要求严不严；第二，生产出来以后这个商品的保护是不是要求得严，整个运输的过程是不是很精心，出摊摆放的时候你是不是很精心。比如说我那个柜子里，前面15个品种，各种各样，后面加一块大玻璃，马上就反映出营业额翻了一倍。这顾客从这一走，“哎哟！”

杨： 这么多，是吧？

陈： 其实就是15个品种，后面有一块大玻璃。

杨： 就等于有了一个小机关。

陈： 所以这搞经营的关键得有头脑。别的摊位没有，它没加大玻璃，它就没有我这好看，就没有我这显着丰富。但是以后几个节日逐渐都添了。那么等各区都添上的时候，我这就比较完备了。而且你可以看我陶然亭那个摊位的照片，那是八一制片厂的一个舞美给我设计的这个棚子，所以比谁都好看。为什么刘峰看上呢？老远一看，“哎哟嗬，这是哪的摊位啊？”

杨： 一打眼就不一样。

陈： 到跟前儿一看，“啊，这个！”另外服务员本身非常精明，你买个东西不但轻拿轻放，而且唱收唱付，给你那种服务热情的感觉。

杨： 唱什么？

陈：唱收唱付。

杨：什么叫唱收唱付？

陈：就是你给我一块，你买东西花了七毛，我找你三毛。那么唱收，首先说“您给我一块，您这七毛，我找您三毛”。

杨：就念出来。

陈：唱收唱付，这里面就防止矛盾。你说多了，万一又找错了。现在比如说有些单位就是这样，您这多少钱，应该多少，找你多少，本身就是这样，收你多少钱，找你多少钱。那么过去是嘴，唱收唱付。这几个环节都做到了，必然销售量就大，那么影响力也就大。

人有口碑。他到处宣传，哪的好啊，这样就互相促进，这就促使你这个企业本身更好。大家评论你口碑好啊，那么职工的情绪和管理人员的情绪必然也高，我比你强，我比你好。虽然那时候没有钱作为奖励，但是人们的夸奖本身也是极大的奖励。

杨：荣誉。

陈：一年下来以后，公司集体开会总结它也得排排名，谁家受欢迎，谁家销售量多少，谁家如何如何，那么毕竟也是个促进。所以新中国成立以后，小吃店本身的竞争都是互相比，各区之间有个互相比，谁也不愿意落后。

杨：是。

陈：虽然没有什么，也不给你什么，但是谁愿意让人说倒数第一啊。人家不说倒数第一，人家说谁家好，那么自然就说你家不如人家嘛，是不是？谁都懂这个。因此，变成国营企业之后，有那么几个高潮。

那么现在的小吃为什么说护国寺最好呢？因为护国寺人家做小吃本身就没变过。比如说隆福寺，隆福寺应该比护国寺好。

杨：对呀，它原来是四大之一啊。

陈：它是最早的一个。

杨：对呀。

陈：但是隆福寺环境变了，没人了。隆福寺本身那个商场已经没有了。现在搞了好多大的建筑物，没有人。隆福寺那块的店只能关张。我老伴儿，她就想着看看隆福寺小吃，结果我们俩去了，到那一看砌了一段墙。

杨：边儿上不是那个馄饨侯、丰年灌肠吗？

陈：馄饨侯还有。

杨：明华烧卖。

陈：那个隆福寺小吃不是最后叫白魁了吗，现在隆福寺里没有了，别处白魁还卖。

杨：白魁还卖。

陈：还卖，也属东城区的这个小吃公司。好像东城区改革以后，以隆福寺小吃为龙头成立了小吃公司。原来东城区一个副总经理姓刘，他当经理，后来他退了，这个小吃店也关了。后来那个公司经理叫杨广志（音）。隆福寺本身关了，大概白魁还有几家。

杨：白魁还有？

陈：白魁一直在宽街把口儿那。

杨：隆福寺街里头也有。

陈：隆福寺街里没了。

杨：现在都没了，是吗？

陈：没了。白魁跟小吃店都砌上墙了，现在拆没拆我不知道，我去看了。

杨：它那不是说要改造吗？

陈：改造什么啊，没有人。你人为的也不成。那里面弄几个大的机关，大楼，没有居民啊。就顺着那个小胡同，还有卖衣服，那么一点，真不行了。所以过去的小吃店最火最好的应该是隆福寺。这就是说，慢慢的环境在改变，它这个企业就会死。那么护国寺为什么好？真正在我们四大小吃店当中没有护国寺。

杨：它不是后来的吗？

陈：对，后来的。后来人家以这个为龙头，那么小二荤铺一个一个不好，都改成小吃店或者包子铺。你知道包子铺现在开了多少吗？360多家。

杨： 您是说庆丰吗？

陈： 庆丰，所以西城就抓这个，一个是庆丰包子，一个是护国寺小吃。护国寺小吃那个小吃店就那么大点一个地方，你知道年纯利多少吗？

杨： 真不知道。

陈： 510 万元。年纯利 510 万元，就是本点。

杨： 我明白，就是它原址那地儿。

陈： 原址那地儿。

杨： 就稍微扩建了一下。

陈： 但是，它翻了一下，上面加了一层。

杨： 它对面又开了一个。

陈： 对面又开了一个，但是它那个本点有 510 万元的利润。这个为什么我清楚呢？那天中华小吃协会成立，我在那有一个发言。我发言以后，王伟（音）追过去，我不认识他。他说："陈老板好，我叫王伟，我是护国寺小吃的。"我说："不是老马吗？"他说："老马退休了，我接了。"这么着就聊了会儿。聊了会儿以后吃饭去，他就跟着我，然后他就说："我这个麻烦不少，现在朱总要求我把豆面糕、爱窝窝机械化生产，我现在生产不了，我就生产 30 个品种。"我说："那怎么回事啊？"他就说这个东西不好生产，他说："朱总剋我挺紧。"

杨： 是华天的朱总吗？

陈： 华天，就是朱玉岭。他说："哪天您去跟我瞧瞧。"我说："行。"后来吃饭的饭桌上，因为他一直跟着我，我选的是炒饭，他也选炒饭，坐那吃。吃的时候我说："我给你出个主意，找个窍门，你找'年糕杨'。"

杨： 还是做方便食品的那个？

陈： 做方便食品。我说："传统的小吃在店里卖的就是手工，那么对外作为小吃商品就机械化生产，你看看老杨那怎么做的。”他说：“等散了会，我哪天接您，您上我那看看，您顺便看看我那厂子。”那么他现在北京100多家，都是以销定产。什么叫以销定产？就是你今天销售多少，明天打算要多少，你告诉我，我定量生产。

杨：护国寺现在基本上都是配送吗？

陈：都是配送，但是有很多东西。30个品种是配送。

杨：像炸货它没法配送。

陈：对，别的它配送不了，是这个问题。所以小吃这一块目前形成规模的是护国寺，真正机械化生产的也就是护国寺一家。其次就是红螺或者“年糕杨”，品种、样式不多，但是量很大。比如说红螺它出口俄罗斯，大汽车往外拉，老杨那个是礼品盒，大概北京各大商场都有他的。那天老杨来了跟我说了说，他这个小吃一年销售2000多万元，就是“年糕杨”。他那机械化生产，而且卫生要求很高，食药局对那监督挺强。你进那个生产车间必须戴口罩、换衣服、换鞋，完全是工厂化生产。

小吃本身发展这么多年，从个体到集体，到合营，再到现在的国营企业，总之发展不平衡。比如说像南来顺，虽然有，但是它的质量并不是说多稳，另外规模只是在本点一个点。今年南来顺的礼盒叫八珍，这个礼盒卖疯了，春节一个订户3000盒。咱们不用多说，一盒就用100块钱计算，3000盒多少钱？30万元，这一笔生意。

杨：是，是。

陈：所以小吃不是没有市场，有市场。比如说现在白领也好，或者是打工仔也好，进去花个三五块钱、十来块钱，敢进去。你在饭馆不成啊，你就算致美斋，这算小，不大的餐馆，但是你进去一个菜也没有几块钱的啊，都是一二十块呀，最便宜的，一个菜稍微高一点，几十块、上百块啊。咱俩没事上小吃店，随便吃点什么也能吃饱，二三十块钱的事。

（2016年）5月5号，中国烹饪协会在人民大会堂成立一个全国小吃协会，我是特约专家。前天给我打电话："陈老，您得写篇文章。"我说："写什么文章?""您是特约专家，咱这会上您得发表一段。""哟！我说这两天，已经到这时候，您让我写篇文章，能那么快吗?"他说："您过去有的也行。"我说："过去有的，报纸上登了。你等我考虑考虑吧。"他说："您别考虑了，您就得写篇文章。"我这特约专家，这全国性的，我就答应了。是这样的，给我一个题目——《小吃事业大有可为》。这是我20多年以前的一篇文章标题，这是戴爱群写的，就是亚运会时戴爱群采访我一次，我就谈到小吃事业大有可为。那时候我说北京小吃大有可为，现在是全国的，我得讲小吃业，比如城隍庙、夫子庙、火宫殿、二道桥、吴忠这些，结合到北京。小吃本身地方性很强，各地有各地不同的风味特色，北京小吃有北京的特点，出不去北京，但是市场很广泛，就是因为它接地气，比较实惠。

杨：亚运会，九〇年，这都25年了！

陈：对，小吃事业大有可为。我提了五条标准，为什么说大有可为？五条。第一条，小吃本身风味独特、方便快捷、价格适中。大众群体非常大，老百姓的买卖永远存在。第一是这一条，当然还没说细呢。

第二条，政策宽松、价格放开、多种经营，国营、合资、集体、个体。这里面我就突出了一条，突出个体经营回归本位。小吃过去都是单一品种，个体经营。为什么叫回归本位？现在个体经营，有的人就是单一品种，就卖这一个品种，卖得不错，比如说过去历史上"羊头马"，到现在已经七代了，人家仍然还卖这个，还没改。这东西质量不错。那么这里边就叫精细，就在这了。他一家子要指着这生活，他就要做得好、做得细，才能够受益，那么他就越做越细，所以几代人传承下来，这东西必然就好。咱们说李老小，12斤面起家，现在一天卖一二十袋面，那就是人家经营得精心嘛。单一品种，颇受欢迎，价格合理，味道也不错，总之大伙都认可了。所以我说就是政策宽松了，多种经营方式都有了，本位是个体经营。这是第二条。

第三条，科技进了餐饮业。很多过去笨重的体力劳动解放了，现在机械化生产了。很多科学的东西，机器啊，锅啊，等等，第一减轻劳动强度，第二提高了生产率、提高了速度。那么有些已经批量生产了，比如说护国寺小吃店，现在开那么多，就是工厂化。

杨：对，中央厨房配送嘛。

陈：工厂化，批量生产了，小吃本身在生产率上提高了。第一有群体，第二回归本位，第三个呢，解放了生产力。再一点，科技进了小吃业。红螺食品厂把麻花、豆面糕变成小食品，人家搁了保鲜剂，这些东西可以保半年或者几个月。

杨：变成方便食品了。

陈：过去今儿不吃明儿就坏了，现在搁了保鲜剂，仨月不吃没事。火车上、汽车上、飞机上都可以吃，变成小食品。不仅如此，还大量出口，红螺食品厂的蜜麻花整汽车地往俄罗斯走，已经打开了国际市场。这是第三条——科技。

第四条，地位提高了。过去小吃本身叫“鸡鸣狗叫不登堂”，现在不仅登堂了，还登了大雅之堂，而且是国际大雅之堂。亚运会、奥运会、APEC 会议，北京小吃本身成为了国际面点。那么本身地位提高，也就提高了老百姓对这东西的认知度。本身过去认为这东西不错，这么一宣传，它的认知度就更高了。

最后一个，旅游市场的发展促进全国各地小吃的发展。

所以我写了五个方面，从这么五个方面谈小吃事业大有可为。这个弄完了以后，我给韩松了，我说你给我弄，弄完了以后从电脑发过来。结果他发过来，他把我几个观点捏到一块，但是也没说透。怎么办呢？人家要得急啊，就是它了。但是你要说作为论坛的内容，我这内容可以吗？我认为可以，和我这标题相近，我说是大有可为，那么我说出这些理由，是小吃业发展的客观事实，是不是？

那么我说，这个小吃事业跟刚才咱们谈这个成本核算也是一步一步发展起来的，那么你今天再用这个……这爱窝窝在小摊上卖一块钱，护国寺小吃店批发一块钱，批到饭店里头，饭店一上桌就十块钱了，它这道点心卖100块钱，这一盘，就十个，那不就十块钱嘛，你怎么计算利润呢，是不是？你到APEC会议结束以后，掌柜的就售卖这东西，他就卖好几块钱，那价格成倍上升。这里面就是说过去按成本，在那个历史阶段。现在发展起来，到今天的市场经济，这个东西也符合经济规律的。

现在说创新什么的，其实你要追历史，古代就有这个，随着社会的发展而发展，逐渐演变。倒退50年，你那炊事机器，有吗？

杨：对。

陈：那小伙子和一袋面四脖子汗流，滴滴答、滴滴答，是不是？五八年就开始革新了，有了和面机，减轻劳动强度了。所以现在这个问题就是说，两种：一种是本质上确实有差别；另一种是人们的思想意识、印象应该是什么，不应该是什么，比如烤鸭。那天我在潞河小学，和小学生就是谈吃，吃过什么、没吃过什么。后来一个老师下来问我："陈老师，我问您这烤鸭子。便宜坊和全聚德是两样？"我说："是，一个叫焖炉，一个叫挂炉。""这烤鸭有标准吗？"我说别说标准了，现在已经没标准了，也有新标准。你要用过去讲烤鸭的标准，第一，皮脆、肉嫩、酱香、葱白、饼热，柳叶片、鱼鳞片108片，这就是过去的说法。那么现在人家大董就变了，人家叫什么不腻——酥不腻，人家把鸭胸单吃、鸭舌单吃、蘸白糖，那么这不是过去的鱼鳞片108片。另外人家现在烤鸭不是片片儿了，有很多，切段，便于卷，甭一片一片的，他切段，直接卷在饼里头。鸭饼不一样了，现在鸭饼全是蒸的，过去都是烙的。那么懂的人知道烙鸭饼，那小孩儿慢慢吃起来的，他吃的一直是蒸的，他也认可了，是不是？所以社会在进步，在变化，那么你也应该适应变化。你现在说什么应该，不应该……

所以现在这些东西，小吃这些东西，目前北京不少了。有些断档的东西确实费工费时不下钱，有的也确实不适应现在的形势，就淘汰了，这也是必然的。那天我去餐饮博览会，我到南来顺看一看，我问麻花怎么卖，十块钱一盒，我就说这就好，一盒十个。过去我们一两面做两个，现在是做六个。

杨：一两面？

陈：是，个儿小了，那么这样就符合当前人的需求。一个是休闲食品，另外你要吃一个大个儿的，本身到胃里就发酸了、反胃了，再一个现在是低糖，你吃一个小的，说不客气的话，您想吃这个，这个味道还存在，这就解您当时的馋了。像以前越大越好，那么现在低糖低不下来，那怎么办？减量。十块钱一盒，十个还不显贵，但是毛利率就低了。你想一两出六个，过去出两个，现在出六个。

杨：蜜也是一样的？

陈：一样，只要你炸透了，喝蜜是有一定标准的。这个在我的书上都有，你可以翻翻看。

杨：我记得您那回跟我谈老字号的问题，您说老字号得与时俱进，我觉得这个也得与时俱进。对吧？我觉得这个东西好像从技术上能解决，所以这个工具就创造出来了……

陈：但是你要记着一个问题，一个人的意识，确实是有差别。比如说电烤炉烤鸭和果木烤鸭，在人们的意识当中果木烤鸭好吃，电烤炉的就没有果木烤鸭好吃。

杨：那不一定。

陈：但是外地人来了吃烤鸭，他懂得吗？

杨：对，他就要这形式嘛。

陈：他首先是不懂，什么烤的都是好吃的，他不懂。北京人有这意识，果木烤鸭，烤鸭必须用果木才有果木的香味。

杨：其实这不就是原来那个……

陈：这是一种意识。

杨：全聚德兴起来的吗？

陈：从本质上说，有没有这个质呢？有啊，毕竟果木有果木的香味，有质的问题。那么说今后的发展还是果木吗？电烤炉就行了，早晚代替它。那你要追烹饪的历史，那不就追出来了吗？现在说石锅拌饭，什么什么石头，古代不就是这个吗？

杨：对。

杨：其实与时俱进不是简单地说……你得把过去的这个问题研究透了，用现在更好的科技手段把它完成。

陈：前天有个小女孩，是亚美尼亚有限公司的一个姑娘给我打电话，说："陈老，明天下午的这个论坛您得说说。"我说："行，我说什么？""您那文的内容可以。"我说："行。"

结果昨天在大会堂，上午 11 点这个会的内容就完了，这时李亚光就过来了，他说："陈老，你代表北京发个言。"我说："什么时候？"他说："现在，在这比在那效果就好了。"我说："那行。"所以我就讲这个标题，我以这个标题为中心讲了五个内容。讲完以后，天津一个小伙子叫我，"老爷子，老爷子，请您过来，您跟我合个影吧！"反正总之一句话，这是跟你说，这么多论坛都是长篇大论的，我什么都没有，我有活例子，我用事实说明。

杨：对，对，对。

陈：我说小吃事业大有可为，南京的夫子庙，上海的城隍庙、火宫殿，新疆的二道桥，宁夏的吴中以及北京，我举了五个例子。今年春节南来顺卖小吃的礼盒，卖了 3000 盒。不用多说，一份就按 100 元定价，这一下就 30 万元。

杨：对，对，对。

陈：李小老的烧饼一天 20 袋面，什么概念？"年糕杨"的小包装礼品、护国寺小吃店开遍北京、红螺食品打进俄罗斯，但是不是说着这么简单了，是吧！

杨：是。

陈：说明什么？小吃市场很大，小吃市场我就讲五个条件。听完了以后说："这老头真干脆！"反正总之一句话，代表北京说小吃。应该说 22 个省市的论坛代表到那吃饭的地方了，"哎哟，这老爷子，您跟我合个影吧，给我张名片吧！"我说了，"我说的这些内容我心中绝对有数，绝对有根，不是我胡说”。昨天我跟护国寺的经理聊天，“老爷子，您哪天上我那瞧瞧去！”后来我说：“你那个护国寺本店年利润额达到460万元？”他说：“510万元。”我当时说460万元，是朱玉岭跟我说的，不是没根据。他说510万元，那就说明我这比他那还高，我就说：“大有作为！”不是空口说白话。

小吃市场火的原因我讲了五条，这里边就说明一个问题，你办任何事不实，你就会瞎说八道，我不干！我不是见过也得是听说过，我才说。现在我跟你（讲）的这些事基本上是我知道的。

杨：我知道。

陈：比如我刚才说的果子干，刚才说这个问题，你去研究，究竟是什么发酵菌让它起到这个作用了。他自个儿答应了，哪天我就跟化验室商量。我们研究，研究完我告诉你。

杨：这就能批量生产了，就不是简单的手工作坊了。

陈：对，最后可以使小包装啊，可以使保鲜食品的保鲜剂啊，是不是！

杨：对，对。

陈：但是符合不符合人们的生理健康，就需要研究了。你不得研究透了是什么发酵菌、得有益身心健康。你这种发酵菌倒挺好，吃得也挺好，最后不利于健康那也不成，是不是！

所以西城也是抓住两个龙头，一个是包子，一个是小吃。这个西城饮食引领市场的方式很重要，它分三块，这是我的观点。第一块，老字号。抓住了老字号，定点不放，有几个特色品种，把它搞精、搞尖。第二块，包子铺跟小吃。第三块就是它在打造新市场，比如柳泉居的豆包。

杨：就是档口，外卖的这种。

陈：柳泉居的豆包，鸡丁包子那谁的，宫保鸡丁。

杨：峨眉的。

陈：峨眉的鸡丁包子，它还在打造市场。那么其他公司就是大户经营，因此人家华天本身成为北京餐饮业的龙头企业了。

杨：其实现在一说国营的还是华天最好。

陈：华天朱玉岭也退了。但是朱玉岭是全国人大代表、北京市人大常委，又是市党代会的党代表。从政治方面讲，他是全国劳动模范，人虽然退了，管理还是由他负责。这是我的观点和印象，人家那就是抓住这么几个点，质量、价格、生产量、顾客的影响力，去年大概挣了13亿多啊，餐饮业。宣武饮食才两亿元。

杨：宣武本身店也少。

陈：店少不算啊，真正老企业没有了呀。不就是一个南来顺、一个晋阳了吗，还有一个清华池，这还是加服务。晋阳都不算老企业，五九年的。

杨：那致美斋、美味斋？

陈：这已经都排不上号了，尽管有这老字号。你想致美斋一天卖一万多块钱，那有什么意义？人家护国寺那一个点纯利润就510多万元，您这一年的营业收入也就是500多万元，那怎么比？十万块钱利润，还是赔钱。那么陈富强去这一年刚扭亏为盈。美味斋本身也卖不了多少钱，它也是个小点，里面没顾客啊，它就仗着窗口卖点东西。它那窗口平均一天卖8000多块钱。

杨：但是说实在的，美味斋手艺真不错。

陈：哪有美味斋的人啊？有美味斋的字号，没人，就是咱们说老字号，你有老字号没特色了。

杨：但是美味斋还行啊。

陈：你想厨师长是河北人。

杨：但是我觉得手艺一直都还行啊。

陈：你想啊，能有美味斋的传统的东西吗？现在它传统的东西是什么你知道吗？小笼包卖得不错。

杨：就是生煎。

陈：生煎包卖得不错。

杨：那会儿沈老师还给出主意呢，弄一个荠菜的。

陈：那生煎包大概一天百十斤肉。

杨：那个它是有窗口？

陈：对，窗口，屋里、外头都是窗口。它这个窗口卖生煎包卖得不错，大概平均一天100斤肉馅，那么你让一斤肉馅出30个，100斤肉馅出3000多个啊。那么这包可是个功夫啊，所以它没有生意，大家伙儿集中就包这个。这个里面就是说，你特色没有放弃，才有人气，有购买力。所以现在市场，我就说西城那边人家赚了三块，一块、一块地往上拱。西城所有饭馆，甭管多大，都有窗口。

杨：对，对。

陈：比如鸿宾楼，你到下午3点多钟一看，门口排队了，它就是做早点的那拨儿人，早点完了以后你就生产下午窗口卖的。

杨：这个玉华台的窗口是最好的。离我们家近，我老去买。我跟他们经理也特别熟，无冬历夏、刮风下雨都排一个小时这么买。

陈：所以说你这个领导抓什么，它就有什么，你不抓或松松懈懈地抓，没效果。所以这里面你不能不承认业绩，说人朱玉岭外行，人家进来了把企业弄得不错，整个公司也行。小吃这个东西本身现在最有市场，必定劳动人民吃得多，大众化企业多。那么再一个，小吃它还勾你食欲，吸引一些老人。

杨：动不动就是从通州过来的。

陈：“我买焦圈去。”那么它还有这样一个特点，这些老人也带着一些孩子，老太太喝豆汁、拿着焦圈，“孙子，你尝一口”。它还有这个因素，所以这叫接地气、大众化。那现在的问题应该说集体生产大型单位可以，比如说像那个锦芳、南来顺，那锦芳跟南来顺没法比。

杨：那是。

陈：但是锦芳现在人也做小吃做得不错。

杨：做元宵啊。

陈：是吧，人家做得也不错。那么崇文这块，锦芳什么的都落到便宜坊里边了。

杨：对。

3. 新形势下的行业问题

杨：我感觉现在的餐饮业很乱，同样一个品种，过去好吃，但是为什么现在那么难吃呢？

陈：这我跟你说，比如这个炒疙瘩，过去恩元居的炒疙瘩最有名，那个马永海跟我相当相当不错，他学徒的时候是在穆家寨①。

杨：他在穆家寨学的炒疙瘩？

陈：学完以后，穆家寨倒闭。他开了恩元居，大胡子马永海。我年轻没有家的时候，去那吃炒疙瘩。我们几个学徒关系不错的小哥们儿，一个礼拜一天休息。骑上自行车，今天上颐和园了，明天上什么南苑了，带着扑克牌，拿着酱牛肉、煮鸡蛋、啤酒，玩一天没事，没家没业啊。晚上回到恩元居，粉皮儿、啤酒、炒疙瘩、河间炮肉。它那有一个徒弟叫马成会，跟我是同龄人，也是好朋友。那时也没家，我们就一块，反正该给多少钱给多少钱。这一个大案子坐十来个妇女，就是揪疙瘩。揪完以后往锅里一煮，不像现在买炒疙瘩，煮出一大锅来，人家要一碗就扤一勺子，那叫疙瘩吗？那叫糨子。比如有个老小吃店，做得很精，外行一看真好，扤一勺子，然后油一炸，“唰”，这个油把这个疙瘩穿透了，一看这个炒疙瘩过油炸多好啊。这是外行看，我看不好，我看它走板儿了。你想那个疙瘩要吃着筋道，疙瘩嘛，不能吃着跟糨子似的。你想煮一大盆搁那半天了，还有筋道劲儿吗？然后拿油一炸，那里头是面的呀，已经成糨子了。

杨：现在我觉得好多餐饮就是这个问题。

陈：为什么呀？没人抓呀。咱们打个比方，说政府重视不重视？政

---

① 穆家寨：民国时，南城虎坊桥东北的臧家桥，有一个广福馆面食店，店主姓穆，只有母女二人。穆家母女的炒疙瘩声名远扬，成为有口皆碑的风味面食。广福馆面食店坐落在臧家桥附近的铁树斜街、堂子街、樱桃斜街、五道街、韩家潭五条马路岔道的把口，俨如一座寨子，同时店主又是女性，久而久之，“广福馆”的店名反而被人们渐渐淡忘。于是，众人就戏称为“穆家寨”，穆女称为“穆桂英”。不少文人名士常去光顾，我国台湾作家唐鲁孙在其书中就对穆家寨的炒疙瘩有所回忆。

府重视早点，希望解决早点问题。从林乎加进北京就抓早点，早点已经形成政府的工程了。现在大街上煎饼车得有多少？那时政府拿出几千万元干这个。但是有一个问题，解决打工仔吃早点的问题，解决了一部分。真正解决北京人吃早点？我看还没解决好。

杨：是。

陈：那么政府有一个内行吗？有一个懂这个的吗？政府拿这个当回事吗？你得说呀，过去北京有个城市服务局，城市服务局下属有个饮食处，饮食处对各区专业公司，有人检查，有质量标准。现在没有了，价格放开了，你爱怎么弄怎么弄，没人检查质量和价格。你爱怎么弄都行，那能行吗？

现在好多地方说为人民服务，我看，为人民后面加两个字儿，“为人民票儿服务”。另外本身是为自己的名利服务，真正为老百姓吗？那个烤鸭质量是这样吗？真好吗？拿吐鲁番的鸭子和某某烤鸭店的鸭子，咱们偷着买俩搁在那比，看谁的好，谁的价格实惠！

杨：肯定您那的。

陈：现在就说没人抓。我这个人，我孩子就反对我。我有三个孩子，有一个是干这个的，在西苑饭店。有一个是管这个的，现在是我们公司企划部的主任，就反对我。就说：“您别那一套了，您是老一套。您这样，人家受得了吗？给您当职工，累死算。”他就这样说。我说是这个问题，咱们做买卖要做一辈子，不能做一阵子。尤其企业这阵子好，过不了几天关张倒闭了，什么原因呢？它没有根儿，轰轰烈烈地一折腾，热闹劲儿过去就凉了，没有拿人①的玩意儿。那么作为经营者来说，我今天说就你革命？就你好？有几个对顾客负责的呀？你把钱给我就行了，我能赚钱就行了。谁管你质量如何，谁管你回头不回头。

杨：那您当经理的时候，为什么质量又好又赚钱啊？

陈：我管的那时候，小吃是分类的，是分类管理。比如说你是卖炸

---

① 拿人：北京土话，指吸引人的技术。

糕的，你这摊位有几个品种是属于黏货，这就作为一个小组，有一个是专门管这件事的，管你的质量。比如说这个摊位，卖什么呢？炸丸子、炸豆腐、杠子头、锅饼、馒头、锅盔之类的，硬面馒头。得，这个摊位就是你的事，你们这几个人其中有一个人盯着，那么有一个人替休。就是有人，也可以就是多面手吧，今儿你休息、我替，我休息、他替，这个东西它能保证质量。

杨：那您的意思就是说您管小吃店的时候分工细是吧？

陈：就是属于一个系列有一个人管理。比如说“馅饼周”，“馅饼周”这个摊位，它就是馅饼、粥和那个门钉。

杨：就是说馅饼到南来顺领的那小组，是吧？

陈：对。这个人一年 365 天就是烙馅饼、熬粥，他精啊。一年 365 天，你就一个品种，他合着眼都弄好了。精和专，专一品种必然就成精品，你不精不专，大把抓就不行。另外一个精的，人细心，做得细，做得精。有的人本身就粗粗拉拉、大大咧咧，他做出来的品种也是大大咧咧，跟人的性格一样。那么你要没人管理，他不就下去了吗？你大大咧咧不成了，我就管你，限制你大大咧咧。你往精里头做，你不精我就罚你，我就批评你。有个比较，谁做得好，谁做得不好，比如说南来顺过去那个摊位卖爆肚、白汤杂碎、烧饼夹羊头肉，因为有主食、有副食。这小摊五个人，有一个头儿。你有什么事，我就找你这头儿。这头儿是多面手，谁休息替谁，但唯一替不了的是片羊头肉的，别人片不出来。那“羊头马”要休息怎么办？那我就不卖了，因为什么呢？别人也能片，但是片不了那个程度。后来就说不卖不对，人家大老远来了，没有卖的怎么办？有徒弟，经过多年的磨炼、模仿。

杨：培养出来了，是吗？

陈：类似，差不多。人家买主一来，就说“哎哟，今儿老马休息”。

杨：吃得真细。

陈：这买主一来，老马休息，他不只是吃羊头啊，老马切羊头那个动作就给人好多感官感受，这人们欣赏的东西可不一样。比如说现在吐鲁番卖早点那个女同志，就她那卖早点，好多人在那吃早点，吃完早点就瞧她卖早点。那个速度真叫快、那叫灵，要换一生人，你卖一个、她卖仨过去了。好多人就为了看她卖货这速度，吃完站那不走，瞧着了。这里面就是久干久熟啊。你那一张嘴，她一抬头就知道是你，就知道你吃什么，手底下东西就出来了，什么叫精啊！

杨：那现在的好多小吃店的问题其实是什么都一把抓，什么都干，什么又都干不好。

陈：对，杂。精的那个人很可能真精，但是当头儿了。咱们现在饭馆不有那么句话嘛，这叫有证的……就是厨师长坐着。

杨：您不是说嘛，一级看，二级转，三级才上手炒呢。

陈：对，为什么呢？这里面就是说大锅饭的结果，不是自己的买卖，所以它就这样。

杨：那像有些小吃城，好多就不是自己干了是吧？

陈：那就更不用说了。咱还说这个，有的当老板的，还是真心实意想把小吃这块兴起来，可弄不起来呀。谁听他的呀？说你应该怎么怎么着，我就这么着，我们家就让我这么做的，您卖 100 元提 30 元，提 30 元就完了。另外他也不真懂啊，说这应该什么样，不应该什么样，可好多人他也不懂，但是他真心实意想弄。

所以这个搞小吃的这些买卖里面，应该说人家护国寺还算做得比较不错的。

杨：但是跟过去又不一样了。

陈：您老说过去，问题是过去谁懂呀！

杨：咱们就是说这个现象。

陈：对。还是那句话，过去是个体经营，它做得就比较细。我那时候，是把个体经营的一家一户组织进我这了。你在你们家干什么，你在这还干什么。比如说这个茶汤，你过去在家卖茶汤，在我这还卖茶汤，就是换了个地方，还是你冲，还是你做。那“羊头马”见你来了，还是卖你们家那个羊头，你有一个摊位，你就专门卖羊头。你卖切糕，你来了那切糕还是你们家那个切糕。你增加多少新品种，那在你这基础上，它还是原来基础啊，带出来徒弟也是一模一样的。现在这些徒弟都已经退休了。

杨：那可不嘛。

陈：这徒弟都退休了，这徒弟的徒弟又该怎么着啊？现在做北京小吃的人没有北京人了，全是外地人，照猫画虎，是不是？

杨：有的可能学了一年就出来了。人家就跳槽，就能打着我在某某地干过的旗号。

陈：比如说那天咱们去致美斋。致美斋四个北京人，一个经理、一个副经理、一个我的司机，再一个那厨师长，其他人全是外地人。你说你做北京的东西，没有北京人了，怎么做呀？说有外地人做得比北京人还精，确实也有，所以人家能在北京站住脚，能发展。什么东西都算上，你随着时代的发展而发展，顺其自然，只能这样。说咱们要求怎么着，这是站在咱们这个角度说。比如人家说“陈老，您这个那个的”，我说“什么呀，我就是卖烧饼的”。为什么这么说呀？你那好多东西我都不懂，现在好多原材料里面搁了什么咱不知道呀，科技在发展。比如说这叫什么，六月鲜酱油。

杨：这是烟台的企业。

陈：跟咱们过去北京的酱油就不一样啊。人家有热的、炒菜用的，人家有凉拌用的。

杨：分类很细。

陈：人家还有吃饺子的，很细啊。咱们过去老虎牌酱油——万康。这么多年原材料在发展，好多东西在提高，也有好多东西在变味，跟原来的味是不一样的。

杨：还有一个相对比较实际的问题，就是现在在哪吃这些小吃相对比较好？好多人也都问我，说实在的，我推荐不出一个地儿来。这北京人来问的。

陈：不，我跟你说啊，就是这句话，现在谁最好，谁名气最大？

杨：护国寺啊。

陈：那只能推荐护国寺。

杨：问我的是北京人，他也不想吃护国寺的了。

陈：但是你要知道，护国寺是都不好吗？一个好的没有吗？

杨：那不是。

陈：一个企业里面不一定都好，也不一定都不好。比如说你印象中这个东西哪好，就跟人家推荐，“哎哟，我跟你说，我吃这个东西哪哪比较不错，你可以尝尝”。

杨：只能是这样。

陈：咱们只能这么说。您说哪好，就是你吃那东西真好……

杨：人也未准认可。

陈：不，今儿人家去了，就是做这个东西的换人了，今儿他休息。你不也等于零吗？比如说南来顺那个小康，你看那小老太太，人一看这真跟农村那小老太太一样，手底下真灵。早上四个大锅一人看着。熬浆、打卤、点豆腐，四个锅一人看，还是大锅，不是小锅。她点出的豆腐，什么时候你去，都是一样，不是今天点软了、明天点老了，不是。她打那个卤，都是那些原材料，她本身稳稳当当。换个人，不是跟粉皮似的提不起来了，要不就跟豆腐汤似的。所以这东西，一个是经验，一个是经心不经心。经验有了，经心不经心它都不一样；没有经验的，你不经心就出不来东西。

杨：是。

陈：咱们今天说开饭馆，我现在对政府在这方面还有看法。

杨：就是监督不够？

陈：没人管，放任。政府的方法就是我们放权，让它市场化，这是对的。改革开放真正取得成绩的还是饭店，但是现在经营无序也不成。比如过去有公司，公司干什么呢？就是负责检查质量、检查卫生、检查经营品种以及店容店貌。现在没人管，现在工商发了执照，质监局来检查你没问题就行了。各个行业部门有没有一个专人懂这个的？没有。那么你检查什么呢？着火了，哎哟，来一大帮罚款。卫生出了事故，就罚，以罚代管。企业本身也不服气，平时没人管我，今天你来了就罚？还有一个现在最坏的东西，政府部门，也就是主管部门对次的不检查，专门检查好的。个体的不检查，专门检查国企。为什么呀？第一，它们好管；第二，它们能给你脸上抹粉。比如牛街这一块，涮羊肉的买卖别提多火了，你进厨房瞧瞧，点（火）锅那个地方瞧瞧，全是臭的，谁管？

可那个不管，专门检查吐鲁番，过关啊。到那里一看餐具消毒，大开锅就下去了，“咕嘟咕嘟”开了，然后提拉起来了，往外捡碗的时候戴手套，烫啊，因为消毒彻底，卫生是“五四制”的标准。

杨：“五四制”的标准是1954年定的吗？

陈：不是。就是五种制度，比如冷荤、各种餐具的消毒。你进冷荤间必须是二次更衣，进冷荤间之前上更衣室先换衣服，到了冷荤间的第一个门再更衣、换工作服、洗手，这样才能进冷荤间，别人不能进去。冷荤有冷荤的要求，墩子、刀、案板、洗刷、消毒池、清水池都分得很清楚。你那些个体有吗？

杨：哪有这个啊。

陈：就这样一检查，上级一看我们这里卫生好，市长就说：“好。”回去以后全庆功，真正不好的谁管啊？而且管不了。像职工不听话，多给钱好好干，钱压奴婢。不听话就处理你，弄几个人外面揍他。你说黑社会什么的，有好多地方就是这玩意儿。对人家当头儿的，警察、派出所……咱们国营企业不成啊。政府部门放弃监督是不对的，另外就是政府部门本身没有专业知识，找我这样的人都快死绝了，再说还有很多人就不干了。就是放弃监督不行，没有专业也不行，你到那里查人家，什么是符合标准？你说不出来。

杨：没有那个标准。

陈：我看报纸登的什么什么食品标准。有家店，它那经理倒是个好人，想干点实事，可是是个外行，我说：“你就让他们蒙你吧。”就他那的几个经营者，原来都是我那的职工，而且几代都是我的职工，顶着自己家的老招牌，但实际上都租出去了，租给一个伙计，你一天交我多少钱，卖多少都是你的。

杨：这样啊！

陈：做的那东西，那叫什么玩意儿啊！我那天去了，你知道吗？好多品种都不是自己做的，都是从牛街批发。

杨：咳。

陈：可人家也说："伯伯，你说我还能盯着吗？我们家没人经营了。我也浑身是病。顶着我们家老爷子的名儿在这里干，我还能干几天？得了，就是电视台来了，我比画比画，这不是电视台吹嘛。"

附　录

一、陈连生手写南来顺史料

民 收（ ）字第 号

1

宣武区南来順飯店情况簡介

南来順飯店設在宣武区菜市口,現有职工89人.該店是以經营正餐为主.附設小吃部.冷飲部.兼营早点.夜宵及各种应节食品.目前經营品种約二百种.很受本区人民的欢迎.每天可以接待顾客五千左右人次.节日要接待一万左右人次.平均月营业额为五万元左右。

南来順飯店是在1961年根据市场形势的需要改办的.他的前身是在1956年合营高潮时.为了进一步改造小商販,保持回民小吃食品固有風味和改善他们生产,生活条件組織起来的原称菜市口小吃店.

小吃店在56年9月25日开业.当時人員共有48人.私方业主和业主家属共16人.他们的资金一般不多.除了福生和恩德兴.兴順斋三户資金共有7500元实行定股外,其他小商販一般都几十元左右.让他们自行处理.对一些技术較好

第 1 页

有代表性的私方人員也都进行了安排。

(一)几年来由于党和政府的关怀和支持，这个单位各方面都有了顯著变化，无論在人員、資金、設备以及小商販的生活条件都有了很大改善，在56年开业时仅有25间房（370平方米）的小吃店，现在已共佔用房子104.5间（857.6米）比原来扩大了两倍，人員也由48人增加到89人，比原有人数增長80%，其具体变化情况是：

1.在經营范围方面：在60年为了适应少数民族生活需要，菜市口小吃店进行改造扩大，更名为南来順飯庄，改造以后經营范围逐步扩大，除固有的風味食品如燒羊、焦圈、豆付脑、凉糕、切糕以及各种蒸食点心等小吃食品保持发扬外，先后增設中餐部、冷飲部、供应应时飯菜承办宴席，成为我区最大的清真飯庄。

2.在設备方面：根据經营范围日益扩大的需要，不断改善生产条件，国家投资额也有所增加，目前现有资金56470元比原有私股资金增加了七倍多，较五九年资金总额增长34.4%。仅62年——63年共给国家上缴利润446800元。还扩建了宽敞的餐厅，增设了硬气锅炉，电气冰箱等等，过去在饮食业一些繁重体力劳动工序，也由在技术革新当中推行之有效的一些机器所代替，目前他们有合面机、电磨豆浆机、电动绞肉机、切面机、元宵机。这些机器代替了手工操作，大大的改善了劳动强度提高了工作效率2——20倍一些繁重体力的工序基本上用机器代替人力。

3、随着规模扩大和人员的不断增加，营业收入也有显著上升，56年12月份国家安排粮食31300斤，食油3400斤，在59年1月曾增加到粮食83400斤，食油7550斤，今年6月份粮食实销44900斤、耗油7555斤，亦较56年粮食增长41.8%，食油增长122%；营业收入56年平均每月为26600元到59年增

4

为68000元，62年5月份最高增为138.600元，今年1—6月每月平均销货额为47100元，亦較56年增長一倍多。这个单位几年来根据市场变化，不断改进服务供应工作，各项食品，坚持賣易保持风味特点，一些知名的阿訇和少数民族領导同志、經常来此品嚐，为此在西、南城区享有一定声望。

4.在人員方面：隨着經营規模的变化，不断加强技术配备，充实技术力量，几年来先后調来有金士光、安國栋、陈國禄、馬玉昆、馬士芳等知名老师付就有14人，因而在技术水平和技术配套方面是配备全，班底硬，具有較高的水平。这个单位几年来还先后輸送干部和技术人員30余人，支援了兄弟单位，并吸收了一批知識青年充实了服务队伍，二年来共为国家培訓青年18人。

5.在党的親切关怀和教育下，政治地位顯著提高，这个单位現有党員5人，团員6人，佔現有人員12.3%，有二人还担任区政协委員，有4人評为先进工作者，如炒菜师付金士光60年光

第4頁

泉参加中國共产党，63年授予四級技师称号。

6.在学习方面，全体职工坚持文化学习和政治学习，有50%以上职工参加学习主席著作小組，因此政治水平有所提高，目前在現有89人当中具有小学文化程度57人，初中文化程度25人。

(二)通过社会主义改造合营后，显示了无比优越：

1.从根本上改变了小商贩生产条件，消除了小商贩四个急（没有本錢着急、生死疾病着急、刮风下雨作不了買卖着急、卖不出去着急。）过去少数民族小商贩由于旧社会的压迫，他们本錢少，推小車，无論刮风下雨都在露天經营，既是有几间房子也是一个烟熏火了的小黑洞，生产条件很差，营业不好，一旦有生、老、病、死都会遇到极大困难；現在他们在宽敞的制造室里工作，从此改变那种风吹雨洒，沿街售卖的苦难。現在工作上实行定时工作和輪休制。另外在条件劳动方面，不断加强劳动保护，飲食业历史以来的手工操作，由于技术革新对劳动条件的改善

第5頁

6

机器代替了笨重劳动，磨浆机代替了手拐磨，合面、切面、绞肉、打元宵，也都使用电动机器，从而大大改善了劳动条件，减轻了劳动强度。

2、合营以后全体私方人員享受了劳保合同，生活有了保障，不再发愁生、老、病、死，例如害了30多年疝气病的铁崑明几十年没钱治病，合营后治好了他的疝气。德顺斋私方人員王德海，合营以后体弱多病長期不能上班，工资照付，63年病故后还領发了丧葬费，作到了老有所終，几年来除支付工资3484.80元外，仅病故期间医药费、丧葬费就花了479.91元。超过其私股股金2.6倍还多，康玉秀40多年来拉洋車，作小買卖，生活始終没有保障，东跑西撞到处求生活，他説：九岁就跟着母親要了几年七帖，后来在发貨屋子給卖炸糕，端盘沿街叫卖，十八岁时又拉排子車，拉洋車，一次給不起車份，把身穿的褲掛送进了

第 6 頁

当铺，那时連瘡腿流血，到医院治不起，合营以后腿也治好了，生活有了保障，我衷心感谢共产党，决心老老实实为人民工作来报答党的恩情。

3.合营以后不仅生活有了保障，而且在生活水平上也有了很大提高，今年来还普遍调正了工资，据现有私方业主16人的統計，就有收音机12台，手表10只，自行車12輛，他们的子女有10人上了中学，还有4人上了大学，作小買卖不养家的生活已經一去不复返了。

总之南来順飯庄的变化，只是小商販組織起来的点滴情况，確实在合营以来，在党的正確領导下，他们的的一生起着根本变化。

1964.7.18.

二、梁德山开列的宴席菜单

梁德山老先生是陈连生先生的师父，解放前在西来顺就职，当年的西来顺被称为“清真第一灶”，金受申、唐鲁孙等文人在记述老北京的书籍中都有提及。梁德山作为那时西来顺的柜头，安排宴席算是“勤行”里的一项重要技术（说是艺术也并不为过），我也将这十几份宴席菜单附在这里，供广大读者参考。

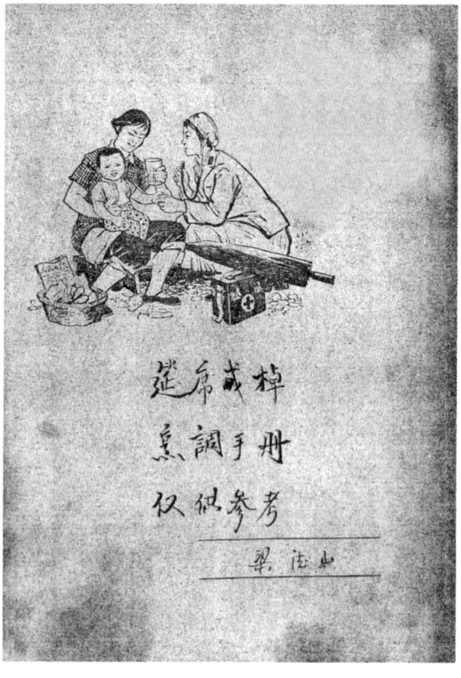

这是1964年至1965年期间，由陈连生收集的当时西来顺用过的宴席菜单，均为梁德山开列，从中可窥见旧时清真大席的状况

立春前后应用

蒸食两盘　点心两道（汤圆锅、素包子）　菊花银鱼锅（渭河银鱼）　扒三白　独二筋（鹿筋、面筋）　红烧鲍鱼　宫保鸡丁　西法大虾　清汤银耳　八宝饭　清蒸鳜鱼　炉烧肥鸭　砂锅鱼翅（黄鱼翅水发）　清汤燕菜（雪白官燕）　四双拼冷荤　四干蜜　四正鲜

立夏前后应用

蒸食两盘　点心两道（软皮烧饼、伊府面）　砂锅鸡脯　干贝萝卜球　鸡粥菠菜　糖醋活鱼　纸包鸡　清炒虾仁　炸三攒　清汤银耳　香酥肥鸭　菠萝莲子　红烧鱼翅　芙蓉燕菜　四冷荤　四干蜜　四正鲜

立秋前后应用

蒸食两盘　点心两道［炒三泥、四方饺（鸡蛋干菜）］　百子汤　白扒鱼肚　口蘑面筋　炒生鸡丝　赛螃蟹　鲜花竹荪　高丽大虾　鲜莲冰海　干烧鲥鱼　桂花鱼翅　鸡蓉燕菜　四冷荤　四干蜜　四正鲜

立冬前后应用

蒸食两盘　点心两道（山药桃、伊府面）　菊花鱼锅　银耳竹荪　炖鹿筋、面筋　紫鲍龙须　炸胗肝　鸡丝豌豆　番茄虾仁　百子汤圆　干烧花鲫　酱汁扒鸡　万年青烧鱼翅　清汤燕菜　四冷荤　四干蜜　四正鲜

备注：燕窝一片、银耳三钱、鱼翅一斤（水发）

百子汤圆原料：普通元宵的四分之一，意大利洋核桃、莲子、桂圆、麻圆去核、菠萝丁、葡萄干、桂花、冰糖等

以上四种宴席是用山珍海味制作，见不到牛羊肉

春

蒸食两盘

四饭菜：百子汤、鸡条菜花、手抓羊肉、扒三样

四炒菜：虾仁面包、油爆肚仁、酱爆鸡丁、香菇扁豆

四大件：干烧支鱼、清蒸炉鸭、菠萝莲子、红烧鱼唇

四冷荤

四压桌

夏

蒸食两盘

四饭菜：砂锅鸡脯、扒两白、番茄牛尾、独三样（羊脑、脊髓、羊眼）

四炒菜：鸡丝烩豌豆（洋豌豆）、西法口条、清炒虾仁、鸡肚炮

四大件：锅烧肥鸭、两吃目鱼、核桃酪、鸡酪鱼肚

四冷荤

四压桌

秋

蒸食两盘

四饭菜：百子汤、红烧万年青、鲍鱼龙须菜、番茄牛肉

四炒菜：清炒虾仁、全爆、鸡丁鲜莲、炉鸭茭白

四大件：荷叶鸭子、糖醋活鱼、杏仁豆腐、葱烧海参

四冷荤

四压桌

冬

蒸食两盘

四饭菜：砂锅散丹、虾仁扒白菜、红烧牛尾、扒鸽雏

四炒菜：烩全样、炉鸭冬笋、酸沙子蟹、琥珀鸽蛋

四大件：清蒸鸭脯、五柳活鱼、莲子江米饭、红烧唇肚

四冷荤

四压桌

便菜席

蒸食两样

四饭菜：三片蛋糕、汆羊肚、红松羊肉、红炖牛肉

四炒菜：油爆肚领、焦熘鱼片、酱爆鸡丁、烩虾仁

三大件：栗子焖鸡、红烧鱼、莲子果羹

四冷荤

四正鲜

便席

蒸食两样

豌豆羹　　烩银丝　　熘羊肝　　醋熘肉片　　炸卷果

扒牛肉条　　南煎丸子　　红烧鱼脯　　清蒸整鸡

四冷荤

羊八样

蒸食两盘

杂烩丸

白羊肉海带　　白羊肉笋　　全羊肚

黄焖羊肉　　清蒸羊肉　　红炖羊肉　　红松羊肉

备注：适合大型聚餐，不备炒菜，为了简便

压桌菜品可用种类

- 榛瓤
- 茶菜
- 藕菱
- 桃蘸
- 桃酥
- 焙大扁
- 焙杏核
- 蜜饯红枣
- 蜜饯杏干
- 蜜饯海棠
- 蜜饯红果
- 蜜糕
- 金糕
- 软皮烧饼
- 一品烧饼
- 芸豆卷
- 山药卷
- 芸豆糕
- 慈姑糕
- 栗子糕
- 藕丝糕
- 凉糕
- 水晶糕
- 姜丝排叉
- 鲜豌豆黄
- 豌豆黄
- 黄糕
- 糖卷果

备注：根据市场供应，四季变化

四季点心可用种类

- 江米藕
- 酿苹果
- 糖熘南荠
- 各吃杏仁酪
- 各吃山楂酪
- 各吃奶酪
- 肉火烧
- 豆馅寿桃
- 炸汤圆
- 炸莲花
- 伊府面
- 山药桃（寓意寿比南山）
- 素饺子（冬笋口蘑鲜干菜）
- 炸螃蟹盖（肉末青菠馅）
- 炸春卷
- 炸春段
- 云片糕
- 一品山药
- 清蒸山药
- 炸羊尾
- 豆渣糕

全羊席

1.冷荤类

晾肉胚
拌肚丝
酱羊肉
酥腱子
醋肉
白羊头肉
生菜口条
白羊羔片

2.炒菜类

锅烧羊肉
肉丝烩豌豆
炸卷果
炸鹅脖
焦熘肉片
酱爆里脊
它似蜜
滑熘里脊
奶糖脊髓
烩蹄筋
独羊脑脊髓羊眼
糖醋上天梯
熘羊肝
单爆腰
酸辣银丝
烩银丝
水爆食信

水爆蘑菇
水爆杂样
水爆散丹
水爆肚仁
盐爆肚领
油爆肚领
盐爆肚仁
油爆肚仁
烧羊肉
扣烧羊肉
凤眼羊肝
盐爆里脊
葱爆羊肉
羊肉扒
辣子里脊
熘羊肝
滑熘羊肝

熟肉丁烩鲜蘑
干炸肉片笋片
干炸里脊
炒肉片
炒肉丝
香酥羊肉
熘腰花
炒腰花

3.饭菜类

什锦花锅
砂锅杂碎
砂锅散丹
清蒸羊肉
红炖羊肉
红松羊肉
东坡羊肉
海带羊肉
南煎丸子
扒羊肉条
手抓羊肉
红烧千里峰

炒菜、面两种酒席

1. 寿桃成桌

寿字两盘

荠菜春卷

豆馅寿桃

三鲜白卤

肉片全卤

熘乌鱼蛋

芙蓉羊肚菌

烩生鸡丝

清炒虾仁

四冷荤

四压桌

各种面码： 香椿、黄瓜、扁豆丝、红根丝、鲜豌豆、掐菜

2. 喜面成桌

蒸食两盘

肉末炸酱

肉片全卤

烧豆泡

熘丸子

炒什件

熘羊肝

四冷荤

备注： 面码同上

三、宣武区小吃成本核算卡

这部口述最重要的内容就是小吃，在与陈连生先生的访谈中曾提到了小吃的标准，并牵出了计划经济时代“成本核算卡”的问题。面对今天的市场，可以说在小吃的质量方面，有一些乱象，虽然是市场经济，餐饮行业和老百姓其实心里都有一套标准，虽然并不一样，也并不明确，但是会有一个大致的概念。那么出现于计划经济体制中的“成本核算卡”作为资料，在这个时候重新出现在公众面前，可以代表一个时下流行的所谓“小时候的味道”相对权威的标准，我觉得是有很高价值的。

成本核算卡主要有两个作用：一是当年餐饮企业在生产过程中对成本的计算；二是饮食服务公司在检查工作时有个参考的标准。比如糖油饼，成本一项，要用面粉十斤，出成品 100 个，大概每个重一两，温重一两六钱，所用食材分别有面粉、油、红糖、盐、碱面、矾，核算后的毛利率为 28.9%，质量标准要达到“圆形鼓腔，直径 16.5 厘米，金黄色，糖面均匀，不煳”。我认为这种标准在当今的市场经济环境下，可以说是符合市场需求、消费者需要和经营需要。从经营者的角度来看，现在有很多外行投入到北京小吃的行业中，他们对于小吃应该达到什么样的质量是不清楚的，需要有这样的资料让他们进行参考。从消费者的角度来看，大量的消费者在面对质量低劣的小吃时，不明白为什么不好吃，以此为参考，让老百姓心里有个谱。对于小吃市场是一个很好的规范，让行业更加健康发展。

在当今，成本核算卡绝对不是检验餐饮企业的唯一标准，但是我认为这样一个标准对市场上的小吃，就犹如经济学中价格、价值曲线一样，各种质量的小吃围绕在小吃标准这条直线上下波动，有了明确的标准，才会有更良性的市场发展，对北京小吃，乃至北京饮食文化的传承，都是一件好事。

目　　录

一、前言	1 页	4. 蒸货食品	44页
二、饮食业保留统一售价品种表	2	5. 粘货食品	53
三、饮食业分类毛利率一览表	3	6. 流质食品	64
四、常见小吃食品规格质量标准	5	7. 主副合一食品	70
1. 统一售价食品	5		
2. 炸货食品	18		
3. 烙货食品	33		

饮食业保留统一售价品种

顺序号	品名	单位	数量	单价（元）	顺序号	品名	单位	数量	单价（元）
1	富强粉馒头	克	100	0.07	10	火烧	克	50	0.03
2	标准粉馒头	克	100	0.05	11	不带麻酱烧饼	克	50	0.04
3	富强粉花卷	克	50	0.04	12	收粮票油条	克	50	0.07
4	标准粉花卷	克	50	0.03	13	不收粮票油条	克	50	0.09
5	机米饭进价 0.142—0.152	克	500	0.20	14	切面	克	500	0.21
6	机米饭进价 0.157—0.18	克	500	0.25	15	馄饨皮	克	500	0.28
7	标准粉大饼	克	500	0.28	16	饺子皮	克	500	0.24
8	不收粮票油饼	克	50	0.08	17	标准粉白坯面条	克	500	0.25
9	收粮票油饼	克	50	0.06	18	富强粉白坯面条	克	500	0.28

饮食业分类毛利率一览表

菜肴面食品种 \ 等级毛利率分类（%）		一级户	二级户		一般户		备注
			雅座	散座	雅座	散座	
炒菜类	1.00 元以下（含 1.00 元）	40	40	40	40	40	
	1.00—5.00 元（含 5.00 元）	32—38	31—36	31—36	30—35	30—35	
	5.00 元以上	32—38	31—35	30	30—35	80	
	风味炒菜	37—43	35—40		37		
	费工费火的名菜	45 左右	不超过45				
小吃类	18 种价格未放开食品						执行原统一售价
	价格放开的小吃食品						毛利率不限
风味面食		35—40	35—40	35—40			
特殊风味面食、西点							毛利率不限
一般面食	每斤 1.50 元以下（含 1.50 元）	40	40	40	40	40	
	每斤 1.50 元至 2.00 元的肉馅食品和主副合一食品	30—35	30—35	30—35	30—35	30—35	

（续表）

<table>
<tr><th colspan="2" rowspan="2">等级毛利率分类（%）
菜肴面食品种</th><th rowspan="2">一级户</th><th colspan="2">二级户</th><th colspan="2">一般户</th><th rowspan="2">备　注</th></tr>
<tr><th>雅座</th><th>散座</th><th>雅座</th><th>散座</th></tr>
<tr><td>一般面食</td><td>每斤2.00元以上（含2.00元）的肉馅食品和主副合一食品，每斤1.5元以上的面条</td><td>30</td><td>30</td><td>30</td><td>30</td><td>30</td><td></td></tr>
<tr><td rowspan="2">外进熟食简易加工</td><td>从批发进货</td><td>20</td><td>20</td><td>20</td><td>20</td><td>20</td><td>包括松花水果</td></tr>
<tr><td>从零售进货</td><td>10</td><td>10</td><td>10</td><td>10</td><td>10</td><td>水果罐头等</td></tr>
<tr><td colspan="2">自制冷荤食品</td><td>32—38</td><td>31—36</td><td>31—36</td><td>30—35</td><td>35—35</td><td></td></tr>
<tr><td colspan="2">自制自销冷热饮</td><td>40</td><td>40</td><td>40</td><td>40</td><td>40</td><td></td></tr>
<tr><td colspan="2">快餐</td><td colspan="5">35—40</td><td></td></tr>
</table>

1. 炸货食品

饮食业小吃食品规格质量标准和操作规程

<table>
<tr><th>类别</th><th colspan="2">品名</th><th>单位</th><th>用粮数</th><th>售价</th><th colspan="2">成品规格</th><th>备注</th></tr>
<tr><td rowspan="4">炸货食品</td><td colspan="2">江米面炸糕</td><td>个</td><td>50克</td><td></td><td colspan="2">温重90克</td><td rowspan="2"></td></tr>
<tr><td>质量标准</td><td colspan="2">扁圆，金黄色，有焦泡，里嫩，皮馅儿均匀，不破不酸</td><td>操作规程要求</td><td colspan="2">对面合适，馅儿内无杂质，无整豆</td></tr>
<tr><td colspan="2">烫面炸糕</td><td>个</td><td>25克</td><td></td><td colspan="2">温重55克</td><td rowspan="2"></td></tr>
<tr><td>质量标准</td><td colspan="2">圆形，直径5厘米左右，金黄色，外焦里嫩，不跑糖，剂口无褶，起酥皮</td><td>操作规程要求</td><td colspan="2">面要烫透揉匀</td></tr>
</table>

（续表）

<table>
<tr><th>类别</th><th>品名</th><th>单位</th><th>用粮数</th><th>售价</th><th>成品规格</th><th>备注</th></tr>
<tr><td rowspan="4">炸货食品</td><td>奶油炸糕</td><td>个</td><td></td><td></td><td>温重 35 克</td><td rowspan="2">50 克粮出 4 个</td></tr>
<tr><td>质量标准</td><td colspan="2">外焦里嫩，蘑菇形，有奶油香味</td><td>操作规程要求</td><td>烫面拌匀，温油炸，炸后撒白糖</td></tr>
<tr><td>焦圈</td><td>个</td><td></td><td></td><td>温重 15 克</td><td rowspan="2">50 克粮出 6—7 个</td></tr>
<tr><td>质量标准</td><td colspan="2">椭圆形焦红色，酥焦脆，直径 7 厘米，不散坯儿，蚊嘴接口</td><td>操作规程要求</td><td>调货和面，刀口要正，温油炸透</td></tr>
</table>

1986 年 10 月 29 日

2. 烙货食品

饮食业小吃食品规格质量标准和操作规程

<table>
<tr><th>类别</th><th>品名</th><th>单位</th><th>用粮数</th><th>售价</th><th>成品规格</th><th>备注</th></tr>
<tr><td rowspan="6">烙货食品</td><td>糖火烧</td><td>2 个</td><td>50 克</td><td></td><td>温重 100 克</td><td rowspan="2"></td></tr>
<tr><td>质量标准</td><td colspan="2">扁圆，棕红色，糖酱均匀，不煳，无疙瘩，有层次，利口有沙性</td><td>操作规程要求</td><td>熣糖，搓匀</td></tr>
<tr><td>咸酥火烧</td><td>个</td><td>50 克</td><td></td><td>温重 75 克</td><td rowspan="2"></td></tr>
<tr><td>质量标准</td><td colspan="2">扁圆，米黄色，在 12 层以上，剂口严，薄厚均匀，分量准</td><td>操作规程要求</td><td>包酥，掐桃，底无面疙瘩，烤熟</td></tr>
<tr><td>豆馅烧饼</td><td>个</td><td>50 克</td><td></td><td>温重 85 克</td><td rowspan="2"></td></tr>
<tr><td>质量标准</td><td colspan="2">蛤蟆舌蜜，扁圆，米黄色，皮馅儿均匀，外酥内甜</td><td>操作规程要求</td><td>糖豆均匀，炒透，馅儿内无杂质，无整豆，馅儿内有桂花</td></tr>
</table>

（续表）

<table>
<tr><th>类别</th><th colspan="2">品名</th><th>单位</th><th>用粮数</th><th>售价</th><th colspan="2">成品规格</th><th>备注</th></tr>
<tr><td rowspan="4">烙货食品</td><td colspan="2">卷酥烧饼</td><td>个</td><td>50 克</td><td></td><td colspan="2">温重 80 克</td><td rowspan="2"></td></tr>
<tr><td>质量标准</td><td colspan="3">长方形，麻仁均匀，上下有色，有层次</td><td>操作规程要求</td><td colspan="2">包酥，麻仁蘸匀，刷饴糖</td></tr>
<tr><td colspan="2">家常饼</td><td>张</td><td>150 克</td><td></td><td colspan="2">温重 210 克</td><td rowspan="2"></td></tr>
<tr><td>质量标准</td><td colspan="3">圆形直径 20 厘米，层次分明，火花匀，暄软</td><td>操作规程要求</td><td colspan="2">和面揉匀，刷油折叠，烙熟</td></tr>
</table>

1986 年 10 月 29 日

3. 蒸货食品

饮食业小吃食品规格质量标准和操作规程

<table>
<tr><th>类别</th><th colspan="2">品名</th><th>单位</th><th>用粮数</th><th>售价</th><th colspan="2">成品规格</th><th>备注</th></tr>
<tr><td rowspan="8">蒸货食品</td><td colspan="2">标准粉豆包</td><td>个</td><td>25 克</td><td></td><td colspan="2">最低 45 克</td><td rowspan="2">50 克 2 个</td></tr>
<tr><td>质量标准</td><td colspan="3">鸭蛋圆，光白，碱合适，皮馅儿均匀，无面疙瘩</td><td>操作规程要求</td><td colspan="2">糖豆炒匀，馅儿内无杂质，无整豆，加桂花</td></tr>
<tr><td colspan="2">富强粉豆包</td><td>个</td><td>50 克</td><td></td><td colspan="2">最低 90 克</td><td rowspan="2"></td></tr>
<tr><td>质量标准</td><td colspan="3">鸭蛋圆，光白，碱合适，皮馅儿均匀，无面疙瘩</td><td>操作规程要求</td><td colspan="2">糖豆炒匀，馅儿内无杂质，无整豆，加桂花</td></tr>
<tr><td colspan="2">富强粉开花馒头</td><td>个</td><td>50 克</td><td></td><td colspan="2">温重 75 克</td><td rowspan="2"></td></tr>
<tr><td>质量标准</td><td colspan="3">花开三瓣，碱合适，色白，软甜</td><td>操作规程要求</td><td colspan="2">发面对碱混糖，揉均匀，面要稍硬，桂花少许</td></tr>
<tr><td colspan="2">米饭</td><td>克</td><td>500 克</td><td></td><td colspan="2">1—3 号圆粒米 1000 克</td><td rowspan="2"></td></tr>
<tr><td>质量标准</td><td colspan="3">煮熟煮透。不夹生，松散利落</td><td>操作规程要求</td><td colspan="2">米要挑沙洗净，煮时不煳底，不乱汤</td></tr>
</table>

1986 年 10 月 29 日

4. 黏货食品

饮食业小吃食品规格质量标准和操作规程

<table>
<tr><th>类别</th><th>品名</th><th>单位</th><th>用粮数</th><th>售价</th><th>成品规格</th><th>备注</th></tr>
<tr><td rowspan="12">黏货食品</td><td>江米面白年糕</td><td>克</td><td>500 克</td><td></td><td>凉重 800 克</td><td rowspan="2"></td></tr>
<tr><td>质量标准</td><td colspan="2">长方形，光亮白，无疙瘩</td><td>操作规程要求</td><td>暄面，面要揙滋润</td></tr>
<tr><td>江米面枣年糕</td><td>克</td><td>500 克</td><td></td><td>凉重 1000 克</td><td rowspan="2"></td></tr>
<tr><td>质量标准</td><td colspan="2">熟透，枣匀，光白，面上有果料</td><td>操作规程要求</td><td>枣要洗净后蒸，枣不染面，面要揉匀。两层枣三层面</td></tr>
<tr><td>元宵</td><td>克</td><td>500 克</td><td></td><td>出 30 个</td><td rowspan="2"></td></tr>
<tr><td>质量标准</td><td colspan="2">个圆，个头均匀，带白蓉，生熟都不破馅儿，糖馅煮透</td><td>操作规程要求</td><td>馅儿内面衬合适，馅儿正方均匀，分类打馅儿</td></tr>
<tr><td>江米粽子</td><td>个</td><td>50 克</td><td></td><td>去叶 90 克</td><td rowspan="2">其他品种例外</td></tr>
<tr><td>质量标准</td><td colspan="2">牛头形或菱角形，不露米，不夹生</td><td>操作规程要求</td><td>江米挑沙洗净，枣 2—3 个，小枣 3—5 个</td></tr>
<tr><td>爱窝窝</td><td>个</td><td>25 克</td><td></td><td>凉重 60 克</td><td rowspan="2">50 克 2 个</td></tr>
<tr><td>质量标准</td><td colspan="2">个圆色白，皮匀，不露馅儿，无硬皮，无疙瘩</td><td>操作规程要求</td><td>米要挑沙洗净，蒸透，揙滋润，面干蒸熟。馅儿要包匀</td></tr>
<tr><td>豆面糕</td><td>个</td><td>50 克</td><td></td><td>凉重 90 克</td><td rowspan="2">糖馅的 90 克，豆馅的 100 克</td></tr>
<tr><td>质量标准</td><td colspan="2">皮馅儿均匀，浮豆面浇桂花糖水</td><td>操作规程要求</td><td>薄厚均匀。馅儿铺平，馅儿内无杂质，无整豆</td></tr>
</table>

1986 年 10 月 29 日

5. 流质食品

饮食业小吃食品规格质量标准和操作规程

<table>
<tr><th>类别</th><th>品名</th><th>单位</th><th>用粮数</th><th>售价</th><th>成品规格</th><th>备注</th></tr>
<tr><td rowspan="8">流质食品</td><td>豆浆</td><td>碗</td><td></td><td></td><td>每碗250克</td><td rowspan="2">每500克黄豆出20碗</td></tr>
<tr><td>质量标准</td><td colspan="2">浆熟不澥，无渣底，浓度13—15度</td><td>操作规程要求</td><td>熬浆不煳底，不跑锅，豆粉过包</td></tr>
<tr><td>大米粥</td><td>碗</td><td>50克</td><td></td><td></td><td rowspan="2">每500克米出10碗</td></tr>
<tr><td>质量标准</td><td colspan="2">不煳不澥，熟热</td><td>操作规程要求</td><td>米要挑沙洗净，熬时不煳底，稀稠合适</td></tr>
<tr><td>豆腐脑</td><td>碗</td><td></td><td></td><td>水豆腐250克</td><td rowspan="2">每500克豆粉15碗</td></tr>
<tr><td>质量标准</td><td colspan="2">脑嫩无蜂窝，卤热盛得匀，味道适口，小料带蒜</td><td>操作规程要求</td><td>豆腐入碗成蘑菇形，卤放肉片蘑菇</td></tr>
<tr><td>面茶</td><td>碗</td><td>50克</td><td></td><td>热重350—400克</td><td rowspan="2"></td></tr>
<tr><td>质量标准</td><td colspan="2">熟热，不煳不澥，撒芝麻盐，麻酱撒匀</td><td>操作规程要求</td><td>麻酱要澥匀</td></tr>
</table>

1986年10月29日

6. 主副合一食品

饮食业小吃食品规格质量标准和操作规程

<table>
<tr><th>类别</th><th>品名</th><th>单位</th><th>用粮数</th><th>售价</th><th>成品规格</th><th>备注</th></tr>
<tr><td rowspan="2">主副合一</td><td>机制刀削面</td><td>克</td><td>500克</td><td></td><td>热重1250克</td><td rowspan="2"></td></tr>
<tr><td>质量标准</td><td colspan="2">条长6寸以上，不连刀，条匀不朽，浇小炒肉。原汤</td><td>操作规程要求</td><td>生肉片下锅，不准熟肉改刀，煮时不煳底，不预煮，汤清</td></tr>
</table>

（续表）

类别	品名		单位	用粮数	售价		成品规格	备注
	富强粉刀削面		克	500 克			热重 1250 克	
	质量标准	条长 6 寸以上，不连刀，条匀不朽，浇小炒肉。原汤			操作规程要求	生肉片下锅，不准熟肉改刀，煮时不煳底，不预煮，汤清		
	炸酱面		克	500 克			热重 1250 克	
	质量标准	不生不朽，带菜码，浇够口，酱要炸透			操作规程要求	煮面不煳底，汤清，菜码要择洗干净，刀口均匀		
	素炒疙瘩		克	500 克			熟疙瘩 1000 克	
	质量标准	炒后不粘，有咬劲，颜色金黄			操作规程要求	菜要择洗干净，刀口均匀，疙瘩煮熟，凉透		
	肉炒疙瘩		克	500 克			熟疙瘩 1000 克	
	质量标准	炒后不黏，有咬劲，颜色金黄			操作规程要求	菜要择洗干净，刀口均匀，生肉边锅，不得熟肉盖帽，疙瘩煮熟，凉透		
	机制水饺		克	50 克			生重 120—125 克	
	质量标准	皮匀馅儿足，煮熟，边严不破			操作规程要求	馅菜要择洗干净，切细拣匀，肉要搅拌腻滑，打进浆，咸淡适口。面要滋润，火候合适		50 克 7—8 个，水打馅儿
	手工水饺		克	50 克			生重 120—125 克	
	质量标准	皮匀馅儿足，煮熟，边薄口严不破，个头均匀			操作规程要求	馅菜要择洗干净，切细拣匀，肉要搅拌腻滑，打进浆，咸淡适口，面要滋润，火候合适		50 克 6 个
	元笼蒸饺		克	50 克			生重 120—140 克	
	质量标准	皮匀馅儿足，熟透不黏，不掉底，口严不露馅，个头均匀			操作规程要求	馅儿要拌匀，咸淡适口，对面合适，火候合适，面要滋润，边薄		50 克 6 个，水打馅儿

（续表）

类别	品名	单位	用粮数	售价	成品规格	备注
	锅贴	克	50 克			50 克 5 个，水打馅儿
	质量标准	皮匀馅儿足，不生不煳，底部焦黄，两头无面疙瘩		操作规程要求	馅菜要洗净，切细搽匀，肉要搅拌腻滑，打进浆，咸淡适口。面要滋润，火候合适	
	生煎包	克	50 克			50 克 3 个，水打馅儿
	质量标准	皮匀馅儿足，不生不糊，底部焦黄，色白不露馅儿，18 褶以上		操作规程要求	馅菜择洗干净，切细搽匀，馅儿要拌匀，咸淡适口。对面合适，火候合适	
	馅饼	个	50 克			
	质量标准	皮薄厚均匀，无面疙瘩，火候匀，焦黄色，不煳不黏，不露馅儿		操作规程要求	馅菜要择洗净，切细搽匀，打进浆，馅儿要拌腻滑，咸淡可口，饼面刷油	
	馄饨	碗	50 克			
	质量标准	皮薄馅儿匀，不朽，小料全。汤热味浓，每碗馄饨 10 个以上		操作规程要求	先卖后煮，用叉子汤，香菜要择洗净，小料应有冬菜、紫菜、虾皮、胡椒面	
	牛肉面	克	500 克		热重 1250 克	
	质量标准	面不生不朽，浇头够口，浇原汤		操作规程要求	生肉碎炖，不准熟肉改刀，煮面宽汤儿不煳底	

1986 年 10 月 29 日

四、20世纪70年代末南来顺老厨师的口述录音

【访谈者按】这部口述的核心是饮食，北京饮食当中有小吃，也有大菜，陈连生先生的强项是小吃，在“勤行”里摸爬滚打60余年，对于大菜并非不懂，但并没有多谈。他对于技艺的传承一向是非常重视的，早在20世纪60年代初就曾组织了一次拜师会，“文革”后，看到很多烹饪技艺随着老师傅们入土，他又用当时最先进的录音手段为他们做了口述，虽然和我今天所做的“口述历史”从理论到方法上有所区别，但其意识在当时是非常超前的。70年代末到80年代初，陈先生请了当年南来顺资历最老的四位师傅讲北京清真“勤行”里的老手艺，并录音出书，1985年由北京科学技术出版社出版的《北京清真菜点集锦》一书，就是以这些口述录音为基础的，但口述录音所涉及的范围其实远远超出了该书的这部分内容，这些录音带有些不能使用了，我把里面的内容整理出来附在后面。所以这部分附录，首先以陈连生先生的口述来讲述当年做这些传承记录的经过，之后是由当年录音转录出来的讲述烹饪知识的文字。

从陈先生给四位老师傅录音，到我今天给陈先生本人做口述，两次口述，历经四代人，我自己也参与了传承的过程，这一点让我感到这次采访是非常有意义的。

陈连生：这个录音保留的已经不够全了，不过里面还有很多珍贵的音频资料，我将里面所讲的东西附录于下，并分为菜品、食材和技法三个部分。

菜品

梁德山：我先说说本书的三个方面：一是编写组成立；二是本书的前言；三是本书的编后记，也就是向各位同志们汇报我们写作半年的工作。我谈谈编写组的成立。在今年 4 月份，我单位连生同志召集我们几位退休的老职工开了个会，研究研究有关北京清真菜谱的质量。他说："请你们几位老同志来，在你们有生之年留下点记载，向'四化'做点微薄的贡献，将来有朝一日，要见马克思去了呢，也就有说的了。"此后我们就开始行动，地点呢，就在刘大夫家里。连生同志也考虑到刘大夫的病刚好，不可多累，就是半天儿。因此，我们就分工合作吧，他还给我们配备了一个青年王凤金负责整理，还给我们找了不少参考资料。由我本人负责挖掘过去的老羊肉馆、大型饭庄所经营的、售出的品种；由安国栋老师傅、黑荫池老师傅负责原料的初步加工和细加工、操作方法、烹调技术等等的把关；由刘大夫负责菜品的营养成分、食谱疗法的分析。

通过刘大夫的讲解，给我们增添了不少的营养知识。在这半年当中，已挖掘出 400 余种，不包括大众菜谱，编写成书的有 280 多种，文字有 10 万上下。初稿已然完成，正在成稿。这份工作是在党的正确领导下，在公司刘经理、张跃同志以及各位老师傅们的协助下完成的，得到各方面的大力支持，宣武区科委老马同志、广外宣武医院营养学专家索颖同志也给了我们许多的帮助。关于清真菜，以牛羊肉为主，我们查阅了各省各地的菜谱，都没有一套完整的清真菜谱，有也只是星星点点几个。我们想，我国有十个少数民族信仰伊斯兰教、忌食猪肉的。此书出版一定会受到欢迎，所以我们信心百倍，认真完成此项任务。在"四人帮"横行之际，我们也不敢轻举妄动，以免招惹是非。我们几位老人都是由旧社会过来的，免不了脑筋腐朽，多多少少有些"封、资、修”的东西，要弃其糟粕、树立新的思想，向“四化”前进。

现在我把编写菜谱的整个情况为大家介绍一下，我们在编写清真菜谱当中又分了以下内容，其中包括前言、各类菜谱。在各类菜谱前有个简介，在各类菜谱当中，牛羊肉菜品有78种、肚儿类22种、鱼虾类35种、鸡类43种、鸭类22种、海味类15种、蛋品类10种、甜菜类24种、素菜类24种，共计273种菜。

刘大夫：下面我介绍几种清真营养菜。这次我们清真菜谱编写组，在编写的同时，领导让我们把菜品的营养成分写进去。由于我们对这门科学知识了解不够，没有经验，我们开始有些畏难情绪。通过不断地深入学习，以及向有关专家请教，最后我们本着以下几点精神编写：第一点，主料和配料都含有哪些营养成分。在这方面，我们在各类菜谱的简介中都有说明，我们就不详细地介绍了。我想讲的是第二点，就是主料和配料在烹调过程当中，烹调以后，它的营养素是起到了相互配合、相互补充得比较好的，以及在经过烹调，保存营养素比较合理的，从这几方面来介绍，今天着重从这方面介绍几种菜。

我们介绍的几种营养菜，品种如下：江米鸡、红煨鸡、东坡羊肉、炒攒丝加三瓤、莲子果羹、清蒸山药、滑淋羊肝丝、奶油萝卜丝汤、熘黄菜、奶汤汆鲫鱼萝卜丝汤。为什么要介绍这几种菜呢？我们是从营养角度和饮食疗法角度出发，提出这几样菜的。另外，它们在烹调当中比较合理。这些菜呢，既色香味形俱佳，又有丰富的营养。同时这些菜又是过去在老羊肉馆经常售卖的几种传统菜品。其中比如像江米鸡和莲子果羹、清蒸山药，过去旧习俗，有的顾客就是为了看望病人送食品，也是礼品。其他几种菜的品种是现吃现热，但是对慢性病的患者也可以提供很高的能量，对恢复体力有一定的好处。所以下面呢，我们就介绍这几种菜：

1. 江米鸡：主料是母鸡，辅料是江米。它的制作方法是先将母鸡经初步加工后，加入调料煮熟，然后将江米装入其腔内，加入煮鸡的原汤，用旺火蒸烂。这个菜是经过适当的烹调加工及合理的调味，使菜原汁原味，既能保证菜品肥而不腻，有鲜美的色泽，又有清爽适口的味道。这些完全来自于鸡和江米的营养素。鸡肉内含营养成分是每 100 克鸡肉所含的蛋白质是 24.4 克、脂肪是 2.8 克、热量是 123 千卡、钙是 22 毫克、磷是 194 毫克、铁是 4.7 毫克、脂肪酸是 3.6 毫克。江米属寒，主要是糖，它每一斤江米当中含糖量是 79%。这两种合成的加工作用，吃的时候营养比较齐全、比较完善，能增强人体对疾病的抵挡能力，所以对慢性病，比如肝炎、低血糖，常吃是有好处的。糖尿病病人也可以少量吃、多次吃，也是有益处的。这道菜如一次吃不完，也可以随时加入原鸡汤或者是白米、江米，继续熬成粥状，对产妇有突出的补气作用，而且适合老弱病的口味。

2. 红煨鸡：主料是母鸡，辅料是山药、胡萝卜。制作方法是先把粗加工好的母鸡剁成一寸见方的块，然后用少量的油将其煸成金黄色。胡萝卜、山药去皮，切成菱角块，用热油炸好，再将鸡肉放入开水锅中，加入调料，煨成汁能发黏的时候，再加入炸好的山药、胡萝卜，此菜可以分着吃。这个菜肉烂不腻，吃时不嚼即化，由于烹调合理，不仅可以保持原汁原味，使其味浓，而且其营养成分较高。如鸡肉本身就含蛋白质，在上个菜中已经谈了。而辅料是山药和胡萝卜，这两种都含有胡萝卜素，山药含淀粉较多，食此菜后对人体有滋补作用，对缺乏维生素钾、体弱病人，如糖尿病人常吃是有好处的。对小儿软骨和营养不良的人有一定的疗效。

3. 东坡羊肉：主料羊肉，辅料是胡萝卜、土豆。制作方法是先将羊肉切成长方形块，用刀划为两分深的刀口，将肉分为四个小方块或三角形，用开水焯好，放入热油中炸成金黄色。土豆、胡萝卜也炸成金黄色，然后放上汤，加入调料，煨烂。这个菜是味香肉烂、不腻，吃时不嚼即化，营养素含量比较丰富。由于烹调合理，所以维生素损失较少。羊肉内含蛋白质 17.3%、脂肪 13.6%、钙质 15%、铁 3%，其配料胡萝卜内含营养素很丰富，它的含糖量高于一般的蔬菜。除此，还含有丰富的胡萝卜素，土豆含大量的淀粉、铁质、钙质和维生素 C 等，营养也较为丰富。此菜在营养方面比较完善，所以对肺结核和贫血、身体虚弱的患者非常有益，但高血压和心血管病患者应该尽量少食。

4. 炒攒丝加三瓤：主料是瘦牛肉丝、胡萝卜、大笋尖、豆腐干、酱瓜丝，辅料是核桃仁、杏仁、榛子仁这三种仁。制作方法，先将主料分别切成丝，肉丝用凉水泡出血沫儿来，挤出水分，放在开水中焯好，用冷水拔去异味，用温油把三瓤炸成金黄色。同时把胡萝卜、笋尖也过油炸好。再备一勺，放油，将肉丝及作料煸热，加入笋尖丝焖烂，放入胡萝卜丝、豆腐干丝、酱瓜丝，然后放上炸的三瓤、香菜即成，这个三瓤最好在做好之后码在上头。这个菜色彩美观、营养丰富，适宜孕妇食用。炒菜的时候注意一下，不要太咸。这个菜是我们起的名字，叫作“炒攒丝加三瓤”，其实这道菜是牛街回民过去的旧习俗，在产后12天，娘家送给产妇的炒菜之一。从营养角度讲，它的营养含量是较为丰富的，如瘦牛肉丝是主料，瘦牛肉丝含丰富的蛋白质。

胡萝卜除含有较高的糖分外，每斤含胡萝卜素18毫克，对补给甲种维生素起主要作用。而甲种维生素在人体中的主要功能是促进生长和发育，在产妇哺乳期对小儿发育有一定的好处。其他如豆腐干、竹笋尖都含有蛋白质和各种维生素。另外加上桃仁、杏仁、榛仁、花生仁，这三种都含有大量的脂肪，每斤含50%至60%，其他值得提出的是铁质含量和几种维生素含量都很丰富。由脂肪和蛋白质、糖分、各种维生素，几类营养素组成，共同来满足人体热能的需要。所以我们介绍这个菜是供食者参考，因为这个菜在补充营养方面是比较完善的。

5. 莲子果羹：主料是干莲子三两，白芸豆、薏仁米各一两五，百合干三钱，辅料是京糕、葡萄干、青梅、菠萝尖。制作方法是先将干莲子、白芸豆、百合干、薏仁米四样原料泡好后，莲子除去外皮蒸熟，白芸豆、薏仁米煮熟，取小碗，将蒸得的莲子、白芸豆、薏仁米、百合干按其部位顺序码好，放少许水，按实以后用旺火烧透，反扣在碗中，浇上勾好的糖卤，撒上配料京糕、葡萄干、青梅、菠萝尖即可。此菜特点，味道香甜、外形美观。此菜的营养成分，主料是干莲子，内含营养素丰富，含蛋白质17%，含糖60%。除此之外，主要含淀粉和少量的钙和铁，白芸豆除含有其他豆类所具有的营养素外，维生素D含量也比较多。百合干、薏仁米含淀粉多，辅料京糕和葡萄干、青梅、菠萝尖也含有一定的营养素。整个菜所含的营养素是供给人体需要的糖，而糖能供给人体热量，益于人体吸收。这个菜经过合理烹调，营养俱佳。

6. 清蒸山药：主料是山药，辅料是京糕、青梅、白糖。将山药洗净剥皮后，切厚墩儿蒸熟，撒上果料、白糖、桂花。此菜特点是颜色美观、色彩鲜艳、质地软烂，其营养成分是山药内含淀粉酶、黏液质、烟酸、蛋白质、脂肪、维生素、糖类、矿物质等。淀粉酶又称为消化酶，它能分解成蛋白质及碳水化合物，提高人体的热能，所以有滋补之效。此菜有健脾养胃之功，但糖尿病患者应该少吃或禁食。

7. 滑淋羊肝丝：主料是羊肝三两，辅料是玉兰片、鸡蛋清、牛奶、青蒜段儿。制作方法，先将羊肝、玉兰片切成大片，然后再切成二寸长的丝，放入清水中洗净。玉兰片丝入水焯好，然后放在净布中准备，蛋清、淀粉、盐，用手抓匀，放温油中滑好，用小碗配上调料成为碗芡汁。勺放入热油，倒入羊肝丝和碗芡，搅拌即成。此菜特点是呈乳白色，滑嫩可口，味道鲜美。此菜主料羊肝营养丰富，其每100克所含的维生素A，是甲种维生素29900国际单位、含铁量6.6毫克，羊肝的含铁量相当于人体每天需要量的1/2左右，羊肝维生素钾的含量相当于人体需要量的九倍，人体每天需要量是3300国际单位。此外牛奶含动物高蛋白较多，营养相当丰富，此菜通过合理烹调，所以更为完善。

8. 奶油萝卜丝汤：主料是卫青萝卜，辅料是牛奶。制作方法，将萝卜去皮切丝，放入开水锅中烫烂，用凉水拔凉，用高汤、牛奶和调料汆热。此菜为饭后汤菜，汁浓清淡适口、味道鲜美、营养丰富。从营养方面讲，萝卜营养比较丰富，除水分外，还含有大量糖类和多种维生素、脂肪及钙、磷、铁，这些都是人体不可缺少的营养成分。牛奶含动物高蛋白量多，营养丰富。此菜若加工烹制合理，可具有助消化、消胀气、消渴、补血的功能。

9. 熘黄菜：主料是鸡蛋三两、虾仁五钱，辅料是荸荠、玉兰片。制作方法：将发好的虾仁、荸荠、玉兰片切碎，放入水淀粉、鸡蛋、葱姜末、味精、盐水调匀，放入炒勺中不停地搅拌、制熟。此菜特点是滑嫩、不嚼即化。这个菜是软嫩的饭菜，属于软饭菜，对于疾病恢复期，但是消化能力较差，或者患有严重的消化道慢性疾病的人有益。另外呢，对年老或者久治不愈的疾病，发烧退烧以后不久，都可以吃，有好处。也利于恢复体能和增强人体机能的供应能力。此菜特点是滑嫩，不嚼即化。从营养方面讲，鸡蛋中含有丰富的蛋白质、脂肪、矿物质和几种重要的维生素，鸡蛋中蛋白质质量非常高，脂肪、铁、钙也容易被身体消化吸收，对于婴儿、幼儿和青年人的生长发育尤为可贵，因为它是生长发育所不可缺少的养料。

10. 下面介绍一下奶汤氽鲫鱼萝卜丝汤：主料是半斤以上鲫鱼一条，辅料是卫青萝卜、牛奶二两，调料是姜片、料酒、盐、高汤、鸡油、味精。制作方法是先将鲫鱼初步加工、借刀、冲洗干净，萝卜去皮、洗净、切细丝，在开水中焯一下，用凉水拔凉，将鲫鱼放入开水中先烫一下，重新换水放入勺中熬开，放入姜片、葱、大料，熬浓，然后取出姜片、葱段、大料，除去浮沫，加入高汤、料酒、味精、盐水、萝卜丝、牛奶，略开，放入鸡油，盛入汤盘中。这个菜的营养素比较丰富，鲫鱼最好用活鲫鱼，它的蛋白质含量每斤 32 克，配以萝卜丝、牛奶，营养素更加完善，是产妇下奶的完美食品。

上面我们介绍了十个品种的营养菜，这是由本菜谱当中挑选出来的一部分，这并不是什么成熟的东西，请本行业的各位老师傅提出宝贵意见，以便进一步改正。最后呢，请专家给我们鉴定一下，这样的提法合适不合适。另外，我们也想说明一下，就是上面介绍的几种营养菜，有的是传统的，过去老羊肉馆卖的传统菜；也有的菜是民间流行的菜，我们是本着古为今用的精神，认为在民间流传的这些菜里头，从营养角度讲，也感到有一定的造诣。你比如说炒攒丝加三瓤，这叫作“12 天菜”，为什么呢？旧习俗，娘家在产后 12 天送给姑娘这个菜。

其实这个炒胡萝卜丝，我们认为也有一定的道理，因为女同志在怀孕、分娩结束期间，从医学角度讲是叫作“产褥期”，也就是现在说的产假期间，要补充一下怀孕和分娩时的消耗，还要分泌乳汁。因此这个时候，产妇需要更多的营养和足够的热量，一般可以按照产妇的习惯选择饮食。但因为第一天到第十二天的这个阶段，体力尚未恢复，还未回原，最好以清淡、易消化、富于营养的流质和半流质食物为主，以后再改为正常饭菜。所以在 12 天以后，就要转入正常的饭菜。但是在产褥期也要补充足够的热量，多吃点蛋白质之类的东西，维生素、钙质、铁质丰富的食物，这样身体才能恢复得快，乳汁也会分泌得多。所以要送这些菜，这些从营养价值来讲是比较高的。

另外呢，我们挖掘这个菜，也不只是专在女同志产后吃，也可以在怀孕期间吃。就是在怀孕期间或者平常这样的饭菜也是很好的。比如在怀孕期间，也需要这样吃，十月怀胎，胎儿由小变大，需要营养。母体本身由于代谢和消化的增加，也需要营养，如果孕妇营养不足，对母亲的健康、对胎儿的生长发育，以及人的生理变化、乳汁分泌的功能，都会产生不良影响，所以应当重视孕妇的饮食。你比如说平常日子也可以吃。其实咱们经常吃胡萝卜，你要切成丁儿，或者加豆腐干丁儿，或者是加点黄豆也很好。不过有的时候，我看有些同志不爱吃胡萝卜，因为这个菜有些甜。其实甜就说明糖类多，糖在人体中，是产生热能的东西，产生热能的来源，蛋白质也能产生热能，但是价值比较高。

你比如糖尿病病人不能吃糖，那就必须多吃高蛋白的东西，不然的话热能补不上去。所以我们挖掘这个菜，作为平常的食品来讲，对人也是有好处的。从营养角度来讲也是不错的。这个道理呢，作为我们饮食业的从业人员也要懂得这点。将来在咱们业务上可以开展这个项目。因为懂得一点，对于服务员来说，就是提高服务质量。如果有条件，也可以开展一下这个项目，对顾客、对人民的身体健康也有很大的好处。作为“红二”的生产人员，也应当掌握这门知识，如何把饭菜做到色香味形俱佳，而又使营养素不从原料方面流失，这是我们烹调人员的一个工作职责。

下面我想简单补充几句，就是怎么叫合理烹饪？食品原料含有各种大量的营养素，供人体吸收，如果在烹制的时候不合理、方法不得当，就容易流失和破坏。你比如说蛋白质是人体新陈代谢、促进发育的主要材料，有调节人体消化、呼吸、分泌、循环各种生理的机能。维生素能促使人体发育，这些营养成分容易在水中溶解，所以这些蔬菜要先洗后切，以免营养素在水中流失。比如各种肉类的原料营养成分丰富，含有大量的脂肪、蛋白质、无机盐，以及各种维生素，在烹饪中的比重很大，操作中要注意对各种营养素的保存，如加温时间长短要适宜，不能太久。像这些情况，我们都要在烹调当中加以注意。我做了以上简单的说明，下面由梁德山师傅把这次菜谱当中全羊席的菜单说一下。

梁德山：这是乾隆年间的食谱，过去宫廷也有此菜单，由于年久失传、无法查找，我们编写组经过原来西来顺饭庄名厨师褚祥老师傅的回忆，从而挖掘出来的。全羊席的名菜有 80 多种，取其精华的菜品以 64 种为一桌，为了不浪费，也可以用半桌 32 种，也可以用一角 16 种，每份都由冷荤、炒菜、大菜、饭菜、汤菜组成，以供顾客选择。因为品类繁多，不能一一介绍，本人就列举几项概括说明，讲清了羊全身的部位、用途、制作而已。过去北京德外也有手抓羊肉，新疆的烤全羊、江西泰安府的铜烤，做法各有不同。我们所做的全羊席以羊的全身部位，由头至尾对营养成分加以说明。

用于全羊席的全身部位，部位的名称：头部、羊脑、脊髓、羊眼、口条、羊耳、内脏、肚子，肚儿里的散丹、蘑菇、肚葫芦、肚板、胸脯、肺脯、三珍、羊肝、羊肉、肥肠、食信、羊尾、前腿膀子、前腿腱子、元肉、小三叉、胸口、后腿元宝肉、黄瓜条、后腿腱子、大三叉。

我再介绍介绍全羊的做法，羊头可以做精致的白羊蒸肉，口条可以做冷荤，羊肚、肚领、散单、蘑菇、肚板、食信可以做水爆大样。肥肉肥肠、羊腿、肚板、沙肝可以做杂碎、白汤杂碎。羊脑、脊髓、羊眼可以做独三样、彩汤三样。羊肝可以做滑熘羊肝，羊肉可以做浇汁腰花、干炮肉、爆三样。肚领可以做油爆肚仁、芫爆肚仁等等吧。羊耳可以做红烧千里风，羊管就是肺头的上部气管，可以做糖醋小煎鸡。小三段的千里肥可以做叉烧羊排，也可以做白灼羊羔、清焖羊肉。羊肉也可以做焦熘肉片、干炸肉片、扒羊肉。这个里脊啊，每一个羊身上可以有两条里脊，所以能拉花。

羊里脊肉可以做辣子里脊、酱爆里脊什么的。腱子肉可以做酱腱子、酥腱子。羊蹄筋可以做扒蹄筋、炖二筋，这个炖二筋就是羊蹄筋和面筋合在一起，叫炖二筋。大三样后腿可以做肉丝、肉片、肉丁、肉末，这个可以吃元宝肉、黄瓜条，也可以当里脊食用，我简单地介绍一下。

下面由黑师傅介绍一下关于爆肚的操作方法及内容：

黑荫池：我介绍介绍爆肚的知识，水爆肚是北京风味小食品之一，也是最受北京广大劳动人民欢迎的食品之一。宫廷传说早在百年前就有水爆肚，后来一天比一天流行起来。据我所知道的，北京虽然普遍都有卖水爆肚的，但是精细程度上并不如皇宫，有的做得粗糙，有的做得细致。我所亲身体会到的，在 50 年前，前门外煤市街“馅饼周”羊肉馆，我在那里学徒，做的是水爆肚。受师傅杨玉山的传教，爆肚的做法非常精细，最讲究质量，一天卖得最多，备受广大群众欢迎。尤其那时东北知名人士、北京文艺界人士更爱水爆肚。水爆肚的作用很大。它的特点是吃多少都吃不坏肚子，也不腻，可以健胃消食，硬软且有风味。

我再讲讲羊肚子的区别。羊肚子外层有灰色、有绿的，还有白的。是什么原因呢？因为羊吃草料的变化，在选料方面最好是绵羊的肚子质量较好，肉好腰厚，还嫩。一种是皮里草瓤薄而老。选羊肚子有很多品种。能做水爆肚尾、水爆肚仁、水爆肚板、水爆散子、水爆蘑菇、水爆食信、水爆葫芦，另外包括水爆牛百叶、水爆牛肚仁两种。做油爆肚仁、芫爆肚仁、高糖爆肚、干炸肚等。剩下的肚子，刮去肚毛，再煮熟，可以做沸腾杂碎、拌肚丝、烩肚丝、汆肚丝等等。

下面再说说爆肚操作过程。水爆肚初步加工，用料全羊肚子一份，用绵羊的最好，重量要在三斤以上。全肚分肚尾、肚仁、肚板，肚板去皮。散子、蘑菇仁、蘑菇尖、肚葫芦、丝叶等。水爆肚所用的作料有酱油一两、醋两钱、用凉开水澥开的芝麻酱、香油及辣椒油少许。香菜六钱、葱花两钱，放在一个小碗内，水爆肚蘸着吃。洗肚子方法注意四项，洗肚子时，先把肚子的刀口放在木桶外面，免得肚子的脏东西进入桶里，以保护肚丝不受污染。其实用木桶洗肚丝的原因是将肚丝搭在木桶的边儿上洗，不打滑。

操作是先将羊肚放在木桶内，刀口向外，从肚口灌水洗净，用手捏住散子的位置，将肚内污水倒出，再换一次净水洗。连换四次，洗完之后，将肚子挂在桶外，里外翻过来，再放到净水里。漂洗干净，随后将肚子捞出来。用刀开一下肚领，再将散子、蘑菇、肚葫芦取下，取下的都是用于水爆肚的原料，其他余料可用于做杂碎。水爆肚领又叫“条子”，操作的方法是将肚领周围用刀剔下来，把肚余膜撕去，切上五分块，用小锅烧开水将肚领放入，随时用捞勺在锅内翻动，使肚领一挺直就捞出来，不要等到锅里水开再捞，否则就老了。爆肚领的特点是脆嫩适口，其余品种与水爆肚的爆法相同，只是火候要适当，时大时小。

水爆肚仁火候要小，它的特点是比爆肚领更脆、更嫩、适口，雪白美观。

水爆肚板切横丝，宽五分、长一寸五，形成了长方块，爆法与肚领相同，特点是肚板形若弯弓，脆嫩适口。水爆肚板去皮，切上一寸见方的小块，火候要小，爆法相同，特点形若铜管形、雪白，脆嫩适口。

水爆散子是切成柳叶似的，爆法相同，一嚼不失火候。注意开锅不要来回翻动，防止老了嚼不动，特点是形如昙花，更脆更嫩。

水爆蘑菇尖。将蘑菇尖三四刀切成圆圈形，爆法相同。出锅时在蘑菇尖上放些芝麻酱，特点是形若圆锤形、翠绿软糯、味道香浓。

水爆蘑菇尾是用爆肚的方法，爆法相同，出锅放些芝麻酱，特点是虽皮软，而味浓香。

水爆肚葫芦。切成两寸长、五分宽长方滚刀块，爆法相同。比较来说是不失火候，特点是肚性虽软，但焦香如肉适口。

水爆笋心。将笋心放在案墩上，取直刀拍扁，随刀将上层劈开，不要皮后下层，将肚油撕下去，切成四方的块，出锅时，也要放点芝麻酱。特点是笋肉肚脆，越嚼越香，红的白的，美观好看。

水爆的优点是吃多少不觉饿，饭前吃开胃，饭后吃帮助消化。

水爆牛肚仁。操作方法是牛肚仁去皮，将肚肉撕下去，肚仁剥皮后，再将肚仁的上筋用刀片去，切成厚片，用小锅开水，将肚仁放入，用漏勺翻动，及时捞出来。它的特点是脆嫩、雪白，吃之不腻。爆牛肚仁的历史和来源又是怎样的呢？这种做法是南来顺“爆肚石”石昆生创新改革的。比起别家的做法完全不同。特别是选料认真、刀工细致、肉劲儿适中，颇受广大群众的欢迎。京剧界像谭小培、谭富英、马连良、马富禄、裘盛戎等名家都捐赠了牌匾来表扬，群众表扬不胜枚举。所以远近驰名，特色与众不同。

水爆牛百叶。这个牛百叶要在四五斤，它的作料有两种，黄酱半斤、酱豆腐两块。净蒜二两，砸成泥，香油二两，把这四种调在一起做调料。另外一份作料用一个小碗，酱油二钱、醋二钱、香菜六钱、葱花二钱、芝麻酱五钱，老蒜酱半羹匙，香油随便使用。这两种啊，除去爆牛百叶的要用酱，羊肚子不用搁酱。操作的方法，就是拿刀将牛百叶从中间横断切开，放在大盆里，用净水一叶一叶地漂洗，反复地换水。经过数次换水，洗干净，牛百叶不要在水里放的时间过长，一般泡出来的是清水就行，再泡就老了。把百叶捞出后，用刀切成柳叶条宽、一寸长，将百叶放入小锅开水内，用木勺翻动，牛百叶一挺伸，及时捞出来。它的特点是，脆嫩适口、营养丰富、健胃消食、别有风味。

下面我补充一下关于爆肚的营养成分和功能。爆肚主料是牛羊胃脏，主要就是牛羊肚子，牛羊肚是一种反刍类动物的胃，是由很多部分所组成。从菜的品种角度讲，叫作肚板、肚背，就是肚板、肚领。这是第一。第二是散子，也叫百叶，牛的叫百叶。第三是叫葫芦，第四叫蘑菇，第五叫食信，这五个部分所组成。它含有丰富的营养素，虽然蛋白质含量不是像肉这么丰富，但是它都是人体必需的蛋氨酸和蛋白质。并且呢，含有大量的氢化酶，尤其是水爆肚更能保存助消化的物质，所以对胃、对消化有一定的好处。

食材

安国栋：作为一个厨师，首先要懂得原料，更得善于加以鉴定和运用，才能获得烹调之乐。对初学者来说，熟悉和掌握原料的基本知识更是学好烹调技术的前提。烹饪原料是一门非常重要的基础课。我们这么大的国家，物产丰富，加之老一辈厨师的精心研究，目前烹调原料多达数千种以上，要把这样的原料、产地、种类、性能、品味、营养价值、检验和保管办法，以及在烹调中的具体影响都搞清楚是一门十分丰富的学问。

下面我就介绍一下这些商品须知，各种种类吧。红肉及鸡、鸭、蛋品，各类水产，淡水鱼类，咸水鱼类，调料，等。所用的水产品主要为鱼、虾、蟹三大部分，这里介绍一些品种。珍贵的如鱼翅、鲍鱼、燕窝、银耳等另行讲解。水产品的品种很多，肉味鲜美，营养价值又高，因此大多作为主料，这也说明了它的重要性。水产品的品质除品种不同外，与季节性也有关。一到季节性的水产品上市时，品味就好。过了上市的季节，品味就差。这与水产品的生殖、生长特性有关，主要也是看新鲜程度。

鱼的种类多，大概有 1500 多种。大体分为淡水鱼和海水鱼，淡水鱼就是河、湖两大类，下面介绍目前经常食用的主要品种。

第一是咸水鱼、大小黄鱼。大黄鱼主要分布在东海、南海的近海，以浙江、福建、广东、江苏四省居多，每年 4 月到 6 月为旺季，8 月到 9 月产量较少，普通长一尺多，一至二斤，头部圆、体长、色深、蒜瓣肉细腻刺少、味美。小黄鱼即是黄花鱼，黄海、渤海一带最多，普通长六寸左右，体形和尾部比大黄鱼稍细长，肉质细腻，肉味肥美。

第二是带鱼，又名叫大刀鱼，我国产量极大。青岛、烟台和河北山海关居多，每年 5 月到 6 月、9 月到 10 月为旺季。带鱼的身体细长，约有两尺左右。背部为淡青色，腹部为白色，肉质细腻、肉细刺少。由于体形如带，所以叫作带鱼。

第三是曹白鱼。产于我国沿海各地，以广东最多，每年 4 月到 6 月盛产，小满时节上市，夏至旺季，质量最佳。体重半斤至四斤左右，体呈纺锤形，体侧扁而高，背部灰青色，腹部银灰色。肉细刺多，皮下脂肪丰富，味厚。

第四是梭鱼，又叫“鲅鱼”。每年春季产卵期，由外洋洄游我国近海，产量很大，体似纺锤。头大而尖，侧面有许多不规则的深蓝色的斑纹。

第五是平鱼，即“鲳鱼”。产在辽宁大东洲等地，以河口、秦皇岛产量最多。每年 5 月旺季，质量最佳。9、10 月也有出产。体形圆，头呈圆形，背部青白色，腹为银白色，小碎鳞，鳞面上有小黑点，五至八斤左右。这种鱼的肉多、口小、腹大、内脏小、肉细、刺少、味厚。

第六是明鱼，又叫“偏口鱼”。产在山东青岛、辽宁等地，以秦皇岛、北戴河所产的质量最好。体形长圆，色鲜口大，两个眼珠长在左侧。有眼的一面为深灰色，并有黑色斑点。无眼的一面为白色。这种鱼鳞片小，全身只有一根大刺，体重在五斤到十斤左右。初步加工时，去掉两层皮食用。

第七是鳗鱼。原为海产鱼，游到淡水中生长成熟后又回到海中。每年入伏时最多，以 7 月底最肥。身体细长，上部有灰色，下部为白色。肉细嫩，只有一根刺，有大约几斤重的，越大越好吃。

第八是鲥鱼。也是海产鱼，产卵时由海入江，产卵后回海。每年端午节前后上市，这时候的鱼特别鲜。过了季节肉质变老，以江苏镇江产的最好。鱼体呈长方形，色深，头部齐肩、口大、鳞片大而薄、鳞下脂肪多、肉白细嫩、刺多而短、味鲜，是鱼类中的上等鱼。普通的重两斤，大的可达五到六斤。加工时不要去掉它的鳞。肉色洁白，养分特别高。

第九是银鱼，又名叫“八万”。原产于海，产卵期洄游淡水河内。每年9月至第二年的1月盛产，产于辽宁东威、山东烟台、天津海河等处。银鱼体细长，长约五到六寸，白黄色、肉细嫩、无刺。头长，带有黄瓜味。天津海河产的为金眼儿，其他地区产的眼睛为银灰色的带黑圈儿，无鳞、白色，又名叫“草根儿”。

第十是墨斗鱼，也叫“乌贼”，分布很广。我国以舟山群岛产量最大，每年2月到3月为旺季。头上有八根角，纵有两根长须。体呈圆形，通身白色，身上有花点，背上发黑的为雄鱼。普通三个是一斤，鱼肉香嫩、脆，与鼋鱼、八带鱼、鳝鱼等多为回民古老习惯的食用，就不必多介绍了。

下面我再说说淡水鱼。

凤尾鱼是鲚鱼，在我国江、河、坑、水里都有出产。产在无沙的河中，以黄河产的最为著名。河产的体长，左右侧扁，口部有四根小须。黄色带有金属光泽，肉厚、细嫩、味香、刺少。江产的肉厚、细嫩、味鲜，肉次于河产。一般水坑里的鱼容易发黑，肉质虽也细嫩，但有土味。鲤鱼四季都有出产，以本年2月到3月为最多，也最好吃。这是第一。

第二是胖头鱼，又叫“花鲢鱼”。过去主要产于湖南、湖北一带，现在全国都有饲养，所以是目前市场上大量供应的品种之一。这种鱼头部很大，差不多占鱼体的1/3，背后肉宽，体似大杯，肉白细嫩，刺也不多，以鱼头肉最肥，头尾适合做砂锅。四季都有出产，以冬季最为肥美。

第三是白鱼，多产于南方淡水湖中，也是两湖最好的鱼种，池塘里饲养的很多。鱼体稍长，左右侧扁，鳞段细少、刺多、肉细美、水分大，最大的重量达30到40斤。

第四是鲫鱼，凡淡水河湖中都有出产，以河北白洋淀为最好。每年2月到4月、8月到12月最肥，背部隆起很高，呈深绿色，腹部淡黄。肉嫩、味很鲜美，但刺很多，适合产妇食用，能起下奶作用。

第五是青鱼、草鱼，这两种鱼的形状相似。青鱼体光滑，棕黑色；草鱼为黑橄榄色。南北方都有出产，以长江以南所产的最好，每年 9 月到 10 月最肥。

第六是鲴鱼，又叫“麻泥鱼”，主要产于南方淡水湖、河北保定一带，产量不少。还有北京通州湖也产此鱼，湖鲴鱼最美，两鳃红、色青，全身有黑斑点，上部有 12 根脊刺，肉细嫩。高级的饭庄也离不开它，重量以 1 斤半为最理想。

第七是东北白鱼，以松花江为最好，体肥、油厚、肉细、味美。这种鱼的特点是含有大量的脂肪、蛋白质，一年四季均有出产，以 2 月到 3 月开春时最肥，3 月到 9 月皆好。这种鱼体较长，肉鲜，头小嘴尖，白色小鳞。

第八是厚鱼，体长，略呈圆筒形。体光滑、棕灰色，头扁刺少、肉厚、白嫩、有弹性、味美，以长江以南所产的最好。四季都有，9 月到 10 月为最好，北方时常也产此鱼，有土腥味。厚鱼和鲫鱼的形状差不多，要是用感官来鉴别区分，鲫鱼是金盔金甲，尾部和翅部都有红色。

第九是梭鱼，产于塘沽和秦皇岛一带，每年春季产量最多。又名叫“开花梭鱼”，小个儿的有一至二斤、大的五至六斤。肉细洁白、一根脊刺、体圆形，金眼圈儿的叫“梭鱼”，黑眼圈儿的叫“青眼儿”，以此鉴别。

海水虾，种类如下最佳：

第一，惯常食用的对虾，又叫“大虾”。对虾是我国著名的特产，产量大，肉极鲜美，属于上等原料。对虾产卵时，每年 3 月到 4 月间由渤海北上，经过青岛、烟台至河北大沽口、秦皇岛一带产卵。以到烟台最肥，产卵后孵化小虾，10 月到 11 月回到海里。所以对虾北上南下期间，均为最好的旺季。对虾比一般河虾大得多，七个为一斤。太小了就不叫对虾了，叫“虾钱儿”。色泽青白、皮发亮，不掉头、不活头、腿部完整为质量最好。

第二是河虾，体形较对虾小，以其生长的场所分为河虾、湖虾、塘虾，每年中秋节前后为盛产期，以河北白洋淀、山东的微山湖等地著名。一般习惯，按虾的色泽分为青虾、草虾两种。青虾体较大，产于江、湖，色淡青，但江虾稍白一些。青虾皮厚，爪子大，每斤青虾出虾仁四两多。塘沽青虾皮薄，爪子小，每斤青虾可出虾仁五两多。

草虾产于塘、坑、沼泽之间，体较小，青黑色，肉较少，皮较厚，味道较差。我国南北方都产，每年以 8 月到 9 月为捕捞季节，加工制作方法多种多样。

蟹同样分为海蟹、河蟹两大类，以河蟹为最美。河蟹又分为江蟹、湖蟹两种，大体相同。河蟹叫作“螃蟹”，全国各地都有出产，以苏北螃蟹为最著名。河蟹的季节性很强，每年菊花盛开时产量最多，肉质最嫩、最鲜美，所以有“九月菊花蟹正肥”之说。河蟹体厚，体内含有毒质，死蟹不宜食用，所以不新鲜的蟹最好不要吃。产地很多，这里就不做专门介绍了。

下面说说鱼翅。鱼翅是珍贵的原料之一，要把它的产地、品种、名称、质量说清楚是非常不容易的，因为太复杂了。我们只能讲一些主要的、简单的。产地以热带地区的鱼翅最好，为黄白色。温带地区产的鱼翅色泽与热带相似，其中灰色质量稍差。寒带地区产的鱼翅大多为青色，质量较差。品种以沙翅为好，一般鱼翅均指沙翅。以背鳍干制的鱼翅最多、最好，以尾鳍干制的鱼翅最少、质量最差。色泽分为黄、白、灰、青、黑、混合（又称综合色，似黄非黄、似白非白，疑似淡米色、黑色）等几种，以黄、白、灰三色较优。

黄翅类：主产我国海南岛一带，五条港黄翅，糖分多、盐分少、肉薄为最好的大肉翅；香港的小黄翅产于南洋各地，深黄色、碱性多，翅身平、粗大，而质量较差。璇罗黄（音）产于泰国，其肉佳。

淡水鱼翅：翅软、肉薄、翅身略细，又叫“箭翅”，羽杏黄，产于菲律宾，淡黄、略带黑色，也是淡水鱼翅。

翅老（音）、婴儿黄（音）产于澳大利亚，有金黄色、黄白两种，淡水鱼翅。

帕敦黄（音）产于印度洋河东地方，深黄色，带碱性，肉质较老。

白翅，如国产的白翅又叫“本港筒白”（音），产于浙江、福建沿海深水中。色白略带黑，肉质白、肉质薄、翅身硬、泡发性较差，鳍尾不分。产于浙江温州沿海。

翅热孔白（音）产于新加坡，色泽与国产的白翅相近。

锦琼翅（音）一类，一般为青色，也有其他颜色。国产比较薄嫩，产地浮桥港（音）。

青翅类总的名称叫“上青”，有坟港（音）上青，产于浙江、福建一带。背面深黑灰色，翅尖粗。硬根（音）上青，产于印尼，体质轻，上青下白，糖分最多、碱性最小。

棕色翅我国台湾产量最多，面青、黑白。

沙波翅（音），我国产量以福建隆福的最好。

黑色翅以乌黑为上等，又叫“乌洋”（音）、“乌吉”（音）、“乌勾”（音），产于日本的最多，国产的以浙江、宁波较嫩，福建产的较老。

鱼翅一直被认为是高营养、珍贵的品种，但其实它的化学成分中绝大多数为蛋白质，对于人体作用不大。取之不易，也只是一种名菜而已。

海参又是次于鱼翅的名菜，是海里的一种软脊动物，形似浮瓜，长约五到六寸。软骨、色黑、体嫩，富有弹性，生活在东海中，又叫“海鼠”。海参的名称很多，如刺参、黑参、光参、白参、瓜皮参及海茄。海参种类很多，可分国产、进口两类。国产的海参主要产于山东半岛、辽宁半岛、广东和海南岛等地，著名的有芦花参（音），产于西沙群岛。黄玉参产于海南岛的为最好。进口参常见的有日本的白参，朝鲜的圆参，澳大利亚的乌条参（音）、斑马动（音）、次蟹参（音）。俄罗斯的花田参（音），非洲、印度尼西亚和菲律宾等地过去产……

海参只有上等酒席才用，解放后我国水产事业发展，产量逐渐增加，已不是那么特别珍贵了，在一些较大的饭馆中也有此种海参菜。

鱼禽，就是鲨鱼，鱼嘴边上长的软肉，取下制干。以色泽透明为好。我国海南岛一带出产的品质较优。

脊骨是鲨鱼的软骨和鲟鱼的头骨，又叫“名骨”（音）。过去属八珍，营养也好。

鱼皮是鲨鱼和黄鱼的皮，但多因部位不同，品质也不一样。产于福州、台湾澎湖、山东等地，但是腥味很重。

鱼肚俗称“鱼架”，鱼的浮沉器官，削下四层。四层削下来以后称为鱼肚，有沙黄鱼肚、烩肉鱼肚等。鲨鱼肚以白色均匀为佳，黑灰色者次之。黄鱼肚分为干腱（音）、湿腱（音）两种，又叫“皮腱种”（音），市场上供应的肚子以广东、海南岛质量为好，一般为广肚。福建、温州产的叫“长毛肚”，浙江和长江下游产的叫“肥油肚”，产量较次。

鲍鱼也是一种珍贵的原料，采于近海水底的石头上，深海海水里。鲍鱼体积很大，有的有壳，有的无壳，呈半圆形，色泽分为土、黄、灰等色，种类有七八种之多。如盘大的鲍鱼，杂色鲍、耳鲍以国产为主，产地山东烟台、广东。龙鲍产于日本，色泽发白黄，质量好。市场上供应的鲍鱼有干制品，鲜鲍鱼制作的罐头较多。

干贝较多的是产于广东、广西、海南岛、山东烟台、大连一带，日本、朝鲜也有出产，属于贝壳类的一种。

鹿筋即是梅花鹿腿上的筋，是山东的特产。还有一种带皮的叫作蹄筋，是名贵八珍之一。

银耳产于四川、湖南、湖北、云南、福建、广东以及东北等地，以四川品质最高。从生长季节看，以春秋两季为最佳，分为上、中、下三等。以朵大、色白、洁净、体轻、有光泽的为上等品，黄色次之，蓝黑色有斑点的最差。呈洁白色，都已经加工为珍贵品。银耳的化学成分，经过化验，含有丰富的糖、矿物质和一定的脂肪、蛋白质。因为这些营养，花很高的价钱去吃它也没有必要，所以只能作为宴席的名菜。传说银耳有克化燕窝的死毛之功，并有一定的医疗功效，一般吃燕窝席，都备上银耳汤。

这里介绍一些常见的干货：

虾米，把虾晒干，去皮而成。虾米的种类很多，如海米、江米（江产的虾米）、湖米、港米。小虾米以山东、山海关、天津沿海和汉口产的最多。此外，海蟹和河蟹产的卵，叫“蟹子”。

海蜇为海中的一种伞形漂浮的水母，经加工制干后而成。海蜇产于我国东南海各地，5月到6月份为盛产期，有蜇皮、蜇头之分，光亮完整的较好。

海带是一种海藻，又叫“昆布”。海带生长在海底的岩石上，很长，最大可达到3丈左右。叶宽厚，色浓郁、体滑，一般都是制作成干。新中国成立后我国在海带生长的沿海地区，如山东北部，大量地人工培育，产量大大地增加，现在已成为一种广泛的副食原料。

木耳和银耳是一种类型，不过没银耳名贵。木耳生长在朽木上，如桦树、椴松、米槠树三种木材产量最大。有深黑色、黄色不等。以片大薄嫩为上等品，四川、云南、河南、山东、东北等地均有大量出产。

菌类，猴头并不是猴子的头，而是一种菌类。它的外形像猴子的头，又带有黄色的茸毛，故此得名，一般叫“猴头蘑”。猴菜产于我国吉林长白山，一根两杈，对面相长，又叫“对脸蘑”“阴阳蘑”，种类极多，以兴安岭产的品质最好，其他地区如洛阳产的较次。一般是做汤，一般用中火。

竹荪由腐烂在水里的竹子而生，由菌类养成的，漂浮在水面，形象更粗、自然。黄色大约有一寸五长，像钢笔那样粗。一般都在福建采集。过了福建，竹荪就发黑，质量就差了。水发后肉质洁白、厚为好。此菜甚为名贵，是市场上少见的品种。

蘑菇种类较多，其中以内蒙古海拉尔、河北张家口等地产的口蘑为上等品。因为这种蘑菇是牛羊骨头和羊粪腐败后生长的，肉厚、个儿圆、色黄，有独特的风味。口蘑主要有三种，有的叫“大子秤”（音）、“中子秤”（音）、“小子秤”（音），蘑菇汁是配料的佳品。

东蘑大体分为香菇与花菇，产在南方的江西、安徽、福建、浙江等地，又叫“香菇”“花菇”“厚菇”。香菇体圆肉脆，形状似伞，凡帽大、黑脚、棕黄色、有光泽为好。花菇和香菇质量相似，体形较大，带有花纹。此外还有东北锦州产的松蘑，长在松树上而得名，松软发黏，具有独特风味。

羊肚菌产自湖南、江苏、安徽等地，形状像羊肚子，青黑色带皱纹、腹黑，长条的形状，素菜馆常用的原料之一。

笋类，用新鲜的笋加工而成，如大笋干等。这里介绍最常见的主要品种之一，像玉兰片。为什么叫这个名字呢？就是晾晒制成干，无论是色泽还是形状，都像玉兰花瓣，故此得名。以湖南产的最多、最好，其他南方竹区也有出产。玉兰片分为以下几种：像立冬或者是立春采集尚未出土的笋，制干而成，质量是玉兰片最好的。桃片是立秋至谷雨，摘除而成，比冬片大，翅尖（音）也比较稀疏，质量也好。因为桃片采自桃花盛开之时，所以俗称“桃片”。春片是谷雨至清明期间的竹笋制成，片大、较老、纤维多、肉薄，因在春季采集，所以俗称“春片”。

黄花菜产于河南、山东、山西太原、安徽等地，以花分期，色泽黄、有甘香的气味为最好。

下面我说说牛羊的产地：

牛产地以口北（张家口以北）、山东一带的武城县为最佳。羊的产地，以口北为最佳，短腿取北道羊。还有南道羊，这个南道羊是京汉线以南一带所产的羊，比较次一点，有的有膻气味。

下面我说说蛋品：

糟蛋是一种上等的品种，大型饭庄的原料，制作各种名菜是最佳的。黄松蛋也是如此，松花大多数取鸭蛋加工而成，品种最好，也有用鸡蛋做原料的，但较少。糟蛋即用酒糟、醋、食盐等腌制而成，具有酒香、甜的味道和醋的味道，形成了一种特殊的风味，有助消化之功。以浙江嘉兴、平湖一带出名，气味芳香。

咸蛋是用食盐腌成，鸡、鸭蛋均可，各地加工方法不同，口味也不一样，以江苏高邮出产的口味最佳。

醉蛋加工方法较简单，即把蛋煮熟，稍稍敲碎蛋皮，浸入酱油和酒的混合液中，浸泡一两天，即能食用。

鸭类：

分为填鸭、草鸭、麻鸭，名目繁多。北京填鸭由小鸭黄儿填至56天到俩月时就成熟了。体重三斤左右，肉质特别肥嫩，北京烤鸭店就用此种鸭子作为原料。

鸡类：

鸡要选用生长七八个月，三四斤重的新鸡，最肥壮的母鸡。肉质不老不嫩为最相宜，小雏鸡到中秋节的时候就老小不分了，只能用人的感官来鉴定什么是前年的、什么是今年的。

我下面说说调料：

调料是一个统称，由糖、盐、酱、醋、味精等等组成。调味品又叫“作料”，在烹调中，它不是主料，数量也少，但却占有十分重要的地位和作用。无论什么菜品，都离不开它，否则就不能产生鲜美的滋味。凡是调料都含有色素成分和味，否则就不能叫调料，这是调料的共同特点。调料可以清除主料的腥气，帮助人们消化。过去的厨师对调料有过研究，并把它们分了类，创下了不少调料品种。

新中国成立以来，烹调仍然要在以前的基础上，对于调料的化学成分进行了初步的分析，更进一步地了解了调料的内容和作用。在调料中还分为粗料和细料，如花椒、大料、茴香、桂皮等为粗料；细料如甘草、蔻仁、陈皮、杏仁、丁香、白芷、山柰、肉桂，以上几种药料，研成细末，盛放备用。如制作酱牛羊肉时，可用每十斤的肉放入药料四钱，制作香酥鸡、香酥鸭子也用此种药料。

下面我说说燕窝的来源：

燕窝俗称“燕菜”，是沿海一种叫金丝燕的燕子做的窝，这种燕子吃海底的小鱼、小虾、海藻等，经过胃液的消化，变成一种胶状物，像丝一样吐在海边的悬崖上。呈碗边儿状，半透明底，就是燕菜。我国产于浙江、福建、广东、海南岛一带，由于燕窝多筑于绝壁悬崖，采取困难，故特别珍贵。过去一般认为燕窝所以珍贵，还在于它的营养价值极高，但现在已做科学化验，并不如此。从燕窝的化学成分看，蛋白质将近50%，其数量虽大，质量并不优良，属于不完全蛋白。其次就是碳水化合物占31%左右，此种营养素在其他的食品当中也很多，获取不难。营养物质含量很平常，含钙不如牛羊奶，含碘不如海带之类。从这一点来看，花很多的钱去食用它很不值得。不过它取得不易，物以稀为贵，仍然是一种名菜。

燕窝分为"血燕""白燕""毛燕"，以血燕品质最好。所谓毛燕即是海燕，四五月来我国沿海产卵，第一次筑窝时用唾液和毛筑成，呈灰黑色，毛多、品质差。所谓白燕即毛燕的燕窝，被人采取，但燕还未产卵，急于再筑。第二次筑的窝，毛就较少了，唾液就较多，呈灰白色，品质较好。所谓血燕，指的燕子第二次筑窝又被人采取了，产卵期近了，又急于筑窝，此时的唾液不算多，还带着血气，呈粉红色，所以叫作血燕。第三次筑的窝毛更少了，唾液更多了，质量最好。

海味的名称：

禽八珍，如红燕、飞龙、东北的野鸡、鹌鹑、天鹅等。海八珍就是燕窝、鱼翅、海参、鱼肚、鱼骨、鲍鱼、干贝、鱼唇。山八珍是驼峰、熊掌、猴头、猩唇、豹胎、犀尾、鹿筋、象拔（鼻）。草八珍是猴头蘑、银耳、竹荪、驴窝菌、羊肚菌、黄蘑、金针菇、冬虫夏草。

山珍海味等，回民饭庄采购人员注意的事项中应考虑回族的风俗习惯，然后再进货。

干货的检验：

干货的品质比起其他的原料，产地、种类等更为重要，所以检验的时候首先要搞清楚它的产地和等级。如海参以西沙群岛的牛和参（音）为正品，只是一个地区的特产种类。如燕窝就分"血燕""白燕""毛燕"三种，品质也不同，等级也不同。如银耳就分上、中、下三级，这在前面皆有详细的介绍。与此同时作为干货，还要求干爽、不霉烂、不出芽、无虫蛀、无杂质，保持相当的规格、色泽。除此之外，还有一些具体的检验内容，分别说明如下。

干货检验、燕窝的鉴定，以质白透明、囊厚、涨发势强为最好。色黄或灰、囊薄、涨发势小为差，以毛多为最差。鱼翅的鉴定更为复杂，除了产地、种类、等级、部位和加工的方法外，这里还要注意两个方面：第一是外表皮点少谓之好，多的较差；第二是内部质量，凡没有弓陷包及翅中的细长忙骨（音）不能食用。石灰鸡，即翅中间的中段发白的食之坚硬如石灰，潮湿幼根，即取翅时耽搁久了至肉发腐烂，影响到翅的根部，使这一段变为紫红色，有油积。色干内干，羽翼潮湿，并有腥臭味，必须切除才能食用。夹沙（音）即捕获时夹破外皮，沙砾嵌入翅的内部，晒干后呈深色皱纹，泡发时又很难取出，只有清理其中的沙子才能食用。

技法

黑荫池：今天我们讲前料加工的基本技术这一课——刀功。我所讲的内容，在座的各位师傅都知道，有的比我所知道的内容更多、更丰富。鉴于我的水平有限，可能离同志们的要求差点，我本身是抱着向大家学习的态度，互相取长补短，把我们饭馆的刀功技术和基本要求在这里加以说明。我所讲的内容根本谈不上讲课，只是跟大家共同研究和相互学习。

在讲之前，首先我们说什么叫“刀功”。所谓刀功就是厨师用刀的刀法、使用菜刀的技术。刀功的结果就是出块、片、丝、条、丁、末等。下面我讲刀功的基本要求。刀功的基本要求主要在腕和手指，凡是能够掌握刀功技术的人，手指和腕都很灵活，而且有力，运用自如。所以初学乍练的人练习刀功，首先要从三个方面着手：

第一，练腕力和手指功。刀功的关键在于手腕灵活，而且有力。练习的方法有很多。比如剁肉馅，是练习腕力的一种方法。手指功呢，一个是用刀要用腕，通过手指传到刀的部位。练习手指力主要是练习握力，就是握刀。有的同志切菜，他不会握刀，拿着刀使不上劲，所以容易切手。

第二，练好持刀的方法，右手持刀，左手持料，也有讲究。像左手五指合拢、弯曲，呈自然弓形。中指手指指背贴着刀身，紧紧地按着材料，使其不滑动。根据落刀的情况，向后移动。每一次移动，应该保持同等的距离，呈自然弯曲，顶住刀身，这就是为了防止切手，这是持刀最常见的一种。其次就是讲掐，掐就是以拇指为一端，其他的四个手指为一端，掐着原料。虎口卡住原料的上部，这种持料方法主要用于数量比较多，而且体积比较大的蔬菜，例如韭菜、黄瓜、白菜。持料的方法很多，但是总的目的就是要稳住原料，使其不易活动、便于落刀，所以我们行业常说的这句话，左手持料要稳，右手握刀要稳，这是第二个方面。

第三个方面呢，必须要有正确的操作姿势。原料加工的劳动强度比较大。这个刀很快，很容易切伤手指，所以在切的过程中要高度集中。另外就是操作姿势，要减少疲劳，增加持久性、提高工作效率，这样才便于工作。正确的操作姿势是什么呢？是两脚自然分开、站稳了，上身向前略倾、前胸挺直，不能弯腰曲背。目光应该集中在菜墩上操作的部位，身体应该与菜墩保持一定的距离，菜墩的高低一般根据本人的高矮来决定，以自己操作方便为原则，这是第三点。

下面我讲刀工与墩的知识：

菜刀分为刀把、刀背、刀面、刀刃四个部分。菜刀的种类有切刀、片刀、砍刀三种。

下面我们讲切刀。切刀是我们烹调人员经常使用的一种刀，也是应用比较多和比较广泛的刀。从刀的形状来看有很多种，比如圆头刀、方头刀，还有马头刀。圆头刀就是头是圆的，方头刀就是方的，这个马头刀就是后头是弯的。从切刀的质量来看，刀背比较厚、刀面薄、刀刃锋利，大的切刀适用于切带小脆骨头的坚硬原料，比如像切瘦肉丝、切鸡鸭丁，小的切刀适合切蔬菜和没有骨头的肉。这种刀呢，能切片、切丁、切条。

第二就是片刀，片刀又叫“薄刀”，这种刀的分量比较轻，刀背比较窄，刀面比较薄，刀刃也很快。这种刀主要适用于切片，切丝、切丁、切条都符合条件，灵活、方便。比如片肉片、片肝、片腰花。

第三是砍刀，砍刀又叫“斩刀”“劈刀”。这种刀的特点是刀身宽厚、体重，最轻的也得两三斤以上，适用于砍切带骨头和坚硬的原料。

下面我讲菜墩，使用菜墩应该注意保养。其实菜墩的保养方法就是在使完之后，面板上粘在菜墩上的原料碎末或者残渣，用刀把它刮干净，洗刷一遍，然后吹干，用油布盖好，放在固定的地方。

第二呢，所有的菜墩一定要生熟分开，不能混用。这个有严格的要求。因为加工生料的菜墩很容易感染，会产生细菌、微生物。如果用来加工直接入口的熟食，不但不讲卫生，而且也容易传染疾病。

下面我们讲各类刀法：

我国前辈厨师通过多年的不断实践，按照原料的性能和它的形状，以及烹调的要求创造了丰富多彩的刀法，归纳起来可以分为以下几类：直刀法、平刀法、斜刀法、花刀法，共四类16种刀法。

现在我讲第一种刀法，直刀法。直刀法就是在操作时，刀和菜墩面成直角，所使用的刀法。但由于原料和烹调要求不同，直刀法又可分为切、片、斩、砍、排、拍几种刀法。现在我一个一个讲。

先讲切，这个切一般适用于无骨原料。切的方法分为以下几种，分哪几种呢？直切、推拉切、锯切、铡切、滚切。

现在我们讲直切，所谓直切又叫“跳切”，搁我们行里讲是滚刀切。直切法一般用于脆性原料，例如像莴笋、笋、黄瓜以及其他蔬菜类等。直切的刀法就是垂直落刀，一刀一刀垂直切下去，利用落刀切成片、丝、条、丁等各种形状。直切的技术要点就是两手要有节奏地配合，左手持料，按照持料的要求呈自然弯曲形，指背顶住刀身，按住原料，并按照加工要求的薄厚、长短、距离像螃蟹爬似的向后移动。右手持刀，必须用腕和手力，随着左手移动的距离，紧跟着一刀一刀切下去。下力必须笔直90度，不能够偏里，也不能够偏外。下力如果不直、偏外，容易造成空刀，偏里就容易把手切伤了。直切的刀法熟练后，可以形成上下跳切，或是滚刀切，但必须注意双手配合。左手不但要稳，而且要迅速移动、均匀，这是直切法。

第二讲推切和拉切，有些原料比较松散，直切容易把它切碎了，切的也展不开。像一些百叶、豆腐一般都是推切，还有土豆。也有一些原料韧性较强，直切不容易切断和切整齐，直接用推切和拉切才能把这些原料切成较薄、较细的片、丝，而又不至于碎、裂、粘连，例如像肉片就用拉切的方法。

第三讲锯切，所谓锯切就是推切和拉切的力量同时使用，像拉锯一样，一推一拉加工原料，属于推拉切。这种锯切的刀法适用于坚硬、韧性、厚大的原料，比如像切白肉、酱肉、羊肉都用这种方法。锯切的基本要求是前推后拉、缓缓下刀，切肉的刀不能过快，还有就是笔直，刀口的力量要轻，落刀力量要轻，轻轻地拉锯一下，等刀刃嵌入原料的内部一半以后，再用力切断。锯切是来回动，原料容易滚动，所以原料一定要按住。一刀没有切完之后，原料绝不能移动位置，这是锯切。

第四讲铡切，铡切就是通常用于带壳的东西，形状比较圆、容易滑动，尤其带小骨头的生的、熟的，比如像螃蟹、油鸡、烧鸭、带壳的鸭蛋都用铡切。铡切的具体刀法有两种，一种是右手握住刀把儿，左手握住刀背前端，先把刀尖对准要切的部位，不时地滑动，右手按住刀领儿，用力切下，把被切的东西迅速切断，意思就跟铡草一样。这种就是双手握刀、交替用力。铡切的技术要求是切时要对准按住的原料不动，落刀比较快，动作要快，一刀把它切好了，这样可以使被切的原料整齐、均匀，里面的东西也不容易溢散出来。

第五种直刀法就是滚切，它的切法与直切的不同之点就在于左手持料时不但要稳住了，而且要向后移动、滚动，使原料出现相同的角度，落刀以后形成滚刀块。这滚刀方法呢，主要是将圆形的、椭圆形的、长圆形的脆料，像萝卜、葱、山药、茭白、笋都是切成滚刀块、滚刀片。

这个滚切的技术要求是左手滚动着原料，角度要适中、合适，否则切的块就不合规矩。

下面讲直切法的第二种：斩。斩就是我们常说的“剁”，是将无骨的原料剁成泥，无形状。这种刀法主要用于做馅儿，剁的时候要注意提刀不应太高，防止原料飞溅。在剁之前，尖刀要在清水中过一下，剁的时候以防锈了，这样可以使肉馅细腻。

第三是砍，砍一般用于带骨头的坚硬原料，刀法比较简单，对准原料用力垂直落刀，砍断原料。

第四是排，这种刀法分为两种，一种是刀根排，用刀的根部在原料表面轻轻地排，这样的做法会使得原料，像鸡、鸭、瘦肉等，在切丁和块之前先排一下，目的是割断筋骨。把这个丝排断了，使其在烹饪后，肉质松散，在加工的时候不至于粘刀，同时在烹调的时候也容易吸进调料，提高它的菜品口味。排的技术要求是在排的时候，深度合适，太浅了起不到作用，如果太深了，会容易切断了，就是用刀根排。

再讲的是用刀背排，这种刀法是用刀背在原料表面轻轻地砸出一排一排的刀缝。这种刀法主要是鸡、鸭、牛、羊肉在煎炸之前，使原料在煎炸过程中不至于蜷缩，先用排把劲儿泄了。在刀背排以前，用第一种刀法在原料上先割一刀，然后用刀背从左至右顺序地排起。这种刀法可以使烹调食品酥脆、入味，例如像牛肉扒、羊肉扒都是用刀背排的。

下面讲直刀法当中的第五个：拍。所谓拍就是放平刀，用刀身在原料上拍打。这种刀法可以使原料表面平滑，骨肉疏松，由厚变薄了，厚薄就比较均匀，适合烹饪要求。比如像炸牛排，拍就像咱们吃的拍黄瓜、拍萝卜都是用这种方法。

下面我们讲平刀法，平刀法又称为“片刀法”。它的特点就是把刀放平了，刀和原料、菜墩子都成平行状态。然后用刀刃由原料的一侧进刀，向里面片进。这种比较细致，是技术性比较高的一种刀法。平刀法又可分为平刀片、推刀片、拉刀片、倒刀片。

下面我们讲平刀片：平刀片就是把刀和原料放平了，左手按稳了原料，右手持刀，刀从原料的右侧片进，一股劲一片到底。这种刀法适合片五谷的软性原料，例如像豆腐干、鸡肉等，这是第一种。

第二种是推刀片：推刀片跟平刀片的操作方法基本相同，平刀片的特点是片进原料后，由后向前移动，着力点在刀的后面。这种刀法多用于煮熟的原料，例如像熟笋、熟茭白、熟玉兰片，或者是脆茎的原料，比如像大白菜、榨菜都适用于推刀片。

第三种是拉刀片：拉刀片的着力点在刀的前端，同时从右向左移动。拉刀片主要适用于肉类、鱼类这种比较细致的刀法。像片鸡的时候和片肉的时候蘸一点水比较好。

第四种是倒刀片：倒刀片的刀法和推刀片、拉刀片差不多，不同点只是在片进原料以后，从右向左上下抖动，形成波浪式前进，能把原料片成水波似的片花，然后再加以直切，比较美观。像鸡条就是倒刀片。

平刀的几种片法除了着力点和运动方向之外，其他操作方法大致一样。平刀片基本都是从右到左相互用力，只不过就是推进，推刀片从后往前，着力点在后面。拉刀片从前到后，前面用力。倒刀片是从右向左，全刀用力，再加上往上挑。

下面咱们讲平刀法的技术要求：

首先第一点要掌握左手按住原料，必须按紧了，千万不能移动。因为移动以后，就不能得到应有的效果，但也不能按得太死了，一使劲按就影响刀向前推着移动。一般是以原料不移动为合适，随着刀的片进，手指可以稍稍地翘起，用掌心按住原料即可。一般在我们行业中，都是先用手指片进去之后，再用整个掌心来片，可以掌握这个薄厚度。

第二是放刀的位置，刀一定要放平，前端要低一些，后端要高一些。因为在进刀口的时候，可以从原料的底部一层一层往上片，也可以在原料的上端，从上往下片。在原料底部片进的，到了前端就要紧贴菜墩表面，后端要稍高一些。在原料上部片进的，刀要悬空，与菜墩要保持一定的距离，刀的前端稍低、后端稍高一些。掌握这个位置是要求对刀加以控制，就是以切的原料薄厚来决定。这也是掌握了片进原料薄厚度的一个方法。

第三种就是斜刀法，斜刀法又称为“抹刀法”。它的落刀与原料构成斜角，斜刀法大体分为两种，一种叫作斜刀正片，一种叫作斜刀反片。

下面我们讲斜刀正片：左手按住原料，右手持刀，刀身倾斜、刀背冲外、刀刃向里，向持料的左下方移动，片进原料。斜刀正片是适合质地比较软、性质比较脆的无骨原料或体形比较小的原料。由于刀的倾斜度，片的片或块比原来横断的面积要大，所以必然成为倾斜刀。另外也是比较讲究美观，这种刀法主要用于鸡片、肉片（牛羊肉）、鱼片、肚片等原料。斜刀法的技术要求是左手按住原料，要稳住了，双手配合，一刀一刀地片下去。依靠自己的眼力注视落刀的部位，才能掌握薄厚度、大小、斜度。右手要控制好刀的方向，这是斜刀正片。

下面讲斜刀反片，操作方法和正片基本差不多，只是刀的方向不推。反片的方向就是刀背向后、刀刃向前（也就是向外），呈一种斜的刀，片到原料之后，向前这样。斜刀反片适用于性质比较脆的原料，例如大白菜、黄瓜、萝卜、茭白、莴笋。斜刀反片的技术要求在于，因为它是反片，是看不到左手持料的情况，所以左手持原料的时候，是上部关节顶住刀身。右手持刀紧贴着，左手中指的关节要在片进原料一刀后，左手向后移动，一般距离是这样。右手落第二刀的时候，也要紧贴中指关节，这样才能保持原料的薄厚一致，不至于切伤手指，这是第三种。

第四种讲花刀法，这种刀法属于使原料美学化的一种刀法。这种刀法可以分为两种情况。一种属于专门技术性质的，对原料进行雕刻，比如蔬菜刻花的雕工技术。再一种就是采用直切、平刀、斜刀各种刀法综合起来，经过加热，使这个原料的形状形成多种多样和美观的形态，使这个菜品显示出丰富的花色和品种。这种刀法，花刀是花样刀，就是用借。可是借刀法就是采用切、片，在原料横竖划上各种刀纹，但是不要切断。经过加热以后就会出现你所要求的花色、形态。借刀法在应用上可以分为一般借刀法和花刀借法两种，先讲一般借。一般借主要用于鱼类食品，比如烧整鱼之类的，在鱼身上切上纹，带刀纹的红烧鱼。糖醋鱼是先直切，然后再横片，其目的主要是使鱼进滋味，渗透到鱼身鱼尾，使顾客吃到最鲜美的鱼。

花刀借法是应用最广的刀法，比较常用的有下面几种：

首先第一种是麦穗花刀。先将原料用推刀切，然后再用直刀切，是呈斜十字交叉，切成较窄的长方块。烹调以后成为麦穗形，比如像腰花、肚、鱿鱼。

第二种是立体花刀，这种刀法与麦穗花刀相同，只是在切块时，切成菱形块即可，切完成为立体形，就是斜线打花儿。适合鱼肉，像干煎鱼、锅塌鱼。

第三种是核桃花刀，就是横竖都有直刀线，呈一个一个小方格，然后切片。顺着小花纹切丝，这个核桃花刀又叫“丁字花”，适用于牛羊肉、腰子。

第四种是蓑衣花刀，就是在原料的一面先切上麦穗花刀，一面上先切一遍。然后翻过来用推刀切一遍，刀纹形成交叉刀纹，这样两面深度均为五分之四，然后再切成见方的块，提起来就可以了。适合于肉、萝卜、豆干、黄瓜，比如咱们吃的花干就是这个。

借刀法还有很多，都是根据所划刀纹的变化来区分。

下面讲借刀法的作用：

借刀法不但能起到美化菜品的作用，而且能促使滋味渗透原料，增加口味。至于这个借刀法的技术要求，首先借的深度必须一致，刀纹之间的宽度一致，横竖刀数也尽量相同，是根据烹调的要求来决定的。例如要求蜷缩的花形菜品就可以借得深一些；如果为了入味可以浅一些，但是无论深和浅，这个纹都应该尽量相同。这是讲的第一点。

第二点是其他刀法，比如剜刀法。所谓剜刀法就是外刀法，就是把原料的内部挖空，放进各种馅儿，成为一种有独特风味的菜品。例如冬瓜、黄瓜、鸡、鸭都可以这样做，这在我们行业中叫“酿”。从蔬菜方面讲，剜刀法也分。第一就是将原料的茎根和梗部切下，做成一个盖，从开盖处挖，把里面的籽掏出来，填进馅儿，然后盖上盖，用牙签别着。冬瓜可以这样做，上面盖着盖，下面放进馅儿和汤，然后一蒸。凡是酿的东西，注意火候别太大。

第三是将原料切成两半，可挖去内部的瓤、籽，涂上干淀粉，例如酿青椒，这是第二种酿法。

第四是将原料切成段，将每段的籽和瓤挖去，酿一下。例如酿黄瓜。

鸡鸭的剜刀法也有两种：一种是带骨酿，先在鸡鸭的翅膀下面或尾部开一个小口，将其内脏挖出之后洗干净，然后扎好了口，为了防止往外流油。鸡鸭整料，要注意开口一定要缝好。

以上我们讲的主要是原料加工的基本技术，刀功就是各种刀法。下面我们讲原料细加工的方法。原料细加工的任务有两个：一是切；二是配比。切是为烹调的需要，将原料切成烹调所需要的形态。下面我们讲细加工的形态。在讲细加工形态的时候，我们首先要有一个概念，什么是刀口？符合不符合刀口？什么是刀口呢？所谓刀口是指两个意思，一是指形态，就是它是片还是块，是条还是丝。这个整齐不整齐、大小一致不一致，是不是符合烹调规定的要求。至于细加工的形态，也是各种各样、丰富多彩、变化多端的。除了特殊的形态外，基本上分为块、片、段、丝、条、丁、粒、泥、蓉、末。下面我们分别讲一下：

先来讲块。块的加工方法分为两种：一种是原料质地较为松软、脆的，或者质地虽然坚硬，但去皮后可以切断的。这类原料可采用直刀法，直切、推切、拉刀切，这样使其成形。例如蔬菜类可直切，有的肉可以推拉切。另一种原料比较坚硬，有骨有皮的用切的方法很费劲，就用砍、剁，例如带骨的（牛羊）肉类、鱼类、鸡类、鸭类都用刀根砍。

下面讲块形的操作技术要求，也就是说在切块的时候应该注意什么。首先，先要除去原料的皮、瓤、筋、骨等，切成较宽的条形，或者较大的块状，然后再改切为适用的块。例如冬瓜有瓤，把皮去了，把瓤挖出去，切成较宽的条形，这是切的块。

第二，砍的块，根据烹调要求，不必剔去筋和皮，但要进行必要的处理。例如鸡鸭先要去掉头、脖子、脚爪，处理完了之后再改为比较大的块，或者改成小块，这是第二。

第三，无论切的块还是砍的块，要想让块整齐、美观，主要是在于用刀要整齐有力、一刀完成。特别在处理较大的块的时候，要求段、条的宽窄和薄厚一致。只有这个技术，才能砍得均匀。如果你落刀不准确，一刀没砍断，再落第二刀，没有砍到原来的地方，就会出现碎块。

第四，块的大小和薄厚应该根据烹调的需要和原料的性质来决定。一般用于烧、焖的块可以大点，用于熘、炒的块可以稍薄、小一些。要求松软、脆嫩的原料，块可以稍大一些。要是坚硬或者带骨的块，就可以稍小一些。某些较大的块可以用刀拍一下，便于入味。

第五，块的形态很多，常用的有菱形块，长方块又叫“骨牌块”，大方块、小方块、斧头块、劈柴块、滚刀块。劈柴块一般是先拍后切，还有什么蔬菜块、滚刀块、坡刀块、柳叶块、月牙块等等。以后再讲具体的刀法，以上讲的是块。

下面咱们讲片，片的形态和操作要求同块差不多。对坚硬的、较厚大的原料除去瓤、皮、筋、骨后，再切成较宽、较厚的条状。如原料小，可以直接切。这个采用什么呀？采用锯切刀法，比如切白肉、羊肉、酱肉等。对于松软、直切不宜的原料，或者体形扁、薄、无法直切的原料可以用滚刀法，像鱼和鲜肉。片根据薄厚、长短不同的形状，通常用柳叶片、月牙片、指甲片、刀背片。刀背片就是用斜刀法，月牙片是先将原料破成两半。从烹调的要求看，氽汤的片应该薄一些，爆炒的片应该厚些。松软、易烂的原料，像鱼、肉的要厚一些。坚硬、有韧性、脆性的原料，像鸡片、肉片、蘑菇片、笋片要适当薄一些。

第三是讲丝、条，这个是属于同一个类型，操作技术大体相同，比较简单。条是稍微粗一些，丝比较细腻。丝的成形方法，首先是用刀将原料片成薄片，再改刀切成丝。切丝的方法有两种，一种是加工好的片，就是瓦楞形的，是屋顶瓦的形状，一片压一片。再有就是把片重叠在一起，然后用直切的方法切成丝，所以要求整齐一致。再一种就是针对叶大而薄的，像大白菜、百叶、比较薄的肉片也可以卷成圆筒形，然后切成丝。丝的粗细之分，根据原料的韧性分得比较细。比如像松软的原料豆腐就要切得粗一些，笋丝要切得细一些。

第四讲段，段的成形方法有切、砍。段的形态由于原料不同，方法也不同。大的像烧鱼段比较宽大，有的是整条鱼比较大，也砍成段。烹调完了之后，把鱼放在锅里炖。虾就是切两段、切三段，一般段长不超过一寸、宽不过半分、厚不过三分。因为基本上虾一寸比较合适，否则不美观。段的质量要求是长短、薄厚必须一致。段不能说寸，尤其是青菜，不能过寸，切过寸了寒碜。

下面讲丁、粒、末。所谓的丁就是大粒，就是先将原料切成厚片，再切成条，再用刀切成丁。丁的大小由条的粗细来决定，粒比较小，大丁比如像黄豆，小的和米粒差不多。所谓末就是比粒还小，像小米，就是切成细丝之后再滚刀切。加工成丁、粒、末的原料一般用于质地坚硬、脆性的原料，像一些蔬菜、肉。

另外就是蓉、泥，这是采用排、剁的方法。就是用刀将原料拍开，切成不大的颗粒，一般用于鸡、鸭、虾、（牛羊）肉，这个要求比较细。剁的时候跟面似的，剁要粘刀，要挂到刀上，才能达到蓉和泥的标准，比如鸡片剁成鸡泥。此外，像豆类、谷类也可以剁成泥。蓉跟泥的选料一定要非常严格，首先必须注意去皮、剔去筋，而且要求肉质比较鲜。不是鸡身哪个地方都可以剁，第一是鸡蓉必须选用鸡身上最嫩的胸脯肉，鱼肉要以肉质细腻的鱼为原料。以上讲的就是成形的块、片、丝、条、丁、蓉、泥。

下面我们讲刀口的质量要求。你所切的刀口怎么才能符合质量要求？

首先第一点，就是必须做到均匀一致、整齐，不论你是切丝也好、切条也好、切段也好、片块也好，必须是薄厚均匀、长短一致、大小一致、粗细整齐，这是刀口最基本的要求。只有做到这个程度，才能保证菜品的色香味俱佳。

第二，说切的刀口一定要清爽利落，不连刀，这是刀口的另一个质量要求。假如说加工原料，一定要做到丝是丝、条是条、片是片，不能藕断丝连，否则就会影响菜品的美观。人家吃你的菜，不能说都连在一块，菜都没切开，都连着也不好看。

第三，是按照原料的特点加工，所以在加工以前首先要了解原料的质地、质量。比如肉质是老的，还是嫩的，一定要弄清这个。另外，一定要弄清纹路，在切的时候要注意。比如咱们说的横切牛羊、顺切鸡，所以在切牛羊肉的时候一定要注意纹路，才能保证质量。牛肉的筋络比较多，而且筋顺着肉纹夹在中间，顺着纹路切，筋是切不断的。筋被保留着，烹调的时候就不容易软，就不会嫩。如果横竖交叉，顶着纹路切，这样筋才能被切断，烧熟之后才不至于老。鸡肉的肉质很嫩，所以可以顺着肉纹切，其他肉也是这样。至于筋少、细嫩、比较脆的就按照纹路来切。筋比较多、质地比较老的一定要顶着纹切。一般无非就是顺着纹路切，就是我刚才说的横切牛羊、顺切鸡。

第四个要求，就是一定要符合烹调的要求，你所加工的原料一定要符合烹调的内容和火候的需要，比如爆、汆都要用旺火，火候要大、要急；烹调时间比较短，所制出的菜品要求脆、嫩，味道比较鲜美，所以刀法以薄、小比较适合。如果大了、厚了，就不容易入味，就熟不了。至于炖、焖烹调法，适宜文火，这个火力比较小、时间比较长，一般要求入味，切的原料形状如果薄了、小了就容易碎和烂。所以在切的时候，应该大、厚。例如同样的块，无骨块的应该比骨头块小一些；同样是片，质地比较松软的要比坚硬的厚一些；同样是丝，质地坚硬的比质地松软的要细一些。只有这样，才能符合口感的要求。

第五个，就是要注意主辅料配合，辅料一定要服从主料。例如主料是丝，辅料也应该切成丝。主料要是片，辅料也应该切成片。辅料的形态要略小一些，这样才能突出主料。再一个就是选择辅料的时候，要考虑色泽配合，色泽相配会显得好看。

第六个，应该注意合理使用原料。在细加工的时候要考虑全面了，做到心中有数、量材使用。大材大用，小材小用，物尽其用，使原料得到充分的利用，没有一点浪费。

下面我们讲一下常用块、片的刀口。这个常用的块、片都属于同一个类型，块、片合在一起。咱们所说的刀口，从名字上、型号、用处这几方面分别说一下。有骨牌块，是长方形的，又叫“长方形块”。哪些菜是骨牌块呢？比如红焖肉、烧冬瓜、烹白肉。第二种是腹背块，也叫“腹背片”，这个形状是正方形，又叫“四方块”或者“四方片”。它主要是在烧鱼块、烧鸡块、炖肉的时候用。第三种是斜眼块，它的形状就是平行四边形，又称为“菱角块”。像黄瓜片、烧冬笋、炒茭白都是切这样的块。再有是滚刀块，也叫“滚刀片”。形状是圆、扁柱形，有点像菱形。所谓滚刀块，有的师傅叫它“改刀片”“改刀块”。比如像拔丝山药、肉片烧萝卜里的萝卜都是滚刀块。

再往下梳子块，梳子块的形状就是半圆半直，一边厚、一边薄，跟橘子瓣似的，所以它又叫“橘子瓣块”，有的师傅叫它“西瓜块”，切得跟西瓜似的。像拔丝土豆、炒什件里面的鸡鸭、氽熘鸡片都是这种。还有就是劈子块，就是先把它拍了，然后再切，例如烧冬笋就是劈子块。还有抹刀块，就是小斜块，跟梳子块差不多，比如玉兰片就是这种。再有就是搓刀块，它的形状就是大斜块，在我们行业当中，什么烧茄子、烧海参当中的玉兰片。还有一种叫“鱼鳞块”，它的形状跟瓦块似的，像瓦块鱼，比如芙蓉鸡片里面的黄瓜片。再有是扇面块，它的形状就跟扇面一样，一头宽、一头窄。还有柳叶块、柳叶片，它的形状是一边薄、一边厚，像滑熘里脊、炒肉片中的玉兰片。月牙片，它的形状像新月牙似的，剖开之后滚刀切，像烧萝卜、西红柿鸡蛋汤中的西红柿都属于这种。再有是指甲片，这个一般不常用。

现在我们讲一讲葱、姜、蒜：

葱的切法有马蹄葱、虾米秆葱、滚刀葱、豆瓣葱、峨眉葱，还有普通葱段、葱花。下面我们分别讲一下：马蹄葱的形状就是像马蹄一样，一边厚、一边薄，就是葱白斜刀一切，马蹄葱一般是当作料，比如葱花饼也是这样切，比这个细；虾米秆葱就是像小虾仁似的，切的时候比马蹄葱要宽一些，形成一个明月形，比如炒腰花中的葱；滚刀葱像爆肉中的葱；豆瓣葱就是小的块、片；峨眉葱的形状是斜丝中间剖开，然后切，就是把葱切开之后切斜丝，这个在独咸茄当中切这个葱丝，拿花椒油一烹；普通葱段是比较长，比如烧海参的葱段、烧鱼；葱花是氽汤之类的用，再就是葱姜蒜皮切成小的、碎的，弄馅儿用或者炒菜。

姜蒜汁就是把它砸烂以后，浇上汤，像焦熘肉片浇汁。还有就是自然形态，原来的形状，比如整个蒜瓣。

现在我们讲讲丝、条、丁、蓉的刀口：

丝可以分为细丝、粗丝、斜丝，细丝像笋干丝，就是凉拌菜用。再就是粗丝，一般比如拌肚丝、炒茄丝、白菜丝。再就是斜丝，比如干煸牛肉丝、炒土豆丝，炒各种丝当中的配料，一般像冬笋丝、香菇丝都是斜丝，还有一种是用于韭菜卷。再有就是稍微粗一点的丝，比如炒芹菜，这也是丝。

条有长方条，就是形状是长方形，比如酱爆鸡条当中的条，还有白斩鸡都是长方条。条当中还有稍微粗一点的长方条，比如扒白菜、扒三白。

段就是圆扁柱形，比如烹虾段、熘蒜条都是段。

丁有两种，一种是二种丁（音），特别小，一种是大轱辘丁。小丁一般是炒虾仁中的黄瓜丁，海参当中的白肉丁。大轱辘丁像炒辣子鸡、酱爆里脊、酱爆鸡翅。另外，还有小的绿豆丁，形状跟绿豆大小差不了多少。

蓉、泥都属于一种，就是做馅儿，如芙蓉鸡片当中的鸡泥。

出版说明

北京口述历史，按照口述史的学术规范，让北京人自己说话，讲述他们在这座城市所经历的生活、感受，以及对祖先的记忆，大量涉及北京土语与儿化音等问题。为表现访谈者与受访者的语气、神情与言外之意，引导广大读者进入真实的交流情境，本丛书对访谈不完全进行现代汉语的规范化处理。

提请读者特别注意。

北京出版社